A New Treatises on the Reform of China

中国改革新论

高尚全 著

人民出版社

高尚全

李岚清 题

永不停顿地把改革开放推向前进

温 家 宝

上世纪 70 年代末,党的十一届三中全会作出了改革开放的关键抉择,自此中国开始了改革开放的伟大历史进程。30 多年来,我们取得的一切成就和进步,都得益于改革开放。改革开放是强国富民之路,只有坚持改革开放,中国才能发展和繁荣。十六大以来的十年,是改革开放取得丰硕成果的十年。我们按照中央"建成完善的社会主义市场经济体制和更具活力、更加开放的经济体系"的战略部署以及《中共中央关于完善社会主义市场经济体制若干问题的决定》,坚定不移推进经济体制、政治体制、社会体制、文化体制等各项改革,加快建立有利于科学发展的体制机制,在许多重点领域和关键环节取得新的重大进展。

——始终坚持市场化改革,着力构建有利于更好发挥市场配置资源基础性作用的体制机制。我们坚持和完善基本经济制度,毫不动摇地巩固和发展公有制经济,毫不动摇地鼓励、支持、引导非公有制经济发展,努力形成各种所有制经济依法平等使用生产要素、公平参与市场竞争、同等受到法律保护的体制环境。大力深化财税体制改革、完善公共财政体系,健全转移支付制度,把预算外资金全部纳入预算管理,全面实施增值税转型,统一内外资企业税制,在全国范围内实施资源税改革,推进营业税改增值税试点,积极构建有利于科学发展的财税体制。大力推进金融改革,顺利完成国有大型商业银行股份制改革,彻底解决了长期困扰资本市场发展的股权分置问题,有序推进人民币汇率形成机制改革,积极稳妥处置金融领域重大风险隐患,我国金融业发生了新的历史性变化,为应对国际金融危机冲击打下了坚实基础。实施成品油价格和税费改革,积极推进水、电、气等价格改革,反映市场供求关系、资源稀缺程度、环境损害成本的资源价格形成机制逐步建立。

——深入推进农村改革,着力打破城乡二元结构和制约农村发展的制度障碍。我国经济体制改革发端于农村,农村改革也始终是这些年改革的重点。我们彻底取消农业税,终结了几千年来农民种田交税的历史。以乡镇机构、农村义务教育、县乡财政管理体制改革为主要内容的农村综合改革由试点推向全国。全面放开粮食购销,实行最低收购价政策,使所有农产品流通纳入了市场化运行轨道。全面推开集体林权制度改革,将家庭承包经营从耕地扩大到林地,丰富和完善了农村基本经营制度。推进农村土地确权登记颁证,依法确认了农民土地权利。废止收容遣送制度,着力消除对农民迁徙、择业的限制。农村改革深入推进,为统筹城乡发展、缩小城乡差距、实现共同富裕奠定了重要基础。

——加快推进社会领域各项改革,着力促进经济社会协调发展和维护公平正义。近十年社会领域改革的突出特点是,政策支持力度大、推进迅速、成效明显、影响深远。我们在全国农村和城镇全面实现真正免费的义务教育,建立起完整的家庭经济困难学生资助体系;制定和实施国家中长期科技、教育、人才规划纲要;加快推进社会保障体系建设,今年将实现新型农村社会养老保险和城镇居民社会养老保险制度全覆盖;大力推进医药卫生事业改革发展,全民医保体系初步形成,国家基本药物制度已覆盖所有政府办基层医疗卫生机构,公立医院改革试点有序推进,基层医疗卫生服务体系基本建成,基本公共卫生服务均等化取得显著进展;大力推进保障性安居工程建设,并制定实施保障性住房建设、分配、管理、推出制度;稳步推进收入分配制度改革,公务员实行职务与职级相结合的工资制度,事业单位开始实行岗位绩效工资制度,今年将出台深化收入分配制度改革的总体方案。我们推进一系列具有里程碑意义的重大社会领域改革,做成了一些涉及民生的大事要事,有力推动了社会主义和谐社会建设的历史进程。

——不断深化行政管理体制改革,着力打造行为规范、运转协调、公正透明、廉洁高效的服务型政府。这是推动全面改革的重要突破口,是持久而紧迫的任务。我们围绕建设服务型政府、法治政府的目标,加快转变政府职能,重点完善政府的经济调节、市场监管、社会管理和公共服务职能,加快推进政企分开、政事分开、政府与中介组织分开。积极推进民主决策、科学决策。探索实行职能有机统一的大部门体制,精简和规范各类议事机构及其办事机构,严格控制编制,降低行政成本。积极健全质询、问责、经济责任审计、引咎辞职、罢免等制度。制定《中华人民共和国政府信息公开条例》,推动政府公开走向法制轨道,近年来着力推进财政预算、决算公开,特别是公开"三公经费"。保障人民的知情权、参与权、表达权、监督权。行政管理体制改革的深入推进,有力地配合和推动了其他领域的改革,为推进现代政府建设提供了重要保障。

改革开放将贯穿社会主义现代化建设全过程。当前,我国正处于社会主义初级阶段。除了生产力仍不发达外,还存在社会发展与经济发展不协调、上层建筑的许多方面与经济基础不适应的问题。在经济快速发展中又出现了一些如收入差距扩大、司法不公、贪污腐败和环境污染等人民群众反映强烈的新问题。要彻底改变中国的面貌,真正把我国建设成为富强民主文明和谐的社会主义现代化国家,还有很长的路要走。我们不但要坚定不移地推进经济体制改革,进一步解放社会生产力,继续发展经济、改善民生;而且要坚定不移地推进政治体制改革,发展社会主义民主法治,促进社会公平正义,实现人的自由平等,最大限度地发挥全体人民群众的积极性和创造性。我们要充分估计今后改革的顶层设计,尊重群众的首创精神,加快改革攻坚步伐,以更大决心和勇气全面推进各领域改革。今天的中国改革开放是民心所向、是民心所愿,是势不可挡的历史潮流。让我们高举中国特色社会主义伟大旗帜,坚持解放思想、实事求是的思想路线,继续大胆地闯、大胆地试,永不停顿地把改革开放推向前进!这样,中国才会有一个真正光明的未来!

（此文原载《中国改革年鉴：十六大以来改革概览》）

目　　录

解放思想与理论创新

科学发展与体制创新

改革的方向与目的

改革攻坚与政府转型

对外经济与外汇储备管理体制改革

改革历史回顾与未来展望

附录

前　　言

　　东方风来满眼春,在又一个春光烂漫的时节来临之际,暮然回首,小平同志南方谈话已发表 30 周年,而我从事经济工作也已经整一甲子。抚今追昔,先烈们浴血奋战、艰苦奋斗奠定了今天的幸福基石,师长们审时度势,解放思想铸就了今天的繁荣昌盛。任何一个目睹了共和国几十年风雨历程的具有理性思维的人都会承认,社会主义市场经济是改革的正确方向,正是始终坚持了这个方向,30 年的改革开放才取得了如此巨大的成就。

　　成绩彪炳史册,但改革大业仍面临着更艰巨的挑战。众所周知,改革已经到了铲除体制、机制深层次障碍的攻坚阶段,过去改革不彻底、绕道走积累下来的矛盾已经不允许改革再回避“硬骨头”。2008 年以来,这种矛盾越来越突出,已经严重阻滞了改革的进一步深化。攻坚克难,首先需要坚持解放思想,打破几十年来根植于思想深处的各种禁锢,唯其如此,才能不断进行理论创新,推动体制机制创新,从容应对以前从未遇到过的各种新问题、新局面。

　　实践证明,通过改革取得的进步总是和解放思想带来的科学发展观紧密地结合在一起。改革必须统筹兼顾、坚持以人为本和全面协调可持续发展的方略,处理好内需与外贸、城市与农村、效率与公平、国强与民富、发展和稳定、经济发展与环境保护、机制创新与凝聚共识等等关系。从价格双轨制成功闯关到“劳动力”市场的建立配套,社会主义市场经济体制改革的每一次进步都离不开统筹协调,而当前诸多社会弊端又无一不是背离了科学发展观的后果,如何实现科学发展,是当前改革和发展的重大主题之一。

　　解放思想带来了市场经济的迅速发展,科学发展树立了以人为本的发展理念,改革的方向和目的因而更加明确,但改革并不是一帆风顺。金融危机背景下政府干预市场的特殊救急措施被一些人冠以“中国模式”而称颂宣扬;权力失范导致市场扭曲的态势愈加明显。30 多年来的市场经济改革在经历了

20世纪90年代初的一次动荡后又面临激烈的理论和路线之争。改革向何处去？如果我们尊重人民群众的实践、承认人民群众的选择、维护人民群众的利益，那么，毫无疑问，我们应当坚定不移地以中国特色社会主义理论体系为指导，坚持社会主义市场经济的改革方向，坚持人民主体地位，坚持马克思主义群众观点，让人民群众自由地发挥聪明才智，成为创造财富、享有财富的主体。

改革之所以出现种种杂音，很大程度上是因为曾经凭借公权在不健全的市场环境下谋得利益的群体不愿意放弃甚至意图强化权力对市场的扭曲，将公权力缺位、错位造成的市场混乱归咎于市场经济，继而为公权力的继续越位找到借口。如果不解决公权力的缺位、错位、越位问题，转变政府职能，社会主义市场经济体制就难以健全。而解决这些问题，意味着主导改革的公权机关要改革自己，其困难程度可想而知，因此改革攻坚的关键就在于政府转型。通过改革，转变政府职能，让公权力为营造市场良好环境服务，抵制公权力越俎代庖、扭曲寻租，建立服务型、法治型政府，是完善社会主义市场经济体制的不可或缺的条件。

社会主义市场经济的发展，也离不开对外交流与合作，面对金融危机以来错综复杂的国际经济格局，必须通过改革来理顺对外经贸方面的体制机制，增加应对危机和复杂局面的能力，尤其是要改革和完善外汇储备管理体制，避免巨额的国家财富因为储备结构不合理等因素白白损失，这些都是通过改革来健全和完善社会主义市场经济体制的应有之义。

从解放思想到如何实现科学发展，从明确改革的方向和目标到阐明改革攻坚的关键所在，本书针对上述这些当前改革中的重大议题一一作了回应，并以专门的章节对这些议题作了总结归纳，以便将对纷繁复杂的改革万象的各种探讨以更清晰的方式呈现出来。

改革千头万绪，又有千难万阻，唯有千方百计地加以推动。当对中国改革何去何从再一次争论不休，改革步伐犹豫难行的时候，我们有必要回顾改革走过的路。由于工作原因，我十分有幸地亲身参与了改革开放以来多次关于改革的重大决策过程，可以将一些得失体会通过本书与大家分享，温故而知新，使国人增添改革的动力和勇气。过去的几年，值得纪念的日子接踵而至，改革开放30周年、建立特区30周年、新中国成立60周年、建党90周年等，每一次纪念都是对中国改革的总结和推动，汲取教训、交流经验、凝聚共识，为改革的新征程指明正确的方向。

　　改革无止境、社会主义市场经济体制的完善无止境，"路漫漫其修远兮，吾将上下而求索"，惜乎耄耋之年，心有余而力不足，唯将近年来对前述问题的所思所想形成的文章和谈话纪要编撰成册，因成书于改革的再一次破旧立新之际，因此命名为《中国改革新论》。希望本书的出版，能够为立志于推动中国改革前进的万千有识之士添一份助力，为中华民族的伟大复兴添一份薪火。

高尚全

2012 年春

解放思想与理论创新

解放思想与体制创新[*]

（2008 年 1 月 14 日）

胡锦涛总书记在党的十七大报告中指出，"解放思想是发展中国特色社会主义的一大法宝，改革开放是发展中国特色社会主义的强大动力"。在今年的新年贺词中他又强调说，今年将隆重纪念改革开放 30 周年，要继续解放思想，坚持改革开放，发展社会主义市场经济，发展社会主义民主政治，发展社会主义先进文化。总书记再次发出了继续解放思想、坚持改革开放的号召。

我今天想讲两个问题：一是关于 30 年改革开放的回顾，30 年改革开放的过程也是解放思想的过程。二是关于解放思想和体制创新的五点建议。

一、关于 30 年改革开放的回顾

（一）党的十一届三中全会：揭开了改革开放的序幕

今年是我国改革开放 30 周年，是中华民族历史上极为重要的一年。1978 年 12 月，党的十一届三中全会掀起了中国发展进步的历史篇章，揭开了中国改革开放的序幕。那么改革开放的背景是什么呢？

从国内来看，第一个背景是冲破了"两个凡是"的思想束缚，确立了实事求是的思想路线。在思想理论领域展开了拨乱反正，比如说按劳分配的理论探讨，澄清"四人帮"制造的谬论。"四人帮"谬论认为，按劳分配是产生新的资产阶级分子的重要经济基础，限制按劳分配、批判资产阶级权力的斗争是决定社会主义前途成败的关键、生死斗争，是两个阶级、两条道路、两条路线斗争的重要内容，是继续革命还是停留不前，甚至于反革命的一个重要标志。

＊ 这是高尚全同志 2008 年 1 月 14 日在广东省委理论学习中心小组会议上所作专题报告的一部分。

另外,强调对"批判唯生产力论"的再批判。针对邓小平同志 1975 年进行整顿时抓经济建设、发展生产,"四人帮"是怎么批判的呢？说唯生产力论就是埋头搞生产、搞建设,不讲阶级斗争、不讲革命,因此展开了大规模的批判,这样造成了思想领域里的极度混乱。思想理论界所展开的对"批判唯生产力论"的再批判,重新确立了马克思主义关于生产力决定生产关系、经济基础决定上层建筑这样一个历史唯物主义的基本原理,澄清了思想上的混乱,从而直接否定了"以阶级斗争为纲",阐明了发展生产力的必要性和重要性,为把党的工作重心转移到经济建设上来提供了理论上的准备。

更大规模的争论是由《实践是检验真理的唯一标准》的发表引起的。这篇文章是在胡耀邦同志的大力支持下,在南京大学胡福明和中央党校孙长江所写的两篇同样题目的文章基础上经过反复修改形成的。文章旗帜鲜明地提出,检验真理的标准只能是社会实践,任何理论都要不断接受实践的检验。文章是在 1978 年 5 月 10 日《理论动态》上发表的,11 日《光明日报》署名"本报特约评论员"全文发表,新华社当天就向全国转发,12 日《人民日报》、《解放军报》予以全文转载,全国绝大多数省市自治区的报纸也陆续转载,这在当时沉闷的空气当中引起了巨大的反响,围绕这篇文章展开了热烈的争论。5 月 17 日,一位中央领导指责说,这篇文章理论上是荒谬的、思想上是反动的、政治上是砍旗帜的。当时这给耀邦同志很大的压力。1978 年 7 月 21 日,小平同志找中宣部部长张平化同志谈话,就真理标准问题的讨论指出:不要再下禁令、设禁区了,不要再把刚刚开始的生动活泼的政治局面向后拉。7 月 22 日,小平同志找耀邦同志谈话,小平同志说,我原来没有注意这篇文章,后来听说有不同意见,我看了一下,这篇文章是马克思主义的,现有的争论是不可避免的,争得好,根源就是"两个凡是"。

1978 年 12 月 13 日,小平同志在中央工作会议上,高度评价了这场大讨论,指出当时进行的"关于实践是检验真理的唯一标准"的讨论,实际上也是要不要解放思想的讨论,大家认为进行这个争论很有必要、意义很大,从争论的情况来看,越看越重要。一个党、一个国家、一个民族如果一切从本本出发,思想僵化、迷信盛行,那它就不能前进了,它的生机就停止了,就要亡党亡国,从这个意义上来说,关于真理标准的讨论,的确是一个思想路线问题,是一个政治问题,是一个关系党和国家前途与命运的问题。这个讨论端正了党的思想路线。

第二个背景是平反了冤假错案,端正了党的组织路线。1978 年 11 月 10 日,中央召开了工作会议,时任中央组织部部长的胡耀邦同志为会议准备了平反干部冤假错案的材料。大量干部的解放为改革开放做了组织准备。

第三个背景是经济上的"左"倾使我国国民经济处于停顿状态。拿农业来说,时任安徽省委第一书记的万里同志说,不肃清"左"的问题,农业永远不能翻身。万里同志说,"我刚到安徽那一年,全省 28 万多个生产队,只有 10% 的生产队能维持温饱,67% 的生产队人均年收入低于 60 元,40 元以下的约占 25%,我这个第一书记怎么能不犯愁呢?"人民公社化以后的三年困难时期,到处是浮肿病、饿死人,据了解,光是安徽省所谓非正常死亡人口就有三四百万人。他说,冰冻三尺非一日之寒,过去"左"了那么多年,几乎把农民的积极性打击完了。这就是当时中国经济的实况。

刚才讲的是从内部来看的背景,一个是思想路线的端正,一个是组织路线的端正,一个是认识极左的危害。从外部环境来看,20 世纪 70 年代世界范围内蓬勃兴起的新的科学技术革命,有力地推动了世界经济的发展,我国的经济实力、科学技术水平与国际先进水平的差距明显拉大,面临巨大的国际竞争压力。

不论从国内情况来看,还是从外部环境来看,我们都必须要通过改革开放来解放和发展生产力,除此之外没有别的出路。正如邓小平同志说的,现在最大的政治就是把经济搞上去。1978 年邓小平《解放思想,实事求是,团结一致向前看》的讲话,是在"文化大革命"结束后中国面临的第一个向何处去的重大历史关头,冲破"两个凡是"的禁区,开辟新时期新道路,开创建设中国特色社会主义理论的宣言书。这是江泽民同志对这篇文章的评价。思想路线、政治路线的拨乱反正,改革、开放、搞活方针的确立,使中国共产党十一届三中全会名彪史册。

(二)党的十二届三中全会:明确提出了社会主义商品经济

1984 年 10 月,党的十二届三中全会通过了《中共中央关于经济体制改革的决定》,这是我们党历史上第一个关于经济改革的决定,我有幸参加了这个决定的起草工作。当时的背景是怎样的呢?解放思想冲破了"左"的干扰,农村改革取得了突破,极大地促进了农业生产。1984 年农业生产实现了前所未有的大丰收,粮食增产达到4070亿斤,创造了历史最好水平,农民的积极性大大提高了。过去搞计划经济,农民没有积极性,农民的劳动跟自己的收入没有关系,所以农民说,插秧一行是七棵,前面六棵不知道给谁插的,最后这一棵才是给自己插的。联产承包责任制、包产到户解决了这个问题,交足国家的,留够集体的,剩下都是自己的,农民积极性大大提高。农产品丰收了,要有市场、要有销售渠道,同时也要求交换农业所需的生产资料,所以就迫切要求城市改革。但是城市呢,还是原来的那套体制模式,还是计划经济那一套,有以下几个弊病:

第一个弊病是,政企不分。中央和地方政府的经济部门直接管理企业的生产经营活动,企业没有自主权,结果宏观经济决策没搞好,微观经济活动又管得死,严重压抑了企业的生产积极性。

第二个弊病是,条块分割。把完整的国民经济分割为众多的部门所有制和地区所有制,造成了部门壁垒、地区封锁,限制了地区之间、部门之间的横向联系,影响了行业之间、企业之间的专业化协作,使企业的生产能力不能充分合理地发挥。我举一个很典型的例子,沈阳有两个厂,一个是电缆厂,旁边一个是冶炼厂,电缆厂由机械工业部管,冶炼厂由冶金部管,结果电缆厂需要的铜从云南等地大批量运来,而冶炼厂生产的铜由冶金部分配到全国各地。一墙之隔的两个企业不能横向联系,造成了大量的物资和时间上的浪费。部门之间缺乏联系,扯皮很多,“九龙”治水,碰到权力抓住不放,碰到责任都推掉,这种权利最大化、责任最小化的弊病必须克服。

第三个弊病是,单纯依靠行政手段和指令性计划来管理经济,主要不是商品生产、价格规律和市场在起作用,使企业缺乏竞争力和应变能力。

第四个弊病是,分配中的平均主义很严重。分配没有真正体现按劳分配的原则,干好干坏一个样,形成了职工吃企业的“大锅饭”、企业吃国家的“大锅饭”的局面,严重地压抑了企业和广大群众的积极性、创造性。

以上弊端使社会主义经济失去了活力,严重束缚了社会生产力的发展,影响了社会主义制度优越性的发挥。在这个阶段,也受到了极左思想的干扰。一位主管意识形态的领导曾经在一封信里批判了经济学家关于利用价值规律,发挥市场调节作用的观点。他说,这些主张“必然会削弱计划经济,削弱社会主义公有制”,势必“模糊社会主义经济和资本主义的本质区别”。1982

年9月《人民日报》发表评论员文章，批判了主张缩小指令性计划、扩大指导性计划的观点，说这些观点是否定计划经济。1983年在清除"精神污染"的背景下，在党报上对"减少指令性计划、增加指导性计划"的看法，开展了有组织的批判，强调指令性计划是计划经济的标志，还把商品经济、指导性计划作为"精神污染"来清除，可见这一年思想理论界很紧张，理论上很混乱。

党的十一届三中全会以后，在近六年的改革开放实践基础上，党在十二届三中全会上认真总结了经验，1984年10月20日通过了《中共中央关于经济体制改革的决定》。这个决定阐明了加快以城市为重点的整个经济体制改革的必要性、紧迫性，规定了改革的性质、任务和各项基本方针，在理论上和政策上也有许多重大的突破，该决定中一个重大的突破就是明确提出"社会主义经济是公有制基础上的有计划的商品经济"。该决定强调，商品经济的充分发展是社会经济发展的不可逾越的阶段，是实现我国经济现代化的必要条件，只有充分发展商品经济，才能把经济真正搞活，促使各个企业提高效益、灵活经营，适应复杂、多变的社会需求，这是单纯依靠行政手段和指令性计划所不能做到的。党的十二届三中全会改变了党的十二大提出的"计划经济为主、市场调节为辅"的提法。邓小平同志对这个决定予以了很高的评价。他说："我的印象是写出了一个政治经济学的初稿，是马克思主义基本原理和中国社会主义实践相结合的政治经济学，我是这么个评价。""这次经济体制改革的文件好，就是解释了什么是社会主义，有些是我们老祖宗没有说过的话，有些新话。我看讲清楚了。过去我们不可能写出这样的文件，没有前几年的实践不可能写出这样的文件。写出来，也很不容易通过，会被看作'异端'。我们用自己的实践回答了新情况下出现的一些新问题。"

这一论断有重大的理论意义和实践意义。其实早期在理论界是争议比较多的。人们对于原来计划经济的弊病早有认识，认识到改革的必要性，但是改革的目标和方向却不清楚。当时计划经济陷入"一统就死，一死就叫，一叫就放，一放又乱，一乱又统"的恶性循环。只是在你管、我管上做文章。我在1956年就提出企业要有一定的自主权，后来在《人民日报》1956年12月6日第2版上发表了，当时认为这种体制不行，造成了官僚主义，限制了企业和职工的积极性。计划经济部门怎么管理呢？一个是靠开会，一个是发文件，那时已经"跑部前进"了，企业缺电要找部里；缺煤了，没有任务了，要找部里；没有人了,也要找部里。因为企业不是一个企业,而是一个部门管理下的车间。当时认识到这种体制是不行的,但是不知道改革的方向。当时人们的思想中,认为社会主义和商品经济是对立的、互相排斥的。这有其历史原因。因为马克思、恩格斯认为社会主义与商品经济是相互排斥的。列宁起初也坚持这个观点,后来遇到了困难,他就实行了包含商品经济内容的"新经济政策",但只是作为暂时的政策,没有在理论上加以说明。

长期以来,由于我们对社会主义的理解有不正确的认识,特别是1957年以后"左"倾错误思想的影响,对社会主义商品经济的认识处于僵化状态,有的地方甚至在理论上出现倒退,把商品经济完全归属于资本主义的范畴。所以在实践当中,限制、扼杀商品经济的发展,逐步建立起高度集中僵化的计划经济体制,束缚了生产力的发展。要进行这样的改革,首先必须要在理论上突破,理论上怎么突破呢? 要解放思想。我记得当时首先提出商品经济理论的是广东一位叫卓炯的经济学家。1979年在无锡召开的社会主义经济价值规律讨论会上,也有人提出商品经济的意见,还有国务院财委改革小组也提出类似的意见。这些见解没有被中央采纳,没有进入中央的决策中,但是这些意见也起了一定的作用。党的十二届三中全会之所以能够写出一个如小平同志所说的"一个政治经济学的初稿",原因就在于集中了全党的智慧。

(三)党的十三大:经济体制改革的重大突破

1987年2月6日,小平同志谈到党的十三大筹备和十三大报告起草工作时说:"为什么一谈市场就说是资本主义,只有计划才是社会主义呢? 计划和市场都是方法嘛。只要对发展生产力有好处,就可以利用","我们以前是学苏联的,搞计划经济。后来又讲计划经济为主,现在不要再讲这个了"。

1987年4月30日,小平同志在会见西班牙工人社会党副总书记、政府副首相阿方索·格拉时说:"几十年的'左'的思想纠正过来不容易,我们主要是反'左','左'已经形成了一种习惯势力。现在中国反对改革的人不多,但在制定和实行具体政策的时候,总容易出现有一点留恋过去的情况,习惯的东西起作用,就冒出来了。""我们既有'左'的干扰,也有右的干扰,但最大的危险还是'左'。"1987年9月5日,邓小平在会见日本自民党前副总裁二阶堂进时指出:"十三大实际上应该叫做改革、开放的大会,要加快改革步伐,深化改革。政治体制改革的问题几年前就提出来了,但过去把重点放在经济体制改革上。这次才把政治体制改革提到议事日程上来。十三大要作的报告将从理论上来阐述改革和开放的重要性、必要性。这是十三大的主题。"

根据小平同志谈话精神，1987年召开的党的十三大提出，"社会主义有计划商品经济体制，应该是计划与市场内在统一的体制"，"利用市场调节决不等于资本主义"，"以指令性计划为主的直接管理方式，不能适应社会主义商品经济发展的要求"，"应当通过国家与企业之间、企业与企业之间按照等价交换的原则来签订定货合同等多种办法，逐步缩小指令性计划的范围"，社会主义经济新的运行机制，总体上说应该是国家调节市场，市场引导企业的机制。

关于计划和市场，已经在世界范围争论了将近一百年。什么是市场？我曾经在多种场合讲到，哪里有商品交换，哪里就有市场，它不是社会主义特有的，也不是资本主义特有的。古代就有一句话，"日中为市"，到了中午了，大家拿出东西交换，古代就有市了嘛。一个地方有了市场就会繁荣起来，市场加上城堡，就出现了城市。这说明什么呢？说明这个市场不是社会主义特有的，也不是资本主义特有的，古代就有的。我们没有把城市说成"城计"啊，城市加计划，没有啊，道理很清楚，不要说计划就是社会主义的。首先提出"社会主义"概念的是意大利的一个学者，而且这个学者也不是共产党，他是从理论上探讨的。

我们往往把计划和市场作为路线斗争提出来，国外要比我们好得多。1986年我带了18人的代表团到匈牙利考察，因为匈牙利是第一个搞改革的社会主义的国家。当时匈牙利取消了指令性计划，所以我们国家从中央到地方都派了人，企业也派人，学者也去，匈牙利这样一个小国家受不了了，他们说，这儿的牛都认识你们中国人了。考察的人太多了，而且重复考察。当时我任国家体改委副主任，下了决心要改变这个情况。一定要调查研究清楚，匈牙利到底搞了哪些改革，哪些改革是成功的，哪些改革是不成功的。匈牙利的国家领导、部长、企业家、理论家，我们差不多对每个人都访问了两次，做了详细的记录，最后出了一本书叫《艰难的探索》，改革不容易啊，是艰难的探索。为什么要出书？我们过去考察，回来一汇报，就把材料往抽屉里一塞，没有让大家共享。出书就是让大家能够共享，这样就不会重复了，人家也欢迎。我问匈牙利管计划的副总理，为什么要取消指令性计划。他说我们由计划局根据平衡表编制了计划,之后发下去,大家来执行,执行的结果有的完成500%,有的完成40%,这个指令性计划有什么意思呢?所以必须要改革。他们的思想比我们解放得早一点。捷克斯洛伐克也是一个例子。他们过去有个名牌皮鞋,叫"拔佳",搞了计划经济以后名牌没有了,为什么?因为根据他们国家的人口是1600万人(当时捷克与斯洛伐克是一个国家),计划部门做了一个每人消耗两双皮鞋的计划,共3200万双皮鞋,计划发到皮鞋厂,皮鞋厂就根据这个计划生产。结果是,一方面人家需要的没有,另一方面生产出来的人家又不要。这种用行政的方法配置资源,造成大量积压浪费,因为市场需求是多种多样的,男人和女人不一样、城市和农村不一样、有钱人和没钱人不一样,但是计划千篇一律,一人两双,当然不符合市场需要。为什么要搞市场经济?通过市场配置资源,要靠订单嘛,人家需要就生产,不需要,生产出来不就是资源浪费嘛。

(四)党的十四大和十四届三中全会:改革的目标是建立社会主义市场经济体制

党的十四大和十四届三中全会的背景是什么呢?那是在"六四风波"之后,计划经济又回潮了,有人在《红旗》杂志、《人民日报》上发表了不少文章,严厉批判了市场化改革,认为市场化改革执行了资本主义路线;有人把计划与市场和社会主义制度联系起来,把计划与市场的争论提高到"两条路线"的斗争上来。还有一些人认为苏联之所以解体,就是市场化改革的结果。有人写文章批判说,市场经济就是取消公有制,就是否定共产党的领导,就是否定社会主义制度,就是要搞资本主义。上到这样的纲进行批判。

还是小平同志出来讲话了。1990年12月24日,小平同志在一次谈话中说:"我们必须从理论上搞懂,资本主义与社会主义的区别不在于是计划还是市场这样的问题。社会主义也有市场经济,资本主义也有计划控制。""不要以为搞一点市场经济就是资本主义道路,没有那么回事。计划和市场都得要。不搞市场,连世界上的信息都不知道,是自甘落后。"

1991年2月6日,小平同志视察上海大众汽车公司时指出:"说'三资'企业不是民族经济,害怕它的发展,这不好嘛。""不要以为,一说计划经济就是社会主义,一说市场经济就是资本主义,不是那么回事"。2月15日至3月22日,上海《解放日报》根据邓小平视察期间的讲话,先后发表了3篇署名皇甫平的评论,提出要继续解放思想,敢冒风险,大胆改革,不要囿于姓"社"姓"资"的诘难。结果,这些观点遭到了指责和围攻。4月20日,《当代思潮》发表了《改革开放可以不问姓"资"姓"社"吗?》一文,提出,"不问姓'社'姓'资',必然把改革开放引向资本主义道路而葬送社会主义事业。"

1992年1月18日至2月21日,小平同志视察南方,发表了震惊中外的"南方谈话"。他大声疾呼:"不坚持社会主义,不改革开放,不发展经济,不改善人民生活,只能是死路一条,基本路线要管一百年,动摇不得","改革开放迈不开步子,不敢闯,说来说去就是怕资本主义的东西多了,走了资本主义道路。要害是姓'资'还是姓'社'的问题。判断的标准,应该主要看是否有利于发展社会主义社会的生产力,是否有利于增强社会主义国家的综合国力,是否有利于提高人民的生活水平。"小平同志说,不争论是他的一个发明,判断姓"资"姓"社"就是"三个有利于标准"。

根据小平同志"南方谈话"精神,党的十四大确立了"建立社会主义市场经济体制"的改革目标,但是这个目标怎样实现,当时并不明确。1993年,我参加《中共中央关于建立社会主义市场经济体制若干问题的决定》的起草工作,负责市场体系部分。当时把劳动力市场和资本市场写进了党的十四届三中全会《决定》,这个过程如果没有思想解放是不行的。

(五)党的十五大:所有制理论上的重大突破

1997年9月党的十五大报告的主题是"高举邓小平理论伟大旗帜,把建设有中国特色社会主义事业全面推向二十一世纪"。我也参加了报告的起草。党的十五大在所有制理论上有了重大突破,有哪几点突破呢?

第一,提出以社会主义公有制为主体,多种所有制经济共同发展,是社会主义初级阶段的一项基本经济制度。这里注意两点:一是初级阶段,二是基本经济制度,过去都说"方针",现在上升到"基本经济制度",而且是跟初级阶段长期共存的。

第二,提出公有制的实现形式应该而且可以是多样化,过去是单一化,就是一种形式,现在是多样化,这也是一个突破。

第三,非公有制经济是社会主义市场经济的重要组成部分。过去说是"有益的补充",现在提到"是社会主义市场经济的重要组成部分",是理论上的提升。

第四,提出国有经济的主导作用,主要体现在控制力上。

第五,提出国有经济比重减少一些,不会影响社会主义性质。内地一些代表在讨论中提出,我们国有经济的比重比沿海地区要高得多,但是为什么内地的经济发展没有沿海地区快,人民富裕程度没有沿海地区高呢?过去人们认为搞社会主义就是国有经济的比重越高越好。

第六,各种所有制经济都是平等竞争的,一视同仁。

有两个案例引起争论:

深圳华为公司是姓"公"姓"私"?我记得有几个老同志向中央写信,说华为这样的企业不是搞社会主义的。党的十五大报告起草时,我到华为公司做过调研,华为到底是姓"公"还是姓"私"呢?经过调研,我感觉到虽然华为职工持股占有较大的比重,但这不是姓"私",是姓"公"的。由于把职工的利益与企业的发展捆绑在一起,调动了职工的积极性,从而促进了企业持续发展。

另一个案例是"诸城模式"是姓"资"还是姓"社"?1995年,山东省委书记赵志浩同志请我给五套班子作报告,后来扩大到厅局长,报告结束时有人提问,"诸城模式"到底是姓"资"姓"社"?因为当时有争论,有人把诸城书记陈光称为"陈卖光"。我没有去过诸城,但是从材料上看不是姓"资"的,应该是姓"社"的。因为我看到《中国青年报》对"诸城模式"的问卷调查,调查了三百人,提出的问卷是:一、假如有人在偷公家的东西,你怎么办?三个答案:第一,跟他做斗争;第二,装作没看见;第三,你偷我也偷。结果问卷调查收上来以后,70%是装作没看见,跟他做斗争的占14%。问卷调查说明,这样一种所有制结构,跟职工没有关系。所以在党的十五大报告里,后来写上了这样一句话,"劳动者的劳动联合和劳动者的资本联合是一种新型的集体经济,"原来争论的问题在党的十五大上做了结论。

华为技术有限公司是1998年在深圳成立的民营企业,在短短的19年时间里,成长为中国最大的电信网络供应商。在华为近7万名员工中48%从事科研工作。华为每年用10%的资金投入科研,目前已经成为中国申请专利最多的企业。2007年华为上缴税金49亿元,连续四年排名第一,成为中国IT百强中纳税最多的企业。利国利民的企业你说它是搞资本主义?所以搞社会主义要与时俱进,要解放思想,不要以为只有国家投资才是搞社会主义。

（六）党的十六届三中全会:完善社会主义市场经济体制

2003年10月党的十六届三中全会通过了《中共中央关于完善社会主义市场经济体制若干问题的决定》。这一决定的主要亮点有:

第一,要大力发展混合所有制经济,使股份制成为公有制的主要实现形式。

第二,完善国有资本有进有退、合理流动的机制,进一步推动国有资本更多地投向关系国家安全和国民经济命脉的重要行业和关键领域。

第三,非公有制经济是促进我国社会生产力发展的重要力量。比原来提出的"是市场经济的重要组成部分",又进了一步。

第四,最重要的是提出了科学发展观,即"坚持以人为本,树立全面、协调、可持续的发展观,促进经济社会和人的全面发展。"以人为本是核心。

（七）党的十七大:高举中国特色社会主义旗帜

胡锦涛总书记在党的十七大报告中强调指出:"改革开放符合党心民心,顺应时代潮流,方向和道路是完全正确的,成效和功绩不容否定,停顿和倒退没有出路。"说得多么明确啊!有人问我这个有没有针对性,我说当然有针对性了。所以我认为我们应该贯彻落实党的十七大精神,因为十七大高举了中国特色社会主义旗帜,坚持了改革开放。

回顾30年的改革开放历史,我体会最深的有这么几点:

第一,改革开放的每个突破都是以解放思想为先导,改革开放使中国人民的面貌、社会主义中国的面貌、中国共产党的面貌发生了历史性变化。这个历史性变化来之于解放思想,来之于改革开放。所以,可以这样说,没有解放思想,没有改革开放,就没有今天。

第二,在改革开放和解放思想中,邓小平起了决定性作用。每次遇到姓"资"姓"社"、姓"公"姓"私"的争论时,小平同志就出来讲话,做了结论。

第三,改革开放是在党的领导和推动下进行的。改革开放的重大决策,都是党中央决定后实施的。改革开放是为了解放和发展社会生产力,为了完善和发展社会主义,是为了发展生产力,为了使人民富裕起来。所以,改革为了人民,改革依靠人民,改革的成果应当由人民来分享。

第四,改革开放当中意识形态领域的争论很突出,始终贯穿着姓"资"姓"社"、姓"公"姓"私"的争论。正如小平同志所说的"最大的危险还是'左'"。

小平同志强调用"三个有利于"来判断姓"资"还是姓"社"。

二、关于解放思想和体制创新的五点建议

广东是我国改革开放的先锋,是理论创新的热土,经济总量全国第一。在这样的优势下,为什么还要解放思想,还要坚持体制创新呢?有的同志可能不理解。我认为改革开放是无止境的,解放思想也是无止境的,完善体制机制也是无止境的。所以我们不能躺在过去的成绩上,更不能盲目自满,否则不进则退。汪洋同志的报告,在肯定成绩的基础上,指明广东也有差距,不是什么都领先,只有继续解放思想,只有坚持体制创新才能够再创辉煌。

小平同志提出的"广东20年赶上'四小龙'"的战略目标,现在除了韩国之外,其他的都赶上了,但是我们现在能不能提出更高的要求?不光是总量赶上,不光是物质上,而且在精神文明上,在生态文明上,在人民的生活水平和质量上也赶上,这样才能够真正体现中国特色社会主义的优越性。新一轮的思想大解放,必定推动新一轮的大发展,这个大发展就是要实现又好又快、按照科学发展观要求的大发展。根据党的十七大精神,我对广东解放思想和体制创新提出五点建议:

(一)继续解放思想,争当中国特色社会主义的示范区

中国特色社会主义是什么样的呢?要有一个样板,江泽民同志在深圳考察时提出,深圳能不能充当中国特色社会主义的示范区呢?深圳市委市政府于2001年邀请高级顾问专门进行了研讨。做中国特色社会主义示范区,那么什么是中国特色社会主义呢?我提出,在党的领导下,中国特色社会主义应有五个基本特征。

第一,以民为本。这是中国特色社会主义的根本出发点和落脚点。

第二,市场经济。这是中国特色社会主义的经济运行基础,因为我们过去传统的社会主义是搞计划经济,现在我们搞社会主义市场经济体制,把这个作为经济运行基础,通过市场来配置资源。

第三,共同富裕。这是中国特色社会主义的根本目的。我们改革是为了什么?小平同志讲要共同富裕,通过先富帮后富,最终实现共同富裕。

第四,民主政治。这是中国特色社会义的重要保障。我讲到这个地方的时候,任仲夷同志(也是高级顾问,就坐在我旁边)插话说:"民主民主,由民作

主"。我说,你说得很对啊,很到位。过去有一句话"当官不为民作主,不如回家卖红薯"。我讲完了以后,原国务院发展研究中心主任马洪同志给我提个建议,建议加上一条,中华文化。我接受了他的建议。

第五,中华文化,是中国特色社会主义的内在要求。我们要通过样板,给老百姓看一看,什么是中国特色社会主义;给世界看一看,中国特色社会主义是什么样子的。

1986 年我到匈牙利同他们主持改革的领导人涅尔什谈了两次。2001 年我又去时,匈牙利已经发生剧变。剧变后涅尔什当了议会的议员,当过社会党的主席。我问他,匈牙利的社会主义为什么没有搞下去? 为什么匈牙利党没有继续执政? 他讲了两条:第一,政治上缺乏民主,所以缺乏支持力;第二,经济上缺乏效率,所以缺乏竞争力。后来我又问他,假如你重新执政,你到底想干什么? 他回答说,我既不搞传统的社会主义,也不搞资本主义,我要走第三条道路。当然他的第三条道路没有讲具体内容。他说你们中国搞得很成功,为什么? 因为搞了中国特色社会主义。中国特色社会主义到底是什么样子的呢? 内涵是什么、特点是什么、我想广东是不是可以作为一个示范区。这是我的第一点建议。

(二)继续解放思想,鼓励全民创业

广东人应该是比较富裕的了,但是一部分人还存在小富即安和自满的心理。有的人生活富裕起来之后,不想创业了,整天打麻将,吃喝玩乐。我提倡"四创":创业、创新、创牌、创意。创业是基础,创新是关键,创牌是目标,创意是进一步提升,在创新的基础上进一步创新。

浙江人多地少,陆地资源少、国家投入少,是一个"一多三少"的地方,但是经济为什么跑在前面? 为什么浙江人均富裕程度在全国省市中排名第一? 为什么社会稳定? 因为大家都在创业。过去的计划经济体制,政府是主体,把老百姓的钱集中到财政,然后投入各行各业,手表厂、自行车厂、缝纫机厂,甚至连卖菜、卖肉的都是国有国营的,以为这就是搞社会主义。现在证明不行了,不是什么都国有就行的。按照国有来衡量,这不是一个标准。过去俾斯麦也搞过国有,拿破仑也搞过国有,你能说它们是社会主义吗? 所以应当指出,要按照是否对老百姓有福祉这个标准来衡量。

老百姓把钱存入四大银行,四大银行又把大部分钱贷给国有企业,国有企业机制不灵,企业亏损了,银行变成不良资产,谁来买单呢?财政来买单。所以国有企业、国家银行、国家财政,这种三位一体的机制转不动了,不改是不行的,老百姓、企业成为创造财富的主体才可以,因此要鼓励老百姓创业。

浙江人有"五千精神",即千辛万苦去创业、千方百计来经营、千山万水找市场、千家万户搞生产、千头万绪抓根本。我们现在现实的问题是,就业压力那么大,一年500万大学毕业生有100万解决不了,新增的劳动力一年一千多万要找出路,怎么解决?就业是民生之本,必须实施扩大就业的发展战略,促进以创业带动就业,使更多的劳动者成为创业者。

全国新增的500强企业里,浙江2007年增加了14个,全国第一,为什么呢?因为鼓励大家都来创业。浙江省委书记赵洪祝提倡"创业富民、创新强省"。创业是基础,老百姓富起来了,省也就强起来了。过去我们强调大河有水小河满,实际上长江是由千万条小河汇集起来的,小河有水长江才有水。所以说老百姓是基础,我们应该解放思想,树立只有民富才能国强的观念。江西现在提出,"老百姓创家业、能人办企业、干部创事业",这是"三创"。

我经常举邱继宝的例子,他现在是飞跃集团的老总,原来是修皮鞋的,但他不满足,他说我为什么不能造缝纫机啊,于是靠300块钱起家了。他有创业激情,到广交会人家不让他进去,他就翻墙过去了,被抓住了,要罚款、罚站,但是他不灰心,有内在动力。到了深圳,他去不了香港,站在罗湖桥旁边等,看到一个老太太过来,他问,老太太你能不能帮个忙,我给你钱,你给我捎一本电话簿过来。这个老太太很热心,第二天就捎了一个电话簿过来。他连夜翻电话簿找缝纫机推销商。他这样艰苦创业才发展起来。通过自主创业、自主创新、自主创牌,他的缝纫机已销到100多个国家。他解决了几千人的就业,去年给国家上缴了2.8亿元的税收,解决那么多人的就业,增加了国家税收,还创汇3亿多美元。国家没有投资他1分钱,却给国家做了那么多贡献。所以我们要解放思想,更新理念,千万不能认为国家投资是搞社会主义,老百姓投资是搞资本主义。

(三)继续解放思想,鼓励金融创新

要发展本土的风险投资和私募股权投资基金,主要投资于没有上市的企业和股权,通过项目筛选等市场化配置资源的手段,改善公司的治理结构和经营,推动技术进步、促进公司治理和产业结构的调整、升级,促进区域经济发展和金融创新。这个方面,看来越来越发挥重要作用。在美国,风险投资和私募基金已经成为一个对国民经济有着重要影响的金融产业。美国1984年的股权投资仅67亿美元,2006年上升到4500亿美元,2006年美国风险投资和私募基金筹集到的资金有1620亿美元,首次超过了美国纽约证券交易所、纳斯达克市场和证券市场公开发行股票筹资的总额(1540亿)。同年,在欧洲风险投资和私募基金投资高达1123亿欧元,比2005年上涨了六成。经验证明,一个地区参与资本市场的程度越高,这个地区的经济发展就越快,获得资本市场带来的财富就越多。汪洋同志在报告当中提出,广东地区发展不平衡状况有待解决,全省地方财政一般预算收入当中珠三角占了67%,而粤东、粤西、粤北分别只占3.1%、3.1%和3.9%,这就是说,一个省内的地区差别也很大。

据我了解,中科招商和韶关市一起发起"韶关创业投资基金",通过这个基金来支持中小企业,支持老百姓的创业。这个基金刚刚启动,我想将来必将支持韶关中小企业的发展,激发全民创业的积极性,促进地区之间的协调发展。现在为了解决贫困的差距,使得穷人富起来,就是要让穷人的资产变成资本,这是一条途径。但是现在比如说农民有地、有住宅,但是到了城里以后,还是贫困户,因为它不能变资本,还是贫穷啊。如果那些变成了资本,银行给他贷款了,就给他们提供机会了,所以办法还是有的,就看我们能不能搞金融创新。

还有个例子,我到斯坦福大学当访问学者,去了以后,在斯坦福大学,我重点研究硅谷为什么有今天,它就是创业、创新、创牌、创意。我找了一个典型案例,一个浙江宁波人叫朱敏,原来是浙江大学学生,没有毕业就到斯坦福大学,得了博士学位,后来留在硅谷创业。他没有钱,500美元起家,但是有一个创意,"9·11"以后人们不敢坐飞机,美国人不敢到亚洲、欧洲来做生意。他就想,我是不是可以通过IT技术,跟中国和其他国家做生意,签订合同、在网上修改合同,大家不用坐飞机了,还可以节省成本节省时间。这个创意得到风险投资的欣赏,开始给了他700万美元启动,后来又给他2500万美元,后来再给他2500万美元,一共是5700万美元,他试验成功了,后来又上市,市值15亿美元,一下子成了亿万富翁,风险投资者几十倍的利润收回来了,政府也没有投资一分钱,也没有管,但大量的税收进来了,而且解决了许多就业,这是一举三得的好事。我们应该通过这个案例,通过金融创新,促进我国的创业、创新、创牌、创意。

刚才我讲了创意。这次我在飞机上，旁边坐了一位姓方的音乐家，他会好几种乐器，拿一个茶缸也可以敲打出音乐。最近，英国一个收藏家对他有了解，提供给他两千年以前的瓷器，他试了一下，可以变成音乐。他的创意是用这种"古瓷乐"举办一个展览，老百姓可以分享，外国人看了之后也可以知道中国古老的文化。但是他缺乏资金。昨天我给他出了一个主意，民生银行在北京收购了一个展览馆，我说我可以推荐你到那里去搞展览，把你那一套音乐展示出来，音乐加古董，大家来欣赏。这个创意如果实现的话，那他也就变成了一个富翁了。可见这个创意很值钱的，创意可以变成一个产业。

再举个例子，现在我国正进入老龄社会，老人没有钱，只有房子，从房子的角度看，他是一个富人，但从现金来说，他是一个穷人，那能不能通过保险公司，或者通过银行，提前消费，把房子抵押了，拿未来交换现在呢？如果不是这样的理念，这个老人死了，房子留给儿子，儿子往往也有房子啊，不是浪费了吗？原来住老人公寓没有钱，但房子可以抵押出去，换来大量的现金，就有这个能力去住老年公寓了。拿未来交换现在，这就是创意啊，就值钱啊，大家可以富起来了。这次党的十七大有一句话，"创造条件让更多的群众拥有财产性收入"，这就是增加财产性收入。

（四）继续解放思想，转变发展方式，走科学发展之路

我国经济发展过程中的一个突出矛盾，就是经济的快速发展与资源环境约束的矛盾。我们已经连续 6 年保持 10% 以上的高增长，但是付出的资源、环境代价太大了。我国 GDP 的总量占世界的 5.5%，但是我们消耗的资源呢？能源占世界 15%。现在全国有 3500 万辆小车、2000 万辆大车、9000 万辆摩托车，我们还是缺油的国家，大量进口石油，以这种方式发展下去，汽油怎么能满足啊？我们城市的交通发展方式要改变，光是靠汽车怎么行呢？有一次，我从中国饭店回家，走了一个半小时，后来我找北京市的领导，我说我走了一个半小时，你这个奥运会怎么开啊？他说我也没有办法，历史造成的。我不能夸口说解决这个问题，但是我有办法，我的办法就是使人买得起汽车，坐不起汽车，他说这一招不敢用。具体而言就是要采取一些措施，比如说交通轻轨、地铁等。在新加坡，汽车如果到市中心，就有一个机器马上给你加价，自动设置要多收费用，使得人家尽量不开汽车进到市区。美国很多家庭都是把汽车开到郊区,再坐地铁进城。另外汽车在快速道上行驶,只坐一个人不让走,必须要几个人坐一辆车才行,如果一个人只能走慢速道。这些都是办法。如果光是发展小汽车,油怎么办呢?现在到加油站要排队,我听说,现在中石化开工率已经达到98%、99%了,很危险了,而且生产得越多赔得越多,这是一个矛盾。

钢材消耗是世界的30%,消耗3.88亿吨,水泥的消耗量占世界的54%,消耗了12.4亿吨。这样的发展方式不能继续下去了,现在我们的污染已经到了相当严重的程度了。我们现在有70%的河流受到污染,40%的农田受到影响,1/3的城市污染严重,1/3的国土被酸雨覆盖,3亿农民喝不到干净的水,4亿城市居民呼吸不到新鲜的空气。造成的环境损失到底有多大?最近,国家环保总局跟世界银行联合搞了一个调查研究,说环境污染造成的损失大概是占GDP的10%。先污染再治理,不能再走这一条路了。

正如汪洋同志在报告中指出的:"现在有的地方片面追求总量增加,牺牲环境,浪费资源,甚至直接损害广大人民群众的合法权益",这些问题确实要引起我们的注意。要转变经济发展的方式,要进一步解放思想,要更新观念,要优化结构,要促进节能减排,依靠科学技术之外,根本出路还是靠深化改革。

首先,要建立生态补偿机制,要明确生态补偿的责任主体。生态是公共产品,有两个特点:一个是非排他性的,一个是非竞争性的。好的空气大家都可以享受,坏的空气大家都受害。作为公共产品的属性,政府作为主体应该十分重视,必须有一定的财政投入。浙江省设立了生态补偿专项基金,比如说台州市设立600万元长潭水库饮水源的保护基金,绍兴县每年从自来水费用当中提取200万元作为源头的生态保护。因为有的是受害者,有的是受益者,有的是破坏者。2005年浙江用于生态补偿的转移基金一共达到了65亿元。根据"谁开发谁保护、谁破坏谁恢复、谁受益谁补偿、谁污染谁付费"的原则确立补偿的对象,建立"利益相关者补偿机制",政府有关部门应当加快探索建立环境资源的价值评估体系,确定科学合理的补偿标准,这些都是我们要跟上的。

其次,要加快资源税改革,使资源产品的价格反映资源产品的稀缺程度。目前我们资源的税率还不到德国和法国的1/30,法国还是低税率的国家,但是法国出台了环境税。我国的矿产资源税平均只有1.18%,而国外达到8%。我国煤炭资源税的征收标准是每吨3元,不算环境补偿的费用。这还是经过调整的价格,上次我到山西省,山西省长说我们现在要加税、加费,每吨12元,所以山西一下子变成了财政收入增长最快的省,因为它是资源省,加税用于补偿。

再次,要发展新兴环境产业,发展循环经济。今年初我在广州的南沙考察了一个工业固体废物安全处理综合利用中心,这个中心是一个出身农民家庭,名叫古耀坤的人投资2.4亿元兴建的,有10个处理系统,可以综合处理各种危险废物50万吨/年。同时配套建立了各种先进分析设备的即时测试中心,装备了全球卫星控制系统和物流中心。我看了以后发现处理垃圾厂里是很干净的。最近,厂里进口了一套西班牙的先进设备,污泥经过风干,就可以制砖,解决了循环的问题,废物可以利用,各种金属也可以提炼。农民自发搞起来,对环境的保护是作出了贡献的,政府应该给予支持,在税收等政策上应该给予扶持。原来废品、危险的东西经过处理解决了。我建议有关领导去考察关心一下,这对全国来说也是有意义的。现在大量的垃圾主要是靠填埋,北京市的许多垃圾是埋在市西北角,北京的风水从西北向东南的,地下水经过北京城就被污染了。

最后,通过市场化的方法来配置矿产资源。各个国家经济发展的历史证明,资源产业是最容易产生腐败和权力寻租的地方,现在我们大量的资源配置还是靠审批,现在有15万个矿产企业,只有2万个企业经过市场拍卖,其他的都是靠领导一支笔批,这样既不公平,而且容易造成腐败。

(五)继续解放思想,加快建设服务型政府

要解决一个矛盾、搞好两个服务、创新三个理念。解决一个矛盾是什么呢?我们总体的矛盾是人民日益增长的物质文化需要同落后的社会生产之间的矛盾。当前这个矛盾突出的问题是什么?是人民快速增长的公共产品、公共服务的需求和我们公共产品、公共服务供给之间的矛盾十分突出。进入小康社会之后,人们对于环境的问题、对于医疗的问题、对于教育的问题、对于卫生的问题、对于食品安全的问题,越来越关注了。现在人们说一些食品不敢吃啊,因为吃肉怕毒素、吃鱼怕激素、吃菜怕色素,所以大家都不知道吃什么好了。政府要围绕公共服务、公共产品这个突出矛盾来解决问题,这叫解决一个矛盾。

搞好两个服务,政府的职能从本质上说就是"服务"两个字。两个服务,第一个是政府职能要转到为市场主体创造平等竞争的环境和服务上来,为市场主体——企业创造平等的环境,包括市场环境、政策环境、法制环境,要公平;第二个服务,要转到为人民的生存和发展创造良好、持续的和谐环境和服务上来。我们的改革也好,结构调整也好,发展也好,都是为了一个目的,都是要坚持以人为本,不断提高人民的生活水平和生活质量,不断满足人们日益增长的物质文明和精神文明的需要,走共同富裕的道路。

创新三个理念。一是要坚持人民是创造财富的主体的理念,人民是建设和谐社会的主体,落实科学发展观的主体。要激发社会的活力,首先要激发人民的创造力,人民群众的活力,这是一个基础。政府是创造环境的主体,是要把实现人民利益的最大化作为改革和发展的最终目的,使全体人民可以分享改革发展的成果。政府应当树立"我是创造环境的主体,人民是创造财富的主体"的理念,这两个主体不能错位。二是坚持"非禁即入"的理念,就是从允许性的理念转变到禁止性的理念,这是政府转型的一个突破口。我们过去凡是企业和老百姓做什么事情都要经过政府批准,不批准就不能做,这样就限制了老百姓和企业的积极性和创造性。凡是法律、法规不禁止的都可以进入。这个理念改变有什么好处呢? 把老百姓、企业的积极性充分地调动起来,内在的动力一旦被充分调动,财富的源泉就涌流出来了。三是坚持依法行政的理念。首先要确立政府只能做法律法规规定的事情,法律法规不规定的事情政府就不要去做,也就是说政府不能有随意性。特别要重视界定行政立法主体的立法权限和约束条件,防止个别部门依法扩权或者越权谋求集团的利益。我们依靠部门立法,负面影响很大,因为本来要通过改革打破垄断,但部门立法会强化自己的部门利益。其次要明确政府的公共职能,要解决政府转型当中的越位、缺位、错位的问题,要强化公共产品的供给和服务。同时要完善政府的行为监督机制,政府的公共权力的行使要透明,要形成政务公开的制度,发挥审计监察部门、媒体和人民群众的监督作用。要坚定不移地落实党的十七大提出的"确保权力正确行使,必须让权力在阳光下运行。要坚持用制度管权、管事、管人,建立健全决策权、执行权、监督权既相互制约又相互协调的权力结构和运行机制。"

继续解放思想　迎接改革开放 30 周年

（2008 年 4 月 1 日）

从 1978 年 12 月 18 日召开的党的十一届三中全会算起,我国改革开放即将进入 30 周年。如何纪念改革开放 30 周年呢？我认为应当按照党的十七大精神,以新的思想解放打破落实科学发展观和改革创新的观念和利益束缚,为全面推进改革营造良好的氛围。

一、过去 30 年改革的历史,是一部解放思想的历史

从基本国情和实践出发,而不是从本本和理论教条出发,是 30 年改革开放取得成功的关键。

1. 1978 年的真理标准大讨论和党的十一届三中全会的召开,突破了传统理论束缚,揭开了改革开放的序幕。对新中国成立以来根深蒂固、高度集中的计划经济进行改革,首先需要对旧观念进行突破。改革开放之初,如果没有对"两个凡是"的突破,我们很难想象会有后来的农村联产承包责任制,很难对城市国有企业进行改革。因此,这次大讨论所确立的实践标准,从根本上动摇了计划经济的"神话",为废除以阶级斗争为纲,确立以经济建设为中心,为启动经济体制改革开辟了前进的道路。

2. 1992 年以学习邓小平"南方谈话"为主要内容的解放思想大讨论,对确立市场经济体制目标起到了至关重要的推动作用。市场经济取向的改革虽然取得了一定的成绩,但并非一帆风顺。在改革进程中,姓"资"姓"社"的争论不断,反映了在重大理论问题上还认识不清楚。原来提出的有计划的商品经济、计划与市场相结合等,都是计划取向与市场取向的折中,反映了在改革的大方向上有重要突破,但仍不到位。这种状况如不及时改变,就会贻误改革开放时机。小平同志提出,判断改革开放姓"社"姓"资",标准应该主要看是否

有利于发展社会主义社会的生产力,是否有利于增强社会主义国家的综合国力,是否有利于提高人民的生活水平;计划和市场都是经济手段,不是社会主义与资本主义的本质区别;社会主义要赢得与资本主义相比较的优势,必须大胆吸收和借鉴人类社会创造的一切文明成果,包括资本主义发达国家的一切反映现代社会化生产规律的先进经营管理方式。没有这些著名的论断,很难想象我们今天能够在改革开放道路上走这么远。

3. 自党的十六届三中全会提出科学发展观至今,我国新一轮解放思想对确立全面改革的目标发挥了重大作用。进入新世纪新阶段,我国在经济快速增长的同时,民生问题比较突出。一些人开始怀疑市场化改革。近几年的市场化改革争论表明,没有思想解放的新突破,推进改革攻坚相当困难。党的十六届三中全会提出以人为本的科学发展观,党的十六届六中全会对构建社会主义和谐社会进行了全面部署。科学发展、社会和谐新理念,对改革提出了新的要求,党的十七大又提出以经济体制、政治体制、社会体制、文化体制在内"四位一体"的全面改革。

可以说,我国在改革开放道路上的每一次进步,都伴随着思想解放的实际进程。正如胡锦涛总书记在党的十七大报告中所指出的,解放思想是发展中国特色社会主义的一大法宝,改革开放是发展中国特色社会主义的强大动力。

二、新阶段解放思想,就是要把人的发展作为推进改革发展的基本方略

经过 30 年的改革,我国最大的变化是由以解决温饱问题为主要特征的生存型社会,转向以解决人的发展为主要特征的发展型社会。这其实是一个相当深刻和意义深远的变化,这一变化使得改革发展面临的矛盾和问题与改革开放初期发生了很大变化,解决这些问题必须进一步解放思想,超越过去的一些理念。我认为,新阶段改革发展,就是要从新阶段的客观实际出发,在新阶段,要完善社会主义市场经济,说到底就是要构建人民市场经济。

1. 改革发展为了人民。在过去的 30 年中,我们进行改革开放,解决的是人的生存需要。在那个时期,我们的经济处于起飞阶段,经济总量的增长非常重要,没有超常的增长很难叫做起飞。无论是过去的英国、德国、美国、日本,在经济起飞阶段,无不是以经济总量快速扩张为主要特征。在这种情况下,全

社会把注意力都放在搞 GDP 上,有其客观必然性。但是现在继续这样搞,就会出现两个大的问题:一是政府作为公共治理的主体,把注意力仍放在经济总量提高上,谁来解决资源环境这些日益突出的公共问题?二是随着经济社会发展阶段的提升,全社会全面快速增长的公共需求与基本公共产品短缺、公共服务不到位的问题比较突出,如果只把注意力放在经济总量的提高上,谁来解决民生问题?我讲人民市场经济,就是要正确处理政府与市场之间的关系,使政府尽快能够成为公共利益的代表,为人的发展创造条件,为公平的市场竞争创造条件。

2. 改革发展依靠人民。人民市场经济不是政府主导的市场经济。我们从计划经济中走出来,搞了 20 年的政府主导型市场经济,这是渐进式改革的结果,是过去成功的经验,但是放在发展型社会的新阶段,就很难适应现实情况。这就需要我们在更高的层次上超越传统的观念,不要因为 30 年的巨大成就沾沾自喜。如果不研究新情况,不清醒地适应新情况,过去的成就也许会成为下一步改革发展的负担。我认为人民市场经济的精髓在于改变了过去计划经济时代的"要我发展",实现了"我要发展",使人从工具性中解脱出来,恢复了人的主体性。新阶段如何继续调动人的积极性?就是要给人更大范围的自由、民主、人权,就是要把人的发展作为发展的本质。新阶段如何解决资源环境问题?就是使经济发展少依赖自然资源,多依赖人力资源。这就需要我们尽快使改革从经济领域拓展到政治、社会、文化等多个领域,按照党的十七大的精神全面推进改革,将人的发展制度化。

3. 改革发展成果由人民共享。人民市场经济是关照所有人的经济,是社会主义市场经济最本质的要求。小平同志将社会主义的本质概括为"解放生产力,发展生产力,消灭剥削,消除两极分化,最终达到共同富裕"。现在看来,实现共同富裕的目标相当艰巨。我国在经济快速增长的同时,城乡差距、区域差距、贫富差距逐步拉大,目前这一趋势还没有从根本上扭转。现在看来,宏观经济运行的压力与此密切相关,富人的消费已经趋向饱和,低收入群体的消费难以上去,我们实现由出口、投资拉动向消费、出口、投资协同拉动面临着实际困难。社会和谐也与此密切相关,没有形成一个巨大的中等收入者群体,使社会和谐缺乏基础。因此,应当充分估计,高度重视合理的收入分配体制在新阶段改革发展中的作用。不能简单地以为收入分配差距拉大有利于调动人的积极性。

三、继续解放思想，打造全面改革的良好氛围

党的十七大已经把全面改革的任务提出来了，党的十七届二中全会也对行政管理体制改革进行了全面的部署。但要真正把这些改革深入下去，必须最大限度地营造社会共识，以新的理论勇气和政治智慧去面对新的复杂形势。

1. 打破陈旧观念的束缚。新阶段的改革，需要有新的超越。尤其是我国进入以行政管理体制改革为重点的全面改革新阶段，行政管理体制改革与过去经济体制改革相比，所面临的形势更为复杂，涉及的范围更广。没有新的思想解放，改革很难顺利推进下去。在今年人代会答记者问中，温家宝总理多次强调解放思想的重要性。他先后引用两处名言古语：一处是"天变不足畏，祖宗不足法，人言不足恤"，一处是"周虽旧邦，其命惟新"，他还强调"解放思想运动将将永不停止，一直到中国现代化成功，到那时也还需要解放思想"。

2. 大胆突破过去的一些理论"禁区"。改革是前无古人的事业，就是要讲新话，讲老祖宗没有讲过的新话。如果有禁区，很难叫解放思想。邓小平已经说得很彻底了，经济领域里面姓"资"姓"社"的问题已经不需要争论了，还有什么可束缚的呢？我们谈思想解放，是说束缚我们思想，过去认为不能想、不能说的、不能做的事情。但这些事情恰恰是有利于社会进步和人的发展，有利于促进生产力的发展。现在说民主、自由、法治、人权、平等、博爱，有什么不能说的呢？社会发展到这个阶段，人的发展离开这些怎么行呢？建立决策权、执行权、监督权既能协调又能制衡的机制，这不是资本主义的专利。但过去都认为是禁区，只有解放思想后才能提出来。

3. 打破不利于改革发展的惰性。这几年，中央多次把 GDP 增长的预期压低，主要目的在于使地方从关注 GDP 中解脱出来，加快改革步伐，调整结构，转变经济增长方式。但是在地方层面反映如何？落后地区说我们处在跨越式增长的阶段，GDP 不增长怎么办？发达地区说我们的基础好，增长潜力大，有条件实现更快的 GDP 增长。另一方面，我们看到宏观经济的压力在增大，包括通货膨胀的危险，经济从偏快走向过热的危险。因此，我认为需要以新的解放思想创造新阶段改革的动力，打破沉溺于 GDP 增长的旧观念，打破不思改革的倾向。

继续解放思想　推动吉林振兴[*]

（2008 年 5 月 29 日）

很高兴来参加"继续解放思想,推动吉林振兴"的大讨论。感谢省委省政府的邀请,使我有机会跟大家见面,同大家交流,也是给了我一个学习的机会。吉林对我来说是有感情的,因为早在 20 世纪 50 年代我原来在第一机械工业部工作,1953 年随着当时常务副部长段君毅同志到长春第一汽车制造厂参加奠基典礼。1956 年我随黄敬部长来第一汽车厂验收,当时我还写了一篇文章就叫《在新技术面前》,就是一汽怎样掌握新技术的。去年,我带了 10 个人来到吉林省学习考察,主要调研长、吉、图的综合改革,特别是图们江的开放、开发问题。我们总是想为吉林、为振兴东北而做些事情。我来之前拜读了王珉书记的几次讲话。特别是今年 5 月 16 号他在吉林省委五次全会上的讲话和韩长赋省长在会上的总结讲话。省委关于解放思想、推动吉林振兴的大讨论的意见我也看了。另外也看了振兴吉林老工业基地的规划。看了这些材料,使我对吉林有了进一步的了解。今天我想讲两个问题。一是 30 年的改革开放是一个思想解放的过程;二是继续解放思想,推动吉林振兴。

一、30 年的改革开放是一个思想解放的过程

（略）

二、对"继续解放思想,推动吉林振兴"的几点建言

自改革开放以来,特别是 2003 年实施振兴东北老工业基地以来,吉林的

＊　这是高尚全同志 2008 年 5 月 29 日在"继续解放思想　推动吉林振兴"研讨会上发言的一部分。

经济社会发展很快,过去4年全省地区生产总值增长了近1倍,人均国民生产总值增长1.07倍,地方财政增长1.08倍,主要经济指标基本上实现了4年翻一番。变化很大、来之不易。但正如王珉书记所指出的,吉林省的发展变化还是初步的,相对落后依然是吉林的基本省情。王珉书记在5月16日召开的省委九届五次全会上指出,一些干部有"松一口气"、"松一把劲"的自满情绪,面对新矛盾新问题,许多同志还缺少创新思维和创新举措,解决起来站位不高、思路不宽、办法不多。韩长赋省长也提出,广东都要解放思想,吉林更要解放思想。省领导的决心很大,相信通过这次解放思想大讨论必将推动吉林经济社会的大发展。

解放思想有三个重点:第一是领导干部,第二是领导机关,第三是要亟须解决的问题。大家都知道,过去杨浦是上海比较落后的地方,现在经过解放思想、改革开放之后发展很快。因为他们注重发挥优势,一个是土地资源的优势,一个是人才资源的优势,杨浦有14所高等院校。杨浦区的领导在介绍经验时讲要有"四敢"精神:要敢于负责,敢于碰硬,敢破难题,敢担风险。我觉得"四敢"精神很重要,现在有的领导干部是权力最大化,责任最小化,权力抓在手里不放,责任推给别人,上推下卸,不想承担责任和风险。领导干部要解放思想就要发扬"四敢"的精神。

就吉林省解放思想、发展振兴,我提出五点建议:

第一,继续解放思想,要深化对以人为本这个核心的认识。党的十七大高举中国特色社会主义伟大旗帜,强调中国之所以有今天的发展壮大,原因就在于我们坚持解放思想,坚持走中国特色社会主义道路。2001年我曾讲过中国特色社会主义有五个特征。一是以民为本,这是中国特色社会主义的出发点和落脚点。二是市场经济,这是中国特色社会主义经济的运行基础。三是共同富裕,这是中国特色社会主义的根本目的。四是民主政治,这是中国特色社会主义的重要保障。过去有一句话是"当官不为民作主,不如回家卖红薯"。但是现在看来这个要求还不到位,应当是"老百姓自己当家作主"。五是中华文化,这是中国特色社会主义的内在要求。

在四川汶川大地震抗震救灾工作中,我们深深认识到"以人为本"这个核心的重大意义。在大地震一开始,中央政治局常委及时召开紧急会议,部署救灾工作;总理在第一时间奔赴第一线;10万军队、武警官兵冒着生命危险及时救灾;媒体原汁原味进行了报道;群众排着长队献血,血库都满了;救灾款之多,创历史纪录。没有喊什么政治口号,只是说只要有一线希望,就要拿出百倍的努力,把救人放在了首位。中国人民表现出了空前的团结,在哀痛之时还是民心平和,上下息息相通,生死与共。最重要的一个原因,就是我们的领导者不仅仅常怀忧民之心,更是身先士卒,体察民心,体察民情,顺应民意。在抗震救灾中,党的执政能力提高了,政府的公信力提高了,中华民族的凝聚力增强了,人民更团结了。我们建设中国特色社会主义就是要坚持人民的利益高于一切,一切为了人民,一切依靠人民,一切成果由人民来分享。从这个意义上讲,中国特色社会主义也就是人民社会主义。社会主义市场经济也可以说是人民市场经济。中国特色社会主义,就是在中国共产党领导下,马克思主义中国化的、与时俱进的、建立在人民本位基础上的社会主义。我们要坚持"人民本位论",建设和完善以人为本为核心的公民社会。

第二,继续解放思想,要鼓励全民创业创新,大力发展民营经济。王珉书记提出要大力推动民营经济腾飞,吉林也制定了民营经济三年腾飞计划,促进了民营经济的发展。但与发达省份相比,吉林还有不小的差距。吉林省的民营经济不够大,不够强,不够特。

大力发展民营经济,首先,要鼓励全民创业创新。30年的经验证明,人民是创造财富的主体,是落实科学发展观的主体。过去搞计划经济体制主体是政府,把老百姓纳税人的钱集中到财政,然后投入各个行业,制造手表、自行车、缝纫机,卖菜、卖肉都是国有国营的,当时认为这就是搞社会主义。但是世界的经验证明这种体制是不行的,是缺乏效率的。政府只能作为创造环境的主体,而不是创造财富的主体,创造财富的主体应该是老百姓和企业。原来的计划经济,政府作为主体,企业和老百姓是被动的。现在搞社会主义市场经济,老百姓、企业作为主体,从过去的"要我干"转变为"我要干",所以激发了内在的积极性,不用政府布置,自己千方百计来创业,这样老百姓就富起来了,政府税收也多了。浙江省去年的财税收达到3200多亿元,政府有了这个财力就可以为老百姓提供更多更好的公共产品和公共服务,形成良性循环。所以我们要鼓励老百姓创业创新。此外,现在中国人多,就业压力大。就业是民生之本,我们每年新增大量劳动力,给就业带来很大的压力,靠原有的渠道解决不了,必须以创业带动就业,使更多的劳动者成为创业者、创新者。

其次,创业创新要有"五千精神"。浙江人多地少、资源少、国家投资也少,为什么经济发展排在全国前列? 为什么老百姓的富裕程度排在全国前列? 为什么社会很稳定? 一个重要原因是浙江形成了民本经济。民本经济就是老百姓经济,老百姓看得见、摸得着,内在的动力充分的激发出来了。所以,我们要鼓励老百姓创业。这里有一组资料,浙江、广东、吉林三省民营经济发展七项指标对比中可以看出:

民营经济占全省经济的比重:浙江为 64.4%,广东为 43.2%,吉林为 38.8%;

国内 500 强民营企业数:浙江为 179 个,广东为 13 个,吉林为 2 个;

个体私营企业数万户占有情况:浙江为 225 户,广东为 342 户,吉林为 95 户;

个体私营企业从业人数:浙江为 1153 万人,广东为 1926 万人,吉林为 328 万人;

每户私营企业解决就业的人数:浙江为 16.9 人,广东为 8.8 人,吉林为 8.63 人;

民营经济税收收入:浙江为 2592 亿元,广东为 1775 亿元,吉林为 179.7 亿元;

民营企业税收占财政收入的比重:浙江为 80%,广东为 25.6%,吉林为 30%。

从七项主要指标可以看到吉林差距在什么地方,可以看到为什么浙江能够领先。更重要的是因为浙江有"五千精神":

一是"千辛万苦"去创业。市场经济要靠创业,要调动广大群众的积极性来创业,创业是基础。当然创业是要经过千辛万苦的努力。浙江省飞跃缝纫机集团是民营企业,老板是邱继宝,过去他是修理皮鞋的,但他不满足,他有内在的冲动,提出我为什么不能造缝纫机,于是他 300 块钱起家,开始制造缝纫机。为了推销,他去广交会,但是被拒之门外。他不灰心,不气馁,跑到罗湖口岸,看见一位香港老大妈过来就让人家帮忙捎了一本香港电话簿,靠着这本电话簿,他连夜找香港缝纫机推销商,正是他这种千辛万苦的精神使他成功了。对飞跃集团国家没有投入 1 分钱,但他解决了几千人的就业岗位,2007 年为国家上交 2.8 亿元的税收,还创汇 3 亿多美元。现在的飞跃集团产品出口

100多个国家,作为缝纫机大国的日本也进口了飞跃的缝纫机。飞跃集团的成功回答了为什么要创新,为什么要转变经济发展方式,为什么要创牌。如果我们光靠来料加工,八亿件衬衣才能换一架飞机。

二是"千方百计"来经营。市场经济没有经营不行,要经营首先要有理念,有人才,要提高管理水平。温州人,别人叫他们是"中国的犹太人"。温州人有个习惯,赚一分钱不嫌少,赚几万元钱不嫌多。他们靠弹棉花、修皮鞋开始创业,然后逐步升级制造业、第三产业。

三是"千家万户"搞生产。浙江通过专业市场,然后把产品分到千家万户,被称之为"块状经济",一个地区、一个镇或者一个乡一个村是一个产品,通过专业市场把生产组织起来。有销售渠道,有信息的来源,靠专业化协作,生产的产品很快就能占领市场。因此,浙江有些产品不仅是全国第一,甚至是世界第一。因为浙江实行了社会化生产和专业化的市场结合起来的方式,他们实行一家一个零件,一县一个品牌的块状特色经济,成本很低,效率高。

四是"千山万水"找市场。市场经济没有界限,哪里有人烟哪里就有市场。浙江人是不管山有多高,水有多深,他们都能跨越过去找市场。所以在全国都有温州人的市场。在国外,无论在北美还是在南美,不论在欧洲还是非洲,都有很多温州人的市场。意大利佛罗伦萨旁边一个镇上就有4万温州人在开拓市场。

五是"千头万绪"抓根本。在市场经济条件下政府如何定位是个首要问题。政府职能的本质是服务,是环境创造者,公共服务的提供者,人民权利的维护者。政府抓企业,越抓企业越死。政府要为市场主体创造公平竞争的环境,为老百姓致富服务,这就抓住了根本。浙江之所以有今天,跟"五千精神"是分不开的。我希望浙江的今天成为全国的明天。要鼓励全民创业、创新,把内在的动力激发起来、积极性激发出来。只有这样,才能使财富的源泉充分涌流。

再次,要通过"三创"大力发展民营经济。"三创"就是创业、创新、创牌。创业是基础,创新是关键,创牌是目标。这"三创"要有机地结合起来,最终要体现在创牌上,以便取得最大的效果。过去中国企业缺乏品牌,主要做来料加工,人家利用我们廉价的土地和劳动力,把污染留给我们。所以我们要转变经济发展方式,调整经济结构和产品结构。飞跃集团的成功经验就在于"三创"。在创业的基础上不断地创新,然后创造名牌。飞跃集团自主创新研发的缝纫机年产量,虽然不到总产量的 10%,却占了 90% 的利润空间。

第三,继续解放思想,要大力发展现代服务业。王珉书记提出吉林省要深入实施服务业跨越发展计划,加快发展金融、物流、中介等服务业,切实提高服务业在国民经济的比重。据统计,吉林省第三产业中新兴产业比重低于全国 14.8 个百分点。这说明吉林的现代服务业还存在着很大的差距。差距表现在"两低":一是现代服务业的结构层次比较低;二是金融和现代高端服务业的比重低。怎样迎头赶上?

首先,要大力发展金融、信息和创意服务业。因为这几个服务业正是知识、技术、人才高度集聚的服务业,也是附加值最高的服务业,是高端服务业的主要组成部分。克服吉林省服务业的"两低",就要优化服务业结构,发展金融和现代高端的服务业,同时要发展连锁经营、会展、物流、餐饮、酒店等服务业,使商流、物流、资金流更好地结合起来。如何发展现代金融服务业? 如何搞好金融创新? 我在斯坦福大学当访问学者时,重点研究了硅谷成功的经验,找到一个案例,一个浙江人叫朱敏,在斯坦福大学获得博士学位后留在硅谷创业,只有 500 美元起家。"9·11"以后大家不敢坐飞机,朱敏的理念就是通过 IT 技术跟亚洲、跟欧洲签订合同进行交易。这个理念受到了风险投资者的欣赏。风险投资者第一笔给他 700 万美元,第二笔给他 2500 万美元,第三笔又给他 2500 万美元。朱敏成功了,公司上市后的市值是 15 亿美元。这就是创意理念与风险投资结合的结果。朱敏变成了亿万富翁,风险投资者等到了巨额的利润,政府没有费劲却得到了大量的税收,并为老百姓创造了就业机会。理念很重要,理念会变成财富,而且是巨额的财富。

其次,发展现代服务业要与吉林的制造业、人才比较优势结合起来。吉林有加工制造业的优势,基础很好,增长很快,同时又有人才优势。全省有 40 多所高校,各类科研机构 600 多个,人才资源的总量达到 140 多万人,高于全国平均水平的 3.3%。发挥好这两个优势对吉林经济社会的发展起着关键性的作用,对推动吉林的振兴有着极其重要的意义。因此,我们要解放思想,推动体制创新,要依靠有优势的加工制造业,依靠人才科教的优势,促进与现代服务业的融合。这是加快研发、设计、技术服务等高端服务业和生产服务业发展的一条有效途径。上海杨浦初步实现由传统杨浦向知识杨浦的转变,利用了人力、科教的资源优势。杨浦一个区有 14 所高校,100 多家科研院所,他们通过资源整合逐步形成了"三区联动",即区校联动、市区联动、军地联动。杨浦区与高校共建了复旦、同济、上海理工大学三个国家级的大学科技园区、一个国家级的软件园区,有 3000 多家创新型的中小科技企业集聚在大学周边。杨浦区与同济大学共建了"杨浦同济知识经济圈",形成了创意与设计产业、国际工程咨询服务业、绿色环保科技产业三大产业的集群,形成了设计一条街,实现产值 300 亿元。这个经验,值得重视。长春市加工制造业有优势,也有人才科教的优势,要使两者更好地融合起来,这是一个重要的课题。

第四,继续解放思想,要在"山、水"上大做文章。吉林省有生态自然的优势,是全国生态建设试点省。长白山拥有丰富的动物、植物和优质的矿泉水资源,油页岩、硅灰石储量居全国第一。吉林与朝鲜、俄罗斯接壤,有图们江等水利资源。去年我重点了解了图们江开发的情况。在这方面吉林省做了很多工作,但还不到位,潜力很大,可做的文章很多。吉林要解放思想,必须努力提高开放度和开放质量。

一要加大图们江开放开发力度。图们江开发意义重大,是东北亚经济发展的一个重要增长点,要将其提高到国家发展战略的高度来对待。建议尽快建一个国际自由贸易区。这个贸易区不只对吉林,同时对辽宁、黑龙江、内蒙古,还对蒙古、朝鲜、俄罗斯的发展都有益处,要组织得益的省和国家共建自由贸易区。去年我到日本参加一个会议,日本、韩国、蒙古都很关心图们江开发,因为自由贸易区建设对大家都有好处。希望在省委、省政府领导下,成立专门机构,把图们江开发开放设计好、运作好。

二要建立生态经济圈。吉林有世界闻名的长白山,要建设有特色的生态旅游区和有特色的生态城市。近日,通化被正式命名为中国医药城,通化围绕医药来发展,有了自己的特色。吉林有三宝,尤其是吉林的人参非常有名,但我们的人参深加工落后,许多只能做原料出口到国外,没有充分发挥人参的资源优势。要围绕人参做好文章,做足文章,变成品牌产品,创建吉林人参品牌。我于 1990 年去海南调研时,对海南的改革开放和开发曾讲过十条意见,其中第一条就是海南如何发挥优势,创造有特色的名牌产品。例如椰汁饮料,不仅海南人能喝,而且行销到全国。首先在北京占领市场,进入大会堂和钓鱼台。后来,椰汁被钓鱼台、人民大会堂定为国宴产品,成为名牌,一年有几十亿元的订单。吉林可以参照"海南椰汁"的发展路径,在人参上做大文章。要加大投入,依托现有科技力量,进行集中攻关,科学加工,提高附加值,把人参做成名牌产品。要开发人参饮料,利用长白山优质的矿泉水加工成高级的饮料,创建长寿牌或长白山饮料,可以提高免疫力,延长寿命。也可以通过人民大会堂、钓鱼台进行推广,使更多的人品尝,让吉林人参、人参加工制品走向全国乃至世界。

第五,继续解放思想,努力实现基本公共服务均等化。我们要建设公共服务型政府,调整公共财政支出,向基本公共服务倾斜。在这方面,要把握这几点:

(一)基本公共服务均等化是实现社会公平正义的关键。当前,我国在努力建设社会主义和谐社会的进程中,面临的重大挑战在于地区间和城乡间发展不平衡、不同社会群体之间的收入差距偏大、资源环境约束增加、内外需失衡、投资消费结构不合理等问题。这些问题又都与我国当前存在的两对突出矛盾密切相关:一是居民日益增长的公共服务需求与公共服务总体供给不足、质量不高之间的矛盾;二是市场经济体制逐步建立完善对政府职能的新要求与政府职能转变缓慢之间的矛盾。因此,强化政府的公共服务职责,加快实现基本公共服务均等化,是促进社会公平正义的关键,也是建设社会主义和谐社会的重要路径。

(二)基本公共服务均等化是统筹城乡协调发展的内在要求。吉林省是农业大省,农业有优势,但是我们在分享基本公共服务当中城乡差别很大。农民要获得义务教育、公共卫生和基本医疗、基本社会保障、公共就业等基本公共服务,缺乏刚性而长效的制度保障和体制保障,导致农民的收入水平、生活质量、健康水平、受教育程度及其由此决定的发展机会和发展能力与城镇居民相比日趋显著的差距,而且这些差距持续扩大的趋势尚未从根本上扭转。如果广大农村没有基本而有保障的基本公共服务,就不能造就新农村建设要求的新农民,也就难以实现生产发展、生活富裕、乡风文明、村容整洁和管理民主的新农村建设目标,也不可能从根本上保障农村社会的公平正义、和谐安康和繁荣稳定。所以要通过城乡协调发展,使城市和农村共享均等化,对促进农业生产解决"三农"问题,建设社会主义新农村都有重要意义。

(三)实现基本公共服务均等化必须加快服务型政府的建设。要转变政府职能,由过去的管制型政府转变成一个服务型、法治型的政府,有责任的政府。政府的本质就是搞服务。千条、万条,服务是第一条。所以要树立服务意识,加快服务型政府建设。另外就是财政,过去我们的财政是建设型财政、吃饭财政。我们既然要建设服务型政府,既然要实现基本公共服务均等化,就要改革财政体制,使财政变成公共服务的财政,实现经济建设型财政向公共服务型财政的转变,调整财政支出结构,把我们的主要力量、主要的财政资金投入到基本公共服务领域。只有加快财政体制改革,才能使基本公共服务均等化落到实处。

解放思想要有披荆斩棘的勇气

（2008 年 9 月 25 日）

改革开放以来，"观念先导"是一个长盛不衰的话题。而用创新的观念引导中国现代化建设，引导中国特色社会主义建设，更是成为全党、全国人民的共识。每当改革处于重大转折时期，人们总期待有新的观念统领着去开拓新局面；每当经济社会发展取得辉煌成就时，总忘不了浓墨重彩地记下具有先导意义的新思想、新观念的一份功劳。

具有先导作用的新观念从何而来呢？是从解放思想中而来，是从思想大论战中而来。改革开放的 30 年，就是各种观念冲撞、嬗变的 30 年，就是思想解放、观念更新的 30 年。波澜壮阔的改革开放时代潮流，以不可遏止的力量洗刷着传统的体制与机制，并迅速改变着中国的面貌、中国人民的面貌和中国共产党的面貌。而发生这一翻天覆地变化的根本原因之一，就在于我们通过一次次的思想大论战，辩明了真理，创新了理论，以创新的思想、创新的观念，引导着全党全国人民开辟出一条中国特色社会主义伟大道路，创造出经济社会发展的辉煌成就。可以说，党的十一届三中全会以来的 30 年，中国的发展基本上都是围绕着一条主线，即思想解放与改革开放。过去 30 年改革的历史，就是一部解放思想的历史。

思想解放的力量

为什么我们党总是把解放思想作为改革开放的先导工程呢？是因为思想是能促进事业成功的一种潜在的力量，解放思想就能充分发挥思想的潜能。

刘勰的《文心雕龙》一书就十分形象地描述了思想观念的力量，"思接千载；悄然动容，视通万里；吟咏之间，吐纳珠玉之声；眉睫之前，卷舒风云之色；其思理之致乎。"一蹙眉间，思想就跨越了千年时空，视野就延及万里景象。

就此而言,人的思想还真是可以无所不至。在一定的时间内,人的行动只能局限于一隅,但任何时候,人的思想却可以神游八荒,精骛四极。光速足够快吧?可人一眨眼,思想已经在日月间打了个来回。天空足够广吧?可人一动心,思想已经在九天外游了个上下。挟泰山而越北海,何等大的气势;舞日月而吞天地,何等宽的胸襟!

人可以不行动,不说话,但不能不思想。生有尽而思无涯。人类的延续不仅是生命,而且是思想;社会的进步不仅是物质,而且是精神。人可以不行动,不说话,但不能不思想。在一定的时间内,人的行动只能局限于一隅,但任何时候,却束缚不住人的思想。现代京剧《红灯记》里,李玉和在狱中唱道:"休看我戴铁链锁铁镣,锁住我双手和双脚,锁不住我雄心壮志冲云天。"就是这个道理。一个人的生命可以被摧毁,但一个人的思想光芒却无法掩没。正如夏明翰在牺牲前大义凛然地所写,"砍头不要紧,只要主义真。杀了夏明翰,还有后来人",也是这个道理。

毛泽东曾有一个形象的比喻——精神原子弹,把精神——思想的力量比拟成具有"原子弹"一般的威力。许多时候,思想所发挥出的威力甚至比"原子弹"还大。改革开放之初,邓小平对世界格局的认识提出了一个新观念——"和平与发展"。现在看来,这个观念太简单不过了,但却反映了我们党对世界趋势的大转折。也正是这个看来简单的观念,改变了我们"千万不要忘记阶级斗争"与"时刻准备打仗"的观念,为汹涌而来的改革开放提供了理论基础。既然世界大势是"和平与发展",我们何必还要紧张兮兮地只忙着磨刀擦枪呢?正是这个对形势的新判断,促使全党全国人民埋下头来,一心一意抓经济建设,努力寻找和平发展的道路,从而在扩大对外开放的基础上实现了中国在世界舞台上的和平崛起。

一个受到桎梏的思想,是僵化的、保守的,其想象力退化、创造力萎缩。

一个地区思想僵化的后果是体制的落后、观念的陈旧、社会生活的凝滞。

观念更新,万两黄金;观念更新,与时俱进。个体观念更新,改变命运,政党观念更新,永葆先进性。在当今激烈的社会竞争中,个人也好,政党也好,国家也好,民族也好,只有在解放思想进程中大更新、大革命,才会有科学发展的大思路、大决策、大提速。

回顾改革开放的历程,我们不难理解,为什么鼓动改革风帆破浪远航的,永远是解放思想的浩浩长风！为什么催发真理之树枝繁叶茂的，只能是破除迷信的滚滚春潮！

改革的时代必定是思想充分解放的时代。社会快速发展的时代必定是思想高度活跃的时代。哲学家告诉我们"社会文明程度的一个重要标志，就是思想解放的程度。"无数的先哲圣祖，志士仁人，生命早已化作一缕轻烟。而他们的思想却星辰般地闪耀在历史的天空，照耀着人类探索真理的漫漫长路。

思想解放需要观念更新

原子弹爆炸为什么会产生强大无比的力量？科学家告诉我们，原子弹的爆炸是通过强力撞击原子核使之裂变，从而爆发出强大的力量来的。其实，精神原子弹的威力也是如此，是在外力的强大作用下，把精神潜能充分激励出来。解放思想，某种意义上就是让各种思想观念发生大撞击，把思想的原子激活起来。

中国的春秋战国时期，是思想观念大碰撞的时期，也是诸子百家产生的时期。也许，最初的诸子还只是具体的个人，之后的百家，都是由这些睿智的诸子在观点的交锋中形成的一个个学术流派。由此而言，新思想、新观念不仅来自有先进思想的个人心中的灵感，还来自各种观念碰撞产生的火花。改革开放时期，是新思想、新观念层出不穷的时期，也是思想大论战的时期。改革开放几乎每走一步，就有新旧观念激烈斗争。往往，新观念占上风，改革开放就有新气象，旧观念占上风，改革开放就会在歧路徘徊。

一般来说，激活思想原子的大撞击来自两个方面：一是大势所趋，即瞬息万变的形势对思想的冲击；二是社会相互对立观念的交锋，或者说新旧思想的碰撞。

形势的急剧变化对思想观念的冲击波也是十分巨大的。因为人们的行为总是根据自己对形势的变化形成的新观念，对发展形势的新判断，最后也会转化为思想的冲撞与交锋。即新判断与旧判断的冲撞与交锋。

倡导解放思想，就是给各种思想观念提供一个相互撞击的机会。改革开放就提供了这样的机会。因为中国特色社会主义道路是一条创新的道路，在社会主义搞市场经济也是一个全新的尝试，这与过去的许多做法不同，在邓小平关于"摸着石头过河"、"大胆试，大胆闯"的激励下，于是有了发展模式的百家争鸣与百花齐放。解放思想,就是通过各种思想的撞击,使传统观念得到尽快更新,同时,也通过各种思想的撞击,使新思想像原子弹那样发生巨大的裂变。

在现实中,当社会上出现了一些思想论战,有人就马上紧张起来,甚至把一些与己相悖的观点视为洪水猛兽,这其实大可不必。有一句话说得好,真理越辩越明。一些看似针锋相对的观点也总是从相反的方面启迪与补充正确思想;一些思想的火花、一些真知灼见,往往就是在大论战中产生;一些创新的观点往往就是通过思想论战喷涌而出的。让思想在学习中解放,让观念在碰撞中更新——这是自改革开放以来出现的思想大论战给我们的一个宝贵启示。当然,解放思想过程中所需要的观念碰撞,是一种积极的碰撞,一不是怀着私心,二不是像"文化大革命"时期那样动辄"戴帽子"、"打棍子",靠相互攻击甚至辱骂致胜。而是摆事实、讲道理,给各种观点自由辩论的空间。毛泽东有句名言,让人说话,天不会塌下来的,不让人说话,天迟早会塌下来。改革开放,我们不要害怕有与自己相左的观点,更不要因为有某个与自己相悖的观点而紧张兮兮。要想让对方心悦诚服,就必须与之据理力争。如果一味想掩盖分歧,让反对的观点处于长久的压抑中,则会积攒更猛烈的反对的力量。

很庆幸,我们遇到了一个政治民主的新时代。在当今,允许社会就某些重大问题进行大讨论,让大家各陈己见,被视为民主政治之常态,这是对领导者民主、开明的最好证明。正如《学习时报》上一位学者所说,"各陈己见,不仅是不同群体利益关切和诉求争相表达的生动写照,也是当代中国社会矛盾日益复杂、利益诉求日趋多元化的具象缩影""一个有活力的制度,是不同声音都能够在公共机构中得到充分表达的制度。民主,意味着对差异的包容。'我不同意你的观点,但我誓死捍卫你说话的权利。'只有在讨论过程中各种观点充分交流,有畅通的制度出口,才能真正体现民主的内在要求。"在这样的宽松的民主氛围中,我们没有理由不解放思想,没有理由不产生创新理论。也正是在这种宽松的民主氛围,才会不断产生里程碑式的马克思主义中国化的创新理论,才会有中国特色社会主义的创新实践。

解放思想,要有披荆斩棘的勇气

不过,有一点必须使每个坚持改革的志士们明确的,即解放思想并不是在清风朗月下漫步低吟,更不是在春和景明中听莺歌燕语。解放思想是一场不见硝烟的激烈斗争,必须要做好披荆斩棘的准备。

我们说,"解放思想"是改革开放的先导工程。何谓先导,就是披荆斩棘打冲锋,可能要经历一场场新旧思想的较量。纵览历史上古今中外所进行的改革,无一例外地都付出过沉重的代价,甚至有人为之流血牺牲。清朝维新变法的先锋谭嗣同因坚持改革而遭厄难,临刑时曾说:"各国变法,无不从流血而成。今中国未闻有因变法而流血者,此国之所以不昌也。有之,请自嗣同始!"古往今来,环视中外,凡是那些载入史册,彪炳千秋的解放思想运动,有哪次是在如同绘画绣花、饮酒喝茶般的温文尔雅中落下帷幕的。哥白尼、商鞅、王安石、谭嗣同、李大钊,都为追求真理和倡导新的思想观念作出了巨大牺牲,甚至献出了宝贵的生命。

如果我们能够认识到解放思想的艰难性,就不难想象,当年朱镕基总理为什么会说出那样的话来——"不管前面是地雷阵还是万丈深渊,我将勇往直前,义无反顾,鞠躬尽瘁,死而后已"。就不难想象,温家宝为什么在连任总理之际,强调王安石的"三不足"——天命不足畏,祖宗不足法,人言不足恤(这里,在括号里讲点题外话。曾有人对温家宝引用王安石的"三不足"表示异议。认为提"祖宗不足法",就是不要老祖宗了。其实,这是对中国文字的不懂。祖宗之法不足学,其实是有特殊含意的。是指祖宗定的一些规矩,已经不合时宜了,不能照搬。与不要老祖宗完全是两回事。现实中,我们的生活方式与思维方式已经完全迥异于老祖宗。如果还照用老祖宗一套,不仅不适用,而且还贻笑大方。还有人攻击说,人言不足恤,就是不听人民群众的意见了。这顶帽子也够大的,这同样是没有道理。在"人言不足恤"的人也是特指的,是指那些反对改革的一些人,而非所有人啊!那些喜欢做文字游戏的人为什么不咬文嚼字地考证一下呢)。

《国际歌》里对"解放思想"的表述,是用"冲破牢笼"来比喻的,以之说明旧思想、旧观念的桎梏是何等严重,要冲破不是那么容易的事情。解放思想虽然没有刀光剑影,往往就是一场不见硝烟的战争。在解放思想过程中,既要跟自己的旧思想作斗争,又要跟别人的旧思想作斗争。尤其是跟自己的旧思想作斗争,要克服旧思想形成的习惯势力,对自我进行否定,就像破茧化蝶那样,是个最为痛苦的过程。有的人,为了维护自己的思想,甚至可以置生命于不顾。过去人们常讲"思想改造是一辈子的事情",这是对一个人而言,对整个社会亦是如此,在改革开放的伟大进程中,固然我们享受了思想大解放的"红利",但在前行的道路上,新的束缚和禁锢也在生成,新的问题和矛盾也在变化,这样的"红利"我们还能享用多久?当一个个思想的新"牢笼",成为我们继续前进、"又好又快"发展的绊脚石,继续发展必然呼唤新的思想解放,要求我们再一次砸碎"牢笼",放飞思想的自由。

新一轮的思想解放,尽管仍然是社会主义制度的自我完善,没有血雨腥风,但也绝不是一帆风顺就可以完成的。新旧思想之间的较量,不同体制之间的碰撞,利益集团之间的博弈,都涉及政治权力的再分配,物质利益的再分配,社会关系的再调整。当前一些陈旧观念的冒头,思想理论间交锋的日趋激烈,以及改革进入攻坚阶段所遇到的阻碍,已经让许多人都意识到,新一轮思想解放的任务十分艰巨。这些使我们面临着一系列不确定性和风险,都需要解放思想,从而冲破陈腐观念的羁绊、破除过时体制的束缚,开创中国特色社会主义的崭新道路。

新一轮思想解放高潮里我们该如何作为

在党的十七大,胡锦涛强调,要继续坚定不移地把改革开放的伟大事业进行到底。并提出"坚持解放思想、实事求是、与时俱进,勇于变革、勇于创新,永不僵化、永不停滞,不为任何风险所惧,不被任何干扰所惑,使中国特色社会主义道路越走越宽广,让当代中国马克思主义放射出更加灿烂的真理光芒。"为贯彻落实科学发展观,在中国大地上掀起了新一轮思想解放高潮,也开始了新一轮的先导工程。

在新一轮思想解放的高潮里,我们应该从三个方面着力——

一要打破陈旧观念的束缚。新阶段的改革,需要有新的超越。尤其是我国进入以行政管理体制改革为重点的全面改革新阶段,改革与过去经济体制改革相比,所面临的形势更为复杂,涉及的范围更广。没有新的解放思想运动,改革很难顺利推进下去。

二要大胆突破过去的一些理论"禁区"。改革是前无古人的事业,就是要讲新话,讲老祖宗没有讲过的新话。如果有禁区,很难叫解放思想。我们谈思想解放,是说束缚我们思想,不能想、不能说的、不能做的事情。但这些事情恰恰是有利于社会进步和人的发展,有利于促进生产力的发展。现在说民主、自由、法治、人权、平等、博爱,有什么不能说的呢?社会发展到这个阶段,人的发展离开这些怎么行呢?现在搞行政管理体制改革,搞大部门制,决策、执行、监督三者分离不是资本主义的专利,只有分离才有利于建立监督和约束机制。但过去都认为是禁区,只有解放思想后才能提出来。

三要打破不利于改革发展的惰性。这几年,中央多次把国内生产总值增长的预期压低,主要目的在于使我们从片面关注国内生产总值中解脱出来,加快改革步伐,调整结构,加快经济发展方式转变。但是,落后地区说我们处在跨越式增长阶段,国内生产总值不增长怎么办?发达地区说我们的基础好,增长潜力大,有条件实现更快的国内生产总值增长。另一方面,我们看到宏观经济的压力在增大,包括通货膨胀的危险,经济从偏快走向过热的危险。因此,我认为需要以新的解放思想创新阶段改革的动力,打破沉溺于国内生产总值增长的旧观念中,不思改革的倾向。

解放思想,核心就是要我们把既有的发展方式,统领到科学发展轨道上来。在科学发展面前,我们没有任何骄傲的资本。科学发展全国统一起跑,谁先解放思想,谁先抢占先机,谁就会抓住机遇、拥有主动权。当然,抢先发展,在发达地区,问题也会暴露得更早、更明显,矛盾也会表现得更尖锐、更激烈,这就更需要我们解放思想,用更短时间更多实践,掌握好科学发展这把金钥匙。

回首过去,中国经济改革的成就灿烂辉煌;展望未来,改革任务仍然艰巨,但前景光明。建设中国特色社会主义是一项全新的事业,没有现成的经验模式可供我们借鉴,需要广大理论工作者和从事实际工作的同志不断进行探索和创新。时进我进才能与时俱进。如果我们要超越30年的那段辉煌,再一次体验豁然开朗的思想心智与风云际会,再一次创造让中国在世界和平发展的奇迹,那就让我们的思想再一次冲破牢笼,从做解放思想先行者,当科学发展排头兵开始,让每个人的内心深处迸发思想的火花,让每个人都成为思想解放的先行者,坚定不移地把改革开放的伟大事业进一步推向前进!

改革进程与新阶段的改革创新*

（2008 年 11 月 1 日）

下面我就总结改革经验推进改革创新,谈几点自己的看法。

一、在过去的 30 年中,我国经济体制改革迈出了三大步,改革发展实现了三大历史性转折

30 年来,我国开启的渐进式经济体制改革创新,大致可以划分为"目标探索"、"框架构建"、"体制完善"三个阶段。

我国的经济体制改革,起初有一个历时 14 年的目标探索过程。从 1978 年党的十一届三中全会直到 1992 年党的十四大确立实行社会主义市场经济体制,这一时期是改革的启动和目标探索阶段,前后一共用了 14 年。改革首先从农村开始,逐步向城市推进;从开展改革试点,积累经验,再逐步推广;对外开放从兴办经济特区向开放沿海、沿江乃至内地推进。在农村改革方面,安徽等一些地区率先进行了家庭联产承包责任制、统分结合的双层经营改革试验,这一全新制度取得了巨大成功,随后推广到全国。在企业改革方面,开展了多种形式的国有企业扩大自主权试点,集体经济和个体经济逐步恢复和发展。随着改革取得巨大成功和人们对推进改革的共识逐步形成,1984 年 10 月,党的十二届三中全会通过《关于经济体制改革的决定》,确定社会主义经济是"公有制基础上的有计划的商品经济",改革的重点逐渐从农村转向城市,以搞活国有企业为中心环节全面展开。党的十四大确立社会主义市场经济体制的改革目标,党的十四届三中全会通过《中共中央关于建立社会主义市场经济体制若干问题的决定》,我国正式确立社会主义市场经济的改革方

---

* 这是高尚全同志在"中国改革的下一步:变化与选择"国际研讨会上的致辞。

向和基本体制框架。

在市场经济体制目标确立后,又经历了 10 年的制度框架构建阶段。这一过程是从 1992 年党的十四大到 2002 年党的十六大。在目标明确的情况下,体制改革创新取得多方面的成就:国有企业改革方面,党的十五大确立了以公有制为主体、多种所有制经济共同发展的基本经济制度。按照建立现代企业制度的方向,实施"抓大放小",积极推进国有企业改革和国有经济布局的结构调整。宏观管理体制方面,1994 年提出对财政、税收、金融、外汇、计划和投融资体制进行系统改革的方案。社会保障体系建设方面,逐步建立起社会统筹和个人账户相结合的养老、医疗保险制度,建立了失业保险、社会救济制度及城镇居民最低生活保障制度。

从 2002 年至今,又经历了 6 年的体制完善阶段。2002 年党的十六大提出到 2020 年建成完善的社会主义市场经济体制的改革目标。2003 年党的十六届三中全会对建设完善的社会主义市场经济体制作出全面部署。与此同时,党中央提出科学发展观和构建社会主义和谐社会的重大战略构想,作为深化改革的重要指导思想。自此,我国改革进入完善社会主义市场经济体制的新阶段。目前,新阶段改革创新也取得了明显的成就:取消了延续几千年的农业税,放宽了非公有制经济的市场准入,公共财政体制不断健全,国有商业银行股份制改革迈出实质性步伐,投资体制改革继续深化,社会保障体系不断完善。

尽管体制完善阶段尚未结束,我国从总体上应当说是实现了前所未有的三大历史性转折:一是成功地实现了从高度集中的计划经济体制到充满活力的社会主义市场经济体制的历史性转折;二是成功地实现了从封闭半封闭到全方位开放的历史性转折;三是在前两个历史性转折的基础上,实现了由生存型向发展型社会的历史性转折。

二、改革是决定当代中国命运的关键抉择,改革贵在于不断根据形势变化解放思想,以体制创新推动发展

尽管过去 30 年的改革进程中也出现了诸如收入分配差距拉大,甚至腐败现象比较严重的情况,但总的来说,由经济体制改革所释放出来的生产力,基本解决了 13 亿人从贫穷到温饱的问题,再到总体小康的问题。从这个意义上来说,我国的经济体制改革是一场前无古人的伟大变革。坚持社会主义市场经济改革方向,不断推动体制创新,是我国改革的基本特征。在30年的改革创新进程中,我们积累了许多宝贵经验,突出的有:

一是不断解放思想,推进理论创新。党的十一届三中全会提出改革开放,党的十四大和十四届三中全会明确社会主义市场经济体制,党的十五大、党的十六大在国有经济战略性调整、国有资产管理体制改革、非公有制经济的地位和理顺收入分配关系等一系列重大问题上,进一步作出创造性的理论贡献。党的十六大以来,党中央提出科学发展观和构建社会主义和谐社会的重大战略构想,成为深化改革的重要指导思想。实践证明,每一次思想解放和理论创新,都带来了改革实践的重大突破,推动着改革的不断深化和经济的快速发展。

二是坚持发挥群众首创精神,调动各方面参与和推动改革的积极性。注重充分尊重群众的首创精神,不断扩大社会公众的参与度,调动和发挥人民群众参与改革的积极性和创造性,努力把政府合理引导、积极推动与充分发挥群众改革创新的自主性、能动性有机结合起来。

三是坚持统筹兼顾,协调推进各项改革。我们注重把握"破旧"和"立新"的关系,不断消除深层次的体制机制障碍,建立健全适应生产力发展需要的新体制、新机制。坚持整体推进和重点突破相结合,在统筹规划的基础上注重协调配合,不失时机地实现改革的重点突破。在完善社会主义市场经济体制的新阶段,改革的统筹协调和整体推进的要求更加凸显。

四是坚持先行试点,先易后难渐进推进。由点而面、先易后难的改革推进方式,既控制了风险,又通过有效的推广机制使成功经验能够迅速普及,成为我国渐进式改革战略的重要经验,也是新时期推进改革开放、探索新的发展模式和体制模式的重要途径。

五是坚持以人为本,协调好各方面的利益关系。改革是促进社会和谐的强大动力,是社会和谐体制机制的构建和完善过程。通过妥善处理好改革过程中的各种利益关系,使广大人民群众能够共享改革发展的成果,达到以制度建设促进社会和谐、改善人民生活的目标。

六是正确处理改革、发展、稳定的关系。适时有序推进改革开放,把改革的力度、发展的速度和社会的承受能力有机结合起来,在保持稳定的前提下推进改革和发展,通过改革和发展促进社会稳定。

三、适应新阶段发展形势的变化,及时将改革创新的立足点转移到人的全面发展上来

发展为改革出题,改革推动发展,是过去 30 年改革的基本逻辑。进入新世纪以来,发展的主题与过去相比,有很大变化。一些过去在生存型社会不重要的因素,现在变得重要了,一些甚至成为影响经济社会发展全局的因素。比如说,经济总量的进一步扩张,面临资源环境的约束;再比如说,人在解决吃饭问题之后,还需要解决教育、医疗卫生、社会保障等发展型的问题。新阶段发展型的问题很多,但归根结底是人的全面发展问题。从制度安排上来解决人的全面发展问题,与过去抓经济相比,对改革的要求更高,也是全方位的。我们解决资源环境问题,需要加快推进资源要素市场化进程,但最终还是要靠劳动者素质的提高、科技创新,以人力资源替代自然资源成为经济发展的主要推动力。人的全面发展对政府的公共服务提出新的要求,过去 30 年中,我们没有足够的经济实力,没有来得及全面解决教育、医疗、社会保障、公共就业服务、基本住房保障等问题,新阶段需要系统地解决这些问题。人的全面发展,还包括文化的发展,包括政治权利的需求,也对文化体制改革,政治体制改革提出新的要求。因此,新阶段的改革,实质是以人的全面发展为目标,经济体制、社会体制、文化体制和政治体制在内全面的制度创新。我们所要建立的市场经济,实质是民本市场经济,需要从制度上全面解决经济发展为了人、依靠人,人民共享改革发展成果的问题。

新阶段要解放思想,进行改革创新,我认为就是要抓住以人为本这个核心,适应新形势,按照人的全面发展的新要求,不停顿地推进改革,使我们在各方面的制度完善起来。

继续解放思想 推动体制机制创新

（2008 年 12 月 8 日）

胡锦涛总书记在党的十七大报告中指出："解放思想是发展中国特色社会主义的一大法宝,改革开放是发展中国特色社会主义的强大动力"。在今年新年贺词当中他又强调说,今年将隆重纪念改革开放 30 周年,要继续解放思想,坚持改革开放,发展社会主义市场经济,发展社会主义民主政治,发展社会主义先进文化。就此,我想讲两个问题:一个是 30 年的改革开放是一个思想解放的过程;二是关于解放思想和体制机制创新的四点建议。

一、30 年的改革开放是一个思想解放的过程

中国改革前最突出的体制特征是政治、经济、意识形态三位一体,高度集中。由于这种体制是按照特定的意识形态建立的,因而没有意识形态方面的变化,任何改革都是难以设想的。正是在这样的背景下,1978 年前后中国开启了大规模的思想解放运动。

这次思想解放运动是以"真理标准"问题的讨论为核心。通过广泛深入地讨论,社会各界基本形成了"实践是检验真理的唯一标准"的共识。在这样的社会氛围下,1978 年 11 月中央工作会议邓小平发表了著名的《解放思想,实事求是,团结一致向前看》讲话,会议出现了多年不见的生动活泼局面,恢复党内民主、恢复实事求是优良传统成为主流,就一系列重大问题展开了一个多月的热烈讨论,完成了为其后召开的党的十一届三中全会的充分准备。因此,有充分理由说,党的十一届三中全会之所以取得了纠正"文化大革命"以及此前的一些重大错误,确立全党工作结束"以阶级斗争为纲"、着重转移到社会主义现代化建设,确立"解放思想,实事求是"的思想路线等重大成果,这次思想解放运动起到了至关重要的作用。特别是会议深刻汲取历史教训,强

调必须坚决保障宪法规定的公民权利,重申在思想政治生活中坚持"三不主义"原则,从而保证"解放思想,实事求是"不至于流于一般口号,真正成为党的思想路线,也为冲破传统意识形态束缚,探索改革理论和实践提供了现实的可能空间。

然而,党的十一届三中全会毕竟只是开启了中国改革的"闸门",改革的必要性主要是来自对计划经济体制弊端的认识,改革走向何方?改革如何深化?应该说并不明确。这种不明确是受传统意识形态的束缚。特别是把计划经济、单一公有制与社会主义直接划等号的传统理论影响,使得改革开放的具体进程不断面临姓"资"、姓"社"之类的挑战。因此,直到20世纪90年代初以前,我国虽然引入了商品经济概念和市场机制,但在实际上并没有放弃"计划经济为主"的指导思想。在这种情况下,进一步推进改革开放,必然要求进一步解放思想。这次思想解放是以邓小平1992年"南方谈话"为标志展开的。通过这次思想解放,评价改革开放的"三个有利于"标准深入人心,"计划经济不等于社会主义,市场经济不等于资本主义"的理念成为共识,为党的十四大确立"社会主义市场经济"的改革目标奠定了思想基础。此后,大规模的改革开放突飞猛进,初步形成了社会主义市场经济体制,推动经济发展进入了新的阶段。

我作为30年改革开放的经历者,先后参加过六个中央文件的起草,其中有三个是关于经济体制改革的决定。第一个是1984年10月党的十二届三中全会通过的《中共中央关于经济体制改革的决定》;第二个是1993年10月党的十四届三中全会通过的《中共中央关于建立社会主义市场经济体制若干问题的决定》;第三个是2003年10月党的十六届三中全会通过的《中共中央关于完善社会主义市场经济体制若干问题的决定》。这三个中共中央关于经济体制改革的决定,对推动中国改革起到了关键性的作用。结合参与的经历,我对30年我国改革开放做了初步回顾。30年改革开放有什么特点呢?我体会最深的有以下四点。

第一,30年改革开放的过程也就是解放思想的过程。每次改革开放的重大突破都是以解放思想为先导。只有解放思想,才能实现体制创新和理论创新,才能发展中国。改革开放使中国人民的面貌、社会主义中国的面貌、中国共产党的面貌发生了历史性的变化,这个巨大变化来之于解放思想,来之于改革开放。

第二,30 年的改革开放,邓小平同志和他的理论起了关键的作用。例如,当有人严厉批判市场化改革,计划经济回潮时,邓小平同志大声疾呼:"改革开放迈不开步子,不敢闯,说来说去就是怕资本主义的东西多了,走了资本主义道路。要害是姓'资'还是姓'社'的问题。判断的标准,应该主要是看是否有利于发展社会主义社会的生产力,是否有利于增强社会主义国家的综合国力,是否有利于提高人民的生活水平。"

第三,中国的改革开放是在党的领导下,主要是通过中央的重大决策、决定从上而下来推动的,同时通过改革开放的试验,自下而上逐步推开的。我们改革的目标是在改革过程当中逐步明确的。改革开放是为了解放和发展社会生产力,为了完善和发展社会主义,为了人民富裕起来。所以,改革为了人民,改革依靠人民,改革的成果应由人民来分享。

第四,改革开放中意识形态领域的争论很突出,围绕姓"资"姓"社"、姓"公"姓"私"的争论。匈牙利取消指令性计划没有先问一下姓"资"姓"社"、姓"公"姓"私",他们觉得不行就取消了。我们却要先问一下姓"资"姓"社",标准是停留在本本上,停留在老祖宗说过没有。例如搞股份制,有人说这是资本主义的,后来就去找经典著作上有没有?幸好,马克思对股份制有过论述,所以就有了勇气去推行。反过来看,假如老祖宗没有讲过,怎么办?我们对老祖宗的要求太苛刻了,哪能要求他预言一百多年以后的事情。30 年的改革开放,经验教训都很深刻,我们必须认真总结。

改革开放 30 年思想解放与实践的互动过程表明,坚持解放思想不仅是推进改革开放的先导,也是改革开放得以取得成功的重要法宝。解放思想的本质是坚持实事求是,不完全依据传统的或习惯的思想观念和思想方法观察和判断社会实践,而是根据社会实践的具体进程要求,与时俱进地进行理论探索和创新。因此,解放思想是一个伴随实践发展的一个动态过程,实践总是不断提出新的问题,要求人们不断解放思想,进行新的探索。历史已经证明,轻率地宣布某种判断的"唯一"正确是危险的,无限丰富的实践发展才是理论的最终裁判者。人类实践过程是无止境的,思想解放也应该是无止境的。

二、继续解放思想,推动体制机制创新的重点

解放思想有三个重点:第一是领导干部;第二是领导机关;第三是要亟须解决的问题。对于领导干部来说,我觉得"四敢"精神很重要,即要敢于负责,敢于碰硬,敢破难题,敢担风险。现在有的领导干部是权力最大化,责任最小化,权力抓在手里不放,责任推给别人,上推下卸,不想承担责任和风险。领导干部要解放思想就要发扬"四敢"的精神。就湖北省解放思想、发展振兴,我提出以下四点建议。

(一)要毫不动摇地坚持市场化改革方向

这次美国引发的金融危机席卷到全世界,它的影响之深,范围之广是前所未有的。这次金融危机的影响之深,我们现在恐怕还没有真正地感觉到。它不仅影响到世界的金融行业,影响到虚拟经济,而且影响到了实体经济的发展,影响到了社会生活,也影响到了人们的思想。我们注意到,在这次美国政府采取的相关救市政策中,采取了一些国有化的措施。于是,就有人说了,美国也在搞社会主义了,是美国特色的社会主义,认为国有化就是社会主义。在国内也有反映,有人说我们过去把市场作为配置资源的基础性作用是错的,现在国内出了那么多问题就是因为搞市场化搞坏的;有人认为我们市场化过了头,搞得乱七八糟;有人干脆说要回到计划经济,因为计划经济大家都有就业,环境保护得也好,没有污染,所以应该回到计划经济的老路上去。

面对这些论调,我们要有清醒的认识。国有化是否是社会主义? 正如诺贝尔经济学奖获得者斯蒂格利茨最近所说:"真正的社会主义是把普通人的利益、大众的利益放在第一位来考虑的。但美国的保尔森可不是这样的,他是拿纳税人的钱去救一小部分人,去救华尔街。这不是社会主义,这是操作主义。"我们回顾一下历史,德国的俾斯麦政府当年曾把铁路、烟草公司等收归国有,把国有化措施作为所谓"建立社会主义"。恩格斯对此曾深刻批判说,自从俾斯麦致力于国有化以来,出现了一种冒牌的社会主义,它有时甚至会堕落为某些奴才气,无条件地把任何一种国有化,甚至俾斯麦的国有化,都说成是社会主义的。显然,如果烟草国营是社会主义的,那么拿破仑和梅特涅也应该算入社会主义创始人之列了。不是任何形式的国有化都是社会主义的。希特勒也搞过国家社会主义,他通过国家的力量把企业和托拉斯国有化。纳粹

党提出"国家社会主义"的一个重要历史背景,是1929年的经济大恐慌,一些困难群体对现状不满,于是希特勒打着维护国家利益的旗号,以争取这些群体的支持。

面对当前国际国内的复杂情况,我认为,继续毫不动摇地坚持市场化改革方向尤为重要。

第一,从我国改革的历史来看,市场化改革的方向来之不易。市场化改革是我们30年改革的成功经验,是经过我们反复艰苦的探索得出来的结论,同时也是我们今后改革不能动摇的方向。我们过去认为社会主义就是国有化,计划经济是社会主义制度的基本特征,所以长期执行计划经济。1978年以前我们也搞过改革,但是没有找对方向,没有对计划经济进行改革。计划经济一个基本特征就是"统",通过中央部门来搞集中统一的经济,结果是一统就死。

1978年实行改革开放后,就开始在计划经济的基础上逐步实行市场调节,所以党的十二大提出了计划经济为主,市场调节为辅。为什么提计划经济为主,因为当时认为计划经济作为基本经济制度,所以必须要坚持,不能动摇。到了党的十四届三中全会觉得没有商品经济不行了,就提出了"有计划的商品经济"。我有幸地参加了这次中央决定文件的起草,按照我的调查研究,哪个地方搞了商品经济,哪个地方经济比较活,哪个地方群众就富裕得快。原来说"只有社会主义才能救中国",现在加一句,"只有商品经济才能富中国"。当时我们起草小组争论得也很激烈,最后中央反复征求各方面的意见,用了"有计划的商品经济"的提法。但是还是有争论,有的说,有计划的商品经济主要是强调"有计划",计划经济不能动摇。党的十三大提出来,"国家调节市场,市场引导企业",建立"计划和市场内在统一的体制",又进了一步。但是20世纪90年代初又回潮了,有些人开始批判市场化改革的方向,认为不是搞社会主义,是资本主义的。最后小平同志"南方谈话",讲到计划和市场都是方法和手段,社会主义有市场,资本主义有计划。根据小平同志南方谈话精神,党的十四大就明确提出来,我们改革的目标是建立社会主义市场经济体制。经过了这么多年的反复探索才明确改革的方向,所以我们不能动摇。

第二,从改革的实践来看,30年改革实践证明,市场化改革的方向是完全正确的。为什么今天中国有翻天覆地的变化,是因为改革开放的结果。改革开放实现了三个伟大转变:一是从计划经济转向社会主义市场经济;二是从封闭半封闭走向全方位开放;三是从贫穷落后迈向小康社会。这三大转变都不容易。30年来,我们的经济社会发展取得了辉煌的成就。这些成就是改革开放带来的,是市场化改革带来的,是让市场发挥配置资源的基础性作用带来的。

第三,市场不是万能的,要把市场经济与政府有效监管有机结合起来。市场也有失灵的时候,必须加强对市场的监管,没有一个严格的有效的政府监管,不可能是一个好的市场经济。在这次国际金融危机中,世界各国政府纷纷出手干预,这是现代市场经济国家公共政策与宏观调控应对经济衰退的通常做法,而不是像一些人认为的那样,是对市场经济的否定,更不能说,以后要靠行政的办法来配置资源。党的十四届三中全会提出,"建立社会主义市场经济体制,就是要使市场在国家宏观调控下对资源配置起基础性作用";到党的十六届三中全会《中共中央关于完善社会主义市场经济体制若干问题的决定》起草过程中,我参加了这个决定的起草,我提出几点意见:其一,这个"宏观调控"到底是市场经济的前提条件,还是市场经济的重要内容? 宏观调控当然是重要的,但是不能说是前提条件,我们要发挥市场的作用,不是要先宏观调控一下再发挥。其二,资源在市场配置的基础上发挥政府的作用,还是资源在政府配置的基础上发挥市场的作用? 其三,配置资源的主体到底是市场还是政府? 我认为是市场而不是政府。其四,谁来调控,调控的主体是谁? 国务院说我代表国家来调控,省市也代表国家来调控,到了县里也代表来国家调控,这样调控非乱不可。所以最后,党的十六届三中全会表述为"更大程度上发挥市场在资源配置中的基础性作用"。有人说市场化过了头了,因此要加强政府的行政管控。我们的要素市场到位了吗? 我们的行政垄断行业打破了吗? 还没有,还需要加强市场化的改革。现在我们总体上说不是市场化过了头,而是市场化还不足的问题。所以我想以后不管发生什么问题,不管有什么风吹草动,我们必须毫不动摇地坚持市场化改革的方向。

(二)鼓励全民创业创新,大力发展非公有制经济

第一,为什么要鼓励全民创业。一是因为人民是创造财富的主体,是建设和谐社会的主体,是落实科学发展观的主体。要激发社会的活力,首先要激发人民的创造力,人民群众的活力,这是一个基础。国有企业、国家银行、国家财政,这种三位一体的机制转不动了,不改是不行的,老百姓、企业成为创造财富的主体才可以,因此要鼓励老百姓创业。政府是创造环境的主体,是要把实现人民利益的最大化作为改革和发展的最终目的,使全体人民可以分享改革发展的成果。政府是创造环境的主体,人民是创造财富的主体,这两个主体不能错位。二是因为目前我国的就业压力很大。就业是民生之本,每年 500 万—600 万大学毕业生就业成为大问题,再加上其他新增一年 1000 多万的劳动力也要寻找出路,怎么解决? 仅靠原有的就业渠道是难以应付的,必须实施扩大就业的发展战略,提倡全民创业,以创业带动就业,使更多的劳动者成为创业者。

第二,全民创业要学习浙江人的"五千精神"。我经常去浙江进行调研,浙江为什么发展能发展到今天? 浙江人多、地少、资源少,国家投资少,为什么经济发展在全国排在前列? 为什么老百姓的富裕程度是全国前列的? 为什么社会稳定? 一个重要原因是因为浙江形成了民本经济,民本经济就是老百姓的经济,老百姓看得见摸得着。老百姓创业,自主创业。过去是"要我干",自主创业以后是"我要干",这两个一个是主动,一个是被动。财富创造多了,老百姓富起来了,政府税收和财政收入也多了,政府就可以为老百姓提供更多更好的公共产品,社会就和谐了。全国新增的 500 强企业里,浙江 2007 年增加了 14 个,全国第一。这些年浙江在发展民营经济方面走在了全国的前列,我总结出了"五千精神":一是"千辛万苦"去创业;二是"千方百计"来经营;三是"千家万户"搞生产;四是"千山万水"找市场;五是"千头万绪"抓根本。浙江之所以有今天,跟"五千精神"是分不开的。这个"五千精神"对全国其他地方也有着很强的借鉴意义。

第三,要努力通过"三创"来大力发展民营经济。要逐步转变发展方式,大力发展民营经济,搞好产业升级,我认为关键取决于"三创":就是创业、创新、创牌。创业是基础,创新是关键,创牌是目标。这"三创"要有机地结合起来,最终要体现在创牌上,以便取得最大的效果。过去中国企业缺乏品牌,主要做来料加工,人家利用了我们廉价的土地和劳动力,却把污染留给了我们。所以我们要转变经济发展方式,调整经济结构和产品结构。不少民营企业的成功经验就在于"三创"。在创业的基础上不断地创新,然后创造名牌。

第四,要大力发展金融、信息和创意服务业。因为这几个服务业正是知识、技术、人才高度集聚的服务业,也是附加值最高的服务业,是高端服务业的主要组成部分。湖北省要优化服务业结构,发展金融和现代高端的服务业,同时要发展连锁经营、会展、物流、餐饮、酒店等服务业,使商流、物流、资金流更好地结合起来。

(三)深化经济体制改革以打破行政垄断为突破口

经过 30 年的改革开放,尽管我国已经初步建立了社会主义市场经济体制,国有企业改革取得了很大进展。但是,以国有垄断为基础的格局并未根本改变,为此,深化经济体制改革必须以打破行政垄断为突破口。

第一,实现国有垄断企业股权多元化,允许非公有制经济进入垄断行业参与市场竞争。2005 年 2 月,国务院发布《关于鼓励支持和引导个体私营等非公有制经济发展的若干意见》(简称"36 条"),这是新中国成立以来,第一次以中央政府名义发布的鼓励非公有制经济发展的政策性文件。"36 条"明确规定了对非公有资本的"五个允许"和"两个鼓励":即允许进入垄断行业和领域,允许进入公用事业和基础设施领域,允许进入社会事业领域,允许进入金融服务业,允许进入国防科技工业建设领域;鼓励非公有制经济参与国有经济结构调整和国有企业重组,鼓励和支持非公有制经济参与西部大开发、东北地区等老工业基地振兴和中部地区崛起。"36 条"的发布和贯彻,为打破垄断、引入竞争创造了极为有利的条件,为实现国有垄断企业股权多元化提供了契机。

第二,推行"阳光政治",鼓励社会公众参与讨论和舆论监督。不可否认,在以往的国有企业重组中,确实存在一些问题。由于政企不分,为政府主管部门、企业经营者和出资人之间进行暗箱操作提供了可乘之机,由此导致国有资产流失,使国有产权制度改革受到质疑。国有垄断行业是特殊利益最为集中的领域,在股权多元化改革中,势必会引发新一轮的利益博弈,有可能出现新一轮的利益瓜分。对此,最有效的办法就是,方案公开,程序公正,社会参与,媒体监督,"让权力在阳光下运行"。

第三,破除行政权力的垄断,弱化政府对微观经济活动的干预。近些年来,在传统意识形态的保护下,强化了特殊利益集团的合法性基础,致使深层次的改革推进缓慢,甚至出现了一些体制复归的现象。政府的直接干预渗透到微观经济活动的诸多方面,不仅包括垄断行业的生产经营全过程,甚至涉及已经市场化的竞争性产业。这种行政权力的滥用,为政府官员的腐败行为提供了制度土壤,加剧了收入分配不公的格局,导致政府的公信力的下降。为了从根本上解决这一问题,政府必须转变职能。凡是市场主体有能力做好的事情,尽可能地将权力归还给市场主体,政府的主要职责是为市场主体创造公平竞争的环境。

(四)深化改革,促进武汉城市圈"两型社会"建设

国家确定在武汉城市圈和长株潭城市群进行"两型社会"建设综合配套改革试验,目的就是要为深化经济体制改革、为实现科学发展的体制机制建设积累经验、提供示范。"两型社会"建设综合配套改革试验是一项十分复杂而艰巨的系统工程,包括的内容很多,这里,我想重点强调以下几个问题。

一是合理界定资源产品和环境容量的产权,建立规范的产权交易机制。市场交易可以促使企业等市场主体形成内在的激励来节约资源、保护环境,但市场形成的前提是产权的有效界定。因此,应充分认识资源产品和环境容量产权界定的重要性,加快建立规范、有效的产权制度体系,清晰界定资源的初始产权,形成产权优化配置的市场交易机制。

二是形成统一开放、竞争有效的资源要素市场,建立圈域的环境保护合作机制。武汉城市圈包括9个城市,有各自的行政边界和独立的利益。为促进资源要素在各城市间以及圈域内外的合理流动,就必须真正以圈域的整体利益为重,抛弃那些容易造成行政性垄断和地区封锁的旧观念和做法,加快形成统一开放的资源要素市场。此外,环境问题的影响往往具有外溢性和流动性,难以靠某一个城市的力量单独解决,建立环境保护的城际合作机制也十分重要。在推进"两型社会"建设综合配套改革试验中,武汉与其他城市都应考虑如何建立有效的合作与协调机制,加强相互间的合作与交流。在这个问题上,合作的利益是远远大于各自为政的利益的,圈域内各主体的合作既是大势所趋,也是利益所在,是一个"共赢"的选择。

三是推进资源价格市场化改革,使资源价格充分反映市场供求关系、资源稀缺程度和环境损害成本。长期以来,我国粗放型经济增长方式难以根本转变,一个重要原因就是由于政府管制等原因,资源产品价格出现扭曲,不能真正反映资源稀缺程度和环境损害成本,更无法反映市场供求关系。过低的资源价格,必然导致对能源、矿产、土地、水等资源的过度使用,也不利于循环经济的发展。很多人担心,放开资源价格尤其是能源价格,会危及整个宏观经

济,会严重影响老百姓尤其是低收入群体的生活。这些担心不是完全没有道理。但是,从长远来看,扭曲的资源价格给我国经济和人民生活带来的危害远远大于价格放开造成的影响,我们完全可以通过对低收入群体进行补贴、调整国民收入分配格局等配套措施缓解价格放开可能带来的负面影响。

四是按照"两型社会"建设的要求,深化行政管理体制改革。推动"两型社会"建设及改革试验工作,政府发挥着重要作用。要进一步转变政府职能,把工作重点转向加强统筹协调、制定规则标准、实施市场监管、维护市场秩序、提供基本服务等方面。要加快改变以行政命令和指令性计划为主的资源、环境管理方式,更多地以税收、利率、价格、土地等经济手段进行激励,以发展规划、行业标准以及法律法规、制度规则等规范手段进行引导。建立决策前的资源环境影响评估制度,就政府重大决策对资源环境的影响程度进行科学评估。完善政府绩效考核和责任追究制度,将政府在推进资源节约和环境保护方面的工作和成效作为考核和问责的重要指标。

与此同时,要坚持统筹区域和城乡经济社会发展,形成有效的利益协调机制,妥善处理好圈内各市的关系,兼顾不同利益主体的利益诉求,形成圈内城市协作共赢、城乡发展一体化的局面。在改革的推进方式上,要紧紧围绕制约发展的突出矛盾和体制障碍深化改革,以改革促发展。要不断提高改革决策的科学性,增强改革措施的协调性,坚持改革措施的综合配套,有步骤、有重点地有序推进。

继续深化改革应坚持的几个原则[*]

（2009 年 2 月 10 日）

经过 30 年的改革开放，我国发展站在了新的历史起点上。推进新的发展，实现宏伟目标，仍然要以改革开放为动力。总结 30 年改革开放的丰富经验，可以提升我们的思想认识，得出今后进一步深化改革应坚持的一些原则。

坚持以解放思想为先导

我国改革前最突出的体制特征是高度集中。由于这种体制是按照特定的思想观念建立的，因而如果没有思想观念方面的变化，任何改革都是难以设想的。正是在这样的背景下，1978 年前后我国开展了以真理标准问题讨论为核心的思想解放运动。通过广泛深入的讨论，社会各界基本达成了"实践是检验真理的唯一标准"的共识。可以说，党的十一届三中全会之所以能够取得一系列重大成果，纠正"文化大革命"及其以前的"左"倾错误，把党和国家工作重心转移到经济建设上来，这次思想解放运动起到了重要作用。

党的十一届三中全会开启了改革的"闸门"，但改革走向何方、如何深化，当时并不明确。这种不明确主要是由于传统理论和观念的束缚，特别是把计划经济、单一公有制与社会主义直接划等号等理论的影响。在这种情况下，进一步推进改革开放，必然要求进一步解放思想。这次思想解放是以邓小平同志 1992 年的"南方谈话"为标志展开的。通过这次思想解放，评价改革开放的"三个有利于"标准深入人心，"计划经济不等于社会主义"、"市场经济不等于资本主义"的理念成为共识，为党的十四大明确提出建立社会主义市场经济体制的改革目标奠定了思想基础。此后，改革开放取得突破性进展，初步建

---

* 本文原载 2009 年 2 月 10 日《人民日报》。

立了社会主义市场经济体制框架,推动经济发展进入了新阶段。

改革开放 30 年思想解放与实践的互动过程表明,解放思想不仅是改革开放的先导,也是改革开放取得成功的法宝。今天,继续深化改革,必须坚持解放思想、实事求是、与时俱进,根据社会实践的进程进行理论探索和创新。

坚持尊重人民群众的首创精神

改革开放以来,我们探索形成了公有制为主体、多种所有制经济共同发展的基本经济制度,人民群众是创造社会财富主体的理念深入人心,从而使社会经济生活充满生机与活力。

始于 1978 年的农村改革,就是源于农民的自发性改革。我们党在深刻总结历史经验教训的基础上,对于农民的这种创新实践迅速给予了支持和鼓励。随着 1982 年中央"1 号文件"下发,大规模的农村改革迅速推开。继农村改革取得重大突破和成功之后,社会各方面的改革探索不断推进。一是以乡镇企业崛起为代表的江苏省苏、锡、常地区,形成了传统体制下的社队企业转型的苏南模式。二是以利用海外侨资发展加工贸易为主发展起来的珠江三角洲地区,形成了发展外向型经济的重要模式,并对进一步扩大对外开放产生了示范效应。三是基本按照市场机制发展起来的浙江温州的民营经济,展现出旺盛生命力和强劲发展势头,受到社会的普遍关注。四是以北京中关村为代表的民营高科技企业,融合了市场机制和知识密集的双重优势,展现了新经济因素孕育和成长的趋势。这些成功探索极大激发了人民群众创造财富的热情,并为建立社会主义市场经济体制创造了重要基础。

实践证明,从早期的长途贩运、搞活商品流通到个体服务商户的大规模发展,从允许私人雇工到私营企业快速发展,从农村社队企业"副业"补充到乡镇企业异军突起,从经济特区"来料加工"到"三资"企业迅速发展,改革开放每一个领域的突破、每一步的深化,都是尊重实践、尊重人民群众首创精神的结果。尊重实践、尊重人民群众的首创精神,是坚持党的思想路线的重要体现。今天,不断克服思想束缚和现实障碍,继续深化改革,妥善应对和处理各种新情况、新问题,必须继续坚持把人民群众的实践探索作为体制创新的重要基础。

坚持经济体制改革的市场取向

我国走向社会主义市场经济,是在探索和解决社会主义实践中所面临的一系列重大现实问题与矛盾的过程中逐步演进的结果,是尊重历史发展规律的正确选择。

改革开放初期,在计划经济中引入商品经济的概念,无论在理论上还是在实践上都是一个新命题。而在传统计划经济思想根深蒂固的情况下,要形成明确的市场经济理念并作为改革目标,只能随着实践探索的深入展开才能实现。不过,由于商品交换关系的总和就是市场,市场机制就是商品交换通过"看不见的手"指引来实现,商品经济在逻辑上必然会被现代市场经济所取代。我国改革开放要引入和扩大商品交换关系,也就决定了实际进程的市场取向。从农村土地承包经营的大规模推进到乡镇企业的崛起,从个体私营经济的发展到各种非国有经济的成长,多元化的市场主体不断发展壮大;从农副产品市场放开到一般消费品以至生产资料市场放开,市场机制的作用不断扩大。市场取向的改革极大地解放了社会生产力,提高了经济效率,增加了社会财富,使市场经济的理念逐步深入人心。1992年,党的十四大明确提出建立社会主义市场经济体制的改革目标,可以说已是水到渠成。

从1984年《中共中央关于经济体制改革的决定》出台到党的十四大,关于经济体制改革的表述不断深化,这反映了社会经济关系逐步演进的过程。这些不同时期、不同阶段的表述尽管有所不同,但其共同点都是为市场取向的改革开拓理论和实践探索的空间,因此经济体制改革才能不断突破传统理论和惯性思维的束缚,始终坚持改革的市场取向。正是这种坚持,为1992年中国经济体制跨越计划经济与市场经济的"楚河汉界"奠定了坚实基础。今天,我们应对新的问题和挑战,仍然需要这种坚持,需要不断完善社会主义市场经济体制。

坚持以对外开放推动制度创新

对外开放作为一项基本国策,不仅直接推动了我国社会由封闭半封闭走向全方位开放,而且始终与经济体制改革相伴前行、相互促进。20世纪80年代初沿海经济特区的创立,是我国对外开放的重大战略决策。尽管创立特区的初衷主要基于利用国外资金、技术并借鉴管理经验,但实际运行的结果对于整个经济体制改革的影响是深远的。

经济特区引入境外私人投资，发展合资、合作、外商独资企业，率先形成了多元所有制结构。同时，经济特区实行特殊的经济政策和经济管理体制，更多发挥市场调节的作用，大大加快了特区经济的市场化进程。此外，配合引入境外投资，经济特区率先进行了培育和发展土地市场、劳动力市场、资本市场的尝试。这样，经济特区就成为改革开放的实验场。它的成功不仅直接推动了整个沿海地区开放战略格局的形成，并最终促进了全方位对外开放，而且通过对整体经济的示范和传导作用，成为启动大规模市场取向改革的先导。

进入新世纪以来，以加入世贸组织为标志，我国不仅在融入国际经济循环中获得更加广泛的发展空间，而且在迎接经济全球化的机遇和挑战中获得体制创新的动力。我国清理和改革大量不合理的规章制度和法律，加快行政审批制度改革，政府行为进一步规范，推动经济体制不断完善。

坚持以人为本，使老百姓得到实惠

坚持以人为本，要求尊重每个社会成员物质和精神文化需求的正当权利。我们在改革初期就明确提出，我国社会的主要矛盾是人民日益增长的物质文化需要同落后的社会生产之间的矛盾，必须坚持以经济建设为中心，把实现共同富裕作为改革的最终目标。改革的起点和主要内容就是正确处理国家、集体（或企业）与个人之间的经济关系，使人民能够在经济发展的过程中得到实惠。农村承包经营责任制、企业利润留成和股份制的普遍推广，极大地调动了社会成员创造财富的积极性，推动了国民经济快速增长，扭转了社会供给长期短缺的局面，人民生活水平显著提高。

实践证明，坚持以人为本，使人民在改革发展中得到实惠，不仅是经济发展的根本动力，也是改革得以成功推进的坚实基础。当前，我国改革进入一个新的阶段，进一步完善社会主义市场经济体制、深入贯彻落实科学发展观、构建社会主义和谐社会成为新时期改革与发展的重大方针。几年来，中央在保障和改善民生方面作出了巨大努力，特别是党的十七大明确提出"努力使全体人民学有所教、劳有所得、病有所医、老有所养、住有所居"的社会发展和改善民生目标，充分体现了改革为了人民、改革依靠人民、改革成果由人民共享的精神。

新阶段改革尤其需要新的思想解放

（2009 年 11 月 4 日）

　　无论是经济增长方式转变还是适应社会需求变化的社会体制改革,最终都取决于政府自身建设与改革的进程。广东是改革开放的前沿阵地,责无旁贷应当率先实现改革新的突破,这就要有新思路,要有大魄力。真正把改革深入下去,大胆突破过去的一些理论"禁区",推进三个领域的改革。

　　这些年来,体制改革有进步,也有徘徊,关键是看各地有没有解放思想,把体制改革的试验和实践推进。我认为,当前的体制改革已经发生了时代变化,从 30 年转型与改革的历程看,中国发展方式转型的主要挑战不是经济社会本身,而是政府决策与政府转型。因此,应重点推进以行政管理体制改革为主线的政府转型。

　　目前,宏观调控体制多多少少还有计划经济的色彩,有必要建立市场化的宏观调控体制,增强中长期规划的科学性和约束性,同时,建立现代市场监管体制,确保市场监管的有效性等等。说到底,就是政府运用调控手段应慎之又慎,要充分适应市场经济规律。一个很令人担忧的现象是:我们喊了许多年的垄断行业改革,过去几年也有一定的进展,但一些行业在应对危机中出现明显的"国进民退"趋势,民营经济发展受到更大的冲击。再比如,高能耗经济和高碳经济赖以生存的最根本的体制基础,就是资源要素的行政控制和价格扭曲。这些都是不利于市场化改革的方面。

　　无论是经济增长方式转变还是适应社会需求变化的社会体制改革,最终都取决于政府自身建设与改革的进程。应当说,近几年政府改革有明显进展,但与经济社会发展需求相比仍有较大差距。例如,近年来政府在基本公共服务领域做了大量的工作,但从总体上来看,政府仍然是经济建设型的运作模式,中央和地方在公共服务上还没有严格的职责划分,地方政府的注意力仍然集中在追求经济总量的扩张上。我注意到,广州、深圳、顺德和珠海都在搞大部门体制改革,这个非常及时,对改革调整行政权力结构有重要意义。应当继续大胆探索建立公共权力有效协调与制衡的体制机制,基本形成行政决策权、执行权、监督权既相互制约又相互协调的权力结构和运行机制。

有人曾经提出,改革已基本结束。但这次国际金融危机对我国带来的冲击却再次凸显出改革的重要性。在我看来,改革不仅没有结束,反而面临更加艰巨的任务。我注意到一位记者用《高尚全的长项和长征》这一题目写了文章。但我认为,改革不仅仅是我个人的长征,更是我们国家的长征,应该说改革是无止境的。过去30年,改革取得了历史性的突破,但"万里长征才走了第一步"。未来30年,甚至更长的时期内,要推进发展方式转型,改革面临更重要的任务。广东是改革开放的前沿阵地,责无旁贷应当率先实现改革新的突破,这就要有新思路,要有大魄力。

真正把改革深入下去,必须大胆突破过去的一些理论"禁区"。从现在的情况看,突出改革的新思路,就是把发展方式转型作为主线,推进三个领域的改革:以经济发展方式转型为主线的经济体制改革;以适应社会公共需求转型为主线的社会体制改革;以政府转型为主线的行政管理体制改革。

既然新阶段的改革仍然要有新的超越,那么呼唤新的思想解放就不可避免。进入以扩大内需、构建消费大国为目标、以政府转型为重点的全面改革新阶段后,改革所面临的形势更为复杂,涉及的范围更广。如果没有新的解放思想运动,改革很难顺利推进下去。从这个层面来看,推进体制改革也好,转变发展方式也罢,都应当掀起新一轮的思想解放高潮。

解放思想　进一步深化国有林权制度改革

（2010 年 5 月 9 日）

伊春作为我国唯一的国有林权制度改革试点单位,拉开了我国国有林区林权制度改革的序幕。四年来,经过有关各方面的不懈努力,伊春初步找到了解决林区资源性、体制性、结构性、社会性矛盾的突破口,最大限度地激发和调动了社会各界参与林业建设的积极性和创造性,使森林资源发展潜力得到了充分的释放。伊春四年的林权改革成功实践,不仅使伊春林区的发展进入一个重要的历史拐点,而且将为全国林业,乃至农业的进一步深化改革和发展探索出一条新路,对深化农村家庭联产承包制和土地流转改革也有很强的借鉴意义。

伊春市在国有林权改革探索中,最关键的一点就是抓住了产权改革这个"牛鼻子",从而使其他问题迎刃而解。在困扰我国林业发展的各类矛盾中,体制性矛盾是根本症结所在。体制性矛盾主要表现为森林资源产权不明,产权主体和责任主体缺位,责权利严重不统一等。可以说,产权问题是国有林权制度下一步改革的核心问题。伊春按照现代产权制度的要求,始终把在国有林业领域建立起"产权明晰、责权明确、保护严格、流转顺畅"的现代产权制度作为改革的核心目标和关系改革成败的关键来抓,保证了林权制度改革过程的科学规范。

产权作为所有制的核心,林业发展要实现产权多元化、发展混合所有制经济,必须建立在归属清晰的基础上。产权不明晰,就没有内在的动力。过去我们是单一的国有经济,说是全民所有制,往往产权是虚置的。因产权不明,导致投资主体单一,投资渠道狭窄,投资激励弱化,国有林业发展投入严重不足,广大林业职工积极性严重受挫,无法实现对森林资源的有效保护,生产关系束缚了生产力的发展。而实施国有林权制度改革则是有效解决增强林业的发展

· 62 ·

动力,转变林业的增长方式,提高林业的发展水平,实现林业又好又快发展的根本所在和必然选择。

我认为,在进一步深化林权制度改革过程中,应注重解决好以下几个问题:

一、明确林业的市场经济定位

改革前,林区造林单一依靠国家有限的资金投入,大量社会资金不许进入,封闭僵化的投资体制和计划经济的生产方式,造成林区发展陷入困境。国有林权制度改革就是要将市场动力植入国有林业领域,最大限度地敞开民间资本进入林业的渠道,用市场的力量来解决森林培育投入乏力问题,使生产要素向林业集聚。在林业的三大效益中,经济效益是激发投资兴林的内在根本动力。目前,伊春的国有林权制度改革由于受到各种客观因素的影响,还未真正与市场对接,制约了林区的资源优势转化为经济优势。因此,要想解决林业职工发展林业的内在根本动力问题,必须运用市场经济的观念、规则、方法、措施、机制引领和推动国有林权制度改革,确立市场机制在资源配置方面的基础地位和作用,通过产权流转,把林地、林木变成资本,同时可以考虑适当向社会资本开放,引导更多的资本投入林业,使林业的巨大的潜力得以充分地释放出来,实现林业职工的增收致富,推进林区经济的繁荣和发展。

二、进一步创新林地经营模式和融资渠道

在推进国有林权制度改革实践中,以实施国有林权制度改革为契机,进一步确立国有森林资源的所有者主体,明确其权责,代表国家行使森林资源管理职责,使森林资源的管理职能真正从森工企业中分离出来,实现森林所有权与经营权的有效分离,从而建立与市场经济体制相适应的责权利统一、管资产和管人管事相结合的森林资源管理新机制,促进国有森工企业建立现代企业制度。在职工承包方式上,除了采取传统的家庭承包,自主经营外,应引导承包职工在自愿的基础上,大力发展股份林场、合作场、林业合作社等集约化、规模化、股份制的新型经济合作组织,加快与市场对接,从而克服林地分散,经营单位变小、抗风险能力弱、市场组织化程度低等问题。加强金融创新,探索林地经营贷款的多种有效形式和途径,拓宽承包经营者的融资渠道;引入保险机

制,通过对林地、林木的投保来规避经营风险。

三、注重改革中的公平正义问题

改革成功与否取决于老百姓是否拥护。在推进国有林权制度改革时,尤其要注重考虑资源分配时的公平正义问题。温总理于 3 月 14 日两会记者招待会上说:"社会公平正义,是社会稳定的基础。我认为,公平正义比太阳还要有光辉。我们要推进经济体制改革、政治体制改革以及其他各方面的改革,其根本目的是要促进生产力的发展,实现社会的公平正义。"林区职工群众是国有林权制度改革的受益主体,也是参与、决策和监督主体,因此在实施林权制度改革过程中,要充分尊重广大职工的意愿,确保林业职工的知情权、参与权、决策权。对于改革中承包不起林地的弱势群体职工,要有适当的社会保障措施,使他们也能充分享受到改革的成果。实施国有林权制度改革,必须切实处理好兴林和富民的关系,让老百姓在林业改革与发展中真正得到实惠和利益。兴林富民是林业改革与发展的宗旨和目的,必须始终不渝地坚持。处理好富民与兴林的关系,就能够加快传统林业向现代林业转变,开发林业的多种功能、多种效益,满足经济社会发展对生态建设和林产品供给的多种需求。

四、国有林权改革中政府应找准定位

从改革的历程看,我国发展方式转型的主要挑战不是经济社会本身,而是政府决策与政府转型。在国有林权制度改革中,政府也要加快政府职能转变,积极推进政府从全能政府、管制型政府向有限政府、服务型政府、法治政府转变。创造有利于经济发展方式转变的制度环境。在推进改革过程中,做到发挥民智、符合民心、体现民意,不包办代替、强制推行,允许存在差异性和多样性,不搞"一刀切"。同时要抓好配套改革,建立保障林权制度改革的长效机制。分林到户不是国有林权制度改革的最终目的,只有全方位推进配套改革,真正形成完善配套的林权制度改革配套改革体系,才能充分发挥和释放出改革的综合效应。要加快森林资产评估中心、科技服务中心、法律服务中心等社会组织的建设,不断完善社会化、市场化服务体系,全方位为承包职工提供服务;逐步建立比较完善的社会保障体系,使所有的承包职工都能纳入养老保险、失业保险、医疗保险、工伤保险和生育保险范畴,着力解决承包职工都能老有所养、老有所保等社会性问题。

五、转变经济发展方式,发展低碳经济

低碳经济是我国经济发展的必由之路。中国作为一个负责任的大国,正式对外宣布,控制温室气体排放的目标,到 2020 年单位国民生产总值二氧化碳排放量比 2005 年下降 40%—45%。我认为,这是一个倒逼机制。利用这个倒逼机制加快改革开放、加快发展,必须进行全方位的改革。从全国的生态建设需要来看,国家已经把大小兴安岭确定为国家生态安全保障区,黑龙江省已经把伊春确定为生态功能区,伊春的森林资源在全国的生态建设中处于极其重要的战略地位。伊春的林权制度改革更应该成为发展低碳经济的典范。作为一个林业资源型城市,伊春唯一的也是最大的优势,就在于广袤而丰富的森林资源。因此,在实施国有林权制度改革试点过程中,要正确处理好保护森林资源和合理利用森林资源的关系,要采取行之有效的方法教育、引导和规制所有的承包户走出"越穷越砍、越砍越穷"的怪圈,最终实现国有林权制度改革的预期目标。

下一步改革新突破的几点思考

（2011 年 11 月 28 日）

最近举行的中央经济工作会议提出，2012 经济工作的主基调是稳中求进，在宏观经济政策基本稳定，确保经济平稳较快发展、社会大局稳定的同时，要在转变经济发展方式上取得新进展，在深化改革上取得新突破，在改善民生上取得新成效。要实现这三个"新"的动力是什么？是改革。因为要在转变经济发展方式上取得新进展也好，在改善民生上取得新成效也好，都要靠改革来推动。我们必须把握好稳定与改革发展的辩证关系，必须是在维护稳定中来推进改革发展，在改革发展中来促进稳定。下一步在哪些方面取得新突破呢？我认为以下六个方面急需取得新的突破：

一、在加快政府职能转变上取得新的突破

政府改革既是经济体制改革的内在要求，又是政治体制改革的重要内容。转变政府职能是转变经济发展方式的关键，转变政府职能在"九五"期间就作为转变经济增长方式的重要一环被提出来，但是由于改革没有跟上，因此进展不大。政府职能转变滞后整个社会主义市场经济体制的完善，乃至影响大局的稳定，以改革发展来促进稳定，必须尽快在加快政府职能转变上取得新的突破。

政府转型是贯彻科学发展观的制度前提，必须进一步调整政府与市场、政府与公民、政府与社会的关系，经济发展的主体力量在市场，政府的职能要转到为市场主体服务、创造良好的环境上来。主要通过保护市场主体的合法权益和公平竞争，激发社会成员创造财富的积极性，增强社会发展的内在动力。

在处理政府与市场的关系方面，究竟是强化政府职能转变，让市场竞争和市场资源配置更充分地发挥基础作用，还是强化政府对经济的直接控制力，这

是根本性的问题。

二、在打破垄断和深化价格改革上取得新突破

目前,政府直接管理价格的比重只占全社会商品价格的5%,这5%都关系到国计民生和经济社会发展的全局,但推进这部分价格改革受到的既得利益集团制约,因此难度很大,但是改革已经到了攻坚阶段,再难也要推进价格改革。首先,要处理好稳定物价和推进价格改革之间的关系,在稳定中推进改革,在改革中促进稳定,不能为稳定不推进改革。其次,大力推进反垄断。垄断行业收入畸高,群众意见很大。最近发改委对中国电信、中国联通滥用市场支配地位的调查很得人心。据调查,全国固网宽带用户上网每月费用折合13.1美元,网民宽带支出是越南的3倍,美国的4倍,韩国的29倍,香港的469倍,用户满意度不足5成。媒体认为这样的反垄断调查很好,必须坚持下去。

要加强市场监管和反垄断执行。规范市场价格秩序逐步完善社会救助和保障标准与物价上调挂钩的联动机制,切实保障和改善民生。

三、在深化金融体制改革上取得新突破

不久前,国际货币基金组织对中国金融体系的脆弱性及风险提出了警告,这种系统性金融风险来自两个方面:(1)低效率。自2001年以来,中国每创造1美元的GDP所投入的资金比日本和韩国在相似发展阶段的投资额高出40%。(2)金融资源的扭曲配置。金融系统过多地依赖行政管理,禁止商业银行展开吸存竞争,同时利用存贷差的政策来确保国有银行的利润,利差达到2.5%—3%。由于存款的利率是行政控制的,贷款利率是放开的。所以,有的银行行长说:"利润高得都不好意思说了"。2011年银行利润总额达1万多亿元,比前年增长36%以上。银行的巨额利润是在实体经济困难重重和老百姓长期承受负利率的背景下取得的。所以,温总理在苏州调研时说,别把企业当唐僧肉。

中央经济工作会议提出,要深化利率市场化和汇率形成机制改革。但利率市场化遭到了既得利益集团的反对。因为利率市场化后,银行之间的竞争越来越激烈,存款利率可能会提高,贷款利率肯能会下降,这就触动了大银行

的核心利益。作为共和国长子的大型国企占着产业链高端和政策优势,成为贷款优先支持的对象,而广大民营企业,特别是微小企业却求贷无门,任凭银行不断附加贷款条件,有的不得不接受高利贷。利率市场化不能有效推进,严重影响了资源配置的效率。

在过去的 10 年里,美国股市累计涨幅 22%,印度上涨了 417%,印尼和巴西分别上涨了 967% 和 428%,中国股市目前跌回到 10 年前的水平。中国股市没有给广大投资者带来应有的红利,也没有反映实体经济晴雨表的功能。我国 10 年来 GDP 上涨了 302%,成为全球经济增长最快的国家,但股市止步不前。因此,资本市场改革的呼声越来越高。第一要厘清股市的定位,是为国企圈钱还是为广大投资者的利益?是为券商服务还是为广大股民服务?第二要强化退出机制,使股市和上市公司具有投资价值。第三要从制度上强化上市公司现金分红,高达七成多的上市公司 10 年来从未分红的情况必须改变。第四要降低基金管理公司和券商的管理费和佣金。第五要加快实行存款保险制度,以适应利率市场化的需要。

四、在深化财税体制和收入分配体制改革上取得新的突破

关于做蛋糕和分蛋糕的争论。我认为做蛋糕是基础,分蛋糕是关键。没有蛋糕怎么分?加快推进基本公共服务均等化,缩小城乡、地区、群体之间的差距。广东是最早推进基本公共服务均等化的的省份,开了研讨会,有规划、有部署,有检查。不久前还专门开了评估会,落实得很好,这种在蛋糕做大了基础上分好蛋糕才是我们努力的方向。

通过市场化机制配置财政资源。广东为了支持新兴产业,要拿出 100 亿资金,这 100 亿如何分配?用老办法,通过财政厅分配,撒胡椒面,重点不突出,效果不明显,而且容易造成分配不公和腐败。为此我向汪洋同志提出建议,通过基金的办法以市场机制来配置财政资源,通过竞争和专业管理,提高了资金使用效率,并能够使政府扶持资金不断发展壮大。

加快收入分配体制改革,提高居民劳动报酬率和中低收入阶层收入。经过 30 多年来的发展,我国人均 GDP 已经突破 4000 美元,但过去为发展经济、吸引较为稀缺的资金、技术、管理等要素,收入初次分配长期向资金等非劳动要素倾斜,收入再分配则重投资、轻民生,这导致收入分配差距过大,加上腐

败、垄断等因素,基尼系数在 2006 年就已经严重超越 0.4 警戒线,劳动报酬率则从 1995 年的 51.44% 下降到 2007 年 39.68%。人均 GDP 超过 3000 美元后,新兴经济体往往陷入因贫富差距拉大、腐败等因素引发的中等收入陷阱。为避免这一危险,必须加快收入分配体制改革。劳动收入是中低收入家庭的主要收入来源,要提高中低收入阶层的收入,就必须提高长期走低的居民劳动报酬率,扭转劳动在收入初次分配过程当中占比过低的局面。此外,收入再分配要向民生倾斜,为中低收入阶层提供较为全面的社会保障,解除他们在教育、医疗、养老、住房等方面的后顾之忧,提高广大居民的消费能力,彻底摆脱中等收入陷阱。

五、要在深化农村综合改革上取得新突破

切实维护农民在土地、财产、就业、社会保障和公共服务等方面的权益。必须保障农民的土地财产权。土地是农民的命根子,温总理在 12 月 27 日召开的中央农村工作会议上强调:"土地承包权、宅基地使用权、集体收益分配权等,是法律赋予农民的合法权利,任何人都无权剥夺。"温总理的话讲得很好,但是怎么落实呢? 这必须从深化农村综合改革上找突破口。

要增加农民的财产性收入。农民有资产,但不能变现,不能抵押,不能变为资本。农民的财产权利受到很大的不合理的制约。逐步增加农民的财产性收入,才能使农民和农村进入小康社会。

要精心设计征地制度改革方案,保证大幅度提高农民在土地增值收益中的分配比例。把增加农民收入作为农村工作的中心任务。因此提高农民在土地增值收益的分配比例,是征地制度改革方案必须要考虑的问题。

六、在加强改革顶层设计上取得新的突破

顶层设计的呼声现在越来越高也越来越广,中央领导多次强调,地方乃至县级领导也讲要加强改革顶层设计,但是谁来顶层设计? 要有一个公平、公正,没有部门、地方利益的高层机构来进行顶层设计,才能有效地推进改革。2005 年 2 月 25 日国务院常务会议上听取 9 位专家学者对《政府工作报告》的意见时,我讲了六条意见和建议,其中第六条是"尽快建立改革协调机制",我提出:"当前改革正处于关键时期和攻坚阶段,谁来进行总体设计? 谁来协

调？实践证明,靠部门是不行的。"我提出三条具体建议:一是建立国务院改革协调领导小组,由总理来兼任组长,发改委、财政部、人民银行、国资委等有关部门一把手作为小组成员;二是恢复国家体改委;三是扩大发改委的改革职能。已经过去七年了,如果这个问题仍不能解决,那么改革新突破就有落空的危险。

科学发展与体制创新

走中国特色富民强省的道路*

（2008 年 7 月 2 日）

　　我首先感谢陕西省委、省政府的邀请，到这里来同大家交流。我来之前带上了赵乐际书记、袁纯清省长的报告材料，看了以后，觉得陕西省这几年变化很大。拿 GDP 来说，1978 年只有 80 亿元，到 2007 年增长到 5360 亿元，财政收入 1978 年只有 19.76 亿元到 2007 年增长到将近 900 亿元，是 2002 年的 3.2 倍，平均每年增长 26.3%，详细的数据在袁省长的报告里面。昨天晚上，赵书记给我介绍了有关陕西的情况，他讲了陕西的四大优势，四大贡献，这个是我原来了解不多的。一是资源优势。陕西是新的能源基地，有丰富的煤炭、石油和天然气资源，北京地区天然气的 60% 是由陕西来供应的。我过去没有这个概念，北京有很多老百姓都不知道陕西做了这么多的贡献。另外水资源也很丰富，南水北调中线主要源头在陕西，为华北、北京、天津提供了优质的水资源。另外还有大量的盐；二是军工优势。陕西省军工优势很突出，一些重大的项目还在陕西；三是科教优势。陕西有 100 多所高校，在校大学生 100 多万人，每年毕业 25 万人，将近有 1000 所大小科研院所；四是文化优势。老祖宗留下来的文物，还有延安精神。这四大优势，也是陕西作出的四大贡献。这四大优势使我对陕西省转变为富民强省充满了希望。充分发挥这四大优势，必将有力地推动陕西经济社会又好又快发展，而且我感觉不仅是陕西，对全国也是起了积极作用的。下面，我想讲两个问题。

---

　　* 这是高尚全同志 2008 年 7 月 2 日在"陕西省纪念改革开放 30 周年报告会"上所作专题报告的一部分。

一、三十年改革开放的回顾

（略）

二、对陕西实现富民强省的四点思考

我来西安之前看了一些材料,看了赵书记、袁省长的讲话报告材料,特别是赵书记给我讲了陕西的四大优势、四大贡献,对我来说很有启发。那么,怎么样发挥这四大优势呢? 我们陕西省是科教大省,经济小省,优势很多,贡献很大。陕西 30 年变化很大,特别是最近几年变化更大。怎样进一步推进陕西的大变化、大发展? 我有几点思考,就是四个大力:第一,大力发展非公有制经济;第二,大力鼓励金融创新;第三,大力推进发展方式转变;第四,大力推进政府转型。

第一,大力发展非公有制经济,千方百计鼓励全民创业。

要大力发展非公有制经济,首先要鼓励全民创业、鼓励全民创新。30 年以来的经验证明,人民是创造财富的主体、是落实科学发展观的主体。过去我们搞计划经济,把政府当作创造财富的主体,把老百姓纳税的钱,集中到财政,然后由财政投到各行各业。如手表厂,自行车厂,缝纫机厂,卖菜的、卖肉的都是国有国营,认为这样才是在搞社会主义。国内外的经验证明,政府是创造环境的主体,人民和企业才是创造财富的主体。另外,老百姓存在银行的钱,银行又把大量的钱贷给国有企业,那么有的国有企业,机制不灵,有的厂长从借钱那天起,就没想到要还,认为反正我是国有单位,银行也是国家的,我企业也是国家的。所以银行的不良贷款,谁来买单呢? 财政来买单。这样的国有企业、国家银行、国家财政的三位一体的体制难以为继了。因为政府作为主体时,企业、老百姓是被动的,是"你要我干"。那么现在倒过来了,企业、老百姓作为主体,由"要我干",变成"我要干""。一个是被动的,一个是主动的。所以,内在的动力激发出来了,财富的源泉就能充分涌流出来。

浙江原本是一个小省,人多地少,资源少,国家投资也少。这样的一个省为什么经济发展排在全国前列,人民富裕的程度也是全国首屈一指的? 就是因为浙江省大力发展了非公有制经济,人民成为创造财富的主体,老百姓富起来了,上缴的税收也多了。浙江省去年的财政收入是多少呢? 是3200 亿,政

府有了那么多的财力,那就主动了,可以为老百姓提供更多的公共产品和公共服务。下面是一组数字:

非公有制经济占全省的比重:浙江为 64.4%,广东为 43.2%,陕西为44.4%,吉林为 38.8%。浙江省比全国平均水平高了 19.4%;

国内五百强民营企业数:浙江省占 179 个,广东 13 个,陕西省 2 个;

个体私营企业数万户占有情况:浙江为 225 户,广东为 342 户,陕西为 100户,吉林为 95 户;

个体私营企业从业人数:浙江 1153 万人,广东省 1926 万人,陕西省 730万人,吉林省 328 万人;

每户私营企业解决就业的人数:浙江为 16.9 人,广东为 8.8 人,陕西为7—8 人,吉林为 8.63 人;

民营企业税收收入:浙江为 2592 亿元,广东为 1775 亿元,陕西为 340.6亿元,吉林为 179.7 亿元;

民营企业税收占财政收入的比重:浙江为 80%,广东为 25.6%,吉林为 30%。

那么从上面七项指标可以看出,为什么浙江能够领先,一个重要的原因,就是浙江人发挥了"五千精神"。第一是千辛万苦去创业,第二是千方百计来经营,第三是千家万户搞生产,第四是千山万水找市场,第五是千头万绪抓根本。

第二,要大力鼓励金融创新,使陕西省的资源优势转化为经济优势。

赵书记说,陕西省有 9000 多亿的存款,而银行贷出去只有 6000 亿,近4000 亿没有贷出去。资本规律是,资本要向效益高的地方流动。陕西要富起来,首先要运作本地的资本,先把它固化起来,然后要引进外地的资本。西部开发,陕西要变成经济强省,说到底靠两条:第一靠资本,第二靠人才。那么资本流出去了,那还怎么发展呢?现在看来,哪个地区参与资本市场越好,这个地区的经济发展就越快,获得资本市场带来的财富就比较多。我看了国际上的资料,在美国风险投资和私募基金已经成为国民经济最重要的金融产品。1984 年,美国的股权投资只有 67 亿美元,到了 2006 年上升到 4500 亿美元,首次超过了纽约证券市场公开发行的股票投资总额。就欧洲来说,欧洲的风险投资和私募基金投资,已经达到 1123 亿欧元,比 2006 年上涨了 6 倍。这是个发展趋势。

最近我去了无锡。江阴市上市公司、股权投资、银行三轮驱动，三驾马车同时前进。江阴现在是一个县级市，有22个上市公司，跟一个省差不多。总市值达到659亿元，占全市GDP的55.3%。销售收入、利润总额、税收均占全市总量的50%。2007年江阴直接融资达到110亿人民币，首次超过了银行新增的贷款。过去我们几乎每年都讲，要提高直接融资的比重，但老是提不高。主要是靠银行贷款，那不行，我们银行贷款的风险也比较大。由于对资本市场的发展重视不够，所以直接融资比重不能提高，有时甚至下降。把股权投资基金、风险投资基金、产业基金作为资本经营的一个重要内容，是促进企业知识创新的有效的手段，是企业做大做强的重要途径。股权投资、银行贷款和上市公司并行，三驾马车同时驱动。中科招商投资公司，从今年5月起和江阴建立了战略合作关系，在2个多月里，初步建立了5家股权投资创投基金，同时在县级市首先设立产业基金，在乡镇设立了创业投资基金，它的规模已经达到50亿。所以现在江阴的股权投资三分天下就有它一份。股权投资基金架起了货币市场与资本市场之间的桥梁，它是企业成长的助推器、是创新平台的孵化器、是资本市场的筛选器、是区域经济发展的加速器。江阴作为无锡市的一个县级市，它的经济为什么发展快？与它充分地发展了资本市场有密切的关系。江阴市实现了上市公司、银行、股权基金公司三轮驱动，促进了经济的又好又快发展。

我于2001年经过朱总理的批准，到美国斯坦福大学去当访问学者。我去的主要目的是想了解硅谷为什么有今天、为什么有创新。大家知道的比尔·盖茨，他就是斯坦福大学的学生创业者。现在他辞掉了董事长的职务，拿出580亿美元，作为慈善基金，他退下来后主要做慈善事业。他靠的是什么？他起步靠的就是风险投资。我在斯坦福的时候，在硅谷找到了一个案例，这个案例是一个浙江宁波人，他在浙江大学学习，后来到了斯坦福大学，得了博士学位后留在硅谷创业。我在斯坦福大学找他谈了2次。他以前作为一个穷学生，没有钱，但是他有个理念，因为"9·11"事件以后，美国人不敢坐飞机了，不敢出远差。但是他的理念是通过IT技术，通过网络，就可以到亚洲到中国，到欧洲，去签订合同，而且还可以修改合同。他这个理念得到了风险投资者的欣赏和支持。第一笔投了700万美元，第二笔投了2500万美元，第三笔投了

2500 万美元,一共投了 5700 万美元,结果他成功上市了。2001 年市值达 15 亿美元。他就成了亿万富翁,在美国硅谷富人区买了别墅,还买了 500 亩地。风险投资者获得了几十倍的利润回报。那么,美国地方政府它既没有操劳也没有审批,结果它有大量的税收进账,而且解决了许多就业的岗位,所以这是一举三得的事。风险投资基金就是看好未来,用未来交换现在。但是我们往往对创新、创意重视不够,因此不能用未来交换现在。

如何使农民富起来,政府要支持。比如,新农村的建设、政策上的免除农业税、提高粮价等等。如何增加财产性收入? 还是没有解决。所以农民进城打工还是没有钱,他住不起房子。农民虽然也有资产,有宅基地、有房屋、有承包的土地使用权,但怎么样把农民的资产变成资本,让他流动起来,那么就值钱了。农民有了财产性的收入,这样就容易富起来。

另外,昨天赵书记对我讲了,陕西有科教的优势,有 100 多所高校,有近 100 万的学生,一年毕业大概 25 万人,有近 1000 个科研院所,这是很大的优势。怎么才能发挥这么大的优势呢? 这确实是值得我们研究的问题。最近,我去参加上海论坛,这是一个高层次的论坛。从论坛上得知,上海杨浦区实现了从传统杨浦向知识杨浦的转变,它利用了资源的优势,通过资源整合,逐步形成了"三区联动"。就是杨浦区政府跟学校的联动,上海市跟杨浦区的联动,军地联动,军工企业跟地方的联动,杨浦区与高校共建了复旦、同济、上海理工大学等三个国家级的大学科技园区,一个国家级的软件区,有 3000 多家创新型的中小科技企业集聚在大学周边。杨浦区与同济大学共建立了"杨浦—同济知识经济圈",形成了创意与设计产业、国际咨询服务业、绿色环保科技产业三大产业的集群,形成了设计一条街。因为同济大学的设计是有名的。那么过去呢? 过去学校是由部门管的,跟地方政府没有多少联系。现在他们通过区校联动结合起来共建了设计一条街,将科教优势转化为现实的生产力,实现了产值 300 亿。所以陕西要通过市校的联动,军地的联动,充分发挥科教优势。

第三,大力推进发展方式的转变,坚定不移地走科学发展道路。

我国经济发展道路的一个突出的矛盾,就是经济的快速发展与资源和环境的约束的矛盾越来越突出。我们国家已经连续 6 年实现了 10% 以上的高增长。全世界 12.4 亿吨的钢材,我们就消耗了 3.88 亿吨,中国消费的能源占世界的 15%,消耗的水泥占世界的 55%,但中国的 GDP 却只占世界的 5.5%。因此这样的发展方式,不能继续下去了。我们的环境污染的程度已经相当严重了,大约有 70% 的河流受到污染,40% 的农田受到影响,1/3 的城市被污染。1/3 的国土被酸雨覆盖,三亿农民喝不到干净的水,城市的居民呼吸不到新鲜的空气。造成的环境损失到底有多大?最近环保总局跟世界银行联合搞了一个调查研究,说环境污染造成的损失大概是占 GDP 的 10%。先污染再治理,不能再走这一条路了。

我最近去了无锡。无锡太湖的蓝藻污染的教训,使他们不再把 GDP 作为考核指标,而是集中力量搞治理环境。这里头有几个问题:一个是首先要建立生态补偿机制,要明确生态补偿的责任主体。生态是公共产品,有两个特点,一个是非排他性的,一个是非竞争性的,好的空气大家都可以享受,坏的空气大家都受害。作为公共产品,政府应作为主体,必须要有一定的财政投入。浙江省设立了生态补偿专项基金,比如说台州市设立 600 万元长潭水库饮水源的保护基金,绍兴县每年从自来水费用当中提取 200 万元作为源头的生态保护。因为有的是受害者,有的是受益者,有的是破坏者。2005 年浙江用于生态补偿的转移基金就达到了 65 亿元。根据"谁开发谁保护,谁破环谁恢复,谁收益谁补偿,谁污染谁付费"的原则确立补偿的对象,建立"利益相关的补偿机制"。政府有关部门应当探索建立环境资源的评价体系,确定科学合理的补偿标准,这些都是我们要跟上的。所以昨天我听说丹江口南水北调,北京、天津作为受益者,这个补偿机制应该怎么建立?比如说,要保持优质的上游水资源,要付出成本,那么这个成本怎么付费?应该有个补偿机制,因为你要保持这个水资源,为下游的受益者提供优质水资源,这个成本就要付费。第二,要加快税率改革,使资源产品的价格反映资源的稀缺程度。目前我们资源的税率很低,还不到德国和法国的 1/30。法国出台了环境税。我国的矿产资源税平均只有 1.18%,而国外发达国家达到 8%。我国煤炭资源税的征收标准是每吨 3 块钱,不算环境补偿的费用。那么你要开采煤矿,要破坏环境,这个破坏的成本如何补偿,谁来补偿?我去年去了山西,山西实行了每吨煤加收 12 元的环境补偿费的新办法,成了财政收入增加最快的省。山西一年的财政收入大概 1000 亿元。我们过去的资源,没有环境税,资源税很低,就去上市,一上市几十亿的利润就让外资拿走了,而老百姓没分享。第三,要发展新型环境产业,发展循环经济。比如我们城市的垃圾怎么处理,怎么循环,污泥怎么利用,怎么当建筑材料。要搞循环系统,光靠填埋是不行的。第四,通过市场化的方法来配置矿产资源。各个国家的经济发展见证了资源产业是最容易产生腐败和权力寻租的地方。我们过去靠大量的审批和行政手段来配置资源,据有人统计,全国有15万个矿产企业,只有两万多企业经过市场化的办法,其他的都是靠政府审批,这样既不公平而且容易造成腐败。第五,根据经济合理的原则,配置我们交通运输的发展。我们国家的高速公路发展已很快,但是现在出现了一个问题,汽油价格每桶已经超过140美元,而且还没有见顶,要是到了200美元一桶怎么办,那么贵的汽油,我们都要靠高速公路来运煤?昨天赵书记提出了铁路专用线的问题,我觉得应该考虑这个问题,大量的靠汽车运输,汽车的汽油成本难以支撑,所以通过专用线来运煤降低成本,这是一个值得重视的问题。

第四,大力推进政府转型,加快服务型政府建设。

关于政府改革,党的十七大作出了全面部署,把行政管理体制改革作为政治体制改革的重要内容之一,要加快建设服务型政府。怎么样加快建设服务型政府呢?我讲一、二、三点理念。一是解决一个矛盾,二是搞好两个服务,三是创新三个理念。

一是解决一个矛盾。中央从"八大"以后提出来,中国社会的主要矛盾,是人民日益增长的物质文化需要同落后的社会生产力之间的矛盾。这个矛盾至今没有根本解决。那么这个矛盾现阶段的突出表现是什么呢?就是老百姓快速增长的公共产品的需要和公共服务同我们政府公共服务和公共产品供给之间的矛盾。因此政府要转变职能,要从提高解决矛盾的高度来认识,这是我讲的要解决的一个矛盾。

二是搞好两个服务。政府首先要为经济主体服务。创造平等竞争的环境,包括政策环境、法律环境,使老百姓安心地来创业,使外资放心地来投资,不能"关起门来打狗"。政府就是来创造这个环境,这样才能使投资者放心,资本就流进来了。其次政府要为老百姓创业服务,为人的全面发展服务,不光是物质产品还有精神产品。

三是创新三个理念。一个是政府是创造环境的主体,人民是创造财富的主体,这两个理念过去互相错位,现在要正位。第二个理念是"非禁即入"的理念。凡是法律法规不禁止的都允许老百姓、允许非公有制经济进入,包括公共设施。现在看来哪个进入快、进入多,哪个就发展快;哪个搞垄断,就发展得慢。因为我们过去的理念,凡事要经过审批才能干。我到北欧去考察的时候,中午去吃饭,碰到了一个饭馆的老板,他是浙江人。我说你在这里办企业和国内的环境有什么不同?他说我这里交了税政府就不管了,因为法律上规定:老百姓为了谋生开店,用不着审批的。当然,你要办药店,要经过审批,因为药店是关系到人命的事,不能随便办。第三个理念就是依法行政的理念。政府是干法律法规规定的事情,而不能有随意性,不能一会儿让老百姓种树,一会儿让老百姓种草,那是老百姓自己的权利。政府运作要透明,要公开,要有监督。所以党的十七大有句话:"建立决策权、执行权、监督权,既要相互协调又要相互制衡的机制"。过去深圳曾提出这三权分立的意见,后来就有人批判,说是资本主义的东西,后来就不敢了。这次党的十七大报告里提出来了。如果一个机构里头,既是决策又是执行,又是自己监督,那必然要产生许多问题,最大的问题是腐败。所以政府要透明、要监督,既要纵向监督,还要横向监督,包括媒体的监督,老百姓的监督。这次四川汶川救灾款项,加强了监督,不仅是政府部门的监督,同时有党的纪检部门的监督,还有老百姓和媒体的监督。

正确处理好效率同公平的关系

（2008 年 8 月 26 日）

改革开放 30 年，我国经济社会发展取得了伟大成就。胡锦涛总书记今年年初在《求是》发表的《继续把改革开放伟大事业推向前进》一文总结了我国改革开放"十个结合"的宝贵经验，其中一条就是"把提高效率同促进社会公平结合起来"。这是对我国过去 30 年收入分配制度改革的总结和肯定。在全面建设小康社会的新形势下，我们要继续坚持这条经验，并在新的实践中继续加以丰富和发展。

一、30 年的成功经验

中国经济改革是以改变收入分配机制、调整利润结构以强化对经济主体和个人的激励为切入点的。从这个意义上讲，30 年的改革开放史是一部收入分配制度的变迁史，也是人们不断追求并实现公平和效率的历史。

改革开放前，我国实行计划经济体制，在收入分配制度上，以平均主义和大锅饭为特征，干多干少一个样，干好干坏一个样。这种表面公平、实则缺乏激励机制的分配制度导致了计划经济体制的低效率。改革开放初期，打破了传统的分配体制，农村实行家庭联产承包制，企业也实行多种形式的责任制，工资与经济效益挂钩，按劳分配原则得到了较好的执行，有效调动了人们的积极性。

1993 年，党的十四届三中全会提出了"坚持以按劳分配为主体，效率优先、兼顾公平的收入分配制度，鼓励一部分地区和一部分人先富起来，走共同富裕的道路。""效率优先、兼顾公平"成为收入分配制度的主要原则，是有其背景的。一是 1992 年，党的十四大明确建立社会主义市场经济体制的目标，市场经济是高效配置资源的机制，选择了市场经济就意味着选择了效率优先。

二是在改革初始阶段,计划经济体制还是经济主体,在相当一部分地区和一部分行业中,还盛行绝对平均主义,这种社会倾向妨碍建立社会主义市场经济体制,同时也不公平。中国面临的主要问题是如何激发要素主体创造财富的积极性,通过经济效率的提高为实现共同富裕创造条件。三是当时无论城乡差距还是地区差距都不大,是低水平的公平,发展水平很低是当时的主要矛盾。在这样的背景下,确立效率优先、兼顾公平的原则,不仅有助于打破传统体制下平均主义对提高经济效率的束缚,而且也使针对传统体制弊端的改革有了现实的切入点,从而启动由计划体制向市场体制转轨的实际进程。中国的市场空间长期受到计划经济体制的束缚,改革一旦突破这种束缚,经济发展就会释放出巨大潜力。此后,党的十五大进一步提出"把按劳分配和按生产要素分配结合起来,坚持效率优先、兼顾公平",党的十六届三中全会继续"坚持效率优先、兼顾公平,各种生产要素按贡献参与分配",都是对这一政策的肯定。可以说,"效率优先、兼顾公平"准确地抓住了当时经济社会的主要问题所在,有效地激发了全社会的生产力和创造力。

在注重效率的同时,我国政府通过扩大就业、建立农民增收减负长效机制、健全最低工资制度、完善工资正常增长机制、建立多层次的社会保障体系等举措,促进实现社会公平,为经济发展创立了良好的环境。

二、实现效率和社会公平的有效结合要靠改革和发展

在改革的初期和中期,经济增长"做大蛋糕"可以使社会普遍受益,效率与公平的矛盾还不十分突出。但由于改革得不完善,国民收入分配格局发生了重大变化,人民生活总体上达到小康水平的同时,收入差距拉大趋势还未根本扭转,城乡贫困人口和低收入人口还有相当数量,统筹兼顾各方面利益难度加大,效率和公平问题再次引起社会的广泛关注。

收入差距拉大首先产生于初次分配环节,而市场经济下,初次分配主要依靠市场机制。从理论上说,收入差距如果根源于市场经济下的平等竞争,对于经济效率的提高和增加社会财富是必须的,在这个意义上,效率与公平是统一的,坚持和维护公平必然导致效率的提高。然而,我们最终的目的是共同富裕,必须防止收入差距过大。就中国市场经济发展而言,基于个人能力和公平竞争导致的效率和收入差距不是社会争议的焦点,真正需要重视和解决的是

市场机制不完善因素导致的收入差距过大带来的不公平,主要有:一是市场发育不成熟带来的机会不平等,如金融体系不完善使得中小企业和中低收入者难以通过融资获得发展机会,再如资源价格扭曲造成的部分行业收入水平过高等;二是体制转轨中权力介入市场导致的不平等竞争形成的行政性垄断行业或部门收入过高现象,不仅不利于效率的提高,而且不利于社会稳定和经济发展。三是社会保障制度不健全形成的收入差距问题,这也是市场经济体制不完善的表现。这三方面问题都是市场化改革不到位的问题,也是未来深化改革的重点领域,也是建立相对公平的分配体系的主要方向。党的十七大提出,"初次分配和再分配都要处理好效率和公平的关系,再分配更加注重公平"。必须深化改革,充分发挥政府和市场的双重作用,才能实现效率和社会公平的有效结合。

第一,坚持市场取向的改革。初次分配中要处理好效率和公平的关系,必须坚持市场取向的改革,完善市场机制。市场经济配置资源的有效机制,也是基础性的收入分配机制,其真谛在于通过公平竞争促进效率提高。在计划经济的年代似乎很公平,但是大家不希望要这种贫穷的公正。要通过在垄断行业引入竞争,消除价格扭曲,改善金融结构,消除权力寻租,完善市场机制,在初次分配阶段就实现公平。

第二,通过相关制度改革,在再分配环节进一步实现社会公平。现阶段完善社会再分配的根本动力是要依靠改革。建设社会主义新农村,需要继续深入进行农村综合改革;解决农民工的问题,要依赖于户籍制度等一系列的改革;为困难群体提供基本的生活保证,要求继续进行社会保障制度改革;面对老百姓日益增长的公共需求,整个公共服务体系都要进行改革。要把政府行政管理体制改革作为突破口,强化政府公共服务职能,维护市场公平竞争和效率,同时要防止权力"寻租"性腐败,实现社会公平和正义。

第三,坚持把发展作为解决问题的办法。中国在转型过程中出现的城乡差距和地区差距扩大,也是一个国家在特定发展阶段普遍遇到的问题。政府的适当转移支付、消除城乡人口的体制性歧视可以减弱这种差距扩大,但没有城市化和落后地区的发展,仍不能根本解决问题。我国仍然是一个发展中国家,必须坚持把发展作为解决问题的根本手段。

三、实现基本公共服务均等化

基本公共服务包括义务教育、公共卫生和基本医疗、基本社会保障、公共就业服务等内容,能够为人的全面发展提供基本条件,影响到个人的收入水平、生活质量、健康水平、受教育程度以及由此决定的发展机会和发展能力,与效率和公平紧密相关。把提高效率同促进社会公平结合起来,就要努力实现基本公共服务均等化。要把握几点:

第一,基本公共服务均等化是实现社会公平正义的关键。当前,我国在努力建设社会主义和谐社会的进程中,面临的重大挑战在于地区间和城乡间发展不平衡、不同社会群体之间的收入差距偏大、资源环境约束增加、内外需失衡、投资消费结构不合理等问题。这些问题又都与我国当前存在的两对突出矛盾密切相关:一是居民日益增长的公共服务需求与公共服务总体供给不足、质量不高之间的矛盾;二是市场经济体制逐步建立完善对政府职能的新要求与政府职能转变缓慢之间的矛盾。因此,强化政府的公共服务职责,加快实现基本公共服务均等化,是促进社会公平正义的关键,也是建设社会主义和谐社会的重要路径。

第二,基本公共服务均等化是统筹城乡协调发展的内在要求。当前基本公共服务在城乡分布的差别很大。农民要获得基本公共服务,缺乏刚性而长效的制度保障和体制保障,导致农民的收入水平、生活质量、健康水平、受教育程度、发展机会和发展能力与城镇居民相比呈现日趋显著的差距,而且这些差距持续扩大的趋势尚未从根本上扭转。如果广大农村没有基本而有保障的基本公共服务,就不能造就新农村建设要求的新农民,也就难以实现生产发展、生活富裕、乡风文明、村容整洁和管理民主的新农村建设目标,也不可能从根本上保障农村社会的公平正义、和谐安康和繁荣稳定。因此,通过城乡协调发展,使城市和农村共享均等化,对促进农业生产,解决"三农"问题,建设社会主义新农村都有重要意义。

第三,实现基本公共服务均等化必须加快服务型政府的建设。要转变政府职能,由过去的管制型政府转变成一个服务型、法治型的政府,有责任的政府。政府的本质就是提供服务,要树立服务意识,加快服务型政府建设。这需要加快公共财政建设,调整财政支出结构,把我们的主要力量、主要的财政资金投入基本公共服务领域,确保基本公共服务均等化落到实处。

寻找推动改革的体制性力量[*]

（2008 年 8 月 27 日）

一、1982 年国家体改委的成立以及之前体改办的成立，当初的国内国际背景及其决策过程

体改委的成立可以说是应改革之运而生，最早应该追溯到 1979 年国务院财经委下成立的经济体制改革小组。

1978 年，党的十一届三中全会揭开了中国改革开放的序幕，但是，怎么个改法，当时并没有一个清晰的思路，"迫切需要一个高层机构来规划和协调改革全局"，这就是体改机构设立的初衷。

1979 年 7 月 2 日，国务院财经委经济体制改革小组成立，张劲夫任组长，薛暮桥、房维中、廖季立、刘明夫任副组长，共同商定：通过调查研究，形成一个适合我国情况、办法配套、步骤恰当的体制改革方案，重点是研究管理体制的根本改革。同年 12 月，小组办公室提出了《关于经济管理体制改革总体设想的初步意见》，首次提出设想，要按照社会化大生产的要求，打破部门之间、地区之间的界限，组织专业公司和联合公司，主要采取经济手段来管理经济，实行计划调节与市场调节相结合，在国家计划指导下扩大企业自主权。

1980 年 3 月，中央政治局常委会决定，成立中央财经领导小组。同年 5 月，国务院体改办成立，由中央财经小组领导，主任由国务院秘书长杜星垣兼任，廖季立为副主任。这是体改工作历史上的第一次升格，此时的体改办是直属国务院的办事机构，尚不在政府序列中，其主要任务是起草《经济体制改革的总体规划》。

＊ 本文原载 2008 年 8 月 27 日《凤凰周刊》。

伴随着农村改革全面铺开,改革的重心逐步向城市转移,中央决策层开始酝酿"要加强改革"的专门机构。于是,在1982年3月,五届全国人大决定设立国家经济体制改革委员会,由国务院总理兼任主任。经过一段时间筹备,5月4日,国务院常务会议通过,任命薄一波(兼)、杜星垣(兼)、安志文、周太和、童大林为国家经济体制改革委员会副主任。至此,国家体改委正式成立。这是体改委历史上的第二次升格。此后,到1990年8月,除1987—1988年一年间是李铁映担任主任外,一直是总理兼体改委主任。其主要任务是:负责拟订全国经济体制改革的总体设计,统一研究、筹划和指导全国经济体制改革的工作。

二、1998年裁撤体改委,是出于什么样的考虑

1998年,国务院进行机构改革,国家体改委降格为国务院体改办,退出政府内阁组成序列。降格后的体改办,奉行"三不"原则,即"不开会,不讲话,不发文件",声音日渐衰微,成了"清议机构"。

2003年,国务院再次进行机构改革。为综合协调各方面改革,使改革更好地为发展服务,将国家计委改组为发展和改革委,将国务院体改办的职能,并入发展和改革委。3月10日,十届全国人大一次会议第三次会议通过了《国务院机构改革方案》,至此,作为指导我国经济体制改革伟大实践的专门机构不复存在。

体改委存在期间,为我国改革做了大量工作。除了前文述及的两项外,还先后牵头或参与研究和制定了改革总体规划设想、国有企业改革、财税制度、金融制度、城镇职工养老保险制度、城镇住房制度、投融资制度、现代企业制度、流通体制、土地制度等改革方案;积极推进城市综合改革试点等。

这些改革,有些成功了,有些还在曲折中前行。比如20世纪80年代末期体改委就提出进行国有资产管理体系的改革,组建国有资产管理局。而在实践中反复徘徊13年之后,我们才又建立了国资委。客观地说,中国现在继续推进的很多项改革政策,都是与当年体改委的工作基础分不开的。

三、当前的改革形势,下一步改革的切入点

目前,我国经济社会发展进入了一个新的关键时期,呈现出一系列新的阶

段性特征,改革面临着全新的形势和新的要求,可以说是挑战与机遇并存。主要体现在:一是解决经济运行中的问题和矛盾、确保宏观经济平稳运行,实现从高消耗、高排放、低效率的粗放型增长方式向新的经济发展方式的根本转变,对深化改革提出了新要求。二是促进经济社会协调发展的需要。三是我国已经全面融入世界经济,国际经济环境对国内经济的影响越来越明显。四是改革已经进入经济体制、政治体制、文化体制和社会体制"四位一体"的新时期,必须协调配套推进政治、文化、社会体制的改革和创新。五是我国的经济体制改革已经进入以利益关系调整为重点的新阶段,多数改革都涉及深层次的利益格局调整。

对照新的形势要求,我们的现行体制还很不完善,障碍还不少。比较突出的有:政府职能转变和行政管理体制改革不到位,公共服务和社会管理职能还有待加强;国有经济布局战略性调整和国有企业改革依然任重道远,垄断行业改革滞后,与市场经济的要求还有较大差距。现代市场体系还不规范,不利于资源的优化配置。国有商业银行的治理结构和经营机制还不健全,直接融资发展不足,金融风险不容忽视。就业压力较大,收入分配差距明显,社会保障制体系还不健全,民生建设任务繁重。城乡二元分割的体制仍未改变,统筹城乡发展任务繁重。上述这些问题的存在,一定程度上制约着促进经济社会可持续发展的体制机制的建立,制约着科学发展和社会和谐目标的实现,每一个方面的问题都很重要,都需要我们高度重视来逐步解决。

四、什么样的推动改革的体制模式比较好

当前,改革处于攻坚阶段,解决深层次的矛盾要靠改革,贯彻落实科学发展观要靠改革,巩固和发展宏观调控的成果也要靠改革,现在的问题是缺少一个协调机构和机制。实践经验表明,靠部门自我改革缺乏动力,缺乏协调机制,为什么呢? 因为改革本身就要调整部门的既得利益,你叫垄断部门自己改革,他没有积极性,甚至可能会强化部门利益。

自体改机构撤并以后,恢复体改委的提议始终未曾中断。由于没有任何财政、人事和审批立项等功能,当年体改委这个部门的特点就是"超脱"。体改委可以跳出单个部门利益的束缚,来思考和规划改革,没有部门利益。在推行改革涉及多方利益博弈的过程中,正是体改委超然的地位保证了自身利益

与其他政府部门的毫无纠葛,这一点至今让人引以为鉴。现在看来,把体改办这样一个整个体制改革方案设计的部门放在一个机构内,不一定合适,这个部门应该是超越部门利益的,如果放在一个政府部门内,很容易受到部门利益的影响,甚至会影响到改革政策的公正和公平。

为此,我近年来曾提出三点建议:一是恢复国家体改委;二是建立国务院改革协调领导小组;三是加强国家发展和改革委的改革职能。只有这样,才能适应改革发展的需要。

五、中国体改研究会如何迎接改革开放 30 周年

纪念改革开放 30 周年是 2008 年中国人民政治生活中的大事,全国上下都非常重视,党和国家将举行一系列纪念活动,作为专门研究、宣传改革并亲历和见证了 30 年改革开放的中国经济体制改革研究会,将举办中国改革开放30 年论坛,目的是以此梳理改革开放的历史轨迹,总结改革开放的经验成就,探讨未来改革开放的方向路径,表彰为改革开放做出贡献的杰出人士,弘扬改革开放的精神,纪念和记录伟大的改革开放 30 周年以及改革开放的发动者、推进者和参与者。

中国经济体制改革研究会本身就是改革开放的产物,当初设定的职能是在改革开放的进程中,充当中国政府与社会的纽带、桥梁和窗口作用。25 年来,它发挥了应有的作用并在改革开放的关键时刻出色地完成任务,其大多数成员都经历和参与了 30 年改革开放的全过程,许多特约研究员是这一领域里的著名咨询者和研究者。由研究会主办这样一个活动显然名副其实,众望所归。

把促进改革发展同保持社会稳定结合起来

（2008 年 10 月 23 日）

改革开放 30 年,我国经济社会发展取得了伟大成就。胡锦涛总书记今年初在《求是》发表的《继续把改革开放伟大事业推向前进》一文总结了我国改革开放"十个结合"的宝贵经验,其中一条就是"把促进改革发展同保持社会稳定结合起来"。在改革开放不断推向深入的新形势下,在全面建设小康社会的新要求下,坚持这条经验具有重要的现实意义,我们要继续坚持这条经验,并在新的实践中继续加以丰富和发展。

一、30 年来的成功经验

正确认识并处理好改革发展稳定的关系,把促进改革发展同保持社会稳定结合起来,是 30 年来改革开放伟大成就的宝贵经验。20 世纪 70 年代后期,中央立足国情,在作出把工作重点转移到社会主义现代化建设上来的时候,就深刻认识到在中国要实现发展目标,改善人民的生活,必须搞改革。而中国的改革是史无前例的,是中国的第二次革命,有很大的风险,没有安定的政治环境,什么事情都干不成。在这种背景下,我国的改革走了一条"摸着石头过河"的渐进式道路。无论是农村改革还是城市改革,无论是企业改革还是金融改革,无论是经济体制改革还是科技、教育体制改革乃至其他领域改革,都是走一步,看一步,选择合适的方式和时机,看准了的坚决改,看不准的先试点、再推广,做到胆子要大,步子要稳。同时,在总结经验的基础上,根据发展和稳定的需要,调整改革开放的步子,通过治理整顿为进一步改革创造良好的环境。江泽民同志在党的十四届五中全会闭幕式上第一次系统阐述了改革发展稳定的关系,此后中央的多次重要会议都对改革发展稳定关系工作作出部署,强调既大力推进改革发展,又正确处理改革发展稳定关系,坚持改革是动力、发展是目的、稳定是前提,坚持把改革的力度、发展的速度和社会可承受的程度统一起来,把不断改善人民生活作为处理改革发展稳定关系的重要结合点,在社会稳定中推进改革发展,通过改革发展促进社会稳定。

由于中央的正确决策,中国始终坚持"渐进式"的改革策略,没有采取"休克疗法"、"硬着陆"等激进的方案,我们坚定不移地推进改革,攻克了价格改革、国有企业改革、所有制结构改革、分配制度改革等难关,初步建立了社会主义市场经济体制;妥善处理发展中的各类矛盾,坚决排除各种错误思潮错误倾向的干扰,沉着应对国内外的突发事件,始终注意协调改革的力度和发展的速度同社会可承受程度的关系,努力兼顾各方面群众的利益,不断加强法制建设,为改革和发展创造了良好的环境;避免了由于举措不当而出现的经济严重衰退、社会矛盾激化和社会剧烈动荡,实现了持续30年的经济高速增长,不断解放和发展生产力,人民生活水平不断提高,使中国社会充满活力、和谐稳定。

二、当前,仍然需要把改革发展稳定结合起来

进入新世纪新阶段,我国经济社会发展呈现出一系列新的阶段性特征,工业化、信息化、城镇化、市场化、国际化加快推进,经济体制深刻变革,社会结构深刻变动,利益格局深刻调整,思想观念深刻变化。这些都对新时期改革发展稳定工作提出了更高的要求。

从改革来看,社会主义市场经济体制已经初步建立,同时影响发展的体制机制障碍依然存在,改革攻坚面临深层次的矛盾和问题;必须进一步加大改革力度,在行政管理体制、国有企业、财税体制、金融体制等重点领域和关键环节实现改革的新突破,为发展提供更加有力的体制保证。同时,改革的社会基础正在发生分化,利益群体也在分化,改革初期各方面普遍受益的局面转变为部分受益、部分受损的复杂格局。改革已不能普遍增加各群体的利益,有些既得利益群体甚至要丧失已得到的部分利益,如转变政府职能势必精简机构、人员,削弱一些部门的权力和利益;深化国有企业改革也必然打破一些行业及其主管部门的垄断地位。改革涉及的层面越来越宽,如何协调推进经济领域和非经济领域的改革,是当前和今后改革面临的重大挑战。这些因素使深化改革的难度加大,复杂性加深。

从发展来看,也面临一系列不平衡问题。我国经济实力显著增强,但生产

力水平总体上还不高,自主创新能力还不强,长期形成的结构性矛盾和粗放型增长方式尚未根本改变,对就业、人口、资源、环境等提出了挑战;城乡差距、区域发展差距较大,促进经济社会协调发展任务艰巨;收入分配差距拉大趋势还未根本扭转,城乡贫困人口和低收入人口还有相当数量。这些都是发展中需要解决的重大问题。

从稳定来看,新阶段的社会活力显著增强,人们思想活动的独立性、差异性明显增强。经济结构发生重大变化,城市化进程加快,消费结构剧烈变动,对公共服务的需求快速增长;社会结构重大调整,社会利益分化,社会多元化主体正在形成。经济的发展和社会的变化,最终要落实到社会不同群体、不同利益主体上。在经济改革和发展中,一部分群体,如下岗工人、失地农民等产生了挫折感;少数官员的腐败问题,引起了社会和人民群众的不满。不同利益群体之间的矛盾,日益成为影响社会稳定的重要因素。因此,在这个时期,如何防止各种矛盾的积累和激化,如何化解各种社会矛盾,就成为关键性问题。与别的国家不同的是,中国是一个有着 13 亿人口的大国,在这样的发展中国家搞改革搞建设,没有稳定断不可行。在任何时候、任何条件下,稳定是实现人民群众根本利益的前提。当前,只有正确处理人民内部矛盾,用发展和改革的办法协调不同阶层的利益,把促进改革发展同保持社会稳定结合起来,才能真正把最广大人民群众的利益实现好、维护好、发展好。

三、坚持把改善人民生活作为正确处理改革发展稳定关系的结合点

改善人民生活是改革和发展的根本目的,也是正确处理改革发展稳定关系的结合点。这是改革 30 年总结的宝贵经验,也是全面贯彻落实科学发展观内在要求。

(1)坚持以人为本的改革观和发展观,促进经济社会和人的全面发展。科学发展观的本质和核心是以人为本,把人民的利益作为一切工作的出发点和落脚点。当前改革发展稳定工作中的问题,在一定程度上来自偏离了以人为本的根本目的,比如一些地方重视物质财富的增长,忽视社会的全面进步和人的全面发展,简单地把经济增长等同于经济发展,把 GDP 的增长作为衡量一个地区经济社会发展的尺度,忽视人文、资源、环境等指标。

以人为本,首先,要改善人民生活。改革的根本目的是维护人民群众的根

本利益。初期的改革让广大人民群众得到了实惠,也获得了人民的支持。在新的时期,群众对改革的关注与参与都比起以前深入了许多,重新强调坚持为人民谋利益的改革导向,既是改革的目的,也是改革能够继续推进的动力来源。

其次,人的全面发展应该是多方面的,不仅包括物质生活的改善,还包括人们日益增长的精神文化生活需要的满足,以及对人的基本权利的保障。如果缺乏对人的关注,在经济繁荣的背后是对人的权利的践踏,对人的尊严的蔑视,这种发展就是畸形的,就得不到广大人民群众的拥护。我国步入小康社会,人们解决了温饱问题以后,对自身权利的维护越来越关注,参与政治生活和社会生活的要求也越来越迫切。要积极推进政治体制改革,扩大社会主义民主,更好保障人民权益和社会公平正义。

(2)必须注重提高改革决策的科学性、增强改革措施的协调性。当前,一方面改革已进入全面调整利益关系的新阶段,要注意在改革中兼顾到各方面利益,特别是困难群体的切身利益,妥善处理历史遗留的和新产生的各种利益矛盾,使人民群众能够共享改革发展的成果;改革和发展的各项政策措施,都要考虑协调社会各方面利益的要求,特别是要考虑广大群众对公共服务的需求,实现基本公共服务均等化。这要求尽快转变政府职能,由过去的管制型政府转变成一个服务型、法治型的政府,有责任的政府。另一方面,改革已经从经济体制改革扩展到政治、文化、社会等全方位的改革,是一项极其复杂的系统工程,需要有一系列相应的体制改革和政策调整。这就要求我们统筹协调好经济、政治、文化、社会各方面的改革,统筹好城市改革与农村改革,形成共同推进改革的整体合力。只有这样,才能在社会稳定中推进改革发展,通过改革发展促进社会稳定,更好地把促进改革发展同保持社会稳定结合起来,实现改革的根本目标。

按照科学发展、社会和谐的要求推进全面改革

（2008 年 10 月 24 日）

党的十七大提出了全面改革的思路，并对新阶段的经济、社会、政治、文化等领域的改革作出了总体部署。新阶段的改革，就是按照科学发展、社会和谐的要求推进全面改革。按照党的十七大的部署推进全面改革，以下五个方面相当重要。

1. 按照科学发展的要求，加快推进市场化改革

目前我国是 13 亿人口，到 2020 年，我国的总人口将达到 14.5 亿左右。按照党的十七大修正的目标，要在 2020 年实现人均国内生产总值比 2000 年翻两番，使 14.5 亿人全面进入小康社会。这一进程，将意味着要运用同样、或者更少的资源来生产比过去更多的产品。要实现这一目标，就必须加快推进国内资源要素领域的市场化，大大提高资源配置的效率。与此同时，加快推进垄断行业改革和产权改革，这既是建立公平竞争的市场秩序、形成规范收入分配体制的前提，也是提高经济运行效率的重要方面。由于垄断行业大多资本规模巨大，市场进入门槛较高，因此要循序渐进，逐步实现国有垄断企业股权多元化，允许民营经济进入垄断行业参与市场竞争，并破除行政权力垄断，减少政府对微观经济活动的干预。

2. 按照城乡统筹协调的要求，加快推进农村综合改革

改革开放 30 年来，我国的农村改革经历了三大步。第一步，通过实行家庭联产承包责任制，解决了农村的温饱问题；第二步，通过全面免除农业税，减轻了农民的负担。目前，我们正处于第三步，需要推进以改革农村上层建筑为重点的农村综合改革，尽快建立统筹城乡发展的制度保障。刚闭幕不久的党

的十七届三中全会作出了进一步推进农村改革发展的一系列重大决定,要贯彻落实好三中全会的这些新精神,不仅现有土地承包关系要保持稳定并长久不变,还要赋予农民更加充分而有保障的土地承包经营权。同时,要根据农民的意愿,允许农民以多种形式流转土地承包经营权,发展适度规模经营。

3. 按照社会和谐的要求,加快推进社会体制改革

与改革之初相比,我国的社会结构已发生了深刻变化,出现了社会利益分化和利益博弈新格局。但与此同时,我们还没有建立起一套有效的社会利益整合和协调机制。社会管理方式还相当落后,不少方面仍保留着计划经济时代的色彩。我们要建设一个和谐社会,当务之急就是要提高政府的社会管理和公共服务水平。当前,社会体制改革要以维护民权为根本,树立主权在民的基本理念,积极创建尊重民意、维护民权、人民当家作主的社会环境。积极培育社会民间组织,使民间组织真正成为政府与社会各阶层的重要纽带,为化解社会矛盾、参政议政、创建和谐社会发挥重要的作用。同时要逐步建立平等协商对话机制。包括提高党政部门活动的开放程度,重大情况让人民知道,重大问题经人民讨论;人民群众的要求和呼声,可以有渠道经常地、顺畅地反映;不同利益主体的利益诉求有互相沟通的机会和渠道等。

4. 按照发展社会主义民主政治的要求,加快推进政治体制改革

政治体制改革是我国全面改革的重要组成部分,必须随着经济社会发展而不断深化。党的十七大报告将发展社会主义民主政治提到了非常重要的程度,将人民民主视为社会主义的生命。在健全民主制度方面,坚持民主选举、民主决策、民主管理、民主监督;在保障公民权利方面,明确公民具有知情权、参与权、表达权、监督权;在基层自治方面,强调自我管理、自我服务、自我教育、自我监督。这一切为人们描绘出一幅十分美好的民主政治蓝图,为深化政治体制改革提供了有力前提。要使党的改革倡议付诸实施,需要大胆解放思想,冲破思想和理论禁区,从条件比较成熟的领域中逐步推进。行政管理体制改革是政治体制改革的重要内容,也是深化全面改革的重要环节。当前要加快政府转型,完善公共服务体系,制订改革总体方案,正确地处理政府与市场、政府与社会的关系,使各项制度逐步完善起来。

5.适应新阶段发展形势变化,将改革创新的立足点转移到人的全面发展上来

发展为改革出题,改革推动发展,是过去 30 年改革的基本逻辑。进入新世纪以来,发展的主题与过去相比,有了很大变化。一些过去在生存型社会不重要的因素,现在变得重要了,一些甚至成为影响经济社会发展全局的因素。新阶段发展型的问题很多,但归根结底是人的全面发展问题。从制度安排上来解决人的全面发展问题,与过去抓经济相比,对改革的要求更高,也是全方位的。我们解决资源环境问题,需要加快推进资源要素市场化进程,但最终还是要靠劳动者素质的提高和科技创新,以人力资源替代自然资源成为经济发展的主要推动力。人的全面发展对政府的公共服务提出新的要求,过去 30 年中,我们没有足够的经济实力,没有来得及全面解决教育、医疗、社会保障、公共就业服务、基本住房保障等问题,新阶段需要系统地解决这些问题。因此,新阶段的改革,实质是以人的全面发展为目标,经济体制、社会体制、文化体制和政治体制在内全面的制度创新。我们所要建立的社会主义市场经济,实质是民本市场经济,需要从制度上全面解决经济发展为了人、依靠人,人民共享改革发展成果的问题。

总之,只有在解放思想的前提下,尊重人民群众的自主创新精神,坚持改革的市场取向,真正做到以人为本,正视长期回避的一些深层次问题,力求在制度层面取得重要突破,才能从根本上缓解各种社会矛盾,保证改革开放继续沿着正确的方向和道路向前推进。改革是无止境的,完善也是无止境的,创新也是无止境的。所以,改革是一个长期的过程。新阶段的改革,就是按照科学发展、社会和谐的要求推进全面改革。

深化改革　促进武汉城市圈"两型社会"建设[*]

（2008 年 10 月 30 日）

我们今天探讨的主题,不仅对武汉市和武汉城市圈非常关键,对全国而言也具有十分重要的现实意义。今年是我国改革开放 30 周年,经济体制改革进入攻坚阶段,经济社会发展步入重要战略机遇期。在新的历史起点上,如何搞好资源节约和环境友好的"两型社会"建设,推进经济发展方式转变,实现人与自然、环境的协调发展,既是落实科学发展观的内在要求,也是全国人民十分关注的热点问题。"两型社会"建设涉及许多方面的工作,需要综合性的政策措施加以落实,但从深层次看,通过深化改革,构建有利于资源节约和环境友好的体制机制,是搞好"两型社会"建设、实现经济发展方式转变的根本措施和关键环节。国家确定在武汉城市圈和长株潭城市群进行"两型社会"建设综合配套改革试验,目的就是要通过试点地区的先行先试,在促进资源节约和环境友好的体制机制建设方面进行大胆探索,进而为深化经济体制改革、为实现科学发展的体制机制建设积累经验、提供示范。下面,我结合武汉城市圈"两型社会"建设综合配套改革试验,谈几点认识和体会。

一、深化改革是"两型社会"建设的必然要求和关键环节

资源环境问题乃一国之大政。我国正处于工业化、城镇化加快发展的中期阶段,一方面,经济发展速度很快,经济总量持续扩张,另一方面也存在一些亟待解决的问题。其中比较突出的是:发展方式粗放、产业结构不合理的局面尚未根本改变,高投入、高消耗、高污染、低产出、低效益的状况依然存在。由此导致经济社会发展与资源环境矛盾日益突出,直接表现为能源资源紧缺、生

＊ 这是高尚全同志 2008 年 10 月 30 日在武汉"改革试验与两型社会建设"论坛上的讲话。

态环境恶化、灾害事故频发、群众健康受到危害等一系列严重问题。如果处理不好,势必成为影响我国又好又快发展的重大障碍和制约,甚至引发社会矛盾。

针对这些问题,近年来国家先后出台了一系列促进资源节约集约利用、加强环境保护的政策措施,正在收到积极成效。一些地方也纷纷着手研究和探索"两型社会"建设的有效途径和办法,有的已经取得初步进展。但是,由于制约"两型社会"建设的体制性、机制性障碍和弊端还没有消除,上述问题还不能从根本上得到解决,一些政策措施的效果也难以理想。比如,由于政府管制的约束,一些重要资源性产品的价格难以反映市场供求关系、资源稀缺程度和环境损害成本;由于资源要素领域仍然存在的行政垄断和地区封锁,有序的市场竞争难以形成,难以实现规模经济效益;由于财税金融体制改革不到位,制约了激励企业自主进行资源节约集约利用和加强环保的体制机制的建立;由于政府职能转变滞后,政府在促进资源节约和环境保护方面的引导作用还没有充分发挥出来;由于资源节约和环境保护的指标体系、标准体系、监测体系、考核体系、法律法规体系还不完善,有利于资源节约和环境保护的长效机制还难以真正形成。只有通过深化改革,解决这些深层次的体制问题,才能真正建立促进资源节约和环境友好的体制机制,进而推动经济发展方式的根本转变,实现经济增长速度和经济发展的结构质量效益相统一、实现经济发展与人口资源环境相协调。从这个意义上说,改革是推进"两型社会"建设的必然要求。

与此同时,"两型社会"建设中的许多方面,都有赖于改革的深化和体制机制的创新。例如,开发和推广有利于节约、替代、循环利用和治理污染的先进适用技术,需要通过深化科技体制改革,建立有利于自主创新和成果转化的体制机制,激发科技创新活力;加强土地资源的保护和有效利用,需要通过土地管理制度的改革,建立有利于提高土地利用效率和土地资源保护的体制机制;促进跨区域、跨城乡的污染防治和生态修复,需要通过财政体制改革的深化,建立科学合理的财政转移支付机制和财政激励机制,需要建立区域协调的有效机制和城乡统筹发展的制度保障。从这个意义上说,改革是推进"两型社会"建设的关键环节。

二、"两型社会"建设综合配套改革要坚持市场化的改革方向

武汉城市圈"两型社会"建设综合配套改革试验是在新的历史发展阶段，推进我国新型工业化、城市化进程，实现可持续发展的重大战略部署，其目标是在全国率先建立促进资源节约和环境友好的体制机制。"两型社会"建设是一项新的探索，是一项富有挑战性的历史任务，没有现成的经验可循。为此，必须坚持解放思想，从实际出发，勇于改革创新，在体制改革的重大领域和关键环节开展先行先试，大胆探索"两型社会"建设的有效体制机制和实现方式。

特别需要强调的是，改革试验的过程，既是"两型社会"建设体制机制的探索过程，也是率先完善社会主义市场经济体制的过程，是二者的有机统一。在社会主义市场经济下推进"两型社会"的体制建设，要遵循市场经济的基本规律。其中最主要的是，坚持市场化改革方向，充分发挥市场在资源配置中的基础性作用，实现市场主导与政府引导、市场主体自主决策与政策支持的有机结合。应该说，这是一篇大文章。

经过多年的改革，我国的社会主义市场经济体制已经初步建立，市场在资源配置中的基础性作用得到越来越大的发挥。但是，在资源节约和环境保护领域，市场的作用还十分有限。例如，对一些关系国计民生的重要资源和矿产，还没有形成基于市场的资源价格形成机制，导致一些不可再生资源被无序开采、浪费严重；有的地方为吸引投资，违规采用协议方式或"零地价"出让工业用地，土地资源的市场配置被严重扭曲。此外，利用市场机制促进环境保护的问题还没有真正破题，排污权交易、生态环境补偿、多元化投融资等市场化机制尚未建立起来。要解决这些问题，必须坚持市场化改革方向不动摇，加快建立与完善的社会主义市场经济体制相适应的有利于资源节约、环境保护的体制机制。

三、对"两型社会"建设综合配套改革的若干政策建议

"两型社会"建设综合配套改革试验是一项十分复杂而艰巨的系统工程，包括的内容很多。从市场化改革的角度，至少包括：(1)加快推进资源要素的市场化改革，按照市场经济的要求，建立价格合理、产权明晰、竞争充分、统一

开放的资源要素市场体系;(2)创新土地资源管理体制和利用机制、生态环境资源有偿使用制度,探索排污权有偿分配的交易机制和多种形式的生态补偿机制;(3)完善市场准入和行业标准,健全有利于节能环保的监管体系;(4)配套推进财税、金融、科技、企业等领域的改革创新,以市场机制激发企业节能减排和保护环境的积极性和主动性;(5)推进政府改革和职能转变,加强政府在资源节约、环境保护方面的职能,减少对资源环境市场体系的直接行政干预,使得市场机制有充分发挥作用的空间。这里,我想重点强调以下几个问题。

一是合理界定资源产品和环境容量的产权,建立规范的产权交易机制。市场交易可以促使企业等市场主体形成内在的激励来节约资源、保护环境,但市场形成的前提是产权的有效界定。因此,应充分认识资源产品和环境容量产权界定的重要性,加快建立规范、有效的产权制度体系,清晰界定资源的初始产权,形成产权优化配置的市场交易机制。以排污权交易为例。首先,要对区域内的环境容量建立动态的评估机制,以此确定最大排污量并进行合理分割;其次,建立排污许可证制度,对符合条件的企业有偿出售排污许可;再次,建立排污权交易市场和交易规则,使排污权可以像普通商品一样自由交易。这样做,企业可以根据自身需要获得适量的排污权,出售排污权获得的收益可以用于污染治理,排污总量也可以得到有效控制。去年,国家分别在浙江嘉兴和江苏太湖流域搞了两个试点,已经取得积极效果。建议考虑在武汉城市圈建立排放权交易市场,推动这项工作。

二是形成统一开放、竞争有效的资源要素市场,建立圈域的环境保护合作机制。武汉城市圈包括9个城市,有各自的行政边界和独立的利益。为促进资源要素在各城市间以及圈域内外的合理流动,就必须真正以圈域的整体利益为重,抛弃那些容易造成行政性垄断和地区封锁的旧观念和做法,加快形成统一开放的资源要素市场。此外,环境问题的影响往往具有外溢性和流动性,难以靠某一个城市的力量单独解决,建立环境保护的城际合作机制也十分重要。在推进"两型社会"建设综合配套改革试验中,武汉与其他城市都应考虑如何建立有效的合作与协调机制,加强相互间的合作与交流。在这个问题上,合作的利益是远远大于各自为政的利益的,圈域内各主体的合作既是大势所趋,也是利益所在,是一个"共赢"的选择。

三是推进资源价格市场化改革,使资源价格充分反映市场供求关系、资源稀缺程度和环境损害成本。长期以来,我国粗放型经济增长方式难以根本转变,一个重要原因就是由于政府管制等原因,资源产品价格出现扭曲,不能真正反映资源稀缺程度和环境损害成本,更无法反映市场供求关系。过低的资源价格,必然导致对能源、矿产、土地、水等资源的过度使用,也不利于循环经济的发展。很多人担心,放开资源价格尤其是能源价格,会危及整个宏观经济,会严重影响老百姓尤其是低收入群体的生活。这些担心不是完全没有道理。但是,从长远来看,扭曲的资源价格给我国经济和人民生活带来的危害远远大于价格放开造成的影响,我们完全可以通过对低收入群体进行补贴、调整国民收入分配格局等配套措施缓解价格放开可能带来的负面影响。建议国家作出统筹安排,积极推进包括资源产品在内的生产要素的价格改革,建立真正由市场配置的、体现资源稀缺程度和环境成本的价格形成机制,以市场的办法促进资源集约节约利用。

四是按照"两型社会"建设的要求,深化行政管理体制改革。推动"两型社会"建设及改革试验工作,政府发挥着重要作用。要进一步转变政府职能,把工作重点转向加强统筹协调、制定规则标准、实施市场监管、维护市场秩序、提供基本服务等方面。要加快改变以行政命令和指令性计划为主的资源、环境管理方式,更多地以税收、利率、价格、土地等经济手段进行激励,以发展规划、行业标准以及法律法规、制度规则等规范手段进行引导。建立决策前的资源环境影响评估制度,就政府重大决策对资源环境的影响程度进行科学评估。完善政府绩效考核和责任追究制度,将政府在推进资源节约和环境保护方面的工作和成效作为考核和问责的重要指标。

与此同时,要坚持统筹区域和城乡经济社会发展,形成有效的利益协调机制,妥善处理好圈内各市的关系,兼顾不同利益主体的利益诉求,形成圈内城市协作共赢、城乡发展一体化的局面。在改革的推进方式上,要紧紧围绕制约发展的突出矛盾和体制障碍深化改革,以改革促发展。要不断提高改革决策的科学性,增强改革措施的协调性,坚持改革措施的综合配套,有步骤、有重点地有序推进。

对城乡经济社会发展一体化的几点意见

（2008 年 11 月 16 日）

10 月 12 日,党的十七届三中全会通过了《中共中央关于推进农村改革发展若干重大问题的决定》(以下简称《决定》),这是在新形势下指导推进农村改革发展的纲领性文件,必将对我国的农村改革发展以及整体经济体制改革产生深远影响。《决定》将加快形成城乡经济社会发展一体化新格局作为推进农村改革发展的根本要求。今年是改革开放 30 周年,经济体制改革进入攻坚阶段,美国次贷危机引发国际形势发生重大变化,对我国经济的影响逐步显现。在改革发展处在重要关口的新形势下,研究如何加快改变城乡二元结构,促进城乡经济社会一体化发展,对于贯彻落实科学发展观,实现城乡统筹发展具有重要意义。促进城乡经济社会一体化发展,是一项涉及多方面工作的系统工程。通过深化改革,构建有利于城乡经济社会发展一体化的体制机制,是实现城乡经济社会发展一体化的重要举措,从长远来看也是一项根本措施。

促进城乡经济社会发展一体化方面存在的主要问题

我国的改革是从农村开始的,逐步向城市推进。改革开放 30 年的伟大实践,推动我国经济社会实现了快速发展,人民生活水平不断提高,成就是举世公认的。但与此同时,城乡发展不平衡的问题依然没有解决,特别是由于城乡二元结构的原因,城乡经济社会发展一体化格局始终没有形成。主要表现在:一是农业的生产力水平偏低、经营规模偏小、市场化程度不高、产业化不强,导致农村经济发展水平落后,城乡居民收入差距仍呈扩大趋势,2007 年城乡居民收入比已扩大到 3.33∶1。二是农业基础比较薄弱,农村生产生活条件落后。特别是中西部地区农村的水利、交通、电力、通信条件较差,一些地区村镇布局不合理,垃圾处理、生态保护设施缺乏。三是农村教育、文化、医疗等社会事业发展全面滞后,农村社会保障体系建设刚刚起步,城乡公共服务水平不均衡。四是农民土地权益尚未得到有效保护,征地纠纷频繁发生,农民工的权益保障仍不到位,侵犯农民权益问题时有发生。五是对农业、农村,特别是中西部地区农业和农村的支持和保护政策还需进一步加强,以工促农、以城带乡的体制还不完善。

改革滞后是制约城乡经济社会发展一体化的主要原因

城乡二元结构问题的存在,固然有历史的、产业特征的和我国人多地少国情等方面的原因,但根本原因在于制约城乡协调发展的体制机制的障碍。比如,由于土地管理制度二元分割,在现行土地征用制度下农村土地征用价格较低,土地的增值收益大多流向了城市,农民土地权益没有得到有效保护。由于农村金融制度改革滞后,农村金融资源十分短缺,服务体系不健全,农村贷款难的问题十分突出,农村生产发展受到严重局限。由于城乡规划体制不统一,城市农村发展各自为战,乡村建设散乱无序,基础设施建设资金过多偏向了城市,农村基础设施严重落后,农村生产生活条件无法得到有效改善。由于我国公共财政体制不健全,财政对农村的支持不到位,农民在享受基本公共服务方面与城市居民存在较大差距。由于城乡统一的劳动力市场尚未形成,农民工进城后在平等就业和享受城市社会福利方面还面临许多制度和政策的制约。政府虽然不断加大转移支付、农业补贴等支持农业发展的政策措施,但以工促农、以城带乡的长效机制还没有建立起来,制约着城乡协调发展的实现。实践证明,只有以深化改革为突破口,建立有利于破除城乡二元结构、推动城乡经济社会一体化的体制机制,才能真正实现城乡经济社会发展一体化发展的新局面。

城乡经济社会发展一体化改革的主要任务

加快形成城乡经济社会发展一体化新格局是党的十七大作出的重要战略部署,党的十七届三中全会《决定》进一步明确,到2020年基本建立起城乡经济社会发展一体化的体制机制。为此,要加快农村改革发展步伐,努力在农村土地管理制度改革、城乡规划、产业发展、农村金融体系建设、农村基本公共服务体制建设、农村社会管理制度改革等方面取得突破性进展,促进公共资源在城乡之间均衡配置、生产要素在城乡之间自由流动，推动城乡经济社会发展融合。这里，我重点强调以下几个方面：

一是推进城乡土地利用和规划体制改革。改革城乡土地利用和规划体制是形成城乡经济社会发展一体化新格局的重要内容。在土地利用制度方面，要在稳定和完善农村基本经营制度、健全严格规范的农村土地管理制度的基础上，积极发展土地承包经营权流转市场，推动土地承包经营权规范、有序流转。改革征地制度，严格界定公益性和经营性建设用地，逐步缩小征地范围，完善征地补偿机制。对于依法征收农村集体土地的，要按照同地同价原则及时足额给农村集体组织和农民合理补偿，解决好被征地农民就业、住房、社会保障等问题。逐步建立城乡统一的建设用地市场，对依法取得的农村集体经营性建设用地，必须通过统一有形的土地市场、以公开规范的方式转让土地使用权，在符合规划的前提下与国有土地享有平等收益。在城乡规划体制建设方面，应破除城乡规划分离的管理制度，推动城乡规划编制的协调统一，建立城乡一体、定位清晰、功能互补、衔接协调的规划体系，合理安排市县域城镇建设、农田保护、产业聚集、村落分布、生态涵养等空间布局。

二是推进城乡基础设施建设及管理体制改革。城乡发展的差距在基础设施方面尤为明显。要形成城乡经济社会发展一体化新格局，必须加快推进城乡基础设施建设体制改革，大力推动农村基础设施建设。打破交通、电力、能源、水务、环保等基础设施建设自成一体、分散布局、缺乏衔接的体制，实行统筹规划、统筹衔接。改革基础设施投融资体制，调整财政资金投向重点，把基础设施建设的重点转向农村，不断改善农村基础设施条件，逐步健全覆盖城乡的基础设施网络。

三是推进城乡劳动就业体制和社会保障方面的改革。改革劳动就业体制，促进农民就业，不仅是增加农民收入的重要途径，也是统筹城乡发展的必然要求。要按照《决定》要求，加快建立城乡统一的人力资源市场，建立覆盖城乡的公共就业服务体系和职业培训体系，形成保障城乡劳动者公平竞争、平等就业的制度环境。积极引导农民有序外出就业，鼓励农民就近转移就业，扶持农民工返乡创业。加强农民工权益保护，改善农民工劳动条件，保障生产安全。统筹城乡社会保障，促进社会保障全面覆盖、有机衔接，进一步提高农村保障水平，加快形成城乡一体、有效衔接的社会保障体系。扩大农民工工伤、医疗、养老保险覆盖面,尽快制定和实施农民工养老保险关系转移接续办法。

四是推进城乡公共服务体制和社会管理体制改革。缩小城乡之间公共服务水平的差距,是实现城乡一体化发展的重要保障。要加快完善公共财政体制,全面提高财政保障农村公共事业的水平,促进城乡社会事业全面协调发展。以城乡基本公共服务均等化为目标,建立城乡统一、市民与农民公平享受、城市与农村均衡的义务教育、公共医疗卫生、公共文化和公共安全等公共服务体制。对外出就业的农民工,要逐步实现在劳动报酬、子女就学、公共卫生、住房租购等与城镇居民享有同等待遇。在社会管理体制方面,要按照统筹城乡社会管理的要求,推进户籍制度改革,放宽中小城市落户条件,使在城镇稳定就业和居住的农民有序转变为城镇居民,逐步建立城乡统一的人口登记制度、居民自由迁徙的人口管理制度。推动流动人口服务和管理体制创新,促进城乡人口有序流动、安居乐业。

完善改革推进方式,扎实做好各项改革工作

推动城乡经济社会一体化发展的体制机制建设是一项艰巨性的任务,是富有挑战性和开创性的改革实践过程,没有现成的经验可循。必须坚持解放思想,不断完善改革推进方式,在城乡经济社会一体化发展的一些重要领域和关键环节进行大胆探索。

正确处理改革与发展的关系。要紧紧围绕城乡经济社会发展的现实需要谋划和推进改革,不断提高改革决策的科学性,增强改革措施的协调性。在深化改革的过程中,要充分调动各方面的积极性,妥善处理好各方面的利益关系,在深化改革中实现利益共享。

切实搞好统筹城乡发展的综合配套改革试验。进行改革试验,是推进改革的有效方式,已为我国 30 年来的改革实践所证明。2007 年,国家批准在成都市和重庆市开展以统筹城乡发展为主要内容的综合配套改革试验,目的就是在统筹城乡的体制建设和重大政策方面进行先行探索,为全国的改革提供示范和经验。要正确处理好解决当前问题与服务长远发展的关系,要注重把解决当地实际问题与探索全局共性难题结合起来,推动改革试验不断取得新成效。

改革需要最大限度地营造社会共识

（2008 年 12 月 23 日）

一、过去 30 年改革的历史，是一部解放思想的历史

从基本国情和实践出发，而不是从本本和理论教条出发，是 30 年改革开放取得成功的关键。

1978 年的真理标准大讨论，对突破传统理论束缚，变革计划经济体制提供了有利的前提。对新中国成立以来根深蒂固、高度集中的计划经济进行改革，首先需要对旧观念进行突破。改革开放之初，如果没有对"两个凡是"的突破，我们很难想象会有后来的农村联产承包责任制，很难对城市国有企业进行改革。因此，这次大讨论所确立的实践标准，从根本上动摇了计划经济的"神话"，为废除"以阶级斗争为纲"，确立以经济建设为中心，为启动经济体制改革开辟了前进的道路。

1992 年以学习邓小平"南方谈话"为主要内容的解放思想大讨论，对确立市场经济体制目标起到了至关重要的推动作用。沿市场经济取向的改革虽然取得了一定的成绩，但并非一帆风顺。在改革进程中，姓"资"姓"社"的争论不断，反映了在重大理论问题上还认识不清楚。这种状况如不及时改变，就会贻误改革开放时机。小平同志提出，判断改革开放姓"社"姓"资"，标准应该主要看是否有利于发展社会主义社会的生产力，是否有利于增强社会主义国家的综合国力，是否有利于提高人民的生活水平；计划和市场都是经济手段，不是社会主义与资本主义的本质区别；社会主义要赢得与资本主义相比较的优势，必须大胆吸收和借鉴人类社会创造的一切文明成果，包括资本主义发达国家的一切反映现代社会化生产规律的先进经营管理方式。没有这些著名的论断，很难想象我们今天能够在改革开放上走这么远。

从党的十六届三中全会提出科学发展观至今,我国新一轮解放思想对确立全面改革的目标发挥了重大作用。进入新世纪新阶段,我国在经济快速增长的同时,民生问题比较突出。一些人开始怀疑市场化改革。近几年的市场化改革争论表明,没有思想解放,没有理论上的新突破,推进改革攻坚相当困难。党的十六届三中全会提出以人为本的科学发展观,党的十六届六中全会对构建社会主义和谐社会进行全面部署。科学发展、社会和谐新理念,对改革提出了新的要求。党的十七大又提出以经济体制、政治体制、社会体制、文化体制在内"四位一体"的全面改革。

可以说,我国在改革开放道路上的每一次进步,都得益于思想解放实际进程的不断拓展。胡锦涛总书记在纪念党的十一届三中全会30周年大会讲话中,位列30年改革开放经验总结第一条的就是"必须把坚持马克思主义基本原理同推进马克思主义中国化结合起来,解放思想、实事求是、与时俱进,以实践基础上的理论创新为改革开放提供理论指导。"胡锦涛总书记用"自觉把思想认识从那些不合时宜的观念、做法和体制的束缚中解放出来,从对马克思主义的错误的和教条式的理解中解放出来,从主观主义和形而上学的桎梏中解放出来"的排比,阐述了解放思想的重要性。

二、以新的解放思想运动,打造全面改革的良好氛围

党的十七大已经把全面改革的任务提出来了,党的十七届二中、三中全会也对行政管理体制改革、农村改革进行了全面的部署。但要真正把这些改革深入下去,必须最大限度地营造社会共识,以新的理论勇气和政治智慧去面对新的复杂形势。

一要打破陈旧观念的束缚。新阶段的改革,需要有新的超越。尤其是我国进入以行政管理体制改革为重点的全面改革新阶段,改革与过去经济体制改革相比,所面临的形势更为复杂,涉及的范围更广。没有新的解放思想运动,改革很难顺利推进下去。在今年人代会答记者问中,温家宝总理多次强调解放思想的重要性。他并先后引用两处名言古语:一处是"天变不足畏,祖宗不足法,人言不足恤",一处是"周虽旧邦,其命维新",他还强调"解放思想运动将永不停止,一直到中国现代化成功,到那时也还需要解放思想"。

二要大胆突破过去的一些理论"禁区"。改革是前无古人的事业,就是要讲新话,讲老祖宗没有讲过的新话。如果有禁区,很难叫解放思想。邓小平已经说得很彻底了,经济领域里面姓"资"姓"社"的问题已经不需要争论了,还有什么可束缚的呢? 我们谈思想解放,是说束缚我们思想,不能想、不能说的、不能做的事情。但这些事情恰恰是有利于社会进步和人的发展,有利于促进生产力的发展。现在说民主、自由、法治、人权、平等、博爱,有什么不能说的呢? 社会发展到这个阶段,人的发展离开这些怎么行呢? 决策、执行、监督三者既要协调又要制衡,这不是资本主义的专利,只有分离才有利于建立监督和约束机制。但过去都认为是禁区,只有解放思想后才能提出来。

三要打破不利于改革发展的惰性。这几年,中央多次把 GDP 增长的预期压低,主要目的在于使我们从片面关注 GDP 中解脱出来,加快改革步伐,调整结构,加快经济发展方式转变。但是,落后地区说我们处在跨越式增长的阶段,GDP 不增长怎么办? 发达地区说我们的基础好,增长潜力大,有条件实现更快的 GDP 增长。另一方面,我们看到宏观经济的压力在增大,包括通货膨胀的危险,经济从偏快走向过热的危险。因此,我认为需要以新的解放思想创造新阶段改革的动力,打破沉溺于 GDP 增长的旧观念中,不思改革的倾向。

深入领会胡锦涛总书记"12·18"讲话精神*

(2008 年 12 月 26 日)

一、如何理解认识改革开放是一次新的伟大革命

胡锦涛总书记报告里讲到,近一个世纪以来,我国先后发生了三次伟大革命,一次是孙中山领导的辛亥革命,一次是中国共产党领导的新民主主义革命和社会主义革命,一次是党领导的改革开放这场新的伟大革命。为什么说改革开放是一次新的伟大革命,这次革命和另外的两次革命到底有什么不同?我认为最重要的是性质不同。改革开放的伟大革命是社会主义的自我完善,而过去的那两次革命是一个阶级推翻另一个阶级,一个政权替代另一个政权。英文中革命是 revolution,改革是 reform,变革是 change,奥巴马竞选美国总统时打了 change 的旗号。30 年来改革开放的伟大历程告诉我们:"改革开放是决定当代中国命运的关键抉择,是发展中国特色社会主义、实现中华民族伟大复兴的必由之路;只有社会主义才能救中国,只有改革开放才能发展中国、发展社会主义、发展马克思主义。""改革开放符合党心民心,顺应时代潮流、方向和道路,是完全正确的,成效和功绩不容否定,停顿和倒退没有出路。"胡锦涛总书记的讲话不仅重申了党的十七大的提法,而且把改革开放提升为一次新的伟大革命。胡总书记的讲话对党的十一届三中全会的伟大意义作了充分的表述,他说过去,正在而且将来对党和国家的事业有重大的意义。今年初,总书记就讲了要隆重地纪念改革开放 30 周年,因为十一届三中全会在历史上起到了关键的作用,实现了从阶级斗争为纲转向以经济建设为中心,从而揭开了改革开放的序幕。

---

* 这是高尚全同志在中央国家机关工委理论中心组学习会议上讲话的一部分。

党的十一届三中全会召开的背景是什么呢？从国内情况来说：

第一个背景，在思想理论上的拨乱反正。通过真理标准的大讨论，打破了"两个凡是"，为党的十一届三中全会做了思想理论上的准备。当时真理的标准讨论是耀邦同志组织的。是在南京大学胡福明和中央党校孙长江两位教授的文章的基础上形成的，1978 年 5 月 10 日在《理论动态》上发表了，11 日《光明日报》又以特邀评论员的名义发表，新华社当天就在全国转发，12 日《人民日报》和《解放军报》全文转载，在全国引起了讨论的热潮。5 月 17 日，一位中央领导指责说，这篇文章"思想上是反动的，理论上是荒谬的，组织上是砍旗的"。这给耀邦同志很大的压力。后来小平同志出来讲话了，他说：我原来没有注意这个文章，后来听说有不同意见，我看了一下。看了以后我觉得这篇文章是马克思主义的，现有的争论是不可避免的，争得好，根源就是"两个凡是"。小平同志在 1978 年 12 月 13 日中央工作会议上高度评价了这场大讨论，指出目前进行的"关于实践是检验真理的唯一标准"的讨论，实际上也是要不要解放思想的讨论，一个党、一个国家、一个民族如果一切从本本出发，思想僵化，迷信盛行，那它就不能前进了，他的生机就停止了，就要亡党亡国，从这个意义上来说，关于真理标准的讨论，的确是一个思想路线问题，是一个政治问题，是一个关系党和国家前途和命运的问题。

第二个背景，平反了冤假错案，端正了组织路线。耀邦同志后来当了中央组织部长，准备了大量的材料，在中央开会的时候为大量的干部平反。这就为党的十一届三中全会做了组织上的准备。

第三个背景，从现实生活来看，经济上的"左"倾路线使我国国民经济处于停顿状态。万里同志当时是安徽省委第一书记，他说：我当第一书记的时候全省 28 万多个生产队中能够维持温饱的只有 10%，67% 的生产队人均年收入低于 60 元，25% 的生产队人均年收入不到 40 元。安徽省是农业大省，但为什么出去要饭的人最多呢？而且非正常死亡三四百万人呢？他说：过去左了那么多年，几乎把农民的积极性打击完了，不肃清"左"的问题，农业永远不能翻身。安徽的小岗村农民冒着生命危险去搞包产到户。

以上是从国内来说。从国际环境来看，当时国际上兴起了新的科学技术革命，推动了世界经济的发展。但是我们还停留在"以阶级斗争为纲"上，经济没有发展，人民生活非常困难。党的十一届三中全会就是在以上国内国际环境中召开的。

二、如何理解两个伟大历史转折

胡总书记在讲话中提出两个伟大的历史转折，一个是从高度集中的计划经济体制向充满生机和活力的社会主义市场经济体制的伟大历史转折，二是从封闭和半封闭向全方位开放的伟大历史转折。

第一，关于从高度集中的计划经济向充满生机和活力的社会主义市场经济的伟大历史转折，这个转折来之不易。我这里举几个案例，就可以说明是否还要搞计划经济。第一个是沈阳的案例：沈阳有两个工厂，一个叫电缆厂，属于一机部管；另外一个是沈阳冶炼厂，由冶金部管，这两个工厂正好隔一堵墙。那么，电缆厂需要的铜，由一机部从外地调到沈阳，而冶炼厂生产出来的铜由冶金部分配到全国各地。本来一墙之隔的两个厂，签个合同就解决问题了，非要费那么大的劲全国调拨，造成大量人力、物力和时间上的浪费，说明计划经济体制是不行的。第二个是上海的案例：1956年，上海天气很热，为了不影响生产，企业需要采取一些降温措施，那时候没有空调，只有鼓风机，但是企业要买鼓风机没有自主权，要向上级打报告，报告要经过11个部门来审批，那么最后一个图章盖下来，夏天已经过去了。所以我当时写了一个调研报告叫《企业要有一定自主权》。企业没有自主权，没有积极性，什么东西都要审批，都是由部门来指挥企业的生产，企业的产、供、销、人、财、物都集中在部里，企业没有自主权，结果造成了官僚主义，文牍主义，效率低下，浪费惊人。这个调研报告于1956年12月6号在《人民日报》第2版发表了。还有一个洛阳的案例，洛阳是第一个五年计划时期的重点建设城市，一机部、冶金部、纺织部等都在那里建厂，纺织部的厂建好了以后，施工队伍由纺织部调到全国，而一机部建厂是从一机部的其他工地上调到这里，所以中心城市不能发挥作用，都是部门在指挥。当时施工队伍意见很大，说我们老是不稳定，"牛打天下马坐殿"，不仅生活不稳定，而且施工队伍大量移动，造成很大的浪费。

再从国外来看，匈牙利是在社会主义国家中首先搞改革的国家。我在1986年带了一个18人代表团考察了匈牙利，为什么带那么多人去考察呢？因为中央派人去考察，地方和企业也派人，到处派人去考察，匈牙利这个小国家应接不暇，他们说：我们的牛都认识你们中国人了。重复地去考察，问的问题也差不多。我当时任国家体改委副主任，下决心要改变这种状况，做深入的考察，要弄清匈牙利到底进行了哪些改革，哪些改革成功了，哪些改革不成功，有什么经验教训？而且在考察过程中的重要问题通过使馆用密电发回来，后来把考察的结果汇编成册，书名叫《艰难的探索》，资料大家可以共享。在考察中我问了匈牙利主管经济的副总理，"你们为什么要取消指令性计划？"他说："我们根据平衡表编制计划，计划执行的结果就是有的完成500%，有的只完成40%，谁也没有责任，所以就取消了指令性计划。"后来我又考察了捷克斯洛伐克，该国的副总理见了我，让我到两个大学发表演讲。捷克这个国家本来"拔佳"皮鞋是名牌。但是搞了计划经济没有名牌了，为什么呢？因为计划部门根据当时捷克斯洛伐克人口1600万人，按每人两双做计划，总共3200万双皮鞋，然后把指标分到各皮鞋厂。计划执行结果，生产出来的皮鞋往往人家不要，而人家要的往往又没有生产，一方面大量积压，一方面又大量短缺。因为皮鞋这样的东西个性化需求很强，男人跟女人不一样，城里人跟农村人不一样，收入高的跟收入低的不一样，大人跟小孩不一样，你千篇一律一人两双这样来做计划是对资源的极大浪费。他们都明白过来了，取消了指令性计划。但我们思想僵化，还在进行姓"资"姓"社"的争论，认为计划经济是社会主义的特征，取消指令性计划就是取消社会主义。有一位同志考察了匈牙利回来说匈牙利取消了指令性计划。后来受到了猛烈的批判："指令性计划怎么能取消呢？取消指令性计划就是取消计划经济，取消计划经济就是取消社会主义"，上到这么高的纲来进行批判，可见阻力是很大的。计划经济也可以说是审批经济，不经过审批是不能干的。当时，计划经济体制的弊病也已暴露，但不知道改革的方向，只是在你管或我管上做文章。计划经济一个基本特征就是"统"，通过中央部门来搞高度集中的经济，结果是"一统就死，一死就叫，一叫就放，一放就乱，一乱又统"，一直走不出这个怪圈。

党的十二大提出"计划经济为主，市场调节为辅"的方针。为什么提计划经济为主，因为当时认为计划经济作为社会主义基本经济制度，所以必须要坚持。到了1984年党的十二届三中全会，觉得没有商品经济不行了，会议通过的《中共中央关于经济体制改革的决定》就提出了"有计划的商品经济"。邓小平同志对这个决定给予了高度评价，称它是"马克思主义基本原理和中国社会主义实践相结合的政治经济学"。

1987 年 10 月召开的中共十三大提出，"社会主义有计划商品经济体的制应该是计划与市场内在统一的体制"，"利用市场调节决不等于资本主义"，"以指令性计划为主的直接管理方式，不能适应社会主义商品经济的要求"，"应当通过国家与企业之间、企业与企业之间按照等价交换原则签订定货合同等多种办法，逐步缩小指令性计划的范围"，"社会主义经济新的运行机制，总体上说应该是国家调节市场，市场引导企业的机制"。党的十三大我没有参加起草，但是有一个建议，登在 1987 年 8 月 20 日国家体改委的一个简报上，题目是《希望十三大在理论上要有重大突破》，我讲了三点意见：第一，计划调节与市场调节是一种手段和方法，不是社会制度的属性，是社会主义商品经济发展的必然趋势；第二，用经济合同逐步替代指令性计划；第三，随着改革的深化和经济的发展，计划与市场结合的形式发生变化，从指令性计划向政策性计划转变，是经济发展和改革的需要。当时国家体改委主任李铁映在简报上批了"送总理参阅"几个字。总理看了以后于 1987 年 8 月 30 日批示："要把指令性计划改为经济合同制的观点反映到报告中去"。用经济合同制逐步取代指令性计划，这是经济体制改革的一个重大突破。现在看来不觉得什么，但当时是作为两条道路、两条路线斗争的一件大事。

但是，20 世纪 90 年代初改革又回潮了，有人批判市场化改革的方向，认为不是搞社会主义，而是搞资本主义。小平同志在"南方谈话"中，强调计划和市场都是方法和手段，社会主义有市场经济，资本主义有计划。根据小平同志"南方谈话"精神，党的十四大就明确提出来，我国改革的目标是建立社会主义市场经济体制。经过了这么多年反复的艰难的探索才明确改革的方向，所以我们千万不能动摇。

根据小平同志"南方谈话"的精神，党的十四大明确提出，我国经济体制改革的目标是建立社会主义市场经济体制。目标明确了，怎么建立？所以中央专门在 1993 年十四届三中全会时，研究如何建立社会主义市场经济体制。这次决定文件的起草，我有幸也参加了。经过讨论，认为要建立社会主义市场经济，必须建立五根柱子。第一要建立适应市场经济要求，产权清晰、权责明确、政企分开、管理科学的现代企业制度；第二要建立统一开放的市场体系；第三要建立以间接调控为主的宏观调控体系；第四要建立以按劳分配为主体，效率优先，兼顾公平的收入分配制度；第五要建立多层次的社会保障制度，建立相应的法律法规体系。

第二个伟大历史转折，是从封闭半封闭转向全方位开放。长期以来，我们受外国殖民统治的影响较深，因此刚开放时有人就有担忧。深圳特区建立以后，有一位老同志到深圳后流着热泪说："没想到，深圳一夜变成了资本主义。"另外，宝钢建设为什么开始时要停下来，海南洋浦为什么也有人要把它停下来，因为有人认为外资进来是否搞资本主义，建立特区是否给外国搞租界，存在质疑。我们曾提出来要既无内债又无外债，说是我们社会主义的优越性。当时我国领导人考虑的一个重要问题是，社会主义优越性为什么没有充分发挥出来？这个时期国务院各部门派出了30多个出国考察组，通过考察找到了差距，而且差距很大。过去有人说要搞世界革命，要把资本主义国家的劳动人民从水深火热当中解放出来。20世纪70年代末，时任副总理的王震访问英国，走访了一个失业工人。住着一栋100多平方米的两层楼房，有餐厅、客厅，房后还有一个50平方米的小花园。王震同志听说英国的电梯工的收入比咱们副总理的收入还高很多，引起了他的思考。我们加入世贸组织，当时也有很大的争论。有人写文章，认为加入了世贸组织我们就等于是跟着资本主义走了。实际上加入世贸组织以后有一个倒逼机制，就是我们的经济体制就要按照世贸组织的规则，按照市场经济的要求来运行了，因为我们承诺了，这个倒逼机制可以以开放促进改革。30年来，我们国家的面貌、党的面貌、人民的面貌都发生了历史性的变化，就是来自于改革开放。

另外，我觉得还有一个伟大历史转折，就是从温饱不足转向总体小康。因为我们刚改革开放时，贫困人口有两亿五千万人，现在不到一千五百万了。13亿人的温饱问题基本上解决了，这不容易啊，这是个世界性的难题。因此我想这也是一个伟大的历史转折。

三、如何深化对以人为本的认识

我们正在深入实践科学发展观，那么科学发展观是在什么情况下提出来的？在2003年10月党的十六届三中全会通过的《中共中央关于完善社会主义市场经济体制若干问题的决定》中首次提出了科学发展观。当时的背景是，我们初步建立了社会主义市场经济体制，有人认为已经差不多了，但中央还是提出了要继续完善，因为改革是无止境，完善也是无止境的，改革的任务还是任重道远。这个决定有几个创新点:第一,提出了大力发展混合所有制经济,实现投资主体多元化,使股份制成为公有制的主要实现形式。第二,要完善国有资本有进有退、合理流动的机制,进一步推动国有资本更多地投向关系国家安全和国民经济命脉的重要行业和关键领域。第三,提出大力发展和引导非公有制经济。非公有制经济是促进我国社会生产力发展的重要力量。原来在重要力量后面还有"和生力军"四个字,后来我提出"重要力量"就可以了,"生力军"就可以不写了,因为有些领域非公有制经济已经成了主力军了,例如就业问题,4/5 是靠非公有制经济解决的,最后就把"生力军"删去了。第四,提出产权改革是所有制的核心和主要内容,建立归属清晰、权责明确、保护严格、流转顺畅的现代产权制度。第五,最重要的是,决定提出了"科学发展观"的论断。提出"坚持以人为本,树立全面、协调、可持续的科学发展观,促进经济社会和人的全面发展"。这次总书记的讲话里很突出地讲到了"以人为本"是科学发展观的核心,讲得很集中,很精辟。他在总结改革开放以来我们积累的"十个结合"经验中,其中第三条是讲到了"必须把尊重人民首创精神同加强和改善党的领导结合起来,坚持执政为民、紧紧依靠人民、切实造福人民,在充分发挥人民创造历史作用中体现党的领导核心作用。"这个党的领导核心作用不是空的,要在充分发挥人民创造历史作用中体现。他还提出了"人民群众是我们党的力量源泉和胜利之本。"那么如何做到,他提出了四个坚持:"坚持一切为了群众、一切依靠群众,把党的正确主张变为群众的自觉行动,坚持尊重社会发展规律与尊重人民历史主体地位的一致性,坚持为崇高理想奋斗与为最广大人民谋利益的一致性,坚持完成党的各项工作与实现人民利益的一致性。""我们把人民拥护不拥护、赞成不赞成、高兴不高兴、答应不答应作为制定各项方针政策的出发点和落脚点","坚持问政于民、问需于民、问计于民"。说来说去,就是要坚持以人为本,也就是一切为了人民,一切依靠人民,一切成果由人民来共享。

关于人民群众的主体作用,过去搞计划经济没有体现出这个主体。计划经济创造财富的主体是政府,把老百姓、纳税人的钱集中到政府,政府通过财政去搞建设。手表厂、制衣厂、缝纫机厂,连卖菜、卖肉的都搞国有国营,认为这就是搞社会主义,实际是不行的。现在来看,创造财富的主体应该是老百姓,应该是企业,而不是政府,政府是创造环境的主体。人民是主体,人的积极性、主动性、创造性才能够充分地发挥出来。过去搞计划经济,人民是被动的,是"要我干",不是"我要干"。"我要干",人民内在的积极性才能被激发出来,财富的源泉才可以充分涌流出来。

党的十五大和锦涛同志最近讲话中都提到了要充分发挥知识、管理、技术、资本四个要素的潜力,让财富的源泉涌流出来。我觉得创造财富是第一位的,分配财富是第二位的,所以我们首先要鼓励老百姓创造财富。原来提出的"效率优先,兼顾公平",有人提出不同意见,认为要"公平优先,兼顾效率"。我们首先要把蛋糕做大,让财富充分地涌流出来,没有这个前提,没有蛋糕我们分什么?所以要先把蛋糕做大。我觉得这次总书记讲话把这两者关系处理得好,他说:"讲求效率才能增添活力,注重公平才能促进和谐,坚持效率和公平有机结合才能更好体现社会主义的本质。"这就把效率与公平的关系处理好了,也就是初次分配要充分体现效率,当然也要考虑到公平,而二次分配则更主要地要考虑分配的公平问题,这样子才能做到真正的有机结合。不能说我们现在是分配不公了,收入差距拉大了,就要搞"公平优先"了,那不就回到大锅饭的老路上去了吗?所以我前两年写了一本《民本经济论》。我多次考察了浙江这个地方。

浙江是一个人多地少、国家投入少、陆地资源少的省份。但是,经过多年发展,它的经济发展已经走在全国前列,社会也很稳定。其中一个很重要的原因就是浙江初步形成了民本经济的格局。我总结出了浙江的"五千精神":一是"千辛万苦"去创业;二是"千方百计"来经营;三是"千家万户"搞生产;四是"千山万水"找市场;五是"千头万绪"抓根本。正是因为把老百姓作为主体,才会有前面四个"千",如果把政府作为主体了,这几个"千"就出不来了。第五个"千"就是指政府,政府在这么复杂的市场竞争环境下,应该抓什么?过去有的地方政府的官员、市长,每人包几个企业,结果越抓越死,你给他吃偏饭,也影响了市场的公平竞争,并且只抓几个企业也带动不了全部经济的发展。政府要创造公平的市场竞争环境,鼓励老百姓创业。提倡全民创业,大家来创造财富,这样才能从根本上解决就业问题,解决民生之本。政府就是要为老百姓创业创造环境,为市场经济创造政策环境、法制环境、安全环境,而不是直接去管企业。所以这个"五千精神"使得浙江省这么个小省2007年财政收入3200亿,因为大家都在创业,创业以后老百姓财富自然就多了,交的税收也就多了,政府的财政收入多了就有能力为老百姓提供更多、更好的公共产品和公共服务,形成一个良性循环。所以我们要深刻地理解以人为本,人民是本位,只有这样才能真正实践好科学发展观。

四、如何深化政府体制改革

对政府改革我讲过一个"一、二、三"的理论。一是解决一个矛盾,二是搞好两个服务,三是创新三个理念。

一是解决一个矛盾。我们社会的主要矛盾是什么,是人民日益增长的物质文化需要同落后的社会生产之间的矛盾。这个矛盾至今没有根本解决。那么这个矛盾现阶段的突出表现是什么呢?就是老百姓快速增长的公共产品的需要和公共服务同我们政府公共服务和公共产品供给之间的矛盾。因此政府要考虑围绕服务,转变职能。解决这个矛盾,政府的财政结构要发生变化,我们过去把纳税人的钱集中起来去搞建设,这个比重很大的,以后我们的公共财政要去搞公共服务,解决基本公共服务的均等化的问题。所以财政结构要发生变化,政府官员的理念要发生变化,只有这样,政府才能真正转变职能。

二是搞好两个服务。政府首先要为经济主体服务。创造平等竞争的环境,包括政策环境、法律环境,使老百姓安心地来创业,使外资放心地来投资。政府就是来创造这个环境,这样才能使投资者放心,资本就流进来了。第二个服务是为老百姓创业服务,为人的全面发展服务。

三是创新三个理念。一个是政府是创造环境的主体,人民是创造财富的主体,这两个理念过去互相错位,现在要正位。第二个理念是"非禁即入"的理念。凡是法律法规不禁止的都允许老百姓、允许非公有制经济进入,包括公共设施。现在看来哪个进入快、进入多,哪个就发展得快;哪个搞垄断,哪个就发展得慢。因为我们过去的理念,凡事要经过审批才能干。这样的话,老百姓创业、创新就没有空间了。在党的十五大报告起草过程中,中央组织起草小组成员下到地方进行调研,上海反映说,汽车要改零部件要跑到北京去审批,广东反映说,我们地铁要延长 15 公里,而且不要中央掏钱也要跑部审批,而且审批的人往往不懂技术,那怎么能创新呢。所以要树立"非禁即入"的理念。我在斯坦福大学当访问学者时,重点研究了硅谷创新的经验,找到一个案例,一个浙江人叫朱敏,在斯坦福大学获得博士学位后留在硅谷创业,只有 500 美元起家。"9·11"以后大家不敢坐飞机，朱敏的理念就是通过 IT 技术不坐飞机，也可以跟亚洲、跟欧洲签订合同进行交易。这个理念受到了风险投资者的欣赏。风险投资者第一笔给他 700 万美元，第二笔给他 2500 万美元，第三笔又给他 2500 万美元。朱敏成功了，公司上市后的市值是 15 亿美元。这就是创意理念与风险投资结合的结果。朱敏变成了亿万富翁，风险投资者得到了巨额的利润，政府没有费劲却得到了大量的税收，并为老百姓创造了就业机会。换了我们这里要审批的话，那是不可能的。而他们没有管，市场能解决的就让市场去做。我和硅谷那里的市长谈过，我说我们的市长管的事很多，非常辛苦，他听了很好笑，他说我们欢迎大家来投资，政府不管 GDP，只管环境，主要审查你的厂房、设备符不符合我的规划，符合不符合我的环境指标，其他都由企业和市场来解决。第三个理念就是依法行政的理念。政府只能干法律法规规定的事情，而不能有随意性，不能一会让老百姓种树，一会让老百姓种草，那是老百姓自己的权利。政府可以发布信息，让老百姓来选择，而不是去直接干预。

五、如何理解不动摇、不懈怠、不折腾

胡锦涛总书记在人民大会堂讲到"不动摇、不懈怠、不折腾"时，整个会场非常活跃，反映非常强烈，这说明这"三不"讲到了人们的心坎里了。什么是不动摇？我理解就是要坚持中国特色社会主义道路不动摇，坚持改革开放不动摇，坚持社会主义市场经济体制的方向不动摇。不折腾，是中国人民非常熟悉的词，有非常深刻的含义，翻译成外文都非常困难，也是网上议论最多的一个词，绝大部分网民能从正面理解，认为中国再也不能折腾了。但也看到了个别网民说，搞市场经济就是要人家折腾，市场经济就是折腾经济，搞计划经济没有那么折腾。这次国际金融危机，它的涉及范围之广，影响之深，冲击之大是前所未有的。它不仅影响到世界的金融行业，影响到虚拟经济，影响到了实体经济的发展，而且影响到了社会和人们生活，也影响到了人们的思想观念。我们注意到，在这次美国政府采取的相关救市政策中，采取了一些国有化的措施。于是就有人说了，美国现在搞社会主义了，是"美国特色的社会主义"，认为国有化就是社会主义。在国内，有人说，你看，还是要靠政府干预，要靠政府来配置资源吧，甚至有人说使市场作为配置资源的基础性作用是错的，应该发

挥计划的基础性作用。也有人认为，市场化过了头，所以出现了那么多问题。有人干脆说了，还是计划经济好。有人喜欢搞折腾，靠折腾来发展自己，经常散布折腾的言论。2006 年 9 月 9 日，我同一位中央领导同志作了一次直言，中心内容是谈不要折腾。因为当时有人说马克思主义边缘化了，新自由主义占了主导地位，改革开放的方向搞错了，不是搞社会主义而是搞了资本主义了，产生了新的资产阶级，因此要反右，要搞阶级斗争，甚至还有人说要搞"文化大革命"，要给"四人帮"彻底平反。我跟这位领导同志谈了六点看法，我说我们过去折腾吃了很大的亏，如果再折腾，老百姓就会没有饭吃的。2005 年 9 月，在上海开两岸精英论坛的时候，我也参加了这个会。台湾的朋友说：你们在搞"文化大革命"的时候我们在搞建设，因此，台湾经济发展快，变成了亚洲"四小龙"之一。现在倒过来了，你们在搞改革开放，而我们却搞起"文化大革命"了，所以台湾的经济没有发展，人民生活没有提高，竞争力大大下降，人民很不满意。这位中央领导同志很敏锐地指出，过去我们由于折腾吃的亏太大了，现在不能折腾，将来也不能折腾。不折腾是全党全国人民的期望。胡总书记铿锵有力地说："只要我们不动摇、不懈怠、不折腾，坚定不移地推动改革开放，坚定不移地走中国特色社会主义道路，就一定能够实现我们的伟大目标。"

深化改革　应对国际金融危机的挑战

（2009 年 3 月 16 日）

一、国际金融危机产生的原因

这次国际金融危机发源于美国，并向全世界扩散，其影响之大、速度之快、破坏之严重是前所未有的。

美国金融危机产生的主要原因：

1. 次级房地产按揭贷款。按照国际惯例，购房按揭贷款是 20%—30% 的首付然后按月还本付息。但美国为了刺激房地产消费，在过去 10 年里购房实行"零首付"，半年内不用还本付息，5 年内只付息不还本，甚至允许购房者将房价增值部分再次向银行抵押贷款。这种按揭贷款制度，让美国人超前消费、超能力消费，穷人都住上大房子，造就了美国经济辉煌的十年。但这辉煌背后就潜伏了巨大的房地产泡沫及关联的坏账隐患。

2. 房贷证券化。出于流动性和分散风险的考虑，美国的银行金融机构将购房按揭贷款包括次级按揭贷款打包证券化，通过投资银行卖给社会投资者。巨大的房地产泡沫就转嫁到资本市场，并进一步转嫁到全社会投资者——股民、企业以及全球各种银行和机构投资者。

3. 金融衍生产品泛滥、杠杆过度使用、评级制度缺乏公允和客观的价值准则，导致了危机的发生。据 2007 年 12 月国际清算银行的数字显示，金融衍生产品市场的概念价值达到 596 万亿美元，是全球国内生产总值的 14 倍，而传统的金融资产，包括债券、股权和银行资产，只有国内生产总值的 4 倍。

4. 过度举债消费的模式是酿成此次危机的深层次根源。长期以来，美国个人消费支出是推动美国经济增长的主要动力。过度举债消费给美国带来了经济繁荣，但这种繁荣不具备坚实的基础，其背后是一个巨大的债务泡沫。

2007年美国居民、企业和政府未清偿债务总额占国内生产总值的比重高达229.74%,其中居民负债比重为100.30%。因而当资产价格泡沫破灭,巨额债务便浮出水面,并最终酿成了一场偿付能力的危机。

5.对冲基金缺乏监管。美国对冲基金的兴风作浪加速了危机的发酵爆发。美国有大量缺乏政府监管的对冲基金,当美国经济快速发展时,对冲基金大肆做多大宗商品市场,比如把石油推上147美元的天价;次贷危机爆发后,对冲基金又疯狂做空美国股市,加速整个系统的崩盘。

二、国际金融危机对我国的影响

1.国际金融危机对中国的冲击主要是实体经济

温家宝总理在今年的《政府工作报告》中指出:我们正面临前所未有的困难和挑战。国际金融危机还在蔓延,仍未见底。国际市场需求继续萎缩,全球通货紧缩趋势明显,贸易保护主义抬头,外部经济环境更加严峻,不确定因素显著增多。受国际金融危机影响,经济增速持续下滑,已成为影响全局的主要矛盾。一些行业产能过剩,部分企业经营困难,就业形势十分严峻,财政减收增支因素增多,农业稳定发展、农民持续增收难度加大。外贸形势严峻,受国际金融危机的影响,全球经济出现衰退,而美、欧、日等发达经济体的进出口急剧下降,也造成了新兴市场和发展中经济体进出口的大幅下滑。自去年11月份以来,中国外贸进出口就出现了负增长,去年11月份下降9%,12月份下降11%,今年1月份下降29%。根据海关总署的初步分析,2月份仍然是负增长。工业经济下滑的趋势仍然严重,用电量仍在继续下滑。前两个月全国工业用电量为3436.66亿千瓦时,同比下降10.37%,轻重工业用电量分别下降10.57%和10.37%。这一数据表明工业经济恢复的迹象并不明显。

2.实体经济领域暴露的突出问题集中反映了经济增长方式转型的严重滞后

改革开放30年,从经济发展水平、消费结构、产业结构、就业结构、城镇化率等多项指标看,中国已由以解决温饱为主要任务的生存型阶段进入以促进人的全面发展为目标的发展型阶段。从一般规律来看,进入发展型阶段,客观上要求经济增长由投资拉动为主转变为消费拉动为主。在生存型阶段,由于经济刚刚起飞,经济发展需要大规模基础设施和基础产业投入,一般表现为投资驱动增长。在发展型阶段,基础设施和基础产业投资已有相当规模,其投资拉动经济的能力开始下降,需要由消费逐步取代投资,成为经济增长的主要驱动力。

1998年的亚洲金融危机及2004年的宏观经济过热已经凸显中国经济增长方式转型的迫切性。但是,经济增长方式转型至今没有大的进展,以高投资和高出口为主要特征的增长模式在2003年后反而得到一定的加强。由此带来的结果是,随着投资率的上升,消费率呈现逐年下降的趋势(见表1.1)。2000年,中国的投资率是35.3%,消费率是62.3%,到2007年,投资率上升到42.3%,消费率则下降到48.8%。扣除政府消费14%,居民消费仅占34.8%。而1980—2006年世界平均消费率一直维持在70%—80%(国际货币基金组织,2007)。

表1.1 不同类型国家的投资率 （单位:%)

年份 国别	2000	2002	2003	2004	2005	2006
世界平均	22.4	20.6	20.7	21.4	—	—
高收入国家	22	19.9	19.9	20.4	—	—
中等收入国家	24.2	23.7	24.6	25.9	26.2	26
中低收入国家	23.9	23.7	24.6	26	26.6	25.8
中国	35.3	37.9	41	43.2	42.6	42.5

数据来源:《国际统计年鉴(2008)》,"—"代表数据空缺。

在不考虑出口的情况下,这种投资消费失衡的状况不可能不出现生产过剩危机。由于中国积极参与经济全球化,又正值经济全球化"红利"时代,外部市场能够有效吸纳中国的过剩产能,在很大程度上缓解了经济增长方式转型的压力,客观上导致经济增长方式转型滞后。1978—2008年,进出口贸易总额由206.4亿美元增加到25616亿美元,年均增长17.43%;外汇储备由1.67亿美元增加到19500亿美元,年均增长36.64%。问题在于,一旦出口条件变化,外部市场萎缩,高投资带来的高产能无法在国外得到消化,国内低消费率也难以吸纳这些过剩产能,必然形成典型的生产过剩危机。这次国际金融危机之所以对中国实体经济产生较大影响,本质上还是国内经济增长方式转型滞后这一内在矛盾在国际因素影响下的集中表现。

3. 以投资驱动为主的增长方式已到了难以为继、非改不可的地步

（1）国际金融危机背景下，通过出口化解国内生产相对过剩危机的空间大大缩小。即使是危机过后，进一步提高外贸依存度的空间也相当有限。当前，中国的外贸依存度已经超过世界平均水平，高于美国、日本、印度、巴西等经济大国。

（2）低成本投资扩张的代价很大。投资驱动的经济增长方式是一种以生产要素的低成本为依托、以"高耗能、高污染"为特征、以牺牲生态环境为代价的增长方式。事实上，在这次国际金融危机中，受冲击最严重、经营状况最困难的正是那些技术和管理水平粗放、低端、落后的行业和企业。据测算，这些年中国每年因为环境污染造成的损失占当年新增 GDP 的 10% 左右。世界银行最新研究报告也指出，当前，中国环境损失占当年 GDP 总量的 3%，如果不改变现有的发展方式，2020 年将上升到 13% 以上。

（3）低成本投资扩张模式难以使多数社会成员受益。低成本扩张的一个重要特点是压低劳动力价格，依靠廉价劳动力资源，这使得劳动者难以广泛切实分享经济增长的好处。

（4）在投资驱动的增长方式运行中，投资与消费失衡表现出加强的趋势，难以顺利进入大众消费时代。人为压低要素价格是投资冲动的制度基础。部分要素所有者（主要是劳动力和失地农民）的收入水平偏低，甚至远远低于经济增长速度。劳动力低工资、土地被低价征用、资金被低成本使用，其结果是投资收益和利润不能转化为大众收入，进而使大众消费难以启动。在这种情况下，经济增长进一步依靠投资推动，消费率进一步降低。随着时间的推移，产生危机的可能性也将越来越大。

三、面对金融危机与增长方式转型的双重压力，经济社会可持续发展面临突出的体制性矛盾

国际金融危机的外部冲击与国内增长方式转型滞后叠加、交织在一起，使中国下一步经济社会可持续发展面临突出的体制性矛盾。

1. 经济增长方式转型与某些市场化改革不到位的矛盾

中国在 1995 年就提出转变经济增长方式，但多年来进展不大，这与资源要素等领域的市场化改革没有取得实质性突破直接相关。以资源、环境为例，过大的资源消耗和环境污染赖以存在的重要体制基础，就是资源要素的行政控制和价格扭曲。资源要素价格不能体现市场供求关系，环境成本难以转化为企业内部成本，助长了企业浪费资源、破坏环境的行为，也抑制了对资源环境领域的投资。比如，资源价格偏低，资源开发投资效益就不高；环境成本没有内化为生产成本，企业缺乏改善环境的动力，环保产业就难以快速发展。与20世纪80年代相比，生态与环境问题无论在类型、规模、结构、性质以及影响程度上都发生了深刻变化。能源、资源利用率低，污染物排放强度高，全国范围内主要污染物排放已超过环境承载能力。

以最近发生的大面积旱灾为例，这场灾害在很大程度上反映了资源产权改革的滞后。由于资源产权的缺失，资源补偿机制难以有效建立，也无法实现资源的最优配置。可以预见，随着经济社会发展对水资源需求的不断增加，水资源的稀缺性将不断加大。而水资源产权缺失和资源管理体制不适应所带来的弊端，将会更加严峻。

在价格改革滞后的同时，现行资源税负过低且征税范围过小，也是低成本投资扩张的重要原因。随着自然资源消耗日益严重，资源税应该成为非常重要的税种；但资源税从量计征的方式无法反映资源供求关系，客观上鼓励粗放式、以量为主的采伐和破坏式开采，降低了资源的开采效率，破坏了自然环境。

国务院为应对国际金融危机出台的4万亿投资计划和十大产业振兴规划，对短期内有力遏制经济下滑将会产生十分重要的正面效应。从中长期来看，还需要把这些政策与市场化改革相结合。如果没有市场化改革的配合，经济刺激计划不仅很难达到预期目的，还会积累某些中长期矛盾。一是当前刺激经济的主要手段仍是投资拉动，以总量刺激为主。如果没有资源要素价格改革相配套，就达不到调整经济结构的目标；二是政府大规模投资，如果没有民营经济的有效参与，就会变成政府的"独角戏"，难以达到全面启动社会投资的目的；三是经济刺激计划的投资主渠道是国有企业，在垄断行业（如铁路）改革不到位的情况下进行大量投资，难以保证投资效率；四是宽松的货币政策如果没有金融改革配套，就会埋下新的金融隐患。

2. 社会公共需求转型与公共产品供给短缺的矛盾

改革开放30年，中国总体上已由生存型阶段进入发展型阶段。这突出地反映在城乡居民的发展型消费支出比例明显超过生存型消费支出比例。近几年,在城乡家庭消费支出中,生存型消费(食品、衣着)的比重约为40.9%,发展型消费(居住、交通、教育、医疗、旅游等)已占50%以上。在2008年城乡家庭消费支出中,前3位的是食品(34%)、教育(11.5%)和医疗(10.6%)。

从社会需求变化看,在提高城乡居民边际消费倾向的一系列社会变革措施中,比较有效的办法是建立基本公共服务体系。从短期来看,有利于提振信心,形成扩大内需、拉动消费的重要制度保障;从中长期来看,能够在很大程度上破解新阶段增长方式转型、社会需求转型和政府转型的难题,成为经济改革、社会改革、行政改革的结合点,成为进一步凝聚改革共识和改革动力的社会基础。

中国社会发展阶段的变化必然引起社会公共需求的转型。从消费升级的角度看,既表现为从基本生存资料向耐用消费品的转型,也表现为从私人产品向公共产品的转型。这两个转型的实现,更基础的是后一个转型。从这些年的情况看,如果社会成员的教育、医疗、社会保障等基本公共服务需求得不到满足,他们很难优先考虑购买耐用消费品。进入新世纪以来,中国在加大社会福利投资、提高社会福利水平方面作了大量卓有成效的工作。在一个13亿人口的大国,社会公共需求转型释放出来的需求能量是巨大的。由此,全社会公共需求的全面快速增长与基本公共服务不到位、基本公共产品短缺,日益成为一大突出矛盾。从近几年的情况分析,全社会公共需求正在发生某些重要变化,并呈现出阶段性特点。

(1)公共需求呈现快速增长趋势。近几年来,全社会公共需求增长速度相当快,个人用于公共产品的年均支出,大概是20世纪90年代中期以前5年的支出规模。以城乡居民在医疗保健和教育等方面的支出为例,1990—2006年,这些满足公共需求的支出在个人消费总支出中的比重呈现明显上升的趋势(见下图)。

(2)公共需求结构正在发生变化。一方面,公共需求主体快速扩大,广大农民和城镇中低收入者逐步成为公共需求的主体。另一方面,公共服务项目不断扩大。新阶段广大社会成员的公共需求,不仅包括义务教育、公共卫生、基本医疗、社会保障等基本公共服务项目,还涉及中低收入群体的基本住房问题、环境保护问题和食品安全、卫生安全等公共安全问题。

（单位：%）

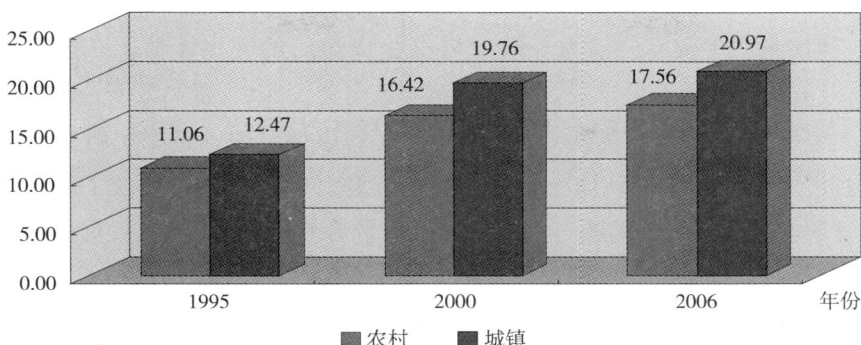

1990—2006 年城乡居民医疗教育支出占总支出的比重

数据来源：《中国统计年鉴（2007）》。

（3）城乡、地区、贫富三大差距都同公共需求得不到有效满足相联系。根据相关分析，教育因素对贫富差距的影响比重是 20%—25%。当前，中国城乡名义差距为 3.33 倍，如果把城乡各种社会福利因素考虑进去，实际城乡差距在 6 倍左右。这表明基本公共服务因素在城乡实际差距当中占 45% 左右的权重。满足基本公共需求对新阶段缩小城乡居民收入差距和反贫困都有重要作用。

（4）消费增长缓慢同公共需求得不到满足直接相关。城乡基本公共服务的短缺，挤出了居民的日常消费，降低了居民的消费预期。农村居民消费率从 1983 年最高点的 32.3% 下降到 2007 年的 9.1%，24 年间下降近 23 个百分点；在居民消费总额中，农村居民消费所占比重从 1978 年的 62.1% 下降到 2007 年的 25.6%，29 年中下降近 37 个百分点。在养老、医疗、子女教育等方面没有保障的情况下，即使居民收入增长速度加快也很难提高居民消费率。据测算，2005 年中国城乡居民用于教育和医疗的额外支出对其他商品和服务消费产生的挤出效应达到 5810.7 亿元。如果政府在教育、医疗等公共服务领域的投入到位，消费率至少可以提高 4—5 个百分点。

3. 政府作用的发挥与政府自身建设和改革滞后的矛盾

国际金融危机对政府来说，是前所未有的挑战，也是一次严峻的考验。中国应对危机，既需要发挥一般意义上的政府作用，表现为采取强有力的应急政策措施防止经济全面下滑和社会问题加剧,还需要加快推进政府改革,实现政府转型,为经济增长方式转型、满足公共需求奠定坚实的制度基础。

(1)危机中政府公信力与政府自身建设滞后的突出矛盾。在危机管理中,政府的公信力至关重要。但由于政府自身建设滞后,提高政府公信力面临重大考验。以2008年的奶行业为例,"三鹿"事件对中国整个奶行业造成致命打击。"三鹿"事件从面上看是企业的问题,但从深层看,反映了政府市场监管职能有效履行的问题。要重新提振消费者对奶行业的信心,重要的是加大政府的市场监管力度,确保监管职能真正到位,杜绝再次出现类似三聚氰氨的食品安全事件。随着经济刺激计划的实施,保证投资支出的公平和效率,避免腐败和权力寻租,削减居高不下的行政成本,都将给政府自身建设带来巨大压力和挑战。

(2)经济增长方式转型与政府主导的经济运行机制之间的突出矛盾。应对这次国际金融危机,在保增长的同时,还需要着眼于经济增长方式转型。而经济增长方式转型滞后的体制基础是政府主导的经济运行机制。改革开放30年,中国商品已经市场化,但资源要素还没有完全市场化,政府仍然控制着重要矿产资源、土地等重要生产要素的价格,低成本的投资扩张与此直接相关。要顺利实现经济增长方式转型,根本的途径在于实现经济运行机制由政府主导向市场主导转变。

(3)扩大消费需求与经济建设型政府之间的突出矛盾。应对这次国际金融危机的根本出路在于扩大国内消费需求。但在公共需求转型的大背景下,消费需求依赖于全社会基本公共服务的供给。近些年,政府在基本公共服务方面做了不少工作,但从总体来看,政府仍然是经济建设型的运作模式。中央和地方在公共服务上还没有严格的责任划分、财政在公共服务领域的投入比重还不高、地方政府的主要注意力仍在提高经济总量上。这些问题如果没有得到系统的解决,就很难建立一个惠及13亿人的基本公共服务体系,为扩大消费需求奠定制度基础。

四、深化改革,为经济刺激方案提供体制保障

为了应对国际金融危机,中央政府陆续推出一系列经济刺激方案,包括4万亿的经济刺激计划和十大产业调整振兴规划,预计还将继续出台刺激经济

的"一揽子"计划。与此同时,政府也推出了一些"久议未决"的改革措施,比如成品油改革。这些政策调整与改革措施对稳定社会、提振信心、保持增长将发挥重要作用。从总体来看,保障"一揽子"经济刺激方案所需要的改革方案尚未出台,政策调整赖以发挥作用的体制基础还比较薄弱。所以,应对国际金融危机,需要把推进"一揽子"经济刺激计划和"一揽子"改革计划有机结合起来。

1. 尽快推出"一揽子"改革方案对提振市场信心至关重要

(1)信心比黄金还重要。温总理在这次两会强调,要暖心,才能暖经济。但提振市场信心还要看体制保障。当前推出的一系列经济刺激计划,无疑对保持市场信心和经济增长具有重要作用。但政策的效果是短期的,要给全社会强有力的信心,关键在于加快推出相应的改革方案。比如,在当前民营企业投资信心不足、投资预期不明朗的情况下,调整货币政策的效果是有限的,关键在于打破制约民营企业发展的制度环境,全面落实"非公36条"。再比如,市场信心主要来源于政府。在政府自身建设与政府改革没有实质性进展的情况下,市场信心很容易受到政府行为的影响。为此,在相应的改革方案中突出政府自身建设与政府改革,采取"出手快、力度大"的改革措施,必然极大地提振市场信心。

(2)实施经济刺激方案需要加强体制保障。当前,社会对4万亿投资的去向十分关注,要求提高透明度。这既有对投资效果的担心,也有对体制回归的担心。此外,中央实施适度宽松的货币政策,对中小企业和民营企业融资难问题进行了一系列的政策调整,但在民间金融体制发育仍然滞后的情况下,民营企业在货币政策调整中获益甚微。在商业银行"国有偏好"的强化下,大量新增贷款,主要还是流向国有企业。

(3)保障经济刺激方案的有效性重在推进结构性改革。从宏观数据来看,经济刺激方案已经开始显示初步的效果,经济下滑的速度得到一定控制。但是,要最大限度地发挥经济刺激的效果,必须推进结构性改革。以货币政策调整为例,2009年1月在信贷规模与M2分别增长21.33%和18.79%的同时,M1却下跌6.68%,超出市场的普遍预期,成为1997年中国有货币量统计数据发布以来的历史最低增速。这种背离表明货币政策出现派生失灵,新增贷款相当一部分没有进入实体经济,而主要停留在"借新还旧"以及虚拟经济领域。之所以出现这种情况,其根源在于受金融体制改革滞后影响的货币传导机制不畅通,中小企业与民营经济并没有真正得到货币政策调整的益处。因此,在政策调整中刺激经济,重要的是推进结构性改革:在财政政策调整中推进财政体制改革;在货币政策调整中推进金融体制改革;在民生政策调整中推进公共服务体制改革等。只有这样才可能最大限度地发挥政策调整的效果,为未来经济持续增长奠定体制基础。

2. 以市场化改革破解"保增长"难题

面对国际金融危机,宏观政策把"保增长"作为重要目标。应当清醒地看到,保增长不是一般性地恢复过去那种粗放型的增长,而是努力实现在调整结构、扩大内需基础上的持续平稳增长。这就需要将市场化改革进一步拓展到资源要素领域和垄断行业,发挥民营经济作用,使投资能够反映市场真实需求;也需要建立相应的激励约束机制,淘汰高能耗、高污染、高排放的增长;更需要加快推进财税、金融体制改革,完善宏观调控,坚持用改革的办法,致力于解决中长期、深层次的体制问题,推进经济增长机制的转型。

3. 以积极的社会改革缓解经济压力

加快创新公共服务体制,使基本公共服务惠及 13 亿人,是实现社会公平正义的基础,也是新阶段可持续发展的重要动力。政府承担"底线公平"的责任不可或缺。一方面,从经济发展的角度看,可持续发展的实质是以高素质的劳动力替代自然资源成为经济发展的第一推动力,通过不断提高教育和医疗卫生服务水平完成由人口大国向人力资源大国的转变,是中国实现可持续发展的根本途径。走扩大内需的道路,就需要通过基本社会保障为广大社会成员提供一个良好的未来预期,解决扩大消费支出的后顾之忧,扭转"高储蓄、低消费"的倾向。

另一方面,在市场经济条件下,尤其是在转型时期,社会成员的财富和收入分配存在较大差距是难以避免的,但随着财政能力的快速提高,政府要建立基本公共服务均等化的相关制度安排,防止财富和收入分配差距转化为权利和机会的不平等。更重要的是,要通过基本公共服务制度安排化解基于利益关系调整中的某些社会矛盾。

4. 实施更为积极主动的对外开放战略

国际金融危机对对外开放带来巨大冲击,但也带来历史性机遇。应对危机的关键在于抓住机遇,进一步加快对外开放进程。在全球经济繁荣的时候,中国企业要走出去收购发达国家企业相当困难,而这在危机背景下变得相对容易。在全球范围内收购资源性企业、制造业研发和销售两端的产业链条,有利于未来发展所需资源的战略布局和产业升级。再比如,危机有利于中国在参与新一轮国际秩序重建中获得更大的发言权。此外,加快推进人民币国际化进程,也面临着一次重大的历史性机遇。

5. 应对危机需要加大政府自身建设和改革力度

国际金融危机客观上使政府进入一个危机管理过程。面对国际金融危机与国内发展模式转型双重挑战,需要从多方面加大政府自身建设和改革,切实增强政府危机管理和危机应对能力。

(1)在经济危机与改革发展的战略转折重叠关键时期,政府工作的预见性、前瞻性至关重要。这次国际金融危机与国内改革发展的矛盾交织在一起,使得经济社会发展中的不确定因素大大增多,可以说是改革开放30年来最困难的时期。这一时期也是为下一个30年改革发展奠定基础的关键时期,迫切需要政府统筹兼顾多方面的改革发展任务,提高决策的科学性,避免重大决策失误。

(2)形成应对危机的社会合力,既需要政府采取强有力的政策,还需要充分发挥市场在资源配置中的基础性作用。应对这次危机不应当是政府的"独角戏"。政府可以出台强有力的宏观政策增强市场信心,但这些政策措施要有效地发挥作用,最终取决于是否能够把市场和社会的力量调动起来。这就需要政府坚定不移地推进市场化改革,发挥市场在资源配置中的基础性作用,调动包括社会组织在内的全社会力量来应对危机。

(3)应对危机需要发挥中央与地方两个积极性,以增强应变力、执行力。分税制改革以来,由于财税体制的安排,中央和地方的行为模式并不完全一致。前几年的宏观调控中还出现了中央和地方博弈的新问题。在国际金融危机背景下,要保持中央、地方高度一致,需要在改革和调整中央与地方关系上作出新的安排。

(4)建设高效、廉洁政府对增强社会信心意义重大。这次应对国际金融危机有一个重要的特征是政府投资数额巨大。一方面,这些投资要进入社会最需要的环节,确保投资效率取决于一个高效能的政府;另一方面,从历史经验看,如果没有反腐败力度加大相配合,大规模的投资往往会给权力寻租和腐败提供"温床"。因此,社会信心寄予政府,期待高效、廉洁的政府。

(5)短期与中长期兼顾,关键是建设公共服务型政府。危机状态下困难群体呈现增多的态势,民生问题相对突出。从短期来看,转变政府职能,建设公共服务型政府有利于化解社会矛盾。从中长期来看,政府有效履行公共服务职能是扩大消费、经济增长方式转型最具有实质性意义的步骤。实现由经济建设型政府向公共服务型政府的转变,是化解危机的重要条件。

深化改革　力争做到"四个避免"

（2009 年 4 月 27 日）

为了应对国际金融危机对我国的冲击,中央迅速出台了刺激经济的"一揽子"计划,对缓解经济运行中的突出矛盾,增强信心,扭转经济增速下滑发挥了重要作用。正如温总理在博鳌亚洲论坛上所说:"中国实施的'一揽子'计划已初见成效,经济运行出现了积极变化,形势比预料的好。"

我刚从广东回来,给我的印象是比预期的要好,一季度国内生产总值增长 5.8%,虽然广东外向型经济特点比较突出。但是我到下面去看,比预期的要好,其中顺德增长 10.5%,清远增长 12.5%。另外还看了三个厂,分别是电子厂、鞋厂(2 万人)、电缆厂,感觉影响不大,信心较足。

国际金融危机给我国带来严重挑战,也为改革提供重大机遇。

(1)过去没有暴露的问题在危机冲击下暴露出来了,可以唤起我们对这些问题认识深化,有利于我们促进改革,解决深层次矛盾和问题。

(2)使我们更好地认识政府与市场的关系及其相互影响。

(3)有可能是一次冲破利益集团的重要战略机遇。

(4)有可能为我国调整与世界各国的经济、政治、外交关系提供战略机遇。

面对国际金融危机,我们存在着什么体制性的矛盾? 我认为有以下几个:

1.经济发展方式转型与某些市场化改革不到位的矛盾。以资源环境为例,过大的资源消耗和环境污染赖以生存的体制基础,就是资源要素的行政控制和价格扭曲。在我们价格改革滞后的同时,现行资源税负过低,而且征税范围过小,也是低成本投资扩张的重要原因。我们一些资源型企业到海外上市,由于我们的税赋很低,结果污染留在我们这儿了,海外的投资者得到好处。因此,加快资源价格的改革,是当前的一个重要机遇。

2. 社会公共需求转型与公共产品供给短缺的矛盾。当前我国总体上已由生存型阶段转入发展型阶段。突出反映在城乡居民的发展型消费支出明显超过生产型消费支出比例。这几年在城乡家庭消费支出中，生存型消费（食品、衣服）的比重约占40.9%，而发展型消费（居住、交通、通讯、教育、医疗、旅游等）比重已经达到50%以上。根据这样一个结构性的变化，建立公共服务体系，实现基本公共服务均等化，有利于提升信心，是扩大内需、拉动消费的重要制度保障。

3. 政府作用的发挥与政府自身建设和改革滞后的矛盾。扩大消费需求与经济建设型政府之间的矛盾亟须解决。应对国际金融危机的根本出路在于扩大国内消费需求，消费需求依赖于全社会基本公共服务的供给。近年来政府在基本公共服务方面做了大量的工作，但从总体上来看，政府仍然是经济建设型的运作模式，中央和地方在公共服务上还没有严格的职责划分，财政在公共服务领域的投入比重还不高，地方政府的注意力仍然在提高经济总量上。这样很难建立一个惠及13亿人的基本公共服务体制，为扩大消费需求奠定制度基础。

为此，我们要通过深化改革努力做到"四个避免"，确保经济健康平稳增长。

一是避免投资加快了，消费在国内生产总值中的比重仍然很低。我们现在投资率是42%，消费占国内生产总值的比重大概是35.8%，可以说投资率是世界上最高的国家之一，消费率是世界上最低的国家之一。1997年我国消费在国内生产总值当中的比重为45.2%，到了2007年消费在国内生产总值中的比重仅为48.8%，扣掉其中的政府消费后，居民消费比重只占35.8%。这个问题值得我们注意。现在广大农民有消费欲望，比如说现在我们家电下乡，很受农民欢迎。但是，从总体上来说，农民还是缺钱，所以消费远远跟不上去。我们过去粮食价格过低了，但是光靠提高粮食价格不行，还要增加农民的财产性收入。怎么增加呢？农民有承包的土地，有住房，有宅基地，这些都是他的资产，但是这些资产不能成为资本，不能流动，农民的资产不能抵押就不能变资本。所以，农民不能增加财产性收入。只有增加了财产性收入了，才能提高农民的消费能力。

二是避免政府投资增加很快，但是民间投资拉动不起来。在国务院4万亿元经济刺激方案中,政府投资只占1.18万亿元,其他要靠银行贷款和民间投资。但是现在民间的投资没有像政府投资那么热,还在观望。在银行信贷方面,几乎所有的银行都争着给大企业放贷,而情况往往是大企业不差钱,中小型企业却资金困难。因为中小型企业第一没有担保,第二风险比较大,成本比较高,所以,银行都想往大企业贷款。比如民生银行是靠民间资本逐渐成长起来的银行,但它今年贷给中小企业的贷款只有3%。我们国家虽然重视中小企业,但是,一到下面去就不行了。所以,如果中小型企业得不到贷款,它的发展就会受到影响。而目前日益严峻的大学生、农民工的就业问题,仅靠国有大企业是解决不了的。所以,中小企业如果发展不起来,就业问题很难解决。

三是要避免进一步扩大生产过剩。我们本来有生产能力过剩问题,前些年因为国际市场需求大,我们依靠出口消化,现在国际市场不行了,所以产能过剩的问题就因出口受阻而凸显出来了。我们去年10月份提出来4万亿的经济刺激方案,现在很快又提出来十大产业振兴规划。一般的振兴规划提出来起码要半年或者一年,这次非常快。现在再加上我们十大产业振兴的规划,更需要我们警惕重复建设和产能过剩的问题。比如,我们汽车年产量已经达到1200万辆,而需求是900万辆。那政府再上百亿的投资投进去,而且要求每年以10%的速度递增,那就有可能进一步扩大产能,进一步生产过剩了。所以,政府的钱要用来进行技术革新和结构调整,而不是扩大产能。

四是要避免旧体制的复归。这次金融危机以后,加强了政府的监管,政府的干预,必要的时候也是应该的。但是,过多的干预就影响市场的基础性作用发挥。用政府替代市场,那是不行的,还是要发挥市场的基础性作用。另外,政府的投入,目前虽然也很需要,但要有退出的机制,待情况好转以后,要逐步退出来,把有限的国有资本集中到更需要的地方去。

所以,我们要通过深化改革来努力做到这"四个避免",我相信,只要我们坚定不移地坚持中国特色社会主义的道路,坚持改革开放,坚持持社会主义市场经济的改革方向,一定能够克服当前的困难,促进经济的平稳、较快发展。

体制机制创新是北部湾经济区发展的关键[*]

（2009 年 8 月 31 日）

2008 年 1 月，国务院正式批准实施《广西北部湾经济区发展规划》，标志着广西北部湾经济区开放开发已纳入国家发展战略。这对于加快广西发展，深入实施西部大开发战略，完善中国沿海沿边区域发展布局，推进中国—东盟自由贸易区建设都具有十分重大的意义。北部湾经济区是中国西部唯一沿海的地区，是中国沿海与东盟国家进行陆上交往的枢纽，是促进中国与东盟全面合作的重要桥梁和基地，区位优越，战略地位突出，发展潜力巨大。

在推进北部湾经济区开放开发过程中，我认为体制机制的创新将起到关键作用。通过创新体制机制，可以进一步健全市场体系，激发企业活力，提供发展动力；可以运用市场经济的办法和制度创新来不断完善开放合作的体制机制，确保国家给予的各项优惠政策落到实处；可以加快服务型政府的建设，增强服务能力，营造高效优质的政务环境和发展环境，为创业兴业创造良好的制度环境；同时还可以进一步创新开放方式，拓展发展空间，加强与粤港澳等地合作，深入推进中国—东盟自由贸易区建设和泛北部湾经济合作、大湄公河次区域合作，共同推动经济区发展繁荣。

为了贯彻落实《广西北部湾经济区发展规划》，加快体制机制改革和创新，受广西自治区领导及广西北部湾经济区规划建设管理委员会办公室委托，中国经济体制改革研究会承接了广西北部湾经济区体制改革与创新研究项目，成立了《广西北部湾经济区体制改革与创新研究》课题组，组织有关的行政管理、经济、土地、财税金融等有关专家，进行调查研究，形成了课题研究成果。

＊ 这是高尚全同志为《广西北部湾经济区体制改革与创新研究》所写的序言。

　　这次研究从分析北部湾经济区的发展现状入手,剖析了北部湾经济区开发开放中体制机制创新方面存在的障碍问题和矛盾,就如何加快北部湾经济区开放开发,提出了深化改革和体制创新的基本思路、总体方案,为中央及有关部委、广西壮族自治区支持北部湾经济区开放开发、加快体制改革和创新,提出了具体的支持措施建议。主要内容包括加快金融、财税、土地等领域改革,健全市场体系;深化行政管理体制改革,转变政府职能,建设服务型政府,改善发展环境,为企业投资经营创造良好的体制机制条件;加快社会领域改革和"两型"社会建设,促进经济区全面协调可持续发展等方面。这个课题是众多的专家学者共同努力的成果,有着很高的理论意义和实践价值。

　　目前我国改革仍处于攻坚阶段,面临的主要是一些涉及面宽、利益层次深、配套性强的改革,改革的复杂性、艰巨性、风险性前所未有。经济体制改革对行政管理、文化、社会领域的改革提出了新要求,改革的配套性、综合性明显增强。北部湾经济区面临的体制问题具有一定的代表性,需要在重点领域和关键环节上取得突破。加快北部湾经济区体制机制改革与创新,是新形势下深化改革的有效途径。相信北部湾经济区通过推进行政管理体制、市场体系、土地管理制度等综合配套改革,通过加快转变政府职能,完善行政区划设置,创新经济区管理模式,通过深化投融资体制改革,以及建立统筹城乡基础设施规划、建设、运营和管理机制等,一定会开启区域经济一体化的新里程,逐步成为带动支撑西部大开发的战略高地和中国沿海发展新一极。

中国对保险市场的开放及开放后存在的问题[*]

(2009 年 9 月 25 日)

　　入世以来,我国保险市场对外开放已经达到一定规模,截至 2008 年,我国内地营业的 42 家外资保险公司保费总收入已达到 389.8 亿元。在此期间,中国保险业发生了重大变化,主要包括:保险业务持续快速地发展;市场主体多元化竞争格局逐步形成;保险中介机构发展迅速;保险法规环境日趋健全,保险监管重心转移等特征,这将吸引越来越多的外资保险公司进入中国保险市场。

　　然而,在保险市场开放的大部分国家,外资保险公司的市场份额均被限制在 10% 左右,如英国为 10.3% ,日本为 3.68% ,比利时为 3% ,瑞典为 1.12% ,法国为 1.11% ,瑞士为 0.66% ,韩国为 0.38% ,美国的财险市场为 10.73% ,寿险市场为 14.34% 。在这些国家看来,将外资保险公司的市场份额控制在 10% 左右的范围,主要是考虑到保险资金在国民经济中的重要地位,以及被外资控制的保险资金可能对国民经济和社会政治造成的冲击。

　　中国属于发展中国家,坚持对外开放,同时又注意国家经济主权和经济安全,利用世贸组织对发展中国家幼稚产业的保护措施,适当限制外资保险公司的市场份额也是非常必要的。最初在开放保护期间里,中国把外资保险公司在中国保险市场的份额控制在 3%—5% ,而 5 年之后,这个比例也会控制在 10% 左右。

　　由于在全球范围的经验和规模,外资保险公司仍具有一定优势,且他们能凭借专业知识给中国市场带来更多的附加值。然而,在金融危机的笼罩下,在中国经济增速放缓的形势中,对中国的外资保险公司而言,也面临诸多困难。

---

　　* 这是高尚全同志 2009 年 9 月 25 日在苏黎世国际顾问会议上的讲话。

2009 年,外资保险公司的市场份额总和仅占寿险的 5%,产险及意外险的 1%。据调查显示,外资保险公司期望未来 3 年内在寿险市场上达到 8% 的市场占有率,远不如去年同期预计的那么乐观。

究其原因是,外资保险公司在中国仍面临缺乏足够规模的挑战。首先,规模较大的中国本地竞争者面对经济危机时,在客户需求从投资型转变成为保护型产品,对产品进行更多的创新,不断改进营运方法及注重对本地市场的深入理解等方面更具有弹性。

其次,外资保险公司在中国市场发展还面临着几方面的情况:一是国内的保险三巨头已经在各大城市中占有主导地位,它们的代理人规模比较强大,外资保险在网点铺设和代理人渠道上相对处于劣势;二是外资保险公司通常将中高端客户作为主要销售对象,不如中资中小保险公司亲民和本土化。

当然,还有一部分原因来自于外国保险公司没有在中国完全享受到"国民待遇"。如:目前中国引进的外资寿险公司除友邦以外,均采用了合资公司的形式,且增加了合资企业中的投资比例限制和经营范围的限制,用以引进国外先进技术、防治外资过分独占保险资源和防止资金外流;外资的财产保险公司均采用了分公司的形式,从而在保证偿付能力的同时保护中国的投保人等等。对于外资的这些低国民待遇,我认为应逐步取消。同时,对于外资在资金运用和分保方面的某些特殊规定的某些超国民待遇也应尽快取消。

随着中国入世对外承诺的兑现,中外资保险公司竞争进一步加剧,但中资保险公司依然占优势。因为保险是一个需要与当地的社会文化、市场机制相结合的事业,外资保险进入中国保险市场,了解中国的国情还需要一定的过程。因此,外资保险进入中国通常需要一段较长的磨合期。当然,外资的进入对中国境内公司尤其是那些国际化程度不高的公司造成了巨大的竞争压力。但目前来看,外资公司的进入,对中资保险公司总体发展来说都是有利的。

深化改革　推进经济平稳较快发展

（2009 年 10 月 9 日）

为了应对国际金融危机对我国的冲击,我国政府及时而有力地采取了宏观经济政策和"一揽子"刺激经济计划,目前已经取得了初步成果。但是,应该看到我国经济回升的态势还不稳定,还不巩固。因此,必须继续深化改革,推进经济平稳较快发展。

当前,应努力做到"四个避免":

一是避免投资加快了,消费在 GDP 中的比重仍然很低。

二是避免政府投资增加很快,但是民间投资拉动不起来。民间投资如果带动不起来,中小企业发展不起来,就业问题就解决不了。

三是避免进一步扩大生产过剩。我们在实施十大产业振兴的规划时,需要警惕重复建设和产能过剩的问题。比如,目前,我国钢铁产能已达 6.6 亿吨,市场需要 4.7 亿吨,产能过剩 1.9 亿吨。但同时还在新建许多钢铁项目,还有 5800 万吨在建。

四是要避免旧体制的复归。我们改革的目标就是要建立社会主义市场经济体制,就是要使市场在资源配置中发挥基础性作用。但是,过多的行政干预就影响市场的基础性作用发挥。

深化改革是推动经济平稳较快发展的根本动力

——加快转变政府职能,深化收入分配制度改革。

以政府为主导,调动市场与社会的积极性,形成化解危机的合力,政府投资应优先考虑能够拉动社会投资的项目;在企业重组中,更多地发挥市场作用;以加大公共服务投资为契机,放宽基本公共服务投资的准入限制,鼓励社会资金参与公共服务项目建设;以基本公共服务为导向,建立基本公共服务均等化的评价指标体系,建立基本公共服务均等化的政府问责制;深化收入分配体制改革,调整国民收入分配格局,提高消费在内需中的比重,提高居民收入比重,提高居民消费能力,缩小收入分配差距。

——深化垄断行业改革,拓宽民间投资的领域和渠道。

把打破行政垄断作为反垄断的重点,在重点行业实现反垄断改革的实质性突破;加快推进铁路体制改革,深化民航体制改革,积极推进邮政开放进程;加快推进结构重组,形成竞争性市场结构;破除各类资本进入垄断行业的壁垒,鼓励民间资本进入石油、铁路、电力、电信、市政公用设施等重要领域的相关政策,带动社会投资;加快推进市政公用事业改革,扩大城市供水供热供气、污水处理、垃圾处理等特许经营范围。

——尽快推进资源环境价格改革,努力转变发展方式。

坚持能源价格形成机制的市场化改革方向;加快建立切实反映市场供求、资源稀缺程度以及环境损害成本的资源价格形成机制,推进资源性产品价格和环保收费改革;尽快启动环境产权改革,刺激环保投资,把环保产业打造成为国民经济支柱产业。

——进一步打破中小型企业发展的制度障碍,推动非公有制经济发展。

当务之急是解决中小型企业融资难的问题。短期重在采取应急措施,中长期重在加快金融体制改革,建立多层次的金融体系;尽快完善对中小型企业的财税支持体系,改革现行企业所得税制,减轻税收负担,加大财政对中小型企业的支持力度;支持鼓励中小型企业技术创新与产业升级,完善健全技术创新的法制环境,鼓励中小型企业大力提升自身创新能力。

——加快推进民生领域改革,防止经济压力与社会问题双向传导和相互强化。

以城乡基本公共服务均等化为突破口,推进城乡一体化进程,防止经济波动对城乡居民尤其是弱势群体的过度冲击,加大对城乡低收入群体的救助力度;加大最低生活保障制度、专项救助和失业救济等基本社会保障力度;提高政府公信力,政策出台应注重公正性,强化公众参与,注重稳定社会预期;政府要树立稳定新思维,正确看待和处理因利益关系失衡而出现的群体性事件,使用调整利益关系的方式来解决,提高化解社会矛盾的制度化水平。

——加快推进财税金融体制改革,建立完善有利于科学发展的财税金融体制。

要全面落实增值税转型,加快促进中小企业发展的税制调整;发挥财政支出作用,引导创业投资;利用财政贴息等方式,引导高新技术扩大投资;建立国家与国有企业正常的利益分配机制,尽快向国有企业和垄断行业收取资源使用租金,建立常态化的国有企业和垄断行业分红机制;以发行地方债为突破口,培育地方稳定财源,发挥地方政府在稳定经济增长中的重要作用;在实施适度宽松的货币政策中,把推进利率市场化作为应对国际金融危机的重要举措,加大贷款下浮幅度,逐步推进利率市场化;在创新中加快构建多层次的金融体系,鼓励金融创新进程,支持民间金融合法合规发展。

我相信,只要我们坚定不移地坚持中国特色社会主义的道路,坚持改革开放,坚持社会主义市场经济的改革方向,一定能够克服当前的困难,推进经济的平稳、较快的发展。

在改革中凝聚发展方式转型的新力量[*]

（2009 年 10 月 31 日）

在百年一遇的国际金融危机中,发达经济体陷入全面衰退,以"金砖四国"为代表的新兴经济体保持相对强劲的增长势头,成为世界经济稳定的重要来源。本月初国际货币基金组织发布的《世界经济展望》指出,新兴经济体和发展中经济体将先于欧美等发达国家走出危机、实现复苏。该报告预测,2010 年新兴经济体的增长有望达到 5.1%,其中引领世界经济复苏的中国和印度将分别增长 9.0% 和 6.4%。

但是,我们也要清楚地看到,新兴经济体的发展之路并非一帆风顺。比如,对外部市场的高度依赖和内需不足的矛盾,制约着中国经济的可持续发展。如何在后危机时代走出一条新的发展道路,对新兴经济和全球经济都有重要意义。

下面我重点就后危机时代作为最大新兴经济体的中国所面临的机遇和挑战及其发展方式转型问题,谈谈最近的一些思考。

一、国际金融危机使我国发展方式存在的矛盾进一步凸显

国际金融危机对我国带来的冲击和影响,应当说是长期而深刻的。它不仅对我国实体经济带来了冲击,更重要的是它充分暴露出了我国发展方式中长期存在的一些矛盾。在很大程度上,我国经济能否持续稳定较快发展,取决于能否有效转变发展方式。

1. 经济发展方式转型与市场化改革不到位的矛盾

我们喊了许多年的垄断行业改革,过去几年也有一定的进展,但一些行业

---

　　* 这是高尚全同志 2009 年 10 月 31 日在"后危机时代的新兴经济体——新挑战、新角色、新模式"国际研讨会上的致辞。

在应对危机中出现明显的"国进民退"趋势,民营经济发展受到更大的冲击。再比如,高能耗经济和高碳经济赖以生存的最根本的体制基础,就是资源要素的行政控制和价格扭曲。

2. 社会公共需求转型与公共产品供给短缺的矛盾

我国已开始从私人产品短缺时代进入公共产品短缺时代,但相应的社会体制改革还不适应这个时代变化的趋势。公共产品短缺成为阻碍扩大内需、制约发展方式转型的一个重要因素。1990—2008 年的 18 年间,城市和农村居民人均医疗保健支出年均增幅分别为 21% 和 15%,比同期城乡居民人均收入的增幅分别高 7 个和 4 个百分点。公共产品短缺使我国消费率不断下降,消费率水平不仅低于发达国家,而且也低于"金砖四国"中的其他三国。2007年,巴西、印度和俄罗斯消费率分别达到 75.7%、64.9% 和 67.0%,而我国最终消费为 49.0%,2008 年进一步下降到 48.6%;居民消费率更是偏低,2007年仅为 35.6%,2008 年又降为 35.3%。

3. 政府作用的发挥与政府自身建设和改革滞后的矛盾

无论是经济增长方式转变还是适应社会需求变化的社会体制改革,最终都取决于政府自身建设与改革的进程。应当说,近几年政府改革有明显进展,但与经济社会发展需求相比仍有较大差距。例如,近年来政府在基本公共服务领域做了大量的工作,但从总体上来看,政府仍然是经济建设型的运作模式,中央和地方在公共服务上还没有严格的职责划分,地方政府的注意力仍然集中在追求经济总量的扩张上。

二、在经济企稳回升时加大改革力度,奠定发展方式转型的现实基础

当前我国宏观经济形势比较明朗,在政策刺激下,经济进一步回升已成定局。如果说应对危机是救火的话,后危机时代的主要任务应当及时转到"灾后重建上"。在我看来,"灾后重建"的重点就是加大改革力度,为发展方式转型奠定坚实的制度基础。

内外环境变化,也给改革带来了压力。外部市场持续萎缩、内部社会需求结构变化,是一个中长期趋势,很难通过政策调整来适应,只能在改革中积极应对,努力在以下几个方面取得重大进展。

1. 进一步深化市场化改革,完善社会主义市场经济体制

我们要通过深化市场化改革,尽快建立反映资源要素稀缺程度的价格形成机制、公平竞争的市场秩序、产权边界清晰的微观主体。这是提高市场活力、促进科技进步、增强自主创新能力、优化经济运行质量的基础条件。新阶段完善市场经济体制,就是要实现由政府主导型的经济运行机制向富有活力的市场主导型经济运行机制的转变,更大程度地发挥市场在资源配置中的基础性作用,凝聚转变发展方式的活力。

2. 加快社会体制改革,推进社会建设进程

未来几年社会体制改革要着眼于实现基本公共服务均等化、扩大国内消费需求。第一,农村是潜在的消费大市场,要注重通过城乡基本公共服务均等化开启农村市场。第二,把建立基本公共服务体制、实现基本公共服务均等化的目标同以人为本、提高人口素质、建设人力资源大国的战略目标结合起来。实质性地提高公共教育、公共卫生和基本医疗投入,形成全社会增加人力资本投资的良好制度氛围,为提高自主创新能力奠定坚实基础。第三,要特别注重协调社会利益关系,使全体人民共享改革发展的成果,为全社会凝聚改革共识创造条件,使后危机时代的改革获得更为广泛的社会基础和社会支持。

3. 提速行政管理体制改革,加大政府转型力度

从 30 年转型与改革的历程看,我国发展方式转型的主要挑战不是经济社会本身,而是政府决策与政府转型。推进发展方式转变,应重点推进以行政管理体制改革为主线的政府转型。

第一,在完善政府经济职能上取得重要突破。建立市场化的宏观调控体制,增强中长期规划的科学性和约束性;强化央行在宏观调控中的独立地位,增强宏观调控的科学性、预见性和有效性;建立现代市场监管体制,确保市场监管的有效性;加强政府对外经济职能,为人民币国际化、企业走出去创造良好的制度环境。

第二,在政府公共职责保障机制建设上取得重要突破。建立中央和地方各级政府的职责分工及其保障机制。按照公共服务支出责任与财力相匹配的原则建立中央与地方分工体制;建立符合公共服务型政府要求的绩效评估体系和行政问责制度。

第三,在改革调整行政权力结构上取得重要突破。以建立健全大部门体制为重点,大胆探索建立公共权力有效协调与制衡的体制机制,基本形成行政决策权、执行权、监督权既相互制约又相互协调的权力结构和运行机制。

第四,在政府自身建设与改革上取得重要突破。集中解决群众意见大、制约政府公共权力规范行使的突出矛盾和问题,在建立阳光政府、效能政府、廉洁政府、法制政府方面取得明显成效。

三、着眼于发展方式转型的改革要有新思路、大魄力

有人曾经提出,改革已基本结束。但这次国际金融危机以及它对我国带来的冲击却再次凸显出改革的重要性。在我看来,改革不仅没有结束,反而面临更加艰巨的任务。我很喜欢一位记者用《高尚全的长项和长征》这一题目写的文章。但我认为,改革不仅仅是我个人的长征,更是我们国家的长征,应该说改革是无止境的。过去30年,改革取得了历史性的突破,但"万里长征才走了第一步"。未来30年,甚至更长的时期内,要推进发展方式转型,改革面临更重要的任务。实现改革新的突破,必须要有新思路,要有大魄力。

1. 把发展方式转型作为改革的主线,这是一个大思路

改革是前无古人的事业,要讲新话,讲老祖宗没有讲过的新话。真正把改革深入下去,要大胆突破过去的一些理论"禁区"。从现在的情况看,突出改革的新思路,就是把发展方式转型作为主线,推进三个领域的改革。第一,以经济增长发展方式转型为主线的经济体制改革;第二,以适应社会公共需求转型为主线的社会体制改革;第三,以政府转型为主线的行政管理体制改革。

有了这个大思路,才能清晰地看到推进经济、社会和行政体制全面改革的迫切需求,才能找到改革新的突破口。第一,深化经济体制改革要以打破行政垄断为突破口;第二,推进城乡一体化要把城乡土地利用规划制度改革作为突破口;第三,推进行政体制改革把建立公共权力协调与制衡机制作为突破口。

2. 推进新阶段的改革要有大魄力

进入后危机时代,我国改革面临的环境更为复杂,改革的推进动力也有明显变化。着眼于发展方式转型的改革,需要有大的魄力,要在一些基础层面有大动作。

第一,坚持改革不动摇。面对当前国际国内的复杂情况,继续毫不动摇地坚持市场化改革方向尤为重要。从我国改革的历史来看,改革的方向来之不

易,是经过我们经过长期探索得出来的结论。今天,中国有翻天覆地的变化,是改革开放的结果,我们必须坚持改革不动摇。过去 30 年的实践证明,在严峻的挑战和巨大的困难面前,坚定地推进改革开放,是破解难题、加快经济社会发展的唯一出路。

第二,后危机时代深化改革呼唤新的思想解放。新阶段的改革,需要有新的超越。进入以扩大内需、构建消费大国为目标、以政府转型为重点的全面改革新阶段后,改革所面临的形势更为复杂,涉及的范围更广。没有新的解放思想运动,改革很难顺利推进下去。

第三,消除不利于改革的各种认识和判断,形成全社会共促改革的合力。

把发展方式转型作为改革的"主线"

（2009 年 11 月 27 日）

当前,我国宏观经济形势比较明朗,在政策刺激下,经济进一步回升已成定局。如果说应对危机是"救火"的话,那么"后危机时代"的主要任务应当及时转到"灾后重建"上来。在我看来,"灾后重建"的重点就是加大改革力度,为发展方式转型奠定坚实的制度基础。危机导致的内外环境变化,也给改革带来了压力。外部市场持续萎缩、内部社会需求结构变化,是一个中长期趋势,很难通过政策调整来适应,只能在改革中积极应对。

有人曾经提出,改革已基本结束。但这次国际金融危机以及它对我国带来的冲击却再次凸显出改革的重要性。在我看来,改革不仅没有结束,反而面临更加艰巨的任务。未来 30 年,甚至更长的时期内,改革面临更重要的任务,要推进发展方式转型,并把发展方式转型作为改革的"主线"。这是一个大思路。从现在的情况看,要推进三个领域的改革。

第一,以经济发展方式转型为主线的经济体制改革。要通过深化市场化改革,尽快建立反映资源要素稀缺程度的价格形成机制、公平竞争的市场秩序、产权边界清晰的微观主体。这是提高市场活力、促进科技进步、增强自主创新能力、调整经济结构、优化经济运行质量的基础条件。新阶段完善市场经济体制,就是要实现由政府主导型的经济运行机制向富有活力的市场主导型经济运行机制的转变,更大程度地发挥市场在资源配置中的基础性作用,凝聚转变发展方式的活力。

第二,以适应社会公共需求转型为主线的社会体制改革。未来几年社会体制改革要着眼于实现基本公共服务均等化、扩大国内消费需求。要注重通过城乡基本公共服务均等化开启农村市场,要把建立基本公共服务体制、实现基本公共服务均等化的目标同以人为本、提高人口素质、建设人力资源大国的战略目标结合起来,要特别注重协调社会利益关系,使全体人民共享改革发展的成果,为全社会凝聚改革共识创造条件,使后危机时代的改革获得更为广泛的社会基础和社会支持。

第三,以政府转型为主线的行政管理体制改革。从 30 年转型与改革的历程看,我国发展方式转型的主要挑战不是经济社会本身,而是政府决策与政府转型。推进发展方式转变,应重点推进以行政管理体制改革为主线的政府转型。

有了这个大思路,才能清晰地看到推进经济、社会和行政体制全面改革的迫切需求,才能找到改革新的"突破口":即深化经济体制改革要以打破行政垄断为突破口;推进城乡一体化要把城乡土地利用规划制度改革作为突破口;推进行政体制改革把建立公共权力协调与制衡机制作为突破口。

新阶段推进城乡一体化的几个问题[*]

（2009 年 12 月 5 日）

在城乡一体化的推动下，我国正在进入城市化加速的时期。未来 10 年，我国城市化率有可能从当前的 46% 左右提升到 60% 左右。通过城乡一体化加快城市化进程，既为扩大内需、调整结构、转变发展方式创造重要的条件，也对各个领域的改革提出了更加迫切的要求。在我看来，推进城乡一体化，加快城市化进程，需要进行深刻的经济社会变革；客观上要求进一步解放思想、加快相关领域的政策创新、体制改革、制度安排和机制建设。

一、把扩大内需、转变发展方式作为推进城乡一体化的基本出发点

一个月之前，300 多名国内外专家在这里讨论后危机时代新兴经济体的转型、发展和改革。会议达成的一个共识是，通过经济社会改革，刺激消费、扩大内需、转变发展方式是包括中国在内的绝大部分新兴经济体在后危机时代面临的共同课题。我认为，研讨中国的城市化和城乡一体化，仍然需要围绕扩大内需和转变发展方式这条主线做文章。

1. 危机对我国经济的冲击表明，13 亿人口的大国不能把经济增长的基础建立在外部需求之上

这次国际金融危机使我们清醒认识到，我国作为一个 13 亿人口的发展中大国，不能也没有必要把经济增长的基础建立在外部市场上。外部市场的萎缩，现在看来是一个中长期趋势。即便外部需求在总量上有所恢复，也必将伴随着全球化阶段的变化而发生结构性变化。我国过去多年经历的大进大出的增长模式肯定难以为继。继续把经济持续快速增长的希望寄托在外部市场

---

[*] 这是高尚全同志 2009 年 12 月 5 日在"中国城市化和城乡一体化"国际会议上的讲话。

上,极可能处处碰壁。所以,进入后危机时代,我们必须把扩大内需,形成消费主导的发展方式当作深化各项改革、推进城乡一体化、加快城市化进程的核心目标。

2. 城市化与城乡一体化蕴涵巨大的内需空间

我国有 7.2 亿农村人口,潜在的投资和消费需求十分引人注目。这个潜在需求的释放,将对我国经济增长产生巨大的推动作用。2008 年以来我国一系列农村消费政策的调整,有效地刺激了农村消费,使农村消费增长首次超过城市消费的增速。2009 年前三季度,县及县以下消费品零售额增长 16.0%,超过城市消费品零售额增长的 14.8%。从中长期看,通过推进城乡一体化加快城市化进程,可望创造的投资和消费需求蔚为壮观。有人测算,每增加一个城市居民,城市需要新增固定资产投资 50 万元,如果我国城市化率每年提高一个百分点,新增的城市建设固定资产投资需求就是 6.6 万亿元;如果农村居民消费水平从 2008 年只有城镇居民平均消费水平的 32% 提高到全国平均消费水平,也就是城镇居民平均消费水平的 60%,新增消费规模将达到 3.2 万亿元。这样,每年新增的 10 万亿元国内投资和消费需求,将是我国未来 10—15 年经济持续快速增长的坚实内需基础。所以,推进城乡一体化一定要咬住内需不放松,着眼于扩大内需和形成消费主导的发展方式,在推进农民市民化、农村消费城市化的进程中实现扩大内需、优化产业结构、消费结构升级和发展方式的根本转变。

二、新阶段推进城乡一体化重在政策创新、体制改革和机制建设

城乡二元结构是被"城乡分割、一国两制"逐步固化的体制和制度安排的结果。虽然改革开放以来这种体制和制度安排进行了多次调整,但至今仍未根本消除,导致城乡差距长期持续扩大、国内需求增长滞后等问题,成为我国发展方式转型难以根治的顽疾。从这个基本国情出发,我国推进城乡一体化,必须依靠结构性改革,通过政策创新、体制改革、制度安排和机制建设,破解城乡二元结构,保证城乡一体化不断取得实质性进展。

1. 推进城乡一体化要以土地产权制度改革为重心

我国农村目前最重要的生产资源仍然是土地资源。形成城乡经济社会一体化发展的新格局,核心在于深化农村土地产权改革。首先要在确保农民土

地权益不受侵犯的前提下，加快健全农村集体建设土地流转市场。浙江准备在全省推广农村集体建设土地入市，逐步实现与城市国有土地"同地、同价、同权"的流转模式。我认为这是一个很好的试点，代表着土地改革的基本方向，值得深入研究。其次要深化土地征用制度改革。保证农民谈判主体的地位，改变农民长期被排斥在土地要素市场化进程之外的格局，使农民能够真正分享工业化和城市化进程中的土地增值。

2. 推进城乡一体化需要建立城乡基本公共服务均等化的制度基础

城乡一体化最核心的目标，在于最终消除长期困扰我国城乡经济社会均衡发展的城乡二元结构，最大限度地缩小现存的城乡差别，使城乡居民公平分享我国现代化建设的物质和精神文明。这种城乡共享的基本途径，在当前和今后相当一段时间内，是城乡基本公共服务均等化。从另外一个角度看，推进城乡基本公共服务均等化，也是破解城乡二元结构的突破口。因此，我们必须加快社会事业在城镇的完善和向农村的延伸，尽快形成较为完善、城乡统一的国民教育服务制度、城乡统一的医疗卫生服务制度、城乡统一的养老保障制度、城乡统一的公共就业服务制度、城乡统一的最低生活保障制度、城乡统一的社会救助制度、城乡统一的住房保障制度、城乡统一的公共交通服务制度、城乡统一的文化体育制度，如此等等、不一而足。只有这样，城乡一体化才能形成坚实的制度基础。

3. 推进城乡一体化要把解决农民工问题作为重点

当前，我国城市化进程中的一大遗憾，就是至少有1.2亿规模的农民工群体虽然进入城市，但尚未真正融入城市，还处于"半城市化"状态。如果不能有效解决农民工群体融入城市的制度安排问题，必将严重制约我国城市化和城乡一体化进程。我们上半年根据广东省政府的委托，研究广东珠三角地区基本公共服务一体化规划。在形成的报告中，我们建议把珠江三角洲城乡户籍人口和非户籍常住人口的基本公共服务一体化列为重要目标。我个人认为这个思路值得探索。沿着这个思路积极探索，肯定能够找到推进绝大多数农民工从"半城市化"向"城市化"转变的路径。

三、推进城乡一体化关键在于加快政府转型

形成城乡经济社会一体化发展新格局，需要多方面的政策、体制和制度条

件。创造这些条件是各级政府的职责。因此,各级政府应该通过自身改革和建设,为城乡一体化营造逐步完善的政策和制度环境。

1. 推进城乡一体化,政府必须通过自身改革,突破目前城乡分割、公共资源集中在城市的行政管理体制。针对目前各级地方政府推进城乡一体化分工不清晰,部门之间职能交叉,多头监管导致责权不清、协调成本高、组织绩效低、行政资源配制不合理,决策权、规划权、调控权上移和集中不够,服务、监管重心下移不够等现象,各级政府有责任进行组织再造,合理界定各级政府在推进城乡一体化中的责任和职能,理清政府横向部门之间与纵向层级之间的权责边界,形成"权力明晰化、职责无缝化、管理一体化"的政府职责体系,以突破部门与区域利益格局,实现行政资源的优化配置,为城乡一体化提供坚强的组织保障。

2. 推进城乡一体化,各级政府要为城乡产业统一规划、城乡产业统一布局和城乡产业一体化发展营造良好的制度环境。各级政府要通过统筹城乡经济社会发展破解城乡二元结构,统筹推进城乡产业发展,把新型工业化、新型城市化和农业现代化与城乡一体化紧密结合起来,加快形成城乡经济社会一体化发展的新格局。

3. 推进城乡一体化,各级政府要积极探索城乡互动的社会管理新格局。政府需要明确界定不同主体在城乡一体社会管理体制和格局中的地位、作用和责任。各级政府作为城乡一体社会管理体制中的责任主体,要适应社会结构和利益格局的变化,形成科学有效的利益协调机制、诉求表达机制、矛盾调处机制、权益保障机制,以促进城乡社会发展的公平正义;要健全城乡新型社区管理和服务体制,统一城乡新型社区发展的目标和标准,把城乡社区都建设成为管理有序、服务完善、文明祥和的社会生活共同体。

4. 推进城乡一体化,政府要把建立城乡均衡的基本公共服务体系作为重要突破口,严格界定各级政府在基本公共服务中的职责。城乡基本公共服务一体化,既是破解城乡二元结构的重要路径,也是城乡一体化重要而紧迫的目标;而城乡基本公共服务在各级政府间的合理分工,是城乡基本公共服务一体化的重要体制基础。中央政府应侧重于公共服务决策,原则上以城乡和区域基本公共服务均等化为重点,负责公益性覆盖全国范围的公共服务供给,并通过中央财政的转移支付发挥再分配功能;各级地方政府更侧重于公共服务供给的执行,主要根据辖区内居民的公共需求,提供相应的公共服务,并保障公共产品的质量与供给效率。各级地方政府要强化公共服务职能,调整公共支出的范围与结构,建立健全公共财政体制,加大对农村公共品投入,重点保障农村公共教育、社会保障、公共卫生、公共安全和公共基础设施。

发展不均衡——涉及广、影响深的结构性难题与挑战

（2010 年 1 月 21 日）

中国 30 年的改革开放，是历史上从来没有过的大改革、大开放。大改革、大开放带来了三个伟大的转折。一是从高度集中的计划经济体制向充满生机和活力的社会主义市场经济体制转变；二是从封闭半封闭的社会向全方位对外开放的格局转变；三是人民的生活从温饱转向基本小康转变。但是同时应该看到"万里长征才走了第一步"，未来 30 年，甚至更长的时期内，改革面临更重要的任务，经济社会发展的不平衡是涉及广、影响深的结构性难题与挑战。

作茧自缚或破茧新生——社会发展滞后经济发展

什么是和谐社会？和谐社会是一个系统的概念，理论上说，是一个社会各阶层和睦相处，社会各成员各尽其能、各得其所的社会；是人们的聪明才智、创造力得到充分发挥和全面发展的社会；是经济社会协调发展的社会；是人与人、人与自然协调相处的社会。改革开放以来取得了举世瞩目的巨大成就，改革促进了社会生产力的发展和人民生活水平的提高，但是当前仍面临问题和挑战。针对这些问题与挑战，党的十四届三中全会提出了"五个统筹"的要求：统筹城乡发展、统筹区域发展、统筹经济社会发展、统筹人与自然和谐发展、统筹国内发展和对外开放。这"五个统筹"就是构建社会主义和谐社会的重要内容。我们要按照"五个统筹"的要求构建和谐社会。

和谐社会应该是经济发展和社会发展并进的社会。但是，过去一段时间，我们重增长，轻发展，造成社会发展严重滞后于经济发展，这不仅与和谐社会的目标相悖，而且经济发展本身也受到了严重制约，造成消费增长乏力，主要

靠投资拉动增长的局面。经济发展是社会发展和进步的物质前提,但是,经济发展不等于单纯的经济增长,经济增长如果不能同人民物质、文化生活水平和质量的整体提高结合起来,不能促进普遍的社会公正与社会进步,就可能加剧社会矛盾。

经济发展了,但社会结构没有相应的调整,其中包括人口结构、就业结构、城乡结构、地区结构、阶级阶层结构等。教育、科技、文化、医疗卫生、环境保护等社会事业发展严重滞后于经济发展,不能满足广大人民群众的需求,很不协调。社会管理相对落后,跟不上经济社会事业发展的要求,各类事故频发,造成人、财、物的巨大损失。改革开放30多年,许多城市建设起来了,有一些城市,可以同发达国家的大城市媲美。然而社会管理却跟不上,交通拥堵,公共交通不便,环境污染,饮用水不干净,噪音嘈杂等等,并不适合现代人居住,因此,必须改变旧的 GDP 增长观念,落实科学发展观,努力形成经济与社会协调发展的机制。

不可忽视的瓶颈——粗放型经济增长方式

中共中央在关于第九个五年计划建议中,就提要转变经济增长方式,十五年来,虽然有不少变化,但总体上说,我国的经济发展方式仍然是粗放式的,当前我国经济社会发展同人口、资源、环境压力的矛盾越来越突出。新中国成立60 年来,我国 GDP 增长了 14 倍,但矿产资源消耗增长了 40 多倍。国际金融危机对我国经济的冲击,实质上是对不合理的经济方式的冲击。

一是从资源配置来看,生产要素市场还很不完善,市场机制还不能充分发挥作用。突出问题是,土地、能源、资本等要素市场发育滞后,价格形成机制过多地受到行政干预。土地作为最重要的生产要素之一,大部分掌握在政府手中。在当前的政绩考核制度和征地制度下,土地成为政府的主要财政收入来源和招商引资的手段,往往是一届政府就把几十年的土地都批出去了,结果就是鼓励企业扩张规模,使得我国这么一个土地资源稀缺的大国,还有大量的土地利用效率很低,浪费严重。此外,水、煤、电、油等能源的价格也没有放开,价格形成机制不健全,总体价格水平偏低,不能反映其稀缺程度。在我国目前的矿产资源开采体制下,获取开采权的成本很低,也使得价格和成本严重脱离,这种扭曲的价格机制不能反映我国资源稀缺情况,造成了使用中的大量浪费。

从社会资金配置来看,我国的资本市场还不完善,目前企业所需资金主要来自银行贷款。但是,我国利率还没有实现市场化,利率水平偏低,并且信贷资金的配置往往受到行政干预。信贷资金的低成本也诱使企业扩大规模,上项目。

二是从市场中的主体看,政府过多地直接干预经济活动。由于历史原因,我国的企业投资自主权还没有真正落实,其主要问题是:政府投资决策的机制不规范,政府投资责任追究制度不健全,决策者不对决策后果负责。在当前的考核体制下,造成了政府追求政绩,政府官员忙于招商引资上项目的现象,并且由于官员任期较短,投资往往集中在短期见效的项目上,甚至不惜引入对当地环境造成严重污染的项目。而真正需要政府关注的教育、医疗、农业等领域,却投入不足。这使得我国投资率居高不下,并且投资结构扭曲,导致资源配置的低效率。

三是从财税体制来看,目前的制度安排不利于经济发展方式转变。现行的分税制,出于对本地财政收入、就业的考虑,地方政府会容忍甚至鼓励一些高污染的项目。比如,我国钢铁生产能力严重过剩,但要淘汰落后生产能力难度和阻力很大,因为要触动地方利益,影响地方政府的政绩、税收和就业。再比如,我国的矿产资源属于国家所有,有偿使用。国家通过收取资源税和资源补偿费体现其矿产资源所有者权益。但是计税方式不合理。拿煤炭资源为例,资源税和资源补偿费是以煤炭产量和煤炭销售收入为基数计征的。一方面,由于煤炭资源税和资源补偿费未与矿井动用的资源储量挂钩,不利于激励生产企业珍惜和节约资源,甚至在一定程度上纵容了资源的浪费,另一方面,征收的资源税和补偿费标准过低,相对于资源的价格几乎微不足道。此外,相当一部分煤炭生产企业占有的资源储量,是在矿业权制度确立之前无偿获得的。按照矿业权管理的有关规定,只要不发生矿业权转让,就无须补交矿业权价款。这些因素使得矿产开采企业实际上对资源无偿或近乎无偿地占用,结果就是造成了开采中浪费严重。而且容易产生暴发户和腐败现象。

明年乃至未来更长的时期内,改革面临更繁重而复杂的任务,要推进经济发展方式转变,并把发展方式转型作为改革的"主线",这是一个大思路。由于以上体制方面的原因,我们的经济发展方式转变必须从体制创新入手,重点推进以下几个领域的改革:

一是进一步深化市场化改革,完善社会主义市场经济体制。要通过深化市场化改革,尽快建立反映资源要素稀缺程度的价格形成机制、公平竞争的市场秩序、产权边界清晰的微观主体。这是提高市场活力、促进科技进步、增强自主创新能力、优化经济运行质量的基础条件。新阶段完善市场经济体制,就是要实现由政府主导型的经济运行机制向富有活力的市场主导型经济运行机制的转变,更大程度地发挥市场在资源配置中的基础性作用,凝聚转变发展方式的活力。

二是加快社会体制改革,推进社会建设进程。未来几年社会体制改革要着眼于实现基本公共服务均等化、扩大国内消费需求。第一,农村是潜在的消费大市场,要注重通过城乡基本公共服务均等化开启农村市场。第二,把建立基本公共服务体制、实现基本公共服务均等化的目标同以人为本、提高人口素质、建设人力资源大国的战略目标结合起来。实质性地提高公共教育、公共卫生和基本医疗投入,形成全社会增加人力资本投资的良好制度氛围,为提高自主创新能力奠定坚实基础。第三,要特别注重协调社会利益关系,使全体人民共享改革发展的成果,为全社会凝聚改革共识创造条件,使后危机时代的改革获得更为广泛的社会基础和社会支持。

三是提速行政管理体制改革,加大政府转型力度。从 30 年转型与改革的历程来看,中国发展方式转型的主要挑战不是经济社会本身,而是政府决策与政府转型。推进发展方式转变,应重点推进以行政管理体制改革为主线的政府转型。

第一,在完善政府经济职能上取得重要突破。建立市场化的宏观调控体制,增强中长期规划的科学性和约束性;强化央行在宏观调控中的独立地位,增强宏观调控的科学性、预见性和有效性;建立现代市场监管体制,确保市场监管的有效性;加强政府对外经济职能,为人民币国际化、企业走出去创造良好的制度环境。

第二,在政府公共职责保障机制建设上取得重要突破。建立中央和地方各级政府的职责分工及其保障机制。按照公共服务支出责任与财力相匹配的原则建立中央与地方分工体制;建立符合公共服务型政府要求的绩效评估体系和行政问责制度。

第三,在改革调整行政权力结构上取得重要突破。以建立健全大部门体制为重点,大胆探索建立公共权力有效协调与制衡的体制机制,基本形成行政决策权、执行权、监督权既相互制约又相互协调的权力结构和运行机制。

第四,在政府自身建设与改革上取得重要突破。集中解决群众意见大、制约政府公共权力规范行使的突出矛盾和问题,在建立阳光政府、效能政府、廉洁政府、法制政府方面取得明显成效。

共同富裕还有多远——城乡差距区域差距逐年扩大,农民增收难

近年来,我国城乡经济发展差距在逐年扩大,农民增收难,特别是农村各项社会事业,如基础教育、公共卫生服务、社会保障事业投入不足,严重滞后于城市发展,已经阻碍了小康社会目标的实现。"三农"问题不仅是涉及农民的问题,而且是涉及经济转型、城乡关系、体制结构的综合性问题。必须从统筹城乡经济社会发展、逐步改变城乡二元结构的高度,通过综合配套改革,形成城乡协调发展的机制。

我国的地区发展也是不平衡的。从全国来看,东中西部经济发展呈现阶梯型下降趋势。如何加快中西部地区的发展是我们面对的重大课题。西部大开发已经实施了很长时间,中部各省也开始提出"中部崛起"的口号,中西部地区的发展加快了。但是,发展不仅仅是上项目、拉投资、搞基础建设,中西部的差距更多地体现在观念和制度上。中西部的发展不是一朝一夕之功,要发展中西部,振兴东北老工业基地,关键是改变观念,落实科学发展观,搞好体制创新。

他们的未来在哪里——两亿农民工的"半城市化"尴尬状态亟待解决

飞速发展的中国城市化进程中,至少有1.2亿规模的农民工群体虽然进入城市,但尚未真正融入城市,还处于"半城市化"的状态。如果不能有效解决农民工群体融入城市的制度安排问题,必将严重制约中国城市化和城乡一体化进程;而形成城乡经济社会一体化发展新格局,需要多方面的政策、体制和制度环境,各级政府自身的改革和建设是关键。

城乡二元结构是新中国成立以来"城乡分割"逐步固化的体制和制度安排的结果。虽然这种体制和制度安排自改革开放以来进行了多次调整,但至今仍未根本消除,导致城乡差距长期持续扩大、国内需求增长滞后等问题,成为中国发展方式转型难以根治的顽疾。

形成城乡经济社会一体化发展的新格局,核心在于深化农村土地产权改革,要在确保农民土地权益不受侵犯的前提下,加快健全农村集体建设土地流转市场。其次要深化土地征用制度改革,保证农民谈判主体的地位,改变农民长期被排斥在土地要素市场化进程之外的格局,使农民能够真正分享工业化和城市化进程中的土地增值。

推进城乡基本公共服务均等化,是破解城乡二元结构的突破口。因此,中国必须加快社会事业在城镇的完善和向农村的延伸,尽快形成较为完善、城乡统一的国民教育服务制度、医疗卫生服务制度、养老保障制度、公共就业服务制度、最低生活保障制度、社会救助制度、住房保障制度、公共交通服务制度、文化体育制度等。只有这样,城乡一体化才能形成坚实的制度基础。

据悉,中国(海南)改革发展研究院上半年根据广东省政府的委托,研究广东珠三角地区基本公共服务一体化规划,建议把珠江三角洲城乡户籍人口和非户籍常住人口的基本公共服务一体化列为重要目标。沿着这个思路继续探索,我们肯定能够找到推进绝大多数农民工从"半城市化"向"城市化"转变的路径。

坚持走低碳经济之路

（2010 年 1 月 6 日）

一、广东科学发展，先行先试——《珠江三角洲改革发展规划纲要》颁布一年来取得的成就

2008 年 12 月，国务院批准实施《珠江三角洲地区改革发展规划纲要》（以下简称《纲要》），《纲要》从国家战略的高度，给珠三角明确定位，提出了未来 12 年经济社会发展的目标和战略措施，充分体现了中央对广东的高度重视和期望。广东生产总值占全国的 1/8，进出口贸易总额占全国的 26%。广东能不能保持平稳较快发展，在国家发展的大局中有着举足轻重的地位。实施《纲要》的目的是让珠三角再创体制机制新优势，继续发挥全国改革发展"试验田"、"排头兵"的作用，促进经济社会一体化发展，发挥整体优势，探索科学发展模式，率先实现社会主义现代化，进一步发挥珠三角对全省的带动作用及对周边地区的辐射和影响。

《纲要》实施一年来，经过全省上下的艰苦努力，广东应对国际金融危机取得了初步成效，经济呈现稳定回升的向好态势。广东在经济社会发展的各个方面都取得了一定的进展与突破。前三季度，广东经济运行稳步回升。内需拉动效应逐步释放，投资、消费增幅逐月走高；外需降幅继续收窄。工业增速逐步回升，物价水平保持平稳；1—11 月，全省完成地区生产总值 33871 亿元，同比增长 9.2%，比第一季度和上半年分别提高 3.4 和 2.1 个百分点。财政收入持续增长，地方财政一般预算收入也扭转了上半年持续负增长的局面，1—11 月，累计达到 3280 亿元，同比增长 9.1%。

我认为，广东经济之所以能在国际金融危机的巨大冲击中企稳回升，主要是因为，在国际金融危机发生之初，广东就深刻领会和深入贯彻《纲要》的要

求,切实转变经济增长方式,特别注意把保增长和调结构紧密结合起来,始终坚持了"三促进一保持"的战略。即促进提高自主创新能力,促进传统产业转型升级,促进建设现代产业体系,保持经济平稳较快发展。在这个战略的指导下,广东把提高自主创新能力作为提升国际竞争力的中心环节来抓,加快建立以企业为主体、市场为导向、产学研相结合的技术创新体系。面对国际金融危机的巨大冲击,广东许多企业之所以能够逆势飞扬,关键在于自主创新能力的提升。可以说自主创新是广东加快经济发展方式转变和经济结构调整的重要支撑。

同时,产业和劳动力"双转移"也是广东在转变经济发展方式,应对国际金融危机冲击的重要战略。通过"双转移",今年1—11月,全省免费技能培训农村劳动力72.2万人,转移就业135.1万人,同比分别增长56.1%和41.9%。与此同时,粤东西北地区工业增加值、固定资产投资等主要经济指标增幅持续超过全省平均增速。体现了《纲要》所提出的珠三角带动东西北,促进城乡区域协调发展的目的。

《纲要》实施一年来,广东充分把握国际金融危机催生调整优化产业结构、转变经济发展方式的重大机遇,努力保持经济平稳较快发展,抢占了未来经济发展的制高点。特别是广东坚决贯彻中央决策部署,全力以赴保增长,抓住时机扩内需,着眼未来促转型,扎扎实实惠民生,既有效地遏制了经济增长下滑的态势,又为下一步经济社会又好又快发展创造了有利条件。不久前召开的省委常委会强调,创新是广东发展战略的核心,要把创新摆在更重要的位置,真正打好转变经济发展方式这场硬仗。下面我想利用这个机会,讲讲我对转变经济发展方式、发展低碳经济的一些看法。

二、当前要在转变经济发展方式上狠下工夫

胡锦涛同志最近在广东考察时强调:转变经济发展方式刻不容缓。要转变经济发展方式,首先要弄清为什么我国经济发展方式转变长期滞后?我国政府在20世纪90年代就提出转变经济发展方式,虽然有不少变化,但总体上说,我国的经济发展方式仍然是粗放式的,当前我国经济社会发展同人口、资源、环境压力的矛盾越来越突出。新中国成立60年来,我国GDP增长了14倍,但矿产资源消耗增长了40多倍。国际金融危机对我国经济的冲击,实质

上是对不合理的经济方式的冲击。

一是从资源配置来看,生产要素市场还很不完善,市场机制还不能充分发挥作用。突出问题是,土地、能源、资本等要素市场发育滞后,价格形成机制过多地受到行政干预。土地作为最重要的生产要素之一,大部分掌握在政府手中。在当前的政绩考核制度和征地制度下,土地成为政府的主要财政收入来源和招商引资的手段,往往是一届政府就把几十年的土地都批出去了,结果就是鼓励企业扩张规模,使得我国这么一个土地资源稀缺的大国,还有大量的土地利用效率很低,浪费严重。此外,水、煤、电、油等能源的价格也没有放开,价格形成机制不健全,总体价格水平偏低,不能反映其稀缺程度。在我国目前的矿产资源开采体制下,获取开采权的成本很低,也使得价格和成本的严重脱离,这种扭曲的价格机制不能反映我国资源稀缺情况,造成了使用中的大量浪费。从社会资金配置来看,我国的资本市场还不完善,目前企业所需资金主要来自银行贷款。但是,我国利率还没有实现市场化,利率水平偏低,并且信贷资金的配置往往受到行政干预。信贷资金的低成本也诱使企业扩大规模,上项目。

二是从市场中的主体来看,政府对经济起着主导作用,并且经常直接干预经济活动。由于历史原因,我国的企业投资自主权还没有真正落实,其主要问题是:政府投资决策的机制不规范,政府投资责任追究制度不健全,决策者不对决策后果负责。在当前的考核体制下,造成了政府追求政绩,政府官员忙于招商引资上项目的现象,并且由于官员任期较短,投资往往集中在短期见效的项目上,甚至不惜引入对当地环境造成严重污染的项目。而真正需要政府关注的教育、医疗、农业等领域,却投入不足。这使得我国投资率居高不下,并且投资结构扭曲,导致资源配置的低效率。

三是从财税体制来看,目前的制度安排不利于经济发展方式转变。现行的分税制,出于对本地财政收入、就业的考虑,地方政府会容忍甚至鼓励一些高污染的项目。比如,我国钢铁生产能力严重过剩,但要淘汰落后生产能力难度和阻力很大,因为要触动地方利益,影响地方政府的政绩、税收和就业。再比如,我国的矿产资源属于国家所有,有偿使用。国家通过收取资源税和资源补偿费体现其矿产资源所有者权益,但是计税方式不合理。拿煤炭资源为例,资源税和资源补偿费是以煤炭产量和煤炭销售收入为基数计征的。由于煤炭资源税和资源补偿费未与矿井动用的资源储量挂钩,不利于激励生产企业珍惜和节约资源,甚至在一定程度上纵容了资源的浪费,另一方面,征收的资源税和补偿费标准过低,相对于资源的价格几乎微不足道。此外,相当一部分煤炭生产企业占有的资源储量,是在矿业权制度确立之前无偿获得的。按照矿业权管理的有关规定,只要不发生矿业权转让,就无须补交矿业权价款。这些因素使得矿产开采企业实际上对资源无偿或近乎无偿的占用,结果就是造成了开采中浪费严重,而且容易产生暴发户和腐败现象。

当前我国面临的许多问题和困难,根源在于经济发展方式转变的滞后。实现经济发展方式转变,要靠改革,要加快形成有利于经济发展方式转变的体制机制。广东必须把加快经济发展方式的转变,作为深入贯彻落实科学发展观的重要目标和战略举措,坚定不移地调结构,脚踏实地地促转型。按照胡锦涛同志的要求:"坚持不懈、先行一步,真正打好转变经济发展方式这场硬仗。"

三、加快形成有利于经济发展方式转变的体制机制

下一步珠三角地区乃至广东要以发展低碳经济为目标,加快形成有利于经济发展方式转变的体制机制,重点推进以下几个领域的改革:

一是加快以经济发展方式转变为主线的经济体制改革。要通过深化市场化改革,尽快建立反映资源要素稀缺程度的价格形成机制、公平竞争的市场秩序、产权边界清晰的微观主体。新阶段完善市场经济体制,就是要实现由政府主导型的经济运行机制向富有活力的市场主导型经济运行机制的转变,加快推进生产要素市场化进程,充分发挥市场在配置资源中的基础性作用。要抑制对要素的过度需求引发的扩张式增长,最有效的办法是改变资源的定价机制,加快建立资本、土地、自然资源等生产要素市场,由市场来决定资源价格。同时要完善有利于经济发展方式转变的财税政策和制度。政府应积极利用财税政策,调控资源的供给和需求。如实行资源有价开采与使用,调动生产者开发和使用替代资源的积极性,实行自然资源资产化管理。完善资源开发利用的补偿机制和生态环境恢复的补偿机制,做好矿产资源开发利用的产前产后工作。另外,要制定行业标准,扶持使用节能产品的开发,如低油耗、低排量和新能源汽车、节能建筑,同时使用税收政策调节浪费资源的行为。明年要不失

时机推进资源税改革,其主要方向是扩大资源的征收范围,提高税率,征收方式则由目前的从量计征改为从价计征。以原油为例,如果按税率3%从价计征,我国的原油资源税额将是原来从量计征的5倍左右。这样可以大大促进节约资源,保护环境。

二是加快以政府转型为主线的行政管理体制改革。去年广东省把行政管理体制改革作为突破口,深圳、顺德、广州、珠海等地相继推出了各具特色的行政管理体制改革,特别是在机构改革方面,构造"大部制"力度很大。这在广东已经是第四次机构改革了。如何走出"砍了又涨,涨了又砍"的循环怪圈,我想,关键是要推进投资体制改革和政府职能转变,消除政府扩张投资的冲动,增强其提供公共服务功能。积极推进政府从全能政府、管制型政府向有限政府、服务型政府、法治政府转变。建立科学的政府绩效评估体系和经济社会发展综合评价体系,改革干部人事制度,把政府职能转到以提供公共服务为主的道路上来,创造有利于经济发展方式转变的制度环境。转变经济发展方式,最后的落脚点还是在企业。以技术创新为重点的发展模式转变,新技术的创新和应用,新产品,特别是战略性产品的研发,最关键的是创新的风险,这需要有序的市场、对技术产权的有效保护、获得可行承诺的经济政策、更加透明开放的产业政策与信息等,这都是政府应提供的公共产品,如果政府不确立公共政府的职能,企业就缺乏转变经济发展方式的约束条件。

三是加快以适应社会公共需求转型为主线的社会体制改革。保障和改善民生是我们发展经济的最终目的,也是推动经济发展方式转变的重大举措。我国已从私人产品短缺时代进入公共产品短缺时代。未来几年社会体制改革要着眼于实现基本公共服务均等化、扩大国内消费需求,特别是增加居民消费需求为重点,增强消费对经济增长的拉动作用。要加大国民收入分配制度改革,增强居民特别是低收入群众的消费能力,要努力扩大就业,鼓励全民创业。要注重通过城乡基本公共服务均等化开启农村市场,依靠结构性改革,通过政策创新、体制改革、制度安排和机制建设,稳步推进城镇化,破解城乡二元结构,保证城乡一体化不断取得实质性进展。推进城乡一体化要以土地产权制度改革为重心。我国农村目前最重要的生产资源仍然是土地资源,形成城乡经济社会一体化发展的新格局。要在确保农民土地权益不受侵犯的前提下,加快健全农村集体建设土地流转市场。同时要建立城乡基本公共服务均等化的制度基础,尽快形成较为完善、城乡统一的国民教育服务制度、城乡统一的医疗卫生服务制度、城乡统一的养老保障制度、城乡统一的公共就业服务制度、城乡统一的最低生活保障制度、城乡统一的社会救助制度、城乡统一的住房保障制度、城乡统一的公共交通服务制度、城乡统一的文化体育制度,等等。

四是加快以适应低碳经济发展为目标的全方位改革。低碳经济是我国经济发展的必由之路。发展低碳经济是转变经济发展方式,调整经济结构的重要途径,正在成为各国在后危机时代推进经济复苏和应对气候变化的基本共识。中国作为一个负责任的大国,正式对外宣布控制温室气体排放的行动目标,决定到 2020 年单位国内生产总值二氧化碳排放比 2005 年下降 40%—45%,这将作为约束性指标纳入国民经济和社会发展中长期规划。如此巨大的应对气候变化责任,使经济发展方式面临空前挑战。我们要利用这个倒逼机制,加快全方位改革。转变经济发展方式,走低碳经济发展之路,必须进行全方位改革,不仅涉及经济、社会、政治、文化领域,而且也涉及人们的思想道德、生活方式以及消费方式的变革。政府在发展低碳经济中起着关键性的作用,首先要加快职能转变,强化公共服务职能,成为发展低碳经济的主要推动者、政策提供者和监管者。要切实地把二氧化碳排放纳入经济社会发展规划,并作为约束性指标加以考核。改革干部人事制度,建立科学的业绩评估体系和考核体系;通过制度创新和立法,如能源法、碳税、碳交易、环境金融制度、低碳产业政策等,促进低碳经济的发展。要理顺政府、市场、企业和社会公众之间的关系,发挥市场在资源配置和发展低碳经济中的基础性作用。要积极创造条件,实行碳排放交易,建立和发展碳排放市场。企业是发展低碳经济,实现节能减排的主体,发展战略性新兴绿色技术,尤其是新能源汽车应成为国家重点扶持的重要产业。2009 年中国汽车销售火暴,很快将成为全球第一大汽车市场。在中国推动新能源汽车,以中国巨大的国内消费市场,有可能走出一条不同于其他国家的路子,甚至会颠覆传统汽车产业的某些模式。要依靠全社会公众的参与,发展低碳经济,建立低碳社会,因此必须形成全社会的共识。要转变人们的生活方式和消费方式,养成节约一度电、一滴水、一张纸的意识和习惯。

当前,珠三角已进入一个发展新时期,目标明确,任务艰巨。既有机遇,又有挑战;既有压力,又有动力。改革是促进发展的根本动力,以往 30 年广东成为全国改革发展的"排头兵",主要靠解放思想、观念更新,靠改革意识,靠先行先试形成的体制机制优势。今后,广东要全面落实《纲要》,继续当好全国改革发展的"排头兵",建设经济强省,根本动力依然是改革。珠三角要成为全国"探索科学发展模式的试验区,深化改革先行区",必须坚持科学发展,发展低碳经济,加快形成有利于经济发展方式转变的体制机制,从而完成时代赋予的既光荣又艰巨的历史使命。

对新阶段推进城乡一体化的思考

(2010 年 1 月 30 日)

通过城乡一体化加快城市化进程,既为扩大内需、调整结构、转变发展方式创造重要的条件,也对各个领域的改革提出了更加迫切的要求。在笔者看来,推进城乡一体化,加快城市化进程,需要进行深刻的经济社会变革。

"咬"住内需不放松

研讨我国的城市化和城乡一体化,就需要围绕扩大内需和转变发展方式这条主线做文章。

此次的全球经济危机使我们清醒地认识到:从长远来看,我国过去多年经历的大进大出的增长模式肯定难以为继。继续把经济持续快速增长的希望寄托在外部市场上,极可能处处碰壁。所以,进入后危机时代,我们必须把扩大内需,形成消费主导的发展方式当作深化各项改革、推进城乡一体化、加快城市化进程的核心目标。

我国有 7.2 亿农村人口,潜在的投资和消费需求十分惊人。这个潜在需求的释放,将对我国经济增长产生巨大的推动作用。自 2008 年以来,我国一系列农村消费政策的调整,有效地刺激了农村消费,使农村消费增长首次超过城市消费的增速。2009 年前三季度,县及县以下消费品零售额增长 16.0%,超过城市消费品零售额增长的 14.8%。

从中长期来看,通过推进城乡一体化加快城市化进程,可望创造的投资和消费需求蔚为壮观。有人曾经测算,每增加一个城市居民,城市需要新增固定资产投资 50 万元,如果我国城市化率每年提高一个百分点,新增的城市建设固定资产投资需求就是 6.6 万亿元;此外,如果农村居民消费水平从 2008 年只有城镇居民平均消费水平的 32% 提高到 60%,新增消费规模就将达到 3.2

万亿元。这样巨大的投资和消费需求,将是我国未来 10—15 年经济持续快速增长的坚实的内需基础。所以,推进城乡一体化一定要"咬"住内需不放松,着眼于扩大内需和形成消费主导的发展方式,在推进农民市民化、农村消费城市化的进程中实现扩大内需、优化产业结构、消费结构升级和发展方式的根本转变。

重在改革与创新

城乡二元结构是"城乡分割"逐步固化的体制和制度安排的结果。虽然这种体制和制度安排自改革开放以来进行了多次调整,但至今仍未根本消除,导致城乡差距长期持续扩大、国内需求增长滞后等问题,成为我国发展方式转型难以根治的顽疾。从这个基本国情出发,我国推进城乡一体化,必须依靠结构性改革,通过政策创新、体制改革、制度安排和机制建设,破解城乡二元结构,保证城乡一体化不断取得实质性进展。其中,以下几个方面应该给予关注和重视:

首先,要以土地产权制度改革为重心。形成城乡经济社会一体化发展的新格局,核心在于深化农村土地产权改革。要在确保农民土地权益不受侵犯的前提下,加快健全农村集体建设土地流转市场。同时,还要深化土地征用制度改革,保证农民谈判主体的地位,改变农民长期被排斥在土地要素市场化进程之外的格局,使农民能够真正分享工业化和城市化进程中的土地增值。

其次,要建立城乡基本公共服务均等化的制度基础。城乡一体化最核心的目标,在于最终消除长期困扰我国城乡经济社会均衡发展的城乡二元结构,最大限度地缩小现存的城乡差别,使城乡居民公平分享我国现代化建设的物质和精神文明。这种城乡共享的基本途径,在当前和今后相当长一段时间内,主要就是城乡基本公共服务均等化。为此,国家应加快社会事业在城镇的完善和向农村的延伸,尽快形成较为完善、城乡统一的国民教育服务制度,医疗卫生服务制度,养老保障制度等。只有这样,城乡一体化才能形成坚实的制度基础。

再次,要把解决农民工问题作为重点。当前,我国城市化进程中的一大遗憾,就是虽然至少有 1.2 亿规模的农民工群体进入城市,但尚未真正融入城市,还处于"半城市化"的状态。如果不能有效地解决农民工群体融入城市的制度安排问题,必将严重制约我国城市化和城乡一体化进程。

关键要加快政府转型

形成城乡经济社会一体化发展新格局,需要多方面的政策、体制和制度条件。创造这些条件是各级政府的职责。因此,各级政府应该通过自身改革和建设,为城乡一体化营造逐步完善的政策和制度环境。

——推进城乡一体化,政府必须通过自身改革,突破目前城乡分割、公共资源集中在城市的行政管理体制。针对目前各级地方政府推进城乡一体化分工不清晰;部门之间职能交叉,多头监管导致责权不清、协调成本高、组织绩效低、行政资源配制不合理;决策权、规划权、调控权上移和集中不够,服务、监管重心下移不够等现象,各级政府有责任进行组织再造,合理界定各级政府在推进城乡一体化中的责任和职能,理清政府横向部门之间与纵向层级之间的权责边界,形成"权力明晰化、职责无缝化、管理一体化"的政府职责体系,以突破部门与区域利益格局,实现行政资源的优化配置,为城乡一体化提供坚强的组织保障。

——推进城乡一体化,各级政府要为城乡产业统一规划、城乡产业统一布局和城乡产业一体化发展营造良好的制度环境。各级政府要通过统筹城乡经济社会发展破解城乡二元结构,统筹推进城乡产业发展,把新型工业化、新型城市化和农村现代化与城乡一体化紧密结合起来,加快形成城乡经济社会一体化发展的新格局。

——推进城乡一体化,各级政府要积极探索城乡互动的社会管理新格局。政府需要明确界定不同主体在城乡一体社会管理体制和格局中的地位、作用和责任。各级政府作为城乡一体社会管理体制中的责任主体,要适应社会结构和利益格局的变化,形成科学有效的利益协调机制、诉求表达机制、矛盾调处机制、权益保障机制,以促进城乡社会发展的公平正义;要健全城乡新型社区管理和服务体制,统一城乡新型社区发展的目标和标准,把城乡社区都建设成为管理有序、服务完善、文明祥和的社会生活共同体。

——推进城乡一体化,政府要把建立城乡均衡的基本公共服务体系作为重要突破口,严格界定各级政府在基本公共服务中的职责。中央政府应侧重于公共服务决策,原则上以城乡和区域基本公共服务均等化为重点,负责公益性覆盖全国范围的公共服务供给,并通过中央财政的转移支付发挥再分配功能;各级地方政府应更侧重于公共服务供给的执行,主要根据辖区内居民的公共需求,提供相应的公共服务,并保障公共产品的质量与供给效率。各级地方政府要强化公共服务职能,调整公共支出的范围与结构,建立健全公共财政体制,加大对农村公共品投入,重点保障农村公共教育、社会保障、公共卫生、公共安全和公共基础设施。

为什么我国经济发展方式转变长期滞后

（2010 年 3 月 12 日）

在应对国际金融危机冲击中,我国率先实现了经济形势总体回升,取得了显著成果。在充分肯定成绩的同时,我们也要清醒地认识到,当前我国经济回升的基础还不牢固,经济回升内在动力仍然不足,结构性矛盾仍很突出,农业基础仍不稳固,就业形势依然严峻。胡锦涛同志最近在省部级干部落实科学发展观研讨班上讲话指出:转变经济发展方式刻不容缓。综合国际国内经济形势,我们要把加快经济发展方式转变作为深入贯彻落实科学发展观的重要目标和战略举措。

要转变经济发展方式,首先要弄清为什么我国经济发展方式转变长期滞后。我国政府在 20 世纪 90 年代就提出转变经济发展方式,虽然有不少变化,但总体上说,我国的经济发展方式仍然是粗放式的,经济社会发展同人口、资源、环境的矛盾越来越突出。国际金融危机对我国经济的冲击,实质上是对不合理的经济发展方式的冲击。

从资源配置来看,生产要素市场还很不完善,市场机制还不能充分发挥作用。突出的问题是,土地、能源、资本等要素市场发育滞后,价格形成机制过多地受到行政干预。土地作为最重要的生产要素之一,大部分掌握在政府手中。在当前的政绩考核制度和征地制度下,土地成为政府的主要财政收入来源和招商引资的手段,一届政府就能把几十年的土地都批出去,然后是鼓励企业扩张规模,致使我国这么一个土地资源稀缺的大国,存在大量的土地利用效率很低、浪费严重的问题。此外,水、煤、电、油等能源的价格也没有放开,价格形成机制不健全,总体价格水平偏低,不能反映其稀缺程度。在我国目前的矿产资源开采体制下,获取开采权的成本很低,也使得价格和成本严重脱离,这种扭曲的价格机制不能反映我国资源稀缺情况,造成了使用中的大量浪费。

从市场中的主体看,政府对经济起着主导作用,并经常直接干预经济活动。由于历史的原因,我国的企业投资自主权还没有真正落实,其主要问题是:政府投资决策的机制不规范,政府投资责任追究制度不健全,决策者不对决策后果负责。在当前的考核体制下,造成了政府追求政绩,政府官员忙于招商引资上项目的现象,并且由于官员任期较短,投资往往集中在短期见效的项目上,甚至不惜引入对当地环境造成严重污染的项目。而真正需要政府关注的教育、医疗、农业等领域,却投入不足。这使得我国投资率居高不下,投资结构扭曲,导致资源配置的低效率。

从财税体制看,目前的制度安排不利于经济发展方式转变。现行的分税制,出于对本地财政收入、就业的考虑,地方政府会容忍甚至鼓励一些高污染的项目。比如,我国钢铁生产能力严重过剩,但要淘汰落后生产能力,难度和阻力很大,因为要触动地方利益,影响地方政府的政绩、税收和就业。再比如,我国的矿产资源属于国家所有,有偿使用。国家通过收取资源税和资源补偿费体现矿产资源所有者权益,但是计税方式不合理。拿煤炭资源为例,资源税和资源补偿费是以煤炭产量和煤炭销售收入为基数计征的。一方面,由于煤炭资源税和资源补偿费未与矿井动用的资源储量挂钩,不利于激励生产企业珍惜和节约资源,甚至在一定程度上纵容了资源的浪费。另一方面,征收的资源税和补偿费标准过低,相对于资源的价格几乎微不足道。此外,相当一部分煤炭生产企业占有的资源储量,是在矿业权制度确立之前无偿获得的。按照矿业权管理的有关规定,只要不发生矿业权转让,就无须补交矿业权价款。这些因素使得矿产开采企业对资源无偿或近乎无偿的占用,造成了开采中的浪费严重。

实现七个大突破 再创特区新辉煌[*]

（2010 年 3 月 23 日）

回顾 30 年特区成长的过程，在要不要建立特区，怎样建立特区，特区要不要"特"等问题上经历过风风雨雨。特区所以有今天，所以取得辉煌的成绩，来之不易。有人曾经把建立特区比作解放前的租界，有人认为是卖国行为。曾经有个老同志到深圳一看，就流眼泪了，他说没想到特区一夜变成资本主义了。特区就是在这样一个环境中成长发展起来的。我们应当珍惜这一段历史。小平同志非常坚决、坚持要把特区办下去，坚定不移地要办好特区。特区 30 年来可以用三句话来概括：经济上大发展，面貌上大变化，思想上大解放。汕头也不例外，汕头成立特区以来，有很大的发展，特别是 2006 年以来，三年新增的 GDP 相当于前八年的增量，人均 GDP 三年增长 30.4%，去年人均 GDP 达 20382 元，比 2000 年翻了一番；地方财政收入也有了很大的增长，相当于前 13 年的增量，当然还有不少差距。汕头应在特区成立 30 周年的历史背景下再出发，再创辉煌。今后 30 年，汕头如何再创辉煌？我希望汕头在以下七个方面有重大突破。

第一，在发展区位优势方面取得重大突破。汕头有特殊的区位优势。汕头环山抱海，山清水秀，人杰地灵，有港口、对台、侨乡、海洋的优势，有地处环珠三角地区和海西地区，连接珠三角与长三角，面向东南亚的特殊的区位优势和文化优势。这些优势怎么充分发挥，今后 30 年要再创辉煌，我期望在这方面有重大突破。比如，利用海洋和港口的优势，大力发展海洋经济和港口经济，在这方面有新的增长点。充分发挥海洋资源丰富的优势，大力推进海洋渔业、临海工业、港口运输业、海洋新兴产业，以及海滨的旅游业。再比如，汕头

---

* 这是高尚全同志在"汕头特区的历史意义和未来展望"专家论坛演讲的一部分。

· 172 ·

在海外的侨胞就有 300 万人,这是走出去、引进来的非常有利的条件。通过深化改革和开放,加快汕头市主动融入珠三角经济圈,与粤港澳紧密合作,主动融入海西经济区,实现汕头的又好又快发展。

第二,在转变经济发展方式和调整结构上取得重大突破。中央经济工作会议把转变经济发展方式作为深入贯彻落实科学发展观的重要内容和重大举措,刻不容缓。汕头作为经济特区要建立探索科学发展模式的试验区、深化改革的先行区、粤台经贸合作试验区,有条件形成转变经济发展方式的体制机制。

第三,在加快发展现代服务业方面取得重大突破。汪洋书记提出,汕头在下一步的发展中,要围绕建设粤东中心城市,加快发展现代服务业。把汕头打造为粤东中心城市,必须大力发展金融、航运、物流、会展、信息等现代服务业,充分发挥服务业集聚资本、服务生产、促进消费、吸纳就业的作用。以金融为例,要使银行贷款、上市公司、股权投资三个轮子一起转。汕头现在有 10 家上市公司,今年可能发展到 15 家。我去年到了江苏,江阴这样一个县级市有 23 个上市公司,相比起来,我们作为一个特区在这方面潜力还是很大的。江阴市的融资结构方面也比较合理,银行贷款、上市公司、股权投资,三分天下。很多地方主要还是依靠银行贷款,所以在融资结构方面不合理。

第四,在鼓励创业创新发展中小型企业方面取得重大突破。昨天我看到《南方日报》的报道,汕头市的民营企业已经发展到 12.6 万户,规模以上的民营企业有 1710 家,占全市的 74.4%;10 家上市公司中,9 家是民营企业;汕头在全国名牌产品当中,有 10 个全国的名牌产品;有 63 个省市的名牌产品,其中 90% 以上都是民企。去年 11 月,贾庆林同志在表彰非公有制经济人士的会议上提出:技术创新的 65%、专利的 75%、新产品 80% 由民营企业来实现的。我看了这个数字,引起了我的思考,为什么 65%、75%、80% 是由民营企业来实现? 为什么我们共和国的长子占的比例不多? 这里有个体制机制问题,因为国有企业负责人的任期是有限的,在任期内先要完成任期内目标,把政绩突出出来,至于研发新产品这方面是比较长期的,这样短期利益和长期利益的矛盾就凸显出来了。因为研发新产品要 8 年甚至 10 年,而任期只有 5 年,研发就不会放在主要地位。而民营企业没有任期这个问题,这方面它占了优势。我在参与党的十五大报告起草中,听说对深圳华为公司有争论,有的人给中央写了材料,认为华为不是搞社会主义。我为了弄清这个问题,专门去深圳做了调研,那时候市委书记厉有为也感兴趣,陪我一道去。调查发现,华为的员工素质较高,企业通过员工入股,使企业员工与企业的长远发展捆绑在一起,这种机制产生了内在动力,促进了企业飞跃发展。这怎么是资本主义呢?后来十五大写上一句:"劳动者的劳动联合和劳动者的资本联合是一种新型的集体经济",这个争论就解决了。现实证明,华为发展非常好,现在专利有39000多件,去年实现销售收入215亿美元,占了全球通讯市场份额的20%,是全球第二大移动通讯设备的供应商,成为知识产权自主品牌的创新型企业,跨入了世界500强。我国现在有好几个企业进了世界500强,都是大型国有企业,国家大量投入,而国家没给华为投入1分钱,它却进入世界500强,并且解决了七万多人的就业。这是搞资本主义吗?这恰恰说明它的生命力。我昨天晚上看了《汕头日报》,报道了汕头的奥飞动漫文化股份有限公司,很受启发。它把传统的玩具业与动漫产业结合起来,改造和提升了传统产业,抓住了机遇,在国际金融危机冲击,我国出口大幅度下滑的背景下,奥飞动漫却得到了长足的发展。去年实现20亿工业产值,比前年翻了一番。像这样的企业很有生命力。

我一直主张"三创"精神——创业、创新、创牌。创业是基础,创新是关键,创牌是目标。企业都有了"三创"精神才能迅速成长起来的。像奥飞动漫这样的企业发展更快,它有发展的内在动力、内生动力。我来之前参加了中国高层发展论坛,李克强副总理作了重要讲话,世界银行、国际货币基金组织领导作了发言。我听到麦肯锡公司老板的发言,他认为创新来源于创业者和中小企业,必须为创业者和中小企业的发展提供良好的环境,建议放松对中小企业的管制。他说在新加坡注册一个公司需要5天时间,在我国武汉需要36天。在韩国45%的商业贷款用于中小企业,而中国仅有22%。说明我们在发展中小企业,鼓励老百姓创业创新上需要政府政策支持。我想汕头已经有很好的基础了,中小企业已经成长起来了,怎么样做大做强?需要进一步突破。

第五,在节能减排、发展低碳经济方面取得重大突破。低碳经济是我国经济发展的必由之路。发展低碳经济是转变经济发展方式、调整经济结构的重要途径,已经成为世界各国推进复苏和应对气候变化的基本共识。中国作为一个负责任的大国,正式对外宣布,控制温室气体排放的目标,到2020年单位国民生产总值二氧化碳排放量比 2005 年下降 40%—45% 。中央专门在中央党校开了会议,主要领导同志都作了重要讲话,各省、市,各部门的一、二把手都参加这个会议,讨论怎么转变经济发展方式,调整经济结构的问题。这一定要有实实在在的措施,一定把它纳入国民经济和社会发展的中长期规划。我认为,这是一个倒逼机制。利用这个倒逼机制加快改革开放、加快发展,必须进行全方位的改革。这不仅涉及经济、社会、政治、文化领域,而且涉及人们的思想,消费方式和生活方式,所以政府在发展低碳经济中应加快职能转变,强化公共服务职能,成为发展低碳经济的主要推动者、政策提供者和监督者。不久前广东省委专门召开会议,讨论怎么样落实中央转变经济发展方式调整结构的会议精神,汪洋书记有个比喻很好,他说,主角是企业,政府要做好服务,做好导演而不是主角,导演要提供舞台、灯光、舞美。要把减少排放作为约束性指标加以考核。要改革干部人事制度,建立科学的业绩评估和考核体系。汕头市委、市政府要考虑怎样改革干部考核体系,改变过去以 GDP 论英雄,今后一个是民生,一个是环境,排放节能,应作为干部的主要考核内容,希望汕头在这方面取得重要突破。另外,要通过制度创新和立法。比如说能源法、碳交易、环境制度、低碳产业政策等,促进低碳经济的发展。要理顺政府、市场、企业和社会公众之间的关系,发挥市场在资源配置中的基础性作用。依靠全社会的公众参与来发展低碳经济,建立低碳社会。因此,必须形成全社会的共识,要转变人们的生活方式和消费方式,养成节约一度电、一滴水、一张纸的意识和习惯。

第六,在实现公平正义上取得重大突破。温总理在 3 月 14 日"两会"的记者招待会上说,"社会公平正义是社会稳定的基础。公平正义比太阳还要有光辉。我们要继续推进经济体制改革、政治体制改革以及其他方面的改革,根本目的是要促进生产力的发展,要实现社会的公平正义。"总理的讲话引起国内外的强烈反应。我们在推进科学发展、建设和谐社会中,多次提出社会的公平正义。党的十六届五中全会提出,"要按照构建民主政治、公平正义、诚信友爱、充满活力、安全有序、人与自然和谐相处的社会主义和谐社会的要求,正确处理新形势下人民内部矛盾,认真解决人民群众最关心、最直接、最现实的利益问题。"胡锦涛同志也说过,公平正义就是社会各方面利益关系得到妥善地协调,人民内部矛盾和其他社会矛盾得到正确地处理,社会公平正义得到切实地维护和实现。我们考察一下历史,古希腊的思想家亚里士多德,把公平正义分为分配的公平正义和校正的公平正义。分配的公平正义就涉及财产、荣誉、权力等有价值的东西,对相同的人给予相同的对待,就是公平正义。校正的公平正义涉及被侵害者的财产、荣誉和权力的多少,不管谁是伤害者,谁是受害者,使受害者从伤害者哪里得到补偿,这就是公平正义。现在我们为什么要强调这个问题呢? 因为我们出现了收入差距过大,分配不公,影响了社会的稳定。基尼系数已经超过了警戒线,目前已经达到0.46,城乡之间2009年居民收入差距是3.33∶1,最富裕的地区和最穷的地区之间相差2.68倍,行业之间最高和最低的收入相差11倍;在不同群体之间,最高收入和最低收入群体相差23倍,而且这种差距的扩大的趋势,还没有得到有效的抑制。收入差距扩大不仅影响到社会的稳定,而且不可避免地造成需求的萎缩。

怎么样实现公平正义,关键还是要靠改革。一是要实现基本公共服务均等化,以此作为实现公平正义的重要举措。广东省非常重视,要我们中国(海南)改革发展研究院专门搞了课题,并举行了研讨会,讨论怎样实现基本公共服务均等化。中国要实现公平正义的发展,要实现基本公共服务均等化,这是维护社会公平正义、建设和谐社会的重大决策。消除发展过程中出现的城乡差距、地区差距和贫困差距,使全社会成员共享改革发展的成果。二是要搞好初次分配和再分配,这是实现公平正义的重要环节。党的十七大报告提出,初次分配和再分配都要处理好效率和公平的关系,再分配要更加注重公平。要调整初次分配的结构,规范初次分配的秩序,提高居民收入在国民收入分配中的比重,提高劳动报酬在初次分配中的比重。中央已经重视这个问题,正在采取措施,逐步实现。再分配要更加注重公平正义,建设和谐社会是一个公平正义的社会。再分配要重点关注困难群体,着力解决困难群体的困难,为困难群体提供基本的社会保障。再分配要处理好公平效率之间的关系,正确处理政府与市场的关系,调动两个积极性,一个是市场的积极性,以效率为基础;一个是政府的积极性,以公平为基础。市场要讲究效率,也要强调公平竞争;政府要强调公平,也要提高效率。一个有效地更好地创造财富,一个更好地实现公平,使两者互相促进,使公平和效率有机地结合起来。三是要加快建立公平正义的体制基础,包括经济体制、社会体制、分配体制和政治体制等方面的基础。

深化改革　推动发展方式转变[*]

（2010 年 10 月 30 日）

刚刚闭幕的中共十七届五中全会提出，要坚持科学发展，更加注重以人为本，更加注重全面协调可持续发展，更加注重统筹兼顾，更加注重保障和改善民生，促进社会公平正义；要把加快转变经济发展方式贯穿于经济社会发展全过程和各领域，坚持在发展中促转变、在转变中谋发展，坚持把保障和改善民生作为加快转变经济发展方式的根本出发点和落脚点，坚持把改革开放作为加快转变经济发展方式的强大动力。这为我国以加快转变经济发展方式为主线的"十二五"改革指明了方向。

借此机会，我以"深化改革推动发展方式转变"为题，谈谈对"十二五"改革与发展方式转变的一些思考，与大家共同探讨。

一、我国经济发展方式转变长期滞后有深刻的体制机制原因

早在 1995 年，中央就提出要转变经济增长方式。15 年来的努力，虽然取得了一定进展，但我国经济发展方式仍然是粗放的。我认为有以下主要原因：

第一，从资源配置来看，生产要素市场还不健全，市场机制难以充分发挥作用。最突出的问题是，土地、能源资源、资本等要素市场发育滞后，生产要素价格形成仍然受到过多的行政干预。比如，土地是最重要的生产要素之一，在目前的政绩考核制度和征地制度下，土地成为地方政府的主要收入来源和招商引资手段，一届政府往往批出去几十年的土地，使我国这样一个土地资源稀缺的国家却大量存在土地利用效率低和浪费问题。大量资源、资本等要素掌握在政府手里，在 GDP 政绩观下，不计经济、社会和生态成本的规模扩张以做

＊　这是高尚全同志 2010 年 10 月 30 日在中国"十二五"改革国际论坛上的致辞。

大 GDP,成为长期难以遏制的趋势。

第二,从市场主体来看,不少地方政府过多地直接干预经济活动,有的直接成为市场投资主体。由于历史原因,地方政府承担了过多的经济建设职能,政府投资决策机制不规范、投资责任追究制度不健全,决策者不对投资决策的结果负责。在偏重于经济增长速度的政绩考核制度下,不少地方政府官员忙于招商引资上项目,由于任期较短,投资往往集中在短期见效的项目上,有的甚至不惜引入严重污染环境的项目,而真正需要政府关注的教育、医疗、就业、社保、农业等领域却投入不足,投资结构扭曲和产业结构、城乡结构、区域结构、收入分配结构、经济社会发展等多方面的失衡。

第三,从财税体制来看,目前的制度安排不利于节约资源、实现集约发展。在现行财税体制下,出于增加本地财政收入的考虑,有的地方政府容忍高耗能、高污染产业发展。比如,我国钢铁生产能力严重过剩,但淘汰落后生产能力的难度和阻力很大,因为这会影响地方政府的政绩和税收。另外,资源税费不合理,导致企业缺乏节约资源、集约发展的动力。

二、"十二五"应以发展方式转变为主线加快推进重点领域改革

"十二五"应以加快经济发展方式转变作为改革的主线,着力推进以下重点领域的改革。

第一,加快以完善生产要素市场为重点的市场化改革。应进一步深化市场取向的经济体制改革,尽快形成反映资源要素稀缺程度的价格形成机制、公平竞争的市场秩序,充分发挥市场在资源配置中的基础性作用。要遏制资源和要素过度需求引发的外延扩张式增长,最有效的办法就是改变定价机制,完善资本、土地、自然资源等生产要素市场,由市场决定稀缺生产要素的价格,完善有利于经济发展方式转变的财税体制、政策体系和制度性安排,调控资源的供给和需求。

第二,加快以政府转型为目标的行政体制改革。从改革历程看,政府职能转变是经济发展方式转变的关键。应通过加快政府职能转变和和深化投资体制改革,消除地方政府投资扩张的冲动,增强其社会管理和公共服务功能。地方官员的行为更趋向于追求任期内的政绩特别是经济增长指标,很少考虑下一届政府的事情,因而难以从根本上解决投资率过高问题。解决这些问题,只

能通过进一步深化行政体制改革,积极推进政府从经济建设型政府向公共服务型政府转变,强化政府的社会管理和公共服务职能,创造有利于经济发展方式转变的行政体制和制度环境。

第三,加快以满足社会公共需求为导向的社会体制改革。保障和改善民生是发展经济的最终目的,也是加快经济发展方式转变的重要内容。经过30多年的改革发展,我国已从私人产品短缺时代进入公共产品短缺时代。"十二五"时期,社会体制改革应着眼于实现基本公共服务均等化、扩大国内消费需求特别是居民消费需求,增强消费对经济增长的拉动作用。根据扩大内需的迫切要求,加快收入分配制度改革,努力扩大就业,鼓励全民创业,增强居民、特别是低收入群众的消费能力;更要通过城乡基本公共服务均等化启动农村市场。

第四,加快以发展低碳经济为目标的相关领域改革。发展低碳经济是转变经济发展方式、调整经济结构的重要途径,已成为各国在后危机时期推进经济复苏、应对气候变化普遍采取的重要手段。我国作为一个负责任的大国,积极推动节能减排,并承诺到2020年单位国内生产总值二氧化碳排放比2005年下降40%—45%。我们要利用这个倒逼机制,进一步深化资源能源价格、金融和财税等相关领域的改革,走低碳发展之路。

三、重构改革协调机制、营造改革环境是"十二五"推进改革的重要条件

"十二五"推进以转变发展方式为主线的全方位改革,涉及许多重大利益关系的调整,难度加大,任务艰巨,需要进一步凝聚改革共识、把握改革时机、营造改革环境、完善改革协调机制。

第一,加强改革的综合协调。加强对改革的独立、客观研究,加强改革决策机制建设,抓住改革机遇,在改革决策上当机立断,强化改革协调,建立高层次的改革组织领导和协调机制,对经济、政治、社会、文化和行政体制改革实施全面统一领导。

第二,充分尊重和鼓励地方的改革首创精神。要充分调动地方改革积极性,积极推进综合改革试点。"十二五"要把充分发挥综合改革试验区的作用作为推进结构性改革的重要途径,及时总结推广地方改革经验。

第三,加强改革立法,把改革纳入制度化、法治化轨道。"十二五"推进改革,要用法律形式将改革目标上升为国家意志,明确界定改革主体、改革对象、改革责任,强化改革目标的约束性,使改革目标成为法定责任。重大的改革,应先立法后改革,以法律手段来使改革从经验型改革过渡到理性、规范有序的阶段。

第四,建立改革进程的评估机制。一是建立完善的改革评估指标体系。改革评估指标应包括经济体制、社会体制、行政体制等方面改革的进展。二是建立改革的反馈机制。对改革过程中暴露的矛盾和问题,充分听取各方面意见,组织专家评估。三是建立多元参与的评估体系,将社会评估组织和专家等纳入评估主体范围,充分发挥和整合不同评估主体的优势,形成相互联系又相互制约的多元参与的评价体系。

第五,营造有利于改革的社会环境。"十二五"改革需要良好的社会氛围。加强改革的舆论宣传,及时向公众解答改革进程中的疑惑,加强对改革的正面引导;让各项改革涉及的利益相关者了解改革、理解改革,让多数人在不断分享改革成果的同时,参与改革,支持改革。

统筹城乡发展是我国城市化的重要战略

（2010 年 12 月 19 日）

改革开放以来，我国城市化迅速发展，城乡之间的壁垒逐渐松动并被打破，特别是乡镇企业的突起，使得中国的城市化呈现出以小城镇迅速扩张、人口就地城市化为主的特点。在这种经济高速增长而城乡户籍分隔的背景下，统筹城乡发展就必然成为我国政府的最佳城市化战略政策。统筹城乡发展是科学发展观五个统筹中的一项内容，就是要更加注重农村的发展，解决好"三农"问题，坚决贯彻工业反哺农业、城市支持农村的方针，逐步改变城乡二元经济结构，逐步缩小城乡发展差距，实现农村经济社会全面发展，实行以城带乡、以工促农、城乡互动、协调发展，实现农业和农村经济的可持续发展。

统筹城乡发展是我国城市化的重要战略思想，而它也有着固有的时代背景与战略意义。

一、从目前我国经济发展的阶段看，已具备统筹城乡发展的现实条件

城乡关系一般是与工业化进程密切相关的。工业化通常经过三个阶段：即依靠农业积累建立工业化基础的初期阶段、工农业协调发展的中期阶段、以及工业支持农业发展的实现阶段。工业化进入中期阶段后，国民经济的主导产业由农业转变为非农产业，经济增长的动力机制主要来自非农产业，不再需要从农业吸纳资本等要素。农业应获得与工业平等发展的机会与权利，并逐步成为接受"补助"、"补偿"的部门。这个阶段就是二元经济结构向一元经济结构转换过渡，工农、城乡关系开始由城乡分割走向城乡协调发展的关键阶段。有关统计指标显示，目前我国已进入工业化中期阶段。未来 20 年，如果发展战略和政策选择得当，工业化和城镇化的快速发展将为解决中国"三农"问题提供难得的机遇；如果继续将农民排斥在工业化和城镇化进程之外，中国

经济的结构性矛盾将更加突出化和尖锐化,也会使解决"三农"问题的难度陡然增大。因此,在这一关键时期,党中央、国务院提出统筹城乡发展,既与这一阶段我国城乡关系的基本特征相适应,又具有重要的战略意义。

二、从我国解决"三农"问题的思路看,必须统筹城乡经济社会发展

长期以来,我国政府一直重视"三农"问题,党的十一届三中全会就提出了我们党对待农民的基本准则:要在经济上保障农民的物质利益,要在政治上尊重农民的民主权利。改革以来各级政府致力于农村改革和社会发展,但目前中国城乡差距仍过分悬殊和不断扩大,"三农"问题依然是制约中国全面建设小康、实现现代化的难题。主要原因是,过去解决"三农"问题的思路更多地注重于在农村内部考虑农业、农村和农民问题。这种思路的根本缺陷是割裂了农业、农村、农民问题与社会其他单元的有机关联,把"三农"问题作为一个孤立的系统单独加以研究,因而实现不了农业与工业、农村与城市、农民与市民之间的良性转换与互动。"三农"问题表面上看是农村问题,实际上这一问题的解决,不能单靠农村自身,必须在城市与农村的互动中逐步解决,可以说没有城市的积极参与和支持,农民的小康难以顺利实现。只有按照党的十六大提出的统筹城乡发展的战略思路,创新城乡发展战略,才能有效解决"三农问题",加速全面小康社会的建设步伐。因此,党中央、国务院提出要用统筹城乡发展的思路和战略解决中国的农业、农村和农民问题,就是要在发展战略、经济体制、政策措施和工作机制上有一个大的转变:跳出"就三农论三农,就三农抓三农"、"以农言农"的传统思路,统筹考虑工业和农业、城市和农村,通过城乡资源共享、人力互助、市场互动、产业互补,通过城市带动农村、工业带动农业,建立城乡互动、良性循环、共同发展的一体化体制。统筹城乡发展是解决我国"三农"问题的总体思路和战略选择,是加快我国农村全面建设小康社会步伐的重大战略举措,更是我国城市化的国家战略。

统筹城乡经济社会发展,是相对于城乡分割的"二元经济社会结构"而言的,它要求把农村经济与社会发展纳入整个国民经济与社会发展全局之中进行通盘筹划,综合考虑,以城乡经济社会一体化发展为最终目标,统筹城乡物质文明、政治文明、精神文明和生态环境建设,统筹解决城市和农村经济社会发展中出现的各种问题,打破城乡界线,优化资源配置,把解决好"三农"问题

放在优先位置,更多地关注农村,关心农民,支持农业,实现城乡共同繁荣。统筹城乡经济社会发展的实质是给城乡居民平等的发展机会,通过城乡布局规划、政策调整、国民收入分配等手段,促进城乡各种资源要素的合理流动和优化配置,不断增强城市对农村的带动作用和农村对城市的促进作用,缩小城乡差距、工农差距和地区差距,使城乡经济社会实现均衡、持续、协调发展,促进城乡分割的传统"二元经济社会结构"向城乡一体化的现代"一元经济社会结构"转变。统筹城乡发展,需要观念、机制和体制的诸多变革,是一个长期、艰巨而又复杂的系统工程。其基本思路和战略目标,就是要通过积极促进城乡产业结构调整、人力资源配置和金融资源配置的优化、经济社会协调发展等,既充分发挥城市对农村的带动作用,又充分发挥农村对城市的促进作用,逐步形成以市场机制为基础、城乡之间全方位自主自由交流与平等互利合作、有利于改变城乡二元经济结构的体制和机制,实现工业与农业、城市与农村发展良性互动,通过文化、人员、信息交流,经济、教育与科技合作,把城市现代文明输入农村,从而加快城乡一体化发展,加快"三农"问题的解决,推动我国全面建设小康社会的历史进程。

在如何通过统筹城乡发展,解决好"三农"问题上,目前从上到下已形成共识,达成了明确的战略思路:那就是把"三农"问题放在全面建设小康社会和实现工业化与城市化的战略布局中统筹考虑,通过工业化、城市化与"三农"的充分互动加以解决。"城里人"要关心"乡下人",城市要帮扶农村,工业要反哺农业,应当是统筹城乡经济社会发展的题中应有之义。无论从我国的产业结构、城乡结构、就业结构来分析,我们都不难得出结论,新阶段农业的问题需要工业参与解决,农村的问题需要城市参与解决,农民问题很大程度上要靠劳动力转移来解决。

统筹城乡发展的内涵不仅指经济范畴,它应该包括城乡经济与社会发展中的物质文明、政治文明和精神文明建设三个方面都要实现城乡统筹。在经济上应把农民致富与转移农民、减少农民结合起来,藏富于民,实现农民"有其利";在政治上应把善待农民与尊重农民、组织农民结合起来,给农民国民待遇,让农民当家作主,实现农民"有其权";在思想文化上应把教育农民与转变农民观念、提高农民素质结合起来,弘扬勤劳、善良、讲修养的传统美德,增强民主、科学、讲公德的现代文明意识,实现农民"有其教"。具体说来:

一是统筹城乡规划建设。即改变目前城乡规划分割、建设分治的状况,把城乡经济社会发展统一纳入政府宏观规划,协调城乡发展,促进城乡联动,实现共同繁荣。主要包括:统筹城乡产业发展规划,科学确定产业发展布局;统筹城乡用地规划,合理布局建设、住宅、农业与生态用地;统筹城乡基础设施建设规划,构建完善的基础设施网络体系。

二是统筹城乡产业发展。以工业化支撑城市化,以城市化提升工业化,加快工业化和城市化进程,促进农村劳动力向二、三产业转移,农村人口向城镇集聚。

三是统筹城乡管理制度。突破城乡二元经济社会结构,纠正体制上和政策上的城市偏向,消除计划经济体制的残留影响,保护农民利益,建立城乡一体的劳动力就业制度、户籍管理制度、教育制度、土地征用制度、社会保障制度等,给农村居民平等的发展机会、完整的财产权利和自由的发展空间,遵循市场经济规律和社会发展规律,促进城乡要素自由流动和资源优化配置。

四是统筹城乡收入分配。根据经济社会发展阶段的变化,调整国民收入分配结构,改变国民收入分配中的城市偏向,进一步完善农村税费改革,加大对"三农"的财政支持力度,加快农村公益事业建设,建立城乡一体的财政支出体制,将农村交通、环保、生态等公益性基础设施建设都列入政府财政支出范围。

综上所述,加速地区内城乡之间的共同富裕,实现区域之间城市发展的平衡,统筹城乡发展,实现国家整体的共同富裕,是长期的艰巨任务,是我们真正加快城市化进程的根本举措,也是我国城市化的重要战略。

在新的起点上紧紧抓住战略机遇*

（2011 年 3 月 9 日）

国家批准在吉林省实施长吉图开放开发先导区，这一种重大战略举措给吉林省的发展带来了具有全局意义的重大发展机遇。结合吉林省的具体情况来说，在继续贯彻落实长吉图开放开发先导区战略的过程中，我想就吉林如何在新的起点上紧紧抓住战略机遇讲几点看法。

一是在开放上更加注重国际性。国家批准的长吉图开放开发先导区战略，首先是一个开放战略，是针对吉林省在东北亚的战略地位提出来的。吉林省与东北亚地区已经形成了发展国际合作的工作基础，在资源上有许多互补性，在面向东北亚开放上具有吉林特有的优势。进入新的发展阶段，需要把吉林省对外开放向广度和深度上推进，提升对外开放的运作能力和水平。不仅依托吉林省的资源对接，也要依靠东北乃至全国的资源对接国际。不仅面向东北亚，也要面向全世界。不仅引进来，也要走出去。不断提升吉林省在东北亚和全世界的国际影响力，不断提升对国际资源的吸引力，不断提升本省资源与国际资源的融合力。与扩大对外开放升级相适应，吉林省的投资环境建设，投资项目策划，政府的服务功能，以及相关措施的改进，都应着眼于上层次、上水平、上能力，精心策划和创造吉林省对外开放的新优势。如在长春建立 APEC 博览会展中心，发展与国际知名财团的联盟，发展与国际组织的合作，利用国家先行先试政策，大胆探索发展国际合作的新领域、新方式、新举措。

二是开发上更加注重先进性。国家实施振兴东北老工业基地战略以来，吉林经济得到了迅速发展，改造老工业基地取得了阶段性进展。东北老工业

＊ 这是高尚全同志 2011 年 3 月 9 日在吉林省领导召开的座谈会上的发言。

基地普遍带有观念滞后、体制改革和产业水平滞后的特征。对老工业基地改造的难度仍不可低估,不可放松。面对实施长吉图开放开发先导区战略的实施,摆在吉林省老工业基地面前最迫切的任务是进一步提升产业水平。因此,很有必要把发展的先进性问题突出出来,引起全省上下的普遍关注,把吉林的发展目光更多的投放到发展先进产业上来,加快提升产业水平。总体上来说,以上水平带动上规模,以上水平来优化产业结构,以上水平来带动经济发展方式的转变。要进一步转变发展理念,牢固树立科学发展观,让科学发展转化为全省发展的实践,推进经济发展切实走上科学发展的轨道。要全力推动国家和省的开放区作为产业开发的先行区,发挥出引领和带动作用。要鼓励扶持企业着力提升产业创新意识和创新能力,充分发挥企业在产业、产品、技术创新上的主体能动作用。要采取相应的政策措施,努力形成促进产业升级的运行机制和氛围。

三是举措上更加注重先导性。国家已经赋予吉林先行先导的政策,吉林一定要用足用活这一重大政策。我认为,国家赋予吉林先导政策是很有针对性的,是完全符合吉林发展的内在要求的。先导就是在普遍政策的基础上实行政策对策的再创新。那么,就需要吉林省进一步解放思想、开阔视野,以全局的、国际的、战略的眼光,大胆进行对策和政策的再设计,在先行上大胆突破,大胆实践。比如,在与国际发展交流合作的方式如何改进? 在运作国际资本和资源的对策和方式上如何探索? 对本省经济产权结构调整上如何迈开新的更大步伐? 在经济组织和运行方式上如何重新构建? 在经济发展与社会发展相互协调相互促进上如何选择更加有效地方式方法,在城乡统筹上如何采取更有效的措施? 在发展先导性产业、发展循环经济上如何创新等等一系列重大发展问题都需要先导效应的充分发挥。

四是改革上更加注重解放思想。国家赋予吉林的先导区的重大政策,是吉林振兴难得的重大发展机遇,机不可失,必须思想先行,抓紧落实。在全省工作的总体布局上,应把长吉图开放开发先导区建设放在战略全局的地位上来,并以此来带动全省的发展。要在前一段工作的基础上,在全省进一步解放思想,增强长吉图先导战略意识。中国 30 多年改革开放发展的实践证明,哪个地区先改革,先开放,哪个地区就得到先发展,深圳的发展就是一个强有力的例证。过去我们中西部地区特别看重沿海地区的先行改革开放政策,看重特殊政策带来的先发效应。我国区域发展的不平衡性将是长期的,谁先行,谁就可能获得发展先机。我希望吉林省充分利用先行先试的特殊政策,增强发展的机遇意识,胆子更大一些,步子更大一些,行动更快一些,我完全相信,再实施先行先试先导的重大政策指引下,吉林省一定会得到更好更快的发展。

改革的方向与目的

推进基本公共服务均等化
促进人的全面发展[*]

（2008 年 2 月 23 日）

经过 30 年的改革开放,中国的发展取得了举世瞩目的成绩:解决了 13 亿人的温饱问题,创造了世界反贫困史上的奇迹,我国已经基本走过生存型社会发展阶段,开始向发展型社会阶段跨越。站在中国改革发展新的历史起点上,人们可以清楚地观察到发展问题的阶段性变化。与改革之初相比,生存性问题的压力在减弱,发展性问题的压力在增强。改革开放 30 年来,我国通过市场化改革,比较成功地解决了基本生活资料短缺的问题。但是,全社会全面快速增长的基本公共需求与基本公共产品短缺、公共服务不到位之间的矛盾逐渐凸显,成为新阶段中国发展面临的新矛盾、新课题。因此,提高政府的公共服务能力,为全体社会成员提供基本而有保障的公共产品和公共服务,已成为促进新阶段中国发展的重要任务。作为会议主办机构,中改院一直很重视公共服务体制研究。从 2003 年至今,已主办 5 次与公共服务体制建设相关的国际研讨会,每一次论坛都取得了很好的社会反响,所产生的研究成果对推进政府转型、建立公共服务体制、实现基本公共服务均等化等都产生了积极影响。此次研讨会在十一届全国人大即将召开之际,以"惠及 13 亿人的基本公共服务"为主题,对中国基本公共服务均等化的现实需求与目标、新时期基本公共服务制度的建立与完善、基本公共服务均等化与政府责任、基本公共服务均等化的财税体制改革等重大议题进一步深入讨论,不仅非常重要,而且也相当及时。

---

   * 这是高尚全同志 2008 年 2 月 23 日在"惠及 13 亿人的基本公共服务"国际研讨会上的致辞。

下面,我就"推进基本公共服务均等化,实现人的全面发展",谈几点看法:

一、为广大社会成员提供有效的基本公共服务是实现人的全面发展的重要任务

新阶段中国发展的实质是人的全面发展。我国政府提出的科学发展观,第一要义是发展,核心是以人为本,基本要求是全面协调、可持续,根本方法是统筹兼顾。贯彻落实科学发展观,重要的任务在于为广大社会成员提供有效的义务教育、基本医疗和公共卫生、公共就业服务、基本社会保障等基本公共服务,使经济发展的成果充分体现为人的全面发展;通过促进人的全面发展为中国经济发展方式转变和经济社会的可持续发展积累日益强大的人力资本。

二、逐步实现基本公共服务均等化是实现公平发展的重要举措

新阶段中国发展的重要目标是实现公平的发展。我国政府提出的"逐步实现基本公共服务均等化"是维护社会公平正义、建设和谐社会的重大决策。随着经济社会的不断发展,我国将会创造不断完善的政策和体制环境,以基本公共服务均等化为重点,努力消除发展进程中出现的城乡差距、地区差距和贫富差距,使全体社会成员能够共享改革发展的成果。

三、加快建立公共服务体制的关键在于政府转型

从我国的国情出发,公共服务体制的建设主体是政府。在公共服务体制中,政府发挥着关键性的作用,这与其公共职能的定位高度相关。各级政府如果不能充分体现民意,顺利进行职能转变,则公共服务体制很难建立和完善,为公众服务的积极性很可能为机构的私利所左右。建设服务型政府,不仅包括政府自身机构和职能的演变,而且还涉及或包括政府的行政运行机制、政府功能与市场功能的界定、政府行为的规范乃至行政权力来源与约束等更为丰富、广泛的领域。政府转型客观上要求相关领域的经济、社会、政治和文化体制改革的协调配套推进。

四、推进基本公共服务均等化的当务之急是要进一步完善公共财政制度

我国正式提出建立公共财政基本框架的目标是在1998年底的全国财政工作会议上，但从财政改革与政府改革以及市场化改革的关系来看，实际进程的展开应该可以追溯到市场经济体制确立之初，甚至更早。经过十几年的努力，我国已经初步形成了公共财政的基本框架，规范、公正、透明等市场经济的基本规则得到广泛认同，以人为本、基本公共服务均等化等理念已逐渐融入政府财政关系建设之中。然而，从当前社会普遍反映突出的问题看，特别是从公共服务体系建设方面看，如何进一步完善公共财政仍然是十分重要和紧迫的任务。

中共十七大进一步明确了完善公共财政体系的基本目标，即"围绕推进基本公共服务均等化和主体功能区建设"，并提出了相关改革的基本原则。我认为，推进基本公共服务均等化，首先应进一步调整公共支出结构，加大公共服务支出比重，压缩经营性投资，更多地增加包括教育、医疗、社会保障、城市低收入居民住房补贴等社会公共支出，通过基本公共服务缓解分配差距扩大的趋势，并使社会不同阶层或群体都能分享经济社会发展的成果。其次，完善和规范转移支付制度，逐步加大一般性转移支付的比重，减少专项拨款比重。第三，完善税制，促进社会公平。如完善个人所得税、资源税，以及探索建立赠予税、财产税、遗产税以及社会保障税等税种。第四，加大财政运行的透明度和社会参与度，使财政运行置于广泛的社会监督之下，有效发挥公共职能。

当前，建立基本公共服务体系，逐步实现基本公共服务均等化，已经成为新阶段提高中国发展水平和公平正义程度的现实需求。在我看来，在这样一个大背景下，此次论坛深入探讨基本公共服务均等化等问题，无论是对构建社会主义和谐社会，还是进一步推进我国改革发展的进程，都非常有意义。

中国老龄化社会及其保障

（2008 年 4 月 1 日）

一、中国老龄化的现状与发展成就

中国城乡老年人基本状况发生了一定程度的变化，到 2006 年底，全国 60 岁及以上的老年人口 1.49 亿，占总人口的比例达 11.3%；全社会的老年抚养系数为 16.4%；80 岁及以上的高龄人口为 1619 万，占老年总人口的 10.7%，年龄结构的高龄化趋势越来越明显。

改革开放以来，老年人基本生活状况也有了比较明显的改善与提高，养老保障和收入水平提高，基本生活有保障。领取退休金（养老金）的比率，城市为 78.0%，农村为 4.8%；城市和农村老年人享受各类医疗保障的比例分别达到 74.1% 和 44.7%；老年社会福利和社会救助不断发展，居住和生活环境不断改善，社会参与水平逐步上升，基本做到了老有所养。

二、老龄化面临的挑战及问题

中国 60 岁及以上老年人口规模庞大，占全球老年人口的 21.4%，居世界首位，约相当于整个欧洲 60 岁及以上老年人口的总和，且老龄化增长速度快，年均增长率高达 3.2%，接近总人口增长速度的 5 倍。根据预测，2010 年老年人口将达 1.74 亿，占总人口的 12.8%，2020 年进一步增至 2.48 亿，占 17.2%，呈加速增长之势。老年人口数量剧增必然要对养老保障制度和为老服务体系的建设提出新的更高的要求，经济和社会发展将面临前所未有的压力。

全社会的养老和医疗保障制度不完善，老年人的基本生活权益亟须作出妥善的制度安排。中国的养老保障制度目前还处于建立过程中，不仅覆盖面窄,而且保险金额较低,2006 年国家基本养老账户规模为 4800 亿元,商业养老保险积累的养老保险为 2000 多亿元,两者合计不超过 7000 亿元,占同年 GDP 比重仅为 3.2%,特别是广大农村基本上还被排除在制度保障的范围之外;医疗保障方面,城市老年人的医疗保障离全覆盖尚有较大差距,而农村则不足一半,建立切实保障全社会老年人的医疗保障制度还任重道远;社会为老服务体系也尚未真正建立,老年人的心理问题和精神需求需要难以得到及时解决,老年人的长期专业护理和社区照料服务难以得到满足,建立包括生活照料、文化娱乐、健康护理和精神慰籍在内的全方位的社会化养老服务体系迫在眉睫。

三、应对老龄化社会的建议

1. 努力构建城乡兼顾、全方位的养老服务体系。要坚决贯彻党的十七大精神,"缩小区域发展差距,必须注重实现基本公共服务均等化",加快推行公共财政政策,加大政府对老龄事业特别是农村和边远地区老龄事业的投入,按照社会福利社会化、城乡一体化的发展思路,加快城乡老年院舍及专业护理机构、社区养老服务机构和为老服务网点、文化娱乐场所、健身场所及路径等设施的建设,为满足老年人的多种服务需求奠定坚实的物质基础。

2. 加快建立和完善多层次的养老社会保障体系。要按照党的十七大的要求,建设"以社会保险、社会救助、社会福利为基础,以基本养老、基本医疗、最低生活保障制度为重点,以慈善事业、商业保险为补充"的社会保障体系。重新调整政府、市场、个人三者之间的权利和义务,把选择权交给市场,通过市场的效率来弥补政府的不足和失灵。当前要着力解决老年人最迫切、最需要解决的"养"和"医"的问题,把城乡养老保险、最低生活保障和城市医疗保险、农村新型合作医疗制度以及城乡贫困老年人的医疗救助、生活救助制度真正建立健全起来。在此基础上,再逐步发展和完善遗嘱保险、护理保险、以房养老等新的保证措施,使城乡老年人都能尽快做到最基本的老有所养,病有所医。

3. 建立多元化筹资体系,为社会保障制度健康运行提供财力保证。通过开征和加强社会保险税征管,使之成为筹集社会保障资金的主渠道。调整财政支出结构,将目前社会保障支出占财政支出的比重由 12% 逐步提高到 15%—20%;建立社会保障预算,提高社会保障支出占财政支出比重,使社会保障收支活动受到严格的预算监督,确保基金的安全。还可以考虑出售部分国有资产或将国有资产部分经营收益,用于充实社会保障资金,尤其充实养老保险基金。

基本公共服务均等化是促进
社会公平正义的关键[*]

（2008 年 5 月 8 日）

一、广东率先研讨制定全省基本公共服务均等化的战略规划，是深入贯彻落实科学发展观的重大举措

科学发展观是针对我国现阶段经济、社会发展中存在的突出问题和矛盾，立足我国现阶段的基本国情，总结我国改革发展的实践，借鉴国外发展经验，为适应新阶段的发展要求提出来的。胡锦涛同志多次强调，科学发展观的核心是以人为本。他三年前在青海考察工作时指出："坚持发展为了人民、发展依靠人民、发展成果由人民共享，切实解决人民群众最关心、最直接、最现实的利益问题，千方百计为困难群众多办好事实事，进一步凝聚起广大人民群众的力量，共同为全面建设小康社会而努力奋斗。"我对这个讲话有三点理解：第一，科学发展的目的是满足人民的多方面需求，保障人的各项权益，促进人的全面发展；第二，发展的主体是人，强调人的广泛参与和主体地位，发挥人的首创精神；第三，发展成果要落实到改善民生上，让全体社会成员共享改革发展成果。

义务教育、公共卫生和基本医疗、基本社会保障和公共就业等基本公共服务，是现代社会人的全面发展必不可少的经济社会条件。实现基本公共服务均等化，就是要保障全体社会成员公平享有与经济社会发展水平相适应的受教育权、健康权、社会保障权、就业权等公民的基本权利，促进全体社会成员的

---

* 这是高尚全同志 2008 年 5 月 8 日在广东省基本公共服务研讨会上的发言。

全面发展。所以,实现基本公共服务均等化,是贯彻落实以人为本科学发展观的核心目标;研讨制定基本公共服务均等化的战略规划,是深入贯彻落实科学发展观的重大举措。广东率先研讨制定全省基本公共服务均等化战略规划,站在了深入贯彻落实科学发展观的前沿阵地,再次地肩负起了以基本公共服务均等化为目标的改革发展重大措施先行先试的历史使命。

二、基本公共服务均等化是和谐社会、全面小康社会和新农村建设的重要路径选择

在努力建设社会主义和谐社会的进程中,我国面临的重大挑战在于地区间和城乡间发展不平衡、不同社会群体之间的收入差距偏大、资源环境约束增加、内外需失衡、投资消费结构不合理等问题。而这些问题又都与我国当前存在的两对突出矛盾密切相关:一是居民日益增长的公共服务需求与公共服务总体供给不足、质量不高之间的矛盾;二是市场经济体制逐步建立完善对政府职能的新要求与政府职能转变缓慢之间的矛盾。地区之间、城乡之间、不同社会群体之间,在享受基础教育、公共卫生和基本医疗、基本社会保障、公共就业等基本公共服务方面的差距逐步拉大,制约着不同地区之间和城乡之间经济社会的协调发展,影响着社会公平正义、社会的和谐安定和全面小康社会的建设进程。所以,强化政府的公共服务职责,加快实现基本公共服务均等化,是促进社会公平正义的关键,也是建设社会主义和谐社会的重要路径。

我国已经进入统筹城乡发展的新阶段。统筹城乡发展,就是要把农业和农村经济放到整个国民经济发展全局中统筹部署,把农村社会事业放到全面建设小康社会进程中统筹安排,充分发挥城市对农村的带动作用,建立和完善"工业反哺农业、城市支持农村"制度、体制和机制,使城乡居民共享改革发展的成果。但是,由于长期存在的城乡二元社会体制和城乡二元公共服务制度,农村公共需求全面快速增长与公共服务供给不足之间的矛盾与城镇相比较更加突出。农民要获得义务教育、公共卫生和基本医疗、基本社会保障、公共就业等基本公共服务,缺乏刚性而长效的制度保障和体制保障,导致农民的收入水平、生活质量、健康水平、受教育程度及其由此决定的发展机会和发展能力,与城镇居民相比日趋显著的差距,而且这些差距持续扩大的趋势尚未从根本上扭转。如果广大农村没有基本而有保障的义务教育、公共卫生和基本医疗、

公共就业等基本公共服务,就不可能造就新农村建设客观要求的、接受过良好教育、身心健康、观念新、思维活、懂科技、懂经营、懂管理的新农民,也就很难实现生产发展、生活富裕、村容整洁和乡风文明的新农村建设目标;如果不加快构建以农村基本社会保障为核心的农村社会安全网,就不可能从根本上保障农村社会的公平正义、和谐安康和繁荣稳定。所以,积极推进城乡基本公共服务均等化,是统筹城乡发展的内在要求,更是扎实推进社会主义新农村建设的重要路径。

三、公共服务型政府建设和公共财政体制改革是基本公共服务均等化的基本前提

今年两会期间,温家宝总理在回答凤凰卫视记者提问时指出,如果说真理是思想体系的首要价值,那么公平正义就是社会主义国家制度的首要价值。公平正义就是要尊重每一个人,维护每一个人的合法权益,在自由平等的条件下,为每一个人创造全面发展的机会。如果说发展经济、改善民生是政府的天职,那么推动社会公平正义就是政府的良心。

保障全体社会成员公平分享基本公共服务,是维护社会公平正义的基本途径。作为社会公平正义、和谐和稳定的维护者和促进者,政府必须承担起基本公共服务的最终责任,创新政府的公共服务理念、提高政府的公共服务能力,深化政府自身的改革,建设公共服务型政府,完善基本公共服务均等化的政府体制、制度和机制,这是实现基本公共服务均等化的基本前提。

实现基本公共服务均等化的另一个基本前提是建立以基本公共服务均等化为重要目标的公共财政体制。要建立这样的公共财政体制,必须尽快实现经济建设型财政向公共服务型财政的根本转变,调整财政支出结构,把更多财政资金投向公共服务领域,加大财政在教育、卫生、文化、就业再就业服务、社会保障、生态环境、公共基础设施、社会治安等方面的投入。另一方面,中央财政要把平衡全国不同地区提供基本公共服务需要的财力当成重要目标,省级财政也要把平衡辖区内不同市县提供基本公共服务需要的财力当成自己的重要任务。只有加快财政体制改革,才能使基本公共服务均等化落到实处。

四、广东有条件在加快实现基本公共服务均等化的进程上走在全国前列

中共中央政治局委员、广东省委书记汪洋同志在中改院《简报》中《加快基本公共服务均等化的制度建设（16 条建议）》上批示：基本公共服务均等化是政府的责任，但要根据财力来确定进度、目标范围等，可否制定一个全省（广东）的基本公共服务均等化的规划。贯彻落实这个批示，在全国率先研讨制定基本公共服务均等化的战略规划，将使广东实质性启动实现基本公共服务均等化的体制、制度和机制建设。

广东已经具备率先加快实现基本公共服务均等化进程的很多有利条件。第一，在我国过去 30 年的改革、开放和发展历程中，广东始终是全国改革、开放和发展的尖兵，积累了重大改革、开放和发展举措先行先试的丰富经验。第二，广东省推进基本公共服务均等化具有相对坚实的经济发展基础。1985 年以来，广东省的经济总量已连续 23 年居于全国首位，经济总量超过亚洲"四小龙"中的新加坡、香港和台湾。广东省 2007 年的 GDP 在全国 GDP 中的比重高达 1/8，全省地方财政收入达到 7750 亿元，占全国财政收入 5.13 万亿元的 15%。从 2003 年到 2007 年广东各级财政对民生的投入 5151 亿元，占全省一般预算支出的比重从 2003 年的 43.63% 提高到 2007 年的 50.47%，增加了 6.84 个百分点，促进了民生事业的发展。第三，就全国而言，农村基本公共服务供给中，乡镇财力弱小是主要难题，但广东省恰恰在这个方面具有独特的优势。2007 年广东有 30 个乡镇位列全国百强镇，有些乡镇财政可支配收入近亿元。第四，广东已经有了相对比较完善的城乡基本公共服务体系。20 世纪 90 年代以来，广东省先后颁布了多项促进就业、保障民生的政策措施，逐步形成了比较完善的社会保障体系。2007 年城镇职工基本养老保险、医疗保险、失业保险和工伤保险参保人数分别达到 1849 万人、1886 万人、1241 万人和 1972 万人，均居全国第一；农民工参加医疗保险、工伤保险和失业保险的人数分别达到 973 万人、1252 万人和 428 万人，也居全国第一。第五，广东的体制创新一直走在全国前列，很多全国性的政策、制度，都是在总结广东率先实践的基础上出台的。例如，广东早在 2004 年就出台了"零就业家庭"就业援助办法，在全国发挥了示范作用，去年先后被写进党的十六届六中全会《决定》

和十七大报告。

总之,广东有改革、开放和发展重大举措先行先试的丰富经验,又有比较雄厚的财政实力,正在形成相对比较完善的公共服务体系。通过研讨和制定全省基本公共服务均等化战略规划,加快建立和完善基本公共服务均等化的体制、制度和机制,将为推进全国基本公共服务均等化进程积累经验、发挥示范作用。

发展股权投资基金　提升经济发展水平

(2008 年 8 月 5 日)

　　吉林省作为东北老工业基地之一,近几年来在经济发展和社会进步方面,取得了长足进展。吉林省委、省政府在推动老工业基地振兴的过程中,坚持深化改革的思路,强调不断改革创新的作用,特别是对金融创新非常重视。省里有关领导希望我谈谈与金融创新有关的事情,借此机会我讲讲个人的一些认识和建议。

　　金融是现代经济的核心,无论是在国际竞争中,还是国内区域竞争中,掌握了金融资本的主动权,就能够在现代竞争中具备比较优势。吉林省作为重要的老工业基地,作为重要的农业大省,要保持经济又好又快发展,并有效解决当前经济运行中的突出矛盾和问题,需要大力推进金融创新,提高金融产业对经济发展与社会进步的支撑服务水平。

　　在现代国际金融体系中,不断出现新的金融品种和服务形式,这些金融创新有些并不完全适合我国国情,不能盲目引进效仿;而有些新兴金融产业能有效配置社会资源,积极推动经济发展,被实践证明是成功的创新和正确的方向,需要我们深入学习,结合国情积极推广。股权投资基金就是一种成功的金融创新,代表了近些年国外金融产业主流趋势和方向,在国外经济发展中承担了重要的作用和职能。股权投资基金应该成为我国深化金融体制改革,积极推动金融创新的重要路径。

一、关于股权投资基金

　　股权投资基金是一种权益资本,即为企业提供股权投资的集合投资制度。它的基本特征是"聚合资金、集合投资、组合投资、分散风险、专业管理、放大价值"。西方国家股权投资基金起源可以追溯到 19 世纪末期,发展至今,全球各类股权投资基金已有上万家,资金总额超过 2 万亿美元。

股权投资基金与银行信贷机制存在不同。第一,股权投资基金是一种权益性资本,与企业共担风险共享收益;而银行资金属于借贷性资金,需要企业范本付息。第二,银行贷款讲安全性,回避风险;而股权投资基金却偏好高风险项目,追逐高风险后隐藏的高收益,意在管理风险,驾驭风险。第三,银行贷款关注企业的现状、企业目前的资金周转和偿还能力;而股权投资基金放眼未来的收益和高成长性。第四,银行贷款考核的是实物指标;而股权投资考核的是被投资企业的管理队伍是否具有管理水平和创业精神,考核的是企业未来市场。第五,银行贷款需要抵押、担保,它一般投向成长和成熟阶段的企业,而股权投资不要抵押,不要担保,它根据价值判断安排资金投入到新兴的、有高速成长性的企业和项目。

二、股权投资基金在国内发展迅速

由于股权投资基金更能符合企业的实际需求,随着我国资本市场不断完善,国内股权投资基金实现了快速发展。据统计,2007 年在国内的股权投资机构新募集基金 58 支,共募集资金 54.85 亿美元,与 2006 年相比分别增长了48.7% 和 38.1% ,创历史新高。2007 年,国内股权投资的投资总额达到 32.47亿美元,比 2006 年投资金额高出 82.7% ,涨幅惊人,投资案例数量也由 2006年的 324 个增长到 440 个,增长幅度为 35.8% 。从 2005 年至今,股权投资的投资数量两年时间内均实现翻番,投资总额则增长了 176.8% ,呈现出爆发式增长的态势。

大家都知道,继天津渤海产业基金批准设立后,国务院又批准了山西能源产业基金、上海金融产业基金、四川绵阳产业基金、广东核电产业基金和苏州高新产业基金 5 家试点产业基金。这表明国内大型股权投资基金的政策法规和监管体系不断完善,为更多社会资本进入这个行业奠定了良好基础。在经历了 10 年的探索后,中国股权投资事业进入新历史阶段。我想,在股权投资基金这样一个不断发展的态势面前,吉林省应该抓住机遇,积极参与,不能落后。

三、在吉林发展股权投资基金具有重要意义

1. 有利于聚合社会资本，集中力量办大事。

股权投资基金作为"聚合资金、集合投资"的金融工具，用直接投资方式解决企业和产业发展的资金需求。设立基金，能构建对接我省产业资源的平台和管道，有效聚合省内外赋闲资本参与吉林经济社会建设，汇集金融资本和产业资本集中投入重点产业领域、重点项目和重点企业，形成对产业发展和经济建设巨大合力作用。

2. 有利于做大做强优势特色产业。

基金以股权投资方式参与产业发展，积极投资现代农业产业和装备制造业，重点围绕汽车、合成材料和精细化工、玉米加工转化、液晶—光电子、现代中药产业基地建设投资。通过产融结合的方式，把我省的资源优势、工业基础转化成为产业优势和经济优势，培育一批国际领先、国内一流的特色产业，为经济强省奠定雄厚的产业基础。

3. 有利于培育一批上市公司，分享全国资本市场资源。

发展股权投资基金，形成金融资本纽带作用，与省内的产业地、经济技术开发区、资源聚集区形成互补，加强资源配置功能，延长产业链和提高附加值，提升市场竞争力和抗风险能力，巩固夯实我省特色产业紧集群的地位作用。在参与总体布局的同时，基金重点支持关系未来发展的关键产业项目，重点孵化骨干企业和名牌产品，重点量支持"大公司、大集团"，集中力量培育更多龙头企业成为上市公司，发展壮大资本市场上"吉林军团"，分享全国资本市场支持区域经济发展的资源和价值。

4. 设立基金有利于切实增强自主创新能力。

欧美国家经验表明，股权投资基金是支持高新技术产业发展的最有效工具，美国的"硅谷"和波士顿128号公路产业带等，都受益于股权投资基金培育扶持。设立股权投资基金，能促进科技成果转化机制创新，培育孵化优秀的科技企业，加快具有自主知识产权新产品的转化，用金融资本推动科学技术向生产力转化。设立股权投资基金，优化科技工作者的创业环境，强化企业技术创新和科技投入的主体地位，促进产学研更紧密结合，争取让吉林省在"科技强省"的发展道路上走到国内前列。

四、发展股权投资基金的一些建议

1. 要坚持解放思想

金融创新,首先是思想的创新。主管部门要以继续解放思想,不断创新工作理念和思维方式,用思想解放推动金融创新,推动股权投资基金不断发展。发展股权投资基金,必须坚持开放的视野和心态,善于学习国内外先进的理念和做法;同时又要把先进的经验和本地的具体情况结合起来,做到因地制宜。

2. 要坚持市场化机制

股权投资基金作为现代金融创新的方向,是优化配置市场资源的有效手段。发展股权投资基金,要坚持"政府支持、市场化运作"的机制,让市场本身发挥更大作用,让新的金融品种、新的运行机制在市场中不断成长成熟。我想说的是,在推动金融创新、发展股权投资基金过程中,要尽量避免走过去政府主办国有投资公司的老路子。

3. 要依托专业机构运作

股权投资基金是一个专业性很强的金融行业,不同于我们传统的投资模式。发展股权投资基金,尽量依靠专业机构来运作,发挥他们的专业人才优势、专业技术优势和专业经验优势。过去我们比较重视国外的专业机构,现在国内也已经成长起来一批优秀的专业机构。更多地依靠国内专业机构,能够确保我们在探索股权投资基金的发展中,少交学费,少走弯路。

4. 要制定相应优惠政策

现在全国各地都在为发展股权投资基金做工作,出台很多优惠政策。我省要实现这一金融创新的快速发展,也需要考虑创造良好的商业环境,针对投资人税收、专业人才待遇等方面,出台一些必要的优惠政策,增强对专业机构、专业人才的凝聚力,增强对省内外投资者的吸引力。

人民本位论:中国特色社会主义的基本理念

(2008 年 8 月 18 日)

　　1978 年,我们党召开具有重大历史意义的十一届三中全会,开启了改革开放历史新时期。中国的改革开放是一场前无古人的伟大革命,是决定当代中国命运的关键抉择。在坚持社会主义基本制度的前提下,立足基本国情,遵循市场经济的一般规律,借鉴历史的和国外的有益经验,不断对经济基础和上层建筑进行调整和完善,不断探索社会主义和市场经济相结合的有效途径和方式,我们走出了一条有中国特色的改革道路。

　　改革开放 30 年来,我国积累了许多宝贵的经验,其中比较突出的包括:坚持解放思想,不断推进理论创新;坚持社会主义与市场经济有机结合;坚持以人为本,协调好各方面的利益关系;坚持统筹兼顾,协调推进各项改革;坚持先行试点,先易后难渐进推进;以及正确处理好改革、发展和稳定的关系等。但我认为我国 30 年改革开放的最宝贵的经验,集中到一点就是以人为本,以人民的利益为核心,就是一切为了人民,一切依靠人民,一切成果由人民分享。简言之,就是"人民本位论"。中国特色社会主义,就是在中国共产党领导下,从中国国情出发的、与时俱进的、建立在以人民为本位基础之上的社会主义。这是中国特色社会主义的基本理念。

一、"人民本位论"的内涵

　　"本"就是事物的本源或根基。民本思想是中国传统文化中最重要的政治思想遗产。早在春秋时期,《尚书》中就提出了"民惟邦本,本固邦宁"。孟子提出"民为贵,社稷次之,君为轻"后,将民本思想推到了历史的高峰期。"国以民为本,强由民力,财由民出",《三国志·陆逊传》中的这句名言就告诉我们,国家的所有财富都是由老百姓创造出来的。如果没有了人民,一切国计民生都无从谈起。所以，中国历代有作为的执政者和政治家，无不强调重视民本思想。新中国宪法也明确规定："中华人民共和国的一切权力属于人民。"

科学发展观的核心是"以人为本"，把人的发展作为根本，也是发展的实质。也就是说，发展不只是经济社会的发展，更重要的是人的发展。"人民本位论"不同于"以官为本"，要逐步实现从代替人民当家作主，向保证、支持人民当家作主的转变，就必须从"官本位"转变为"民本位"。最根本的就是要始终将维护好、实现好和发展好广大人民群众的根本利益作为我国改革开放的出发点和落脚点，尊重人民主体地位，发挥人民群众的首创精神，维护人民根本利益。

"人民本位论"的深层思想和理论依据是马克思主义的生产关系和上层建筑一定要适应生产力和经济基础的发展的一般规律。按照生产力标准和"三个有利于"标准，而不是阶级斗争标准才能符合马克思主义的基本原理，生产力和人民群众是社会发展的最终决定力量，生产关系和上层建筑都是由它决定并且以它为转移。《共产党宣言》中明确论述："每个人的自由发展是一切人自由发展的条件。"

胡锦涛总书记最近强调指出，一定要在党的领导下，尊重人民群众的主体地位和首创精神，最大限度激发人民群众的参与热情和创造活力，最大限度地实现好、维护好、发展好广大人民群众的根本利益，把共同建设、共同享用和谐社会贯彻于和谐社会的全过程，真正做到在共建中共享，在共享中共建。把人民作为建设社会主义的主体，首先表现是把人民作为创造财富的主体，落实科学发展观的主体，构建和谐社会的主体。改革发展为了人民，必须依靠人民，成果由人民共享。社会主义是属于社会全体成员的、以人民为本的社会主义，是把人民利益、快乐幸福和人的全面发展作为最高准则的社会主义。离开了人民的福祉，就是空想的社会主义。只有这样，才能使人民的积极性和创造力得到充分发挥，才能实现共同富裕，才能实现人民幸福、民族振兴和国家富强。所以，从这个意义上讲中国特色的社会主义，也就是人民社会主义。

二、深入理解"人民本位论"

在过去的30年中，我们进行改革开放，解决的是人的生存需要。在那个时期，我们的经济处于起飞阶段，经济总量的增长非常重要，没有超常的增长很难叫做起飞。无论是过去的英国、德国、美国、日本,在经济起飞阶段,无不是以经济总量快速扩张为主要特征。在这种情况下,全社会把注意力都放在搞GDP上,有其客观必然性。但是现在继续这样搞,就会出现两个大问题:一是政府作为公共治理的主体,把注意力仍放在经济总量提高上,谁来解决资源环境这些日益突出的公共问题? 二是随着经济社会发展阶段的提升,全社会全面快速增长的公共需求与基本公共产品短缺、公共服务不到位的问题比较突出,如果只把注意力放在经济总量的提高上,谁来解决民生问题?"人民本位论",就是要正确处理政府与市场之间的关系,使政府尽快能够成为公共利益的代表,为人的全面发展创造条件,为公平的市场竞争创造条件。

人民本位经济,简称民本经济,不是政府主导的市场经济。我们从计划经济走出来,搞了20年的政府主导型市场经济,这是渐进式改革的结果,是过去成功的经验,但是现在我们处在发展型社会的新阶段,就很难适应现实情况。这就需要我们在更高的层次上超越传统的观念,不要因为30年的巨大成就沾沾自喜。如果不研究新情况,不清醒地适应新情况,过去的成就也许会成为下一步改革发展的负担。我认为民本经济的精髓在于由过去计划经济时代的"要我发展"变为"我要发展",使人从工具性中解脱出来,恢复了人的主体性。新阶段如何继续调动人的积极性? 要依法给人更大范围的自由、民主、人权,就是要更好地发挥人在发展中的主体作用,就是要把人的全面发展作为发展的本质。新阶段如何解决资源环境问题? 就是使经济发展少依赖自然资源,多依赖人力资源。这就需要我们尽快使改革从经济领域拓展到政治、社会、文化等多个领域,按照党的十七大的精神全面推进改革,将人的全面发展制度化。

民本经济是关照所有人的经济,是社会主义市场经济最本质的要求。小平同志将社会主义的本质概括为"解放生产力,发展生产力,消灭剥削,消除两极分化,最终达到共同富裕"。现在看来,共同富裕的目标相当艰巨。我国在经济快速增长的同时,城乡差距、区域差距、贫富差距逐步拉大,目前这一趋势还没有从根本上扭转。目前宏观经济运行的压力与此密切相关,富人的消费已经趋向饱和,低收入群体的消费难以上去,我们实现由出口、投资拉动向消费、出口、投资协同拉动面临着实际困难。因此,应当充分估计、高度重视合理的收入分配体制在新阶段改革发展中的作用,不能简单地以为收入分配差距拉大有利于调动人的积极性。

实践证明,我国改革开放以来一系列影响重大的改革措施的推出,都是以人民群众创造的具体改革经验和做法为基础和依据的。改革始终注重充分尊重群众的首创精神,不断扩大社会公众的参与度,调动和发挥人民群众参与改革的积极性和创造性,努力把政府合理引导、积极推动与充分发挥群众改革创新的自主性、能动性有机结合起来。在改革措施的出台和推进过程中,我们注重把提高效率同促进社会公平结合起来,注重从解决关乎人民群众切身利益的问题入手,努力兼顾好各方面的利益,通过提高效率来促进发展,在经济发展的基础上实现社会公平。通过妥善处理改革过程中的各种利益关系,使广大人民群众能够逐步分享改革发展的成果,最终达到以制度建设促进社会和谐、改善人民生活的目标。

三、深入实践"人民本位论"

第一,必须重视和保障民生,促进社会和谐。民之所本者,乃是民众的生命的维持、尊严及安全。衣食住行皆涉及人的尊严与安全,只要人民能拥有从事生产的工具和能力,私人财产依法受到保护,个人利益不受他人肆意践踏,那么人民就能够享有安全而有尊严的生活。传统的民本思想对于人民究竟以何为本没有太多的叙述。如果民众无法维护自己的生命财产,人格和自由受到他人随意侵犯,无法参与到国家事务管理和政治制度建设,即使统治者再亲民,老百姓也无法安居乐业。而民众一旦失去安身立命的根本,迟早会揭竿而起,推翻统治者改朝换代。"水能载舟,亦能覆舟",如此浅显的道理却是用千百年来无数的惨痛教训换来的。回顾历代王朝更替的教训,我们应该时刻保持警惕,将重视和保障民生,维护和提高人民的生活水平放在重要地位,不断促进社会和谐。

过去认为"大河有水小河满",强调的是大河;现在应当看到"小河有水大河才能满",只有老百姓安居乐业,国家才能繁荣富强。"人民本位论"是中国建设特色社会主义的基本理念,也是中国人民的必然选择。所以,我们必须坚持"人民本位论",一切为人民,一切依靠人民,一切成果由人民分享。我们不仅要坚持以民为本的原则,而且要重视人民以何为本,保障人民的最根本利益。只有做到民有所本,才能真正实现以民为本的执政理念。

第二,必须转变职能,加快服务型政府建设。过去30年的经济发展主要以政府为首,积极推动中国经济转型,发展社会主义市场经济。所以,政府的管理重点逐渐摆脱对经济的微观干预,转向对宏观经济的调控和管理,同时,中央政府也将部分权力下放至中低层管理部门。这种分权的初衷原本是为了加速建立市场经济,促进市场化改革,可是却被利用成为获利的机会,导致政府管理部门"越位"、"缺位"、"错位"的现象层出不穷,出现市场割据、贪污腐败等消极因素,严重阻碍进一步推动改革开放。尤其是,以 GDP 作为政绩考核后,全社会为简单粗放的经济发展模式付出了大量社会成本,使得能源环境、民生问题、收入分配和城乡差距等矛盾愈发突出。

随着社会主义市场经济的逐步完善,政府的管理职能应该作出调整。党的十六大以来"加快公共服务体系建设"已经成为重要任务,党的十七大更是提出要"加快行政管理体制改革,建设服务型政府"。随着社会生产力的不断发展,上层建筑必须相适应,人民社会主义也必须与时俱进,不断创新,不断完善。政府应该转变成创造环境的主体,加快公共服务体系建设,为经济发展提供良好的运行环境。

第三,必须充分鼓励创业,激发人民创新的活力。民本经济是以民为本,民有、民营、民享的经济,也就是以人民为本位的经济。民本经济是很有生命力的,因为它确立了人民创造财富的主体,充分调动了人民从事经济活动的积极性,使得经济社会效率不断提高。

在我国改革开放初期,由于非公有制经济几乎从零起步,国有企业责无旁贷地承担起组织和运用社会资源的最主要力量。但是,随着中国加入世贸组织,进一步开放国内市场,以及我国所有制结构的巨大变化,国有企业低效率的弊端显得尤为突出。所以,党的十五大提出,以公有制为主体、多种所有制经济共同发展,是我国社会主义初级阶段的基本制度,非公有制经济是社会主义市场经济的重要组成部分。党的十六大又进一步提出,非公有制经济是促进社会生产力的重要力量。因此要鼓励全民创业,让老百姓自己来创造财富,这样才有内在的动力,才有活力。在社会主义市场经济体制下,如果大家都靠国家,让政府作为创造财富的主体,然后由其进行分配,实践证明这样的体制是缺乏活力的。党的十六届三中全会提出两个毫不动摇,大力支持和引导非公有制经济发展,而且允许非公有制经济进入公共设施和基础领域。2005 年国务院发布了"36 条"文件，支持非公有制经济进一步发展，扩大了非公有制经济进入的领域。只要行业壁垒被打破，老百姓进入到经济建设的前沿，创新的活力就会被充分激发出来。面临劳动成本上涨、汇率升值、节能环保等一系列挑战，政府应该转变观念，打破行业壁垒，努力创造公平竞争的环境，充分调动民本经济的活力，使得民本经济成为保证宏观经济持续稳定增长的主要力量，以应对未来更复杂的世界政治和经济发展趋势。

浙江是一个人多地少、国家投入少、陆地资源少的省份。但是，经过多年发展，它的经济发展已经走在全国前列，社会也很稳定。我通过调查，发现一个很重要的原因就是浙江初步形成了民本经济的格局。由于民本经济是在公平的市场竞争中发展出来，所以，民本经济形成完善的行业体系之后，会给整个国民经济带来更多的活力和创造力。以民为本的经济无论是推动社会生产力，还是解决就业压力，都扮演着重要的角色。

我们不用担心因为发展民本经济，会降低国有经济的比重。首先，国有经济的比重减少并不会改变社会主义的性质。其次，民本经济的发展，反过来还会促使公有制经济的效率得到提升。各种所有制经济在公平竞争中，完全可以相互融合、相互渗透、相互促进，促进社会生产力的发展。党的十五大提出，国有经济要向国家安全和关系国民经济命脉的重要行业和关键领域集中，其调整的原则就是有进有退。发展民本经济，可以说对我国经济格局的重新规划有着非常重要的作用。只要政府能坚持解放思想，实事求是，关注人民的根本利益，营造良好的经营环境，激发起人民创造财富的积极性，中国的社会主义经济建设就会取得更大的成就。

把提高效率同促进社会公平结合起来*

（2008 年 10 月 6 日）

　　把提高效率同促进社会公平结合起来，是我国改革开放 30 年收入分配制度改革的一条成功经验。在全面建设小康社会、加快推进社会主义现代化的新阶段，我们要继续坚持这条经验，并在新的实践中加以丰富和发展。

　　我国的经济体制改革是以改变收入分配机制、强化对经济主体的激励为切入点的。改革开放前，我国实行计划经济体制，在收入分配制度上以平均主义和大锅饭为特征。改革开放初期，打破传统分配体制，农村实行家庭联产承包责任制，企业也实行多种形式的责任制，工资与经济效益挂钩，按劳分配原则得到较好执行，有效调动了人们的积极性。1993 年，党的十四届三中全会提出，"建立以按劳分配为主体，效率优先、兼顾公平的收入分配制度，鼓励一部分地区一部分人先富起来，走共同富裕的道路"。"效率优先、兼顾公平"成为收入分配制度的主要原则，是有其背景的。一是 1992 年党的十四大明确提出建立社会主义市场经济体制的改革目标，而市场经济是高效配置资源的机制，选择了市场经济就意味着选择了效率优先。二是在改革初始阶段，计划经济体制仍占主导地位，在相当一部分地区和行业中还盛行平均主义。我们面临的主要问题是如何激发要素主体创造财富的积极性，通过经济效率的提高为实现共同富裕创造条件。三是当时城乡和地区差距问题还不突出，发展水平低是主要矛盾。在这样的背景下确立效率优先、兼顾公平的原则，不仅有助于打破平均主义对提高经济效率的束缚，而且使针对传统体制弊端的改革有了现实切入点，从而启动了由计划经济体制向市场体制转轨的进程。可以说，"效率优先、兼顾公平"的原则抓住了当时经济社会发展的主要问题，激发了

---

　　* 本文原载 2008 年 10 月 6 日《人民日报》。

全社会的积极性和创造力。在注重效率的同时,我国通过扩大就业、建立农民增收减负长效机制、健全最低工资制度、完善工资正常增长机制、建立多层次的社会保障体系等举措,促进实现社会公平,为经济发展创造良好环境。

在改革开放的前期,加快经济发展,"做大蛋糕",可以使社会普遍受益,效率与公平的矛盾还不十分突出。但由于改革和发展的不完善、不平衡,国民收入分配格局发生重大变化,在人民生活总体上达到小康水平的同时,收入差距拉大趋势开始凸显,统筹兼顾各方面利益难度加大,效率和公平问题再次引起社会的广泛关注。

收入差距拉大首先产生于初次分配环节,而市场经济条件下初次分配主要依靠市场机制。从理论上说,收入差距如果根源于市场经济条件下的平等竞争,对于提高经济效率和增加社会财富是必需的。在这个意义上,效率与公平是统一的,坚持和维护公平必然带来效率的提高。因而,基于个人能力和公平竞争所产生的收入差距不是社会争议的焦点,真正需要重视和解决的是由于市场机制不完善而导致的收入差距过大,主要有:市场发育不成熟带来的机会不平等,如资源价格扭曲造成部分行业收入过高;体制转轨中权力介入市场而形成的行政性垄断行业或部门收入过高;社会保障制度不健全形成的收入差距问题;等等。这些问题是改革不到位的问题,也是未来深化改革的重点领域,是建立相对公平的分配体系的主要着力点。

党的十七大指出,"初次分配和再分配都要处理好效率和公平的关系,再分配更加注重公平。"只有深化改革,充分发挥政府和市场的双重作用,才能实现效率和公平的有效结合。第一,坚持市场取向的改革。要在初次分配中处理好效率和公平的关系,必须坚持市场取向的改革,完善市场机制。市场配置资源的机制,也是基础性的收入分配机制,其真谛在于通过公平竞争促进效率提高。应通过在垄断行业引入竞争、消除价格扭曲、改善金融结构、消除权力寻租、完善市场机制等,在初次分配阶段就实现公平。第二,通过相关制度改革,在再分配环节进一步实现社会公平。现阶段完善社会再分配的根本动力是改革。建设社会主义新农村,需要继续深入进行农村综合改革;解决农民工问题,有赖于户籍制度等一系列改革;为困难群体提供基本生活保证,要求继续进行社会保障制度改革;面对人民日益增长的公共需求,需要推进公共服务体系改革。应把政府行政管理体制改革作为突破口,强化政府公共服务职能,维护市场公平竞争。同时,要防止权力寻租性腐败,实现社会公平正义。第三,坚持用发展的办法解决问题。城乡和地区差距扩大等问题,在特定发展阶段带有普遍性。政府的转移支付、消除城乡人口的体制性歧视等措施可以减弱这种差距扩大,但如果没有城镇化和落后地区的发展,仍不能从根本上解决问题。我国仍是一个发展中国家,必须坚持把发展作为解决问题的根本手段。第四,推进基本公共服务均等化。基本公共服务能够为人的全面发展提供基本条件,影响到个人的收入水平、生活质量、健康水平、受教育程度以及发展机会和发展能力,与效率和公平紧密相关。把提高效率同促进社会公平结合起来,需要着力推进基本公共服务均等化。

坚持市场化改革方向
促进经济平稳较快发展

（2008 年 12 月 15 日）

一、国有化不等于社会主义

这次美国引发的金融危机席卷全世界，其涉及范围之广，影响之深，冲击之大是前所未有的。它不仅影响到世界的金融行业，影响到虚拟经济，而且影响到了实体经济的发展，影响到了社会生活，也影响到了人们的思想观念。我们注意到，在这次美国政府采取的相关救市政策中，采取了一些国有化的措施。于是就有人说了，美国现在搞社会主义了，是"美国特色的社会主义"，认为国有化就是社会主义。委内瑞拉总统查维斯说，布什同志与我们走到一起了，都在搞国有化。在过去的一年里查维斯为了搞社会主义已把电力、石油、钢铁、水泥和电讯企业收归国有。在国内，有人说我们过去把市场作为配置资源的基础性作用是错的，应该发挥计划的基础性作用。也有人认为，市场化过了头，所以出现了那么多问题。

面对这些论调，我们要有清醒的认识。国有化是否就是等于社会主义？诺贝尔经济学奖获得者斯蒂格利茨最近说："真正的社会主义是什么？是把普通人的利益、大众的利益放在第一位来考虑的。美国的保尔森可不是这样的，他是拿纳税人的钱去救一小部分人，去救华尔街。这不是社会主义，这是操作主义。"我们回顾一下历史，德国的俾斯麦政府当年曾把铁路、烟草公司等收归国有，把国有化措施作为所谓"建立社会主义"。恩格斯对此曾深刻批判说，自从俾斯麦致力于国有化以来，出现了一种冒牌的社会主义，它有时甚至会堕落为某些奴才气，无条件地把任何一种国有化，甚至俾斯麦的国有化，都说成是社会主义的。显然，如果烟草国营是社会主义的，那么拿破仑和梅特涅也应该算入社会主义创始人之列了。希特勒也搞过国家社会主义,他通过国家的力量把企业和托拉斯国有化,但纳粹党提出国家社会主义的一个重要历史背景,是1929年的经济大恐慌,一些困难群体对现状不满,于是希特勒打着维护国家利益的旗号,以争取这些群体的支持。所以说,不是任何形式的国有化都是社会主义的。

二、要坚持市场化改革方向不动摇

面对当前国际国内的复杂情况,我认为,仍要毫不动摇地坚持市场化改革方向。

第一,从我国改革的历史来看,市场化改革的方向来之不易。市场化改革是我们30年改革的成功经验,是经过我们反复艰苦的探索得出来的结论,同时也是我们今后改革必须坚持的正确方向。我们过去认为社会主义就是国有化,计划经济是社会主义制度的基本特征,所以长期执行计划经济。1978年以前我们也搞过改革,但是没有找对方向,没有对计划经济进行改革。计划经济一个基本特征就是"统",通过中央部门来搞集中统一的经济,结果是"一统就死,一死就叫,一叫就放,一放就乱,一乱又统",一直走不出这个怪圈。你说计划经济好,我这里举两个案例,就可以说明是否还要搞计划经济。第一个是沈阳的案例:沈阳有两个工厂,一个是电缆厂,属于一机部管;另外一个是沈阳冶炼厂,由冶金部管,这两个工厂正好隔一堵墙。那么,电缆厂需要的铜,由一机部从外地调到沈阳,而冶炼厂生产出来的铜由冶金部分配到全国各地。本来一墙之隔的两个厂,签个合同就解决问题了,非要费那么大的劲,造成大量人力、物力和时间上的浪费,说明当时的体制是不行的。第二个是上海的案例:1956年夏天,上海天气很热,为了不影响生产,企业需要采取一些降温措施,那时候没有空调,只有鼓风机,但是企业要买鼓风机没有自主权,要向上级打报告,报告要经过11个部门来审批,那么最后一个图章盖下来,夏天已经过去了。所以我当时写了一个调研报告叫《企业要有一定自主权》。企业没有自主权,没有积极性,什么东西都要审批,都是部门来指挥企业的生产,企业的产、供、销、人、财、物都集中在部里,企业没有自主权,结果造成了官僚主义、文牍主义,效率低下浪费惊人。这个调研报告1956年12月6号在《人民日报》第2版发表了。我的文章旁边配了一副漫画,企业要买一台打字机,派人坐火车到北京来申请,某领导办公室放了高高一大摞待审批的文件。计划经济也可以说是审批经济,不经过审批是不能干的。当时,计划经济体制的弊病已经暴露,但不知道改革的方向,只是在你管或我管上做文章。

1978 年实行改革开放后,就开始在计划经济的基础上逐步实行市场调节,所以党的十二大提出了"计划经济为主,市场调节为辅"的方针。为什么提计划经济为主,因为当时认为计划经济作为社会主义基本经济制度,所以必须要坚持,不能动摇。到了党的十四届三中全会觉得没有商品经济不行了,就提出了"有计划的商品经济"。我有幸参加了这次中央决定文件的起草,按照我的调查研究,哪个地方搞了商品经济,哪个地方的经济就比较活,哪个地方群众就比较富裕。原来说"只有社会主义才能救中国",现在应加一句,"只有商品经济才能富中国"。当时我们起草小组有争论,有人不赞成写上商品经济,最后中央反复征求各方面的意见,用了"有计划的商品经济"的提法。但还是有争论,有的说,有计划的商品经济主要是强调"有计划",计划经济不能动摇。到了党的十三大提出来,"国家调控市场,市场引导企业","建立计划和市场是内在统一的体制",又进了一步。但是 90 年代初改革又回潮了,有些人批判市场化改革的方向,认为不是搞社会主义,而是搞资本主义。小平同志在南方谈话中,强调计划和市场都是方法和手段,社会主义有市场经济,资本主义有计划。根据小平同志南方谈话精神,党的十四大就明确提出来,我国改革的目标是建立社会主义市场经济体制。经过了这么多年的反复探索才明确改革的方向,所以我们千万不能动摇。

第二,从 30 年改革实践证明,市场化改革的方向是完全正确的。为什么今天中国有翻天覆地的变化,是因为改革开放的结果。改革开放实现了三个伟大转变,一是从计划经济转向社会主义市场经济,第二是从封闭半封闭走向全面开放,第三是从贫穷落后转向富裕小康的社会主义。30 年来,我们的经济社会发展取得了辉煌的成就。2007 年 GDP 达到 24.6 万亿,年均增长高达9.75%,人均 GDP 由 381 元上升到 1.8 万多元;综合国力由 1978 年的第 10 位上升到目前的第 4 位;国家财政收入从 1000 多亿元增长到 5.13 万亿元,现在接近 6 万亿;进出口贸易总额从 206.4 亿美元增长到 2007 年的 2.17 万亿美元,占世界贸易的比例由第 23 位跃居到第 3 位;外汇储备从 1.76 亿美元增长到近 1.53 万亿美元,现在将近 2 万亿;农村绝对贫困人口从 2.5 亿减少到

1479万人;城镇化水平从17.9%提高到44.9%;谷物、肉类、棉花等主要农产品,钢、煤等主要工业品产量均已多年位居世界第一。代表国家总体发展水平的人类发展指数(Human Development Index,HDI)有了明显的提高。这些变化就是改革开放带来的,就是市场化改革带来的,使市场在配置资源中发挥了基础性作用。

三、要把市场经济与政府有效监管有机结合起来

市场不是万能的。市场也有失灵的时候,必须加强对市场的监管,没有一个严格而有效的政府监管,不可能是一个好的市场经济。市场经济与政府监管必须有机统一。必要的政府干预是应该的,但是不能说主要是靠行政的办法调节经济,配置资源。什么叫社会主义市场经济? 在《中共中央关于建立社会主义市场经济体制若干问题的决定》起草中,作了认真的讨论,我有幸参加了起草工作。党的十四届三中全会《决定》提出,"建立社会主义市场经济体制,就是要使市场在国家宏观调控下对资源配置起基础性作用。"在党的十六届三中全会《中共中央关于完善社会主义市场经济体制若干问题的决定》起草过程中,我提出了四点意见:一是"宏观调控"到底是市场经济的前提条件,还是市场经济的重要内容? 宏观调控当然很重要,但是不能说是前提条件,我们要发挥市场的作用,不是说先国家宏观调控一下再发挥市场的作用;二是资源在市场配置的基础上发挥政府的作用,还是在政府配置资源的基础上发挥市场的作用? 三是配置资源的主体到底是市场还是政府? 我认为是主体是市场而不是政府;四是谁代表国家,谁来调控,调控的主体是谁? 国务院当然是代表国家来调控,省市也说代表国家来调控,到了县里也说代表来国家调控,这样大家都来代表国家进行调控能行吗? 非乱不可。起草小组接受了我的意见,所以最后通过的党的十六届三中全会《决定》没有再提要使市场在国家宏观调控下对资源的配置起基础性的作用,而只强调:"更大程度地发挥市场在资源配置中的基础性作用"。

怎么建立社会主义市场经济体制,怎么发挥市场的基础性作用? 中央是经过认真研究决定的。胡锦涛总书记于11月28日在中南海召开党外人士座谈会上强调:"要毫不动摇地坚持改革方向,抓住时机推出有利于促进发展的改革措施,注意充分发挥市场在资源配置中的基础性作用。"但我不知道为什

么今年 12 月 5 日《人民日报》以本报评论员发表的《坚持社会主义市场经济的改革方向》一文中仍提出"在国家宏观调控下,发挥市场对资源配置的基础性作用"。

四、政府扩大投资要同改善民生、带动最终消费并完善市场经济体制结合起来,促进经济平稳较快发展

为了应对国际金融危机对我国的影响,防止经济下滑,最近国务院出台了扩大内需的十大措施,得到了国内、国外的高度评价。扩大内需的方针在 1997 年亚洲金融危机爆发后,作为长期坚持的方针提出来的。但从过去十年的情况看,扩大内需的结果更主要的体现在国有投资的增长和扩张方面,最终消费的比重则不升反降。据中国改革基金会国民经济研究所的资料:2007 年我国总储蓄占 GDP 的比重达 51.2%,而消费只占 48.2%,其中扣除政府消费 14% 之后,居民消费只占 GDP 的 34.8%,可能是世界上最低的。1997 年居民消费占 GDP 的比重为 45.2%。这种状况表明,投资的增长在相当程度上与消费的增长是不协调的。更重要的是,居民消费份额的持续下滑,意味着经济增长并没有同步改善居民的生活水平、质量和福利。党的十六大以来,改善民生问题被提到重要议程,并作为科学发展、构建和谐社会的重要内容。因此,把扩大内需和改善民生结合起来,不仅有助于真正推进结构转型,而且有助于把短期反危机措施与长期发展较好地结合起来。这次国务院出台的十大措施中,在保障性住房、医疗、教育、基本养老等若干方面都作了相应安排,并强调要着力扩大消费需求,特别是居民消费需求,体现了中央在应对经济可能进一步下滑的决策中,高度重视民生问题及其在结构调整中的重要作用。

在这次国际金融危机中,世界各国政府纷纷出手对金融市场干预,这是自凯恩斯主义诞生以来现代市场经济国家公共政策与宏观调控应对严重经济衰退的通常做法,并非像一些人认为的那样,是对市场经济体制的否定。指出这一点主要基于两方面的考虑,一方面,由于我国仍然处于穿透计划经济体制向社会主义市场经济体制转型阶段,清除走向市场经济道路中的体制性障碍,进一步完善社会主义市场经济体制仍需要我们付出极大的努力。我们不能由于紧急或危机状态下必须采取一些特殊政策而否定市场经济体制改革的基本方向。另一方面,现实情况表明,作为最终需求的基础,我国的消费需求在短期

内还难以成为支撑经济快速增长的主要动力,在外需前景不明朗的情况下,我们不得不把扩大内需的着眼点放在投资扩张方面,而在市场低迷的情况下,投资扩张更主要的表现为政府投资扩张。这种情况与1997年亚洲金融危机时的政策选择非常相似,当时就有人提出对政府投资扩张中可能出现的"体制复归"保持警惕,后来行政性垄断不断强化也证明这种警告并非无的放矢,如今我们仍需保持这一警惕。这里重要的是,政府的政策如何撬动市场力量应该成为考虑的重点,而短期不得不直接介入市场的行为应避免过度、甚至取代市场,同时也要考虑经济运行恢复常态时的"淡出"安排。现代市场经济的理念是,政府和市场按照各自"优势"确定边界,各自发挥彼此无法替代的优势。现代市场经济运行中的问题不是政府要不要干预的问题,而是如何干预、干预的广度和深度问题,是宏观与微观协调机制问题。

顺德是"民本经济"的典范[*]

（2009 年 1 月 12 日）

在中国的 2800 个县域中，顺德是一个很有特色的地方。

顺德的"鼎鼎有名"，不仅在于其出产了许多名牌产品，还在于其是以"改革"出名的地方。这在中国县域中恐怕也是独一无二的。

顺德作为改革的"先行者"，为中国体制改革作出了重大贡献。由于我长期在国家体改部门工作，所以对顺德还是十分熟悉的。

从中国体制改革角度而言，顺德在产权改革方面为全国做出了示范。如果说中国农村改革的代表是安徽小岗村，那么中国企业改革的代表就是广东顺德。早在 20 世纪 90 年代初，顺德以敢为人先的勇气，提出了"靓女先嫁"的口号，进行产权改革，救活了大批企业。

前一段时间，国内曾经就产权改革的问题进行激烈争论，话题是国有资产的流失。我注意到，在这个争论中，很大部分人将产权改革与产权流失混为一谈，其实它们并非同一个概念。产权流失在目前中国的大部分国有企业中都存在，就算不改革，它也会继续流失下去，而且可能会流失得更快。这就是所谓的"冰棍现象"。这个现象是由国有资产效率低下决定的。当然，我们要重视产权改革中的公平和正义的问题，我们要让改革在阳光下进行。在产权改革中，国有资产的流失主要原因无外乎两个：国有资产被低估或腐败行为影响交易。通过规范的产权改革，可以排除国有资产被低估或被权钱交易影响。

顺德能够连续 4 年排在中国百强县的榜首，能够成为中国首个 GDP 突破千亿的县域，能够成长 300 多家亿元级的制造企业，其原因都可以说是顺德体制改革结果。

---

* 本文是高尚全同志 2009 年 1 月 12 日为《顺德为什么能？》一书所作的序言。

顺德的改革,很好地造就了一个"民本经济"的局面。

"民本经济"是我多年来所提倡的一个概念。民本经济是相对于官本经济而言的,我们过去搞的计划经济是一种典型的官本经济,通过长官的意志和行政方式来配置资源。而民本经济则强调,人民是创业的主体、经济的主体、产权的主体,是创造财富的主体。我们中华人民共和国的一切权力属于人民。中华人民共和国有"人民"两个字,就是要体现以民为本位,体现人民当家做主。

民本经济是实现共同富裕的最有效的途径。邓小平同志说,走社会主义道路,"就是要逐步实现共同富裕"。所谓共同富裕,就是人民共同占有财富。财富靠谁创造?是靠人民创造而不是靠政府恩赐。市场经济本质上是各种经济主体产权在平等竞争的规则下,通过优胜劣汰促进社会经济效率的提高和增加财富的过程。经济体制轨转的过程,本质上也是由原来的官本经济转向民本经济的过程,也就是由政府主导的创造财富的过程转向由人民为主导创造财富的过程。民本经济是按人民自己的意志、人民自己的力量来创造财富,配置资源,是群众路线的具体体现。

民本经济是推动经济发展的重要力量,也是富有效率和效益的经济。民本经济是立足于民、富民利国的经济。民本经济可以更好地激发人民的创新精神,随着资本的扩大和生产规模的扩张,通过个人资本的启动和联合,各种混合经济、投资基金经济、社会保障基金经济、股份制经济的比重越来越大,资本的社会化是一种明显的必然趋势。有了这样的创新环境,人民和企业的积极性和创造性提高了,企业发展好了,人民富裕起来了,各种税收也就上来了,政府也就有了充足的物质基础更好地服务大众了。

民本经济是相对于官本经济而言的。就是以民为本位,民有民营民享的经济,即人民是产权的主体、经营的主体、创造财富的主体。民本经济有四个特点:一是经济形式以民营为主;二是社会投资以民间资本为主;三是社区事业以民办为主;四是政府的管理以创造环境为主。

我认为,建立民本经济,要做到"三破三立":一是突破国家花钱政府投资的旧体制,建立激励民间投资的新体制;二要突破只有国强才能民富的旧观念,树立民富才能国强的新观念;三是突破单一的财产观念,树立全社会的财富观念。

当读完林德荣同志所著的《顺德为什么能?》后,更坚定了我对提倡发展民本经济的决心。从顺德的改革和发展,我们可以很清晰地看到民本经济是县域经济发展的一个很好方向。

在 2003 年的时候,我就在各种场合疾呼:现在改革远远还不是完成了,恰恰全国改革正处于关键时期,处于攻坚阶段,下一步改革的重点就是政府体制的改革。

我最近注意到,广东省印发《中共广东省委广东省人民政府关于经济特区和沿海开放城市继续深化改革开放率先实现科学发展的决定》,提出经济特区和沿海开放城市要在行政管理体制改革、提高对外开放水平和探索社会主义民主法治等方面"先行一步",在未来 5 到 10 年内率先实现科学发展。

我也通过媒体了解到,广东把深圳和顺德作为体制改革的试点,希望这两个城市为广东的行政体制改革"破题",率先建立权责一致、分工合理、决策科学、执行顺畅、监督有力、依法运行的行政管理体制。顺德的任务仍然很重,顺德政府应继续发挥"敢为天下先"的顺德精神,寻求新的突破。

这是非常有远见的做法。我想对于顺德的探索来说,它不仅是为广东"破题",更是为中国的 2800 多个县域行政管理体制"破题",为中国县域的科学发展"破题"。从这一点来说,顺德的这次改革意义就更加深远了。

所以,顺德的未来更值得我们期待。我想这也是为什么关注中国县域经济的人一定要关注顺德的原因。

我认识林德荣同志是在 2004 年。那年 11 月,为了纪念《中共中央关于经济体制改革的决定》发表 20 周年,广东经济体制改革研究会在顺德举行了一个改革论坛,他们邀请我参加。在会议期间,林德荣同志陪着我参观了顺德的一些地方。作为一个地方媒体的记者,他能对这个地方的改革和发展进行研究、思考,是十分可贵的,这也说明他对这个地方有很深的感情。我也希望他今后作出更多的研究成果。

是为序。

改革是实现公平正义的关键

（2010 年 3 月 22 日）

温家宝总理于 3 月 14 日两会记者招待会上说："社会公平正义,是社会稳定的基础。我认为,公平正义比太阳还要有光辉。我们要推进经济体制改革、政治体制改革以及其他各方面的改革,其根本目的是要促进生产力的发展,实现社会的公平正义。"

党的十六届五中全会指出："要按照构建民主政治、公平正义、诚信友爱、充满活力、安定有序、人与自然和谐相处的社会主义和谐社会的要求,正确处理新形势下人民内部矛盾,认真解决人民群众最关心、最直接、最现实的利益问题。"

胡锦涛总书记说："公平正义就是社会各方面的利益关系得到妥善的协调,人民内部矛盾和其他社会矛盾得到正确处理,社会公平正义得到切实维护和实现。"

古希腊思想家亚里士多德把公平正义分为:分配的公平正义和校正的公平正义。分配的公平正义——涉及财产、荣誉、权利等有价值的东西,对相同的人给予相同的对待,即公平正义。校正的公平正义——涉及到被侵害的财富、荣誉和权利的补偿。不管谁是伤害者,谁是受害者,受伤害者从伤害者那里得到补偿,就是公平正义。

收入差距过大,分配不公影响社会的稳定。基尼系数是衡量一个国家分配体系健康状况的指标。其数值 0 表示绝对公平,1 表示绝对不公平,0.4 表示收入差距的警戒线。我国基尼系数在 2000 年就超过了 0.4 的警戒线,目前已经达到了 0.46。在城乡之间,2009 年居民收入差距为 3.33∶1;在地区之间,最富地区与最穷地区收入相差 2.68 倍;在行业之间,最高与最低收入相差 11 倍;在不同群体之间,最高收入 10% 人群和最低收入人群相差 23 倍。并且这种差距扩大趋势还没有得到有效抑制。收入差距扩大不仅影响社会稳定，而且不可避免地造成需求萎缩。

深化改革是实现公平正义的关键。

第一，逐步实现基本公共服务均等化是实现公平正义的重要举措。

中国人类发展的重要目标是实现公平正义的发展，逐步实现基本服务均等化，是维护社会公平正义，建设和谐社会的重大决策。随着我国经济社会的不断发展，将会不断创造完善的政策和体制环境，以基本公共服务均等化为重点，努力消除发展过程中出现的城乡差距、地区差距和贫富差距，使全体社会成员共享改革和发展的成果。

第二，搞好初次分配和再分配是实现公平正义的重要环节。

党的十七大提出，"初次分配和再分配都要处理好效率和公平的关系，再分配要更加注重公平。"

调整初次分配的结构，规范初次分配秩序。提高居民收入在国民收入分配中所占的比重，提高劳动报酬在初次分配中所占的比重。几年来这两者的比重有所下降，居民收入在国民收入分配中所占比重由 1995 年的 67.3% 下降到 2007 年的 57.5%；劳动报酬在初次分配中的比重由 1990 年的 53.4% 下降到 2007 年的 41.4%。

再分配要更加注重社会公平正义。我们要建设的和谐社会是一个公平正义的社会。再分配的重点是关注困难群体，着力解决为困难群体提供最基本的社会保障。

再分配要处理好公平与效率的关系，正确处理政府与市场的关系，调动两个积极性，一个是市场的积极性，以效率为基础；一个是政府的积极性，以公平为基础。市场要讲求效率，也要强调公平竞争，政府要强调公平，也要提高效率。一个是有效地更好地创造财富，一个是更好地实现公平，实现相互促进，使公平与效率有机地结合起来。

第三，加快建立公平正义的体制机制。

坚持社会主义市场经济的改革方向[*]

（2011 年 9 月 29 日）

胡锦涛同志最近强调指出："要坚持社会主义市场经济的改革方向"，"我们发展中的不平衡、不协调、不可持续问题突出，制约科学发展的体制机制障碍躲不开、绕不过、必须通过深化改革加以解决。"当前的一个突出问题是，在改革中要明确行政主导还是市场主导？这是能不能坚持社会主义市场经济改革方向的关键。

一　行政主导配置资源的教训非常深刻

在计划经济时代，沈阳有两个相邻的工厂，一个叫沈阳电缆厂，一个叫沈阳冶炼厂，这两个都是政府行政主导，电缆厂需要大量的铜，由主管的一机部从云南等地调到沈阳。冶炼厂生产的铜由冶金部从沈阳调往全国各地。一墙之隔的两个厂由于行政主导，没有市场，造成资源的极大浪费。国外计划经济国家的教训也很多。匈牙利是第一个取消指令性计划经济的国家，当时在我们国内争论也很激烈。有人批判说："取消指令性计划，就是取消计划经济，取消计划经济就是取消社会主义。"1986 年我率领国家体改委代表团考察了匈牙利和南斯拉夫的体制改革，我问匈牙利主管计划工作的副总理：你们为什么要取消指令性计划？他回答说："我们国家计划局按照平衡表编制指令性计划，但执行的结果，有的完成了 500%，有的只完成了 40%，但谁都没有责任，说明这种计划是主观主义的，脱离实际的。"捷克的"拔佳"皮鞋是名牌产品，但后来搞了计划经济，就没有名牌了。因为国家计划部门按照全国人口 1600 万人（当时捷克和斯洛伐克是一个国家）每人两双皮鞋做计划，计划执行

＊　本文原载 2011 年 9 月 29 日《同舟共济》，收入本书时有删节。

结果是,老百姓需要的没有生产,而生产出来的往往没有人买,一方面满足不了需要,另一方面又造成了大量积压。道理很简单,皮鞋的需求多种多样,个性化很强,男人与女人不一样,大小和小孩不一样,城里和农村不一样,国家计划部门凭主观编制计划,生产部门按产值高的安排生产,产需严重脱节,其结果造成的资源浪费是可想而知的。

二 市场经济的改革方向是经过长期艰苦探索的正确选择

计划与市场的争论长达一百年,长期以来,认为计划是社会主义,市场是资本主义。后来觉得不搞点市场也是不行的,所以提出"计划经济为主,市场调节为辅",这种提法,想说明把计划经济作为社会经济制度,必须坚持"为主",把市场作为调节手段,起辅助作用。1984年10月,《中共中央关于经济体制改革的决定》第一次提出"有计划的商品经济",但有人仍强调有计划是重点。一直到邓小平同志南方谈话,强调社会主义有市场,资本主义有计划,计划和市场都是手段。根据小平南方讲话精神,党的十四大提出,我国经济体制改革的目标是建立社会主义市场经济体制。党的十四届三中全会通过的《中共中央关于建立社会主义市场经济体制若干问题的决定》和党的十六届三中全会通过的《中共中央关于完善社会主义市场经济体制若干问题的决定》,都强调了发挥市场在配置资源中的基础性作用。30多年来,我国经济社会发展取得了举世瞩目的成就。这些变化,是改革开放带来的,是社会主义市场经济带来的,是市场在资源配置中发挥作用的结果。

三 强调"中国模式"就会影响改革的深化

为了应对国际金融危机,中国政府出台了扩大内需的十大措施,得到了国内外的好评,在全球率先使经济走出了困境,2009年实现了9.2%的经济增长速度。在这种背景下,引发了"中国模式"的争论。

有人认为,应该充分肯定"中国模式",用应对国际金融危机取得巨大成就来佐证"中国模式"的伟大,中国所以出现奇迹,就是因为形成了"中国模式"。我并不反对"中国模式"的讨论,但我反对把"中国模式"界定为:政府行政主导,受控市场。我认为,所谓模式是定型的东西,如果把政府行政主导、受控市场作为"中国模式",就会转移我国的社会主义市场经济的改革方向,就会影响深化改革。2009 年 1 月 6 日《光明日报》报道了我的观点："在国际金融危机中,各国政府纷纷出手对金融危机进行干预,这是现代市场经济国家应对严重经济衰退的通常做法,并非是对市场经济体制的否定。""我国仍处于穿透计划经济体制向社会主义市场经济体制转型阶段,消除走向市场经济体制障碍仍需要我们付出极大的努力,不能由于紧急或危机状态下必须采取一些特殊政策而否定市场经济体制改革的基本方向。""政府的政策如何撬动市场力量应该成为考虑的重点,而短期不得不直接介入市场的行为应避免过度,同时要考虑经济运行恢复常态时的'淡出'安排。"温家宝总理对这些观点非常重视,于 2009 年 1 月 9 日作了批示。所以,不能把应对危机的政府行政主导的政策措施,用"中国模式"加以固定下来。政府政策的重点在于撬动市场,而不是代替市场。强调"中国模式",容易理解为中国改革已经到位了,定型了,不要再深化改革了。

四　如何正确理解宏观调控

现在,有人一提宏观调控往往与政府行政主导联系起来,所以我们必须正确理解宏观调控。

党的十四大提出,"社会主义市场经济就是要使市场在社会主义国家宏观调控下发挥基础作用",这是十四大的表述。后来到了党的十四届三中全会,表述有所改动了,改成"社会主义市场经济就是要使市场在国家调控下发挥基础性作用"。到了党的十六届三中全会,我在参加起草《中共中央关于完善社会主义市场经济体制若干问题决定》时提出,"要从源头上完善宏观调控体系"的建议。我提出,原来的表述并不科学,因为:一是宏观调控是资源配置的前提条件,还是市场经济的重要内容? 党的十四届三中全会提出的社会主义市场经济体制的五大支柱之一,就是社会主义市场经济必须有健全的宏观调控体系。二是资源在市场配置的基础上发挥政府的作用,还是资源配置在政府的作用下发挥市场的作用? 三是资源配置的主体是政府还是市场? 是政府行政主导型还是市场主导型的市场经济? 四是宏观调控的含义是什么? 主要是运用货币政策和财政政策调节经济的运行。五是谁代表国家进行宏观调控? 国务院当然是代表国家,但省市也说自己代表国家,所以各地都争要宏观调控权。起草小组经过认真讨论研究并经中央同意,不再提"使市场在国家宏观调控下对资源配置起基础性作用",只强调"更大程度地发挥市场在资源配置中的基础性作用"。这是党的十四届三种全会通过的《中共中央关于完善社会主义市场经济体制若干问题的决定》的正确表述。应该说这个表述是科学的,与时俱进的。但在实践中还是强调国家宏观调控下,过多的强调政府的作用。目前各级政府和部门中过分强调自己的宏观调控职能,很大程度上是计划经济时期行政性控制的翻版。必须明确,政府宏观调控不是资源配置的前提,配置资源的主体是市场,而不是政府。

宏观调控要更多地运用间接调控,尽可能少用行政手段。政府如何改革宏观调控方式、提高宏观调控的有效性,是当前和今后必须解决的重大问题。一是随着改革的深化,我国经济的市场化程度已经较高,传统的行政方式进行调控所起的作用不会很大。二是长期以来由于计划经济体制所产生的主要是总需求膨胀的倾向,现在已经让位给由于市场经济体制所产生的供给过剩倾向。这就是说宏观调控的背景和基础发生了变化。因此,调控方式必应发生变化。三是依靠行政审批制度和管制来加强宏观调控,容易造成权钱交易,容易抬高企业的准入门槛,造成某些行业的人为垄断,提高某些行业的利润。管制越严,利润越高,地方的积极性就越高。四是行政手段容易加大改革和发展成本。因此,要尽量少用行政手段。

五 转变经济发展方式,关键是转变政府职能

政府在市场经济条件下要坚持科学发展观。按照科学发展观的要求,发展不限于经济范畴,提高人民物质文化生活水平、普遍实现社会公正、制度文明与社会进步相适应,都将成为发展的重要内涵。因此,政府职能转变不仅是贯彻科学发展观的制度前提,而且必然要求进一步调整政府与市场、政府与公民、政府与社会的关系。

要进一步调整政府与市场的关系,就必须明确政府与市场的边界。必须认识到,经济发展的主体力量在市场,企业和老百姓才是创造财富的主体,政府应该是创造环境的主体。政府的职能要转到为市场主体服务、创造良好的环境上来,主要通过保护市场主体的合法权益和公平竞争,激发社会成员创造财富的积极性,增强经济发展的内在动力。加快政府职能转变,才能转变经济发展方式,才能真正贯彻科学的发展观,促进经济、社会和人的全面发展。

坚持科学发展观,还要求正确处理好集中与分散决策的关系。改革开放以来,传统体制高度集中的弊端虽然被认识,但集中体制"能办大事"的认识误区依然影响深远。而科学决策和执行存在多种约束条件,如信息对称与否、利益取向是否"一致"、决策目标是多重还是"单一"的、长期决策还是短期决策等等,不解决约束条件问题,很可能大事办不成,负面影响不小。市场经济客观上要求分散决策,政府存在很强的"集中偏好",就难于根据走向市场经济的实际进程切实转变职能,反而会把不适当的决策"强加"给市场,甚至代替市场选择。这显然不利于社会主义市场经济的发展。

要充分认识转轨时期政府的特殊性。政府与市场必须分野,但与成熟市场经济国家的政府相比,转轨国家的政府依然具有一些特殊的发展职能,政府对经济的干预因此是不可避免的。对一个转型中的经济体来说,更需要论证的是:政府的哪些干预是现阶段必须但长远是要"退出"的,哪些干预无论现阶段还是长远都要"退出",哪些干预是现阶段和长远都是必须的。只有回答了这些问题,才能真正解释和处理好转轨经济中政府和市场的关系。

转轨国家的政府与市场关系,远不像成熟市场经济国家那样基本"定型",而是一个市场关系逐步发展与政府职能转变的互动过程。但只要坚持社会主义市场经济的改革方向,就必须确立市场机制在资源配置方面的基础地位,这是市场经济的基本特征。在从高度集中的计划经济体制向市场经济体制转轨的这个历史背景下,市场经济发育不成熟是必然的。现实中的诸多矛盾更主要的是由于市场经济不成熟、市场机制作用不充分所致,并非所谓的市场机制"缺陷"。"权钱交易"和公共领域的"缺失"恰恰是市场经济不成熟的表现,是市场"边界"不清的结果,不能作为指责市场经济或市场机制的依据。问题的症结在于,在处理政府与市场的关系方面,究竟是强化政府职能转变,让市场竞争和资源配置更充分地发挥基础作用,还是强化政府对经济的直接控制力,这是根本方向问题。这个问题搞不清或方向反了,不仅无法最终完善市场经济新体制,而且会对中国经济增长的可持续和稳定形成重大障碍。

我国的经济体制改革正进入向更加广阔的领域纵深发展的新阶段,经济、政治、社会和文化等诸方面的改革交织在一起,性质之深刻、任务之艰巨,将大大超过以往任何时期。特别要实现2020年的目标,任务更艰巨了。2020年的目标有两个:一是建立完善的社会主义市场经济体制,二是要建成惠及十几亿人口的更高水平的小康社会。还有不到八年时间了,怎么实现这两个宏伟目标?我们必须有紧迫感,真正拿出更大的决心和勇气推进改革,同时要加强改革的顶层设计,不然有落空的危险!

发展民间金融　推动民本经济[*]

（2012 年 4 月 19 日）

最近温家宝总理在福建调研时指出：中央已经统一思想要打破银行垄断，温州金融改革试点，如果能够取得成功经验也要向全国推广。温家宝总理的这些表态不仅仅是参与民间金融的市场主体的利好消息，也使很多普通老百姓感到鼓舞。

长期以来，由于历史和现实的原因，金融领域被作为影响国计民生的关键领域限制社会资本的进入，虽然随着市场经济的发展，股份制商业银行纷纷设立、四大国有商业银行的股份也可以在证券市场上买卖，但是大量的民营资本在金融市场上仍然处于被边缘化的状态，金融牌照极难获得，即使是最基层的村镇银行，也存在着个人投资占比不得超过 5%，企业法人不得超过 10% 这样严格的限制。与银行被垄断相伴生的，是利率的非市场化，存款利率长期被压制在较低水平，人民群众长期背负负利率带来的财富损失，中小企业在亏损边缘挣扎，而 2011 年商业银行全年累计实现净利润 10412 亿元，比上年增长 36.3%。与此同时，国有商业银行贷款投向往往以政府平台和国有企业为重点，广大中小企业却不断遭受贷款难、成本高等融资难题的困扰。在储蓄负利率、证券市场 10 年涨幅归零的大背景下，民间大量游资投资无路，只能炒各种商品、原材料，加剧了通货膨胀调控难度；实体企业则求贷无门最后带来高利贷的泛滥，资本要素的市场的这种扭曲严重影响了整个经济体的健康发展。发展民间金融，是打破金融垄断、推动改革进步的出路所在。

民间金融与民本经济紧密联系，民本经济的核心可以概括为三句话：发展为了人民，发展依靠人民，发展成果人民共享。我国的中小企业贡献了 60%

---

[*] 本文是高尚全同志 2012 年 4 月 19 日在首届民间借贷法治论坛上的讲话。

以上的国内生产总值,50% 以上的税收,并创造了 80% 的城镇就业。中小企业是缓解就业压力、解决民生问题的重要渠道。与民生紧密联系的中小企业在当前这种困难的金融环境下蓬勃发展,很大程度上得益于民间金融的支持,以鄂尔多斯为例,当地中小企业 1/3 以上依赖民间金融的支持。因此,发展民间金融,也是解决民生问题的重要条件。发展民间金融要依靠人民群众、要尊重人民群众的首创精神,民间金融的各种组织形式往往是各地文化传统和社会发展特征的体现,公权力机关应当严守法不禁止即自由的原则,解放思想,在予以规范的同时,支持民间金融活动的充分发展。民间金融的良好发展能够矫正资本要素市场的扭曲,使老百姓的投资有合理的回报,使中小企业不受制于融资难,发展成果就会由人民共享。

民间金融的发展同时也需要规范引导,民间金融产生发展于广阔的基层经济社会生活当中,为经济的发展增添了活力,但是一些违法犯罪现象也夹杂在民间金融当中,借民间金融之名损害人民群众的正当权益,阻碍了民间金融的良性发展。因此,有志于推进改革的决策管理人员要能够及时对蓬勃发展的民间金融去芜存菁,针对民间金融活动当中存在的信息不对称、行为不规范、规则不健全等问题弊端采取有效措施应对,剔除不良因素、发挥民间金融积极作用,引导其良性发展。改革必须强调顶层设计,也需要有基层探索,还需要有上下层之间的良性互动,政府即要向社会放权,激发社会的活力,调动广大人民群众的生产积极性、促进创新发展,也要将一些符合科学发展观、实际效果良好、人民群众欢迎的改革创新措施上升到规范的制度层面,惟其如此,创新才能不断涌现,改革才能不断进步。

30 多年前,农村土地的包产到户解决了人民群众的温饱问题,开创了改革的新局面,极大推动了民本经济的发展。我相信,今天广大有识之士在民间金融领域的积极探索也将促使人民更加富裕、经济更加繁荣、改革更有活力。

改革攻坚与政府转型

推进政府转型须明确四大理念[*]

（2008 年 3 月 10 日）

推进政府转型是贯彻落实党的十七大报告提出的"加快行政管理体制改革，建设服务型政府"的重要体现。最近，党的十七届二中全会强调，"深化行政管理体制改革是发展社会主义市场经济和发展社会主义民主政治的必然要求，是政治体制改革的重要内容"。就我国情况而言，政府转型既是经济改革的深化，也是新时期政治体制改革的重要起点。当前，推进政府转型，需要明确以下几大理念。

理念之一：政府转型的基本趋势是公共服务职能不断发展并成为核心职能

一般来说，世界各国都经历了政府转型过程。在市场经济国家，早期的政府职能范围非常有限，基本定位在"守夜人"的角色，市场机制这只"看不见的手"承担了调解社会经济供求关系职能。随着19—20世纪初资本主义经济危机的频繁爆发，"市场失灵"的问题受到普遍重视，这些国家的政府逐步扩大了宏观调控、调解收入分配、维护公平竞争以及解决信息不对称等问题的职能。20世纪60年代中期以后，经济滞胀问题凸现，市场经济国家的政府大规模干预经济带来的"政府失灵"问题成为新的焦点，结果引发了国有经济私有化的浪潮，并突破了一些传统上被认为属于自然垄断的领域，如电力、电信行业等。至此，这些国家的政府职能重点转向公共服务领域并趋于稳定，反映在公共支出结构上，转移性支出以及有关社会保障、医疗、教育等福利性支出成为主体部分。

＊ 本文原载 2008 年 3 月 10 日《北京日报》。

从市场经济国家政府转型的简要描述中可以看出,政府转型的基本趋势是公共服务职能不断发展并成为核心职能。而政府转型的核心是如何处理好政府与市场的关系,使政府和市场能够有效克服自身的缺陷,发挥彼此不能或难以相互替代的功能,实现政府与市场功能的良性互动。这是现代公共服务体系赖以形成的基本前提和制度基础。

与市场经济国家政府转型的过程相比,实行计划经济体制国家的政府转型尽管在调整政府与市场的关系上表现出共性,但转型的起点和走向则呈现出不同的轨迹。由于计划经济体制下政府全面控制经济运行,政府转型所面临的初始问题是"政府失灵"而不是"市场失灵"问题。市场经济国家的政府转型是由不干预市场运行,到通过扩大公共服务来调整政府和市场的关系;而计划经济国家的政府转型则是通过缩小政府干预经济的范围,在培育和发展市场的同时,向主要提供公共服务转变。这样,在政府转型过程中往往会出现不同的"矫枉过正"情形,市场经济国家更有可能发生政府"干预过度"的问题,计划经济国家可能产生"市场扭曲"的问题。

就我国的情况来说,经过 30 年的改革开放,尽管市场经济体制已经初步形成,但在政府与市场的关系方面,政府职能的"越位"、"缺位"、"错位"现象依然存在。从政府的公共支出结构看,经济建设仍然占有主导性地位,成为制约公共服务供给的重要因素;从经济运行状况看,行政性垄断的广泛存在,既导致了不公平竞争,也抑制了市场活力,增加了社会公共服务成本;从体制方面看,政府在许多领域依然承担着决策者、生产者、监控者等多种角色,集裁判员与运动员于一身,制约了政府职能向公共服务转型的进程。

理念之二:必须把维护公平正义作为基本价值取向

公平正义是人类社会进步的基本价值取向,是坚持"以人为本"发展观的重要体现。因此,在建设公共服务体系和谐社会过程中,政府转型必须把维护公平正义作为基本价值取向。

需要指出的是,在我国走向市场经济的过程中,"效率优先、兼顾公平"曾经被作为分配制度改革的基本原则提出,近年来开始受到不少质疑。对此应该作具体分析。一是要考虑到改革的初始背景是分配领域中的平均主义窒息了社会活力,而且平均主义只强调结果均等,否认不同个人、群体的贡献,实际上是不公平的。二是当时提出的效率与公平具有不同指向,效率是与市场资源配置机制相联系的,选择了市场也就选择了效率;而"兼顾公平"主要是为避免因市场效率引致分配结果差距过大,其内涵与今天我们一般说的社会公平正义有很大不同。三是当时改革主要是在经济领域,政府转型主要在微观"搞活"经济方面,分配差距过大以及其他社会公平缺失问题还没有充分显现。因此,我们今天面临的问题与当初的改革原则本身没有必然联系,但由于政府转型相对滞后以及实践中存在对改革原则的扭曲或片面理解,致使人们在公平与效率问题上产生了较大的分歧。

根据改革进程的深化与社会认识水平的提高,应该说,社会发展中的公平与效率问题不是非此即彼的选择问题,选择的侧重只是随着主要矛盾的变化才出现的,最终则是要实现二者的平衡,从而推动社会进步与和谐。十七大报告提出,"初次分配和再分配都要处理好效率和公平的关系,再分配更加注重公平",反映了党在公平与效率关系上认识的深化。需要明确的是,政府与市场的功能是不同的。市场运行必然以效率为取向,这是市场机制的本质属性;市场运行也要求公平(竞争规则、秩序的公平),但市场本身并不能完全提供这种公平。政府虽然在促进社会经济效率方面有重要作用,但这种作用主要是通过市场环境的改善而间接实现的,不是政府直接追求微观效率。政府在价值取向上必须坚持维护社会公平与正义,这是政府作为公共权力受托者的本质属性。30年改革开放的巨大成就,不是源于政府坚持了"效率"原则,而是在于政府放弃了直接追求效率,把效率机制交给了市场,逐步把工作重心转移到改善市场环境、促进公平竞争等方面。在这个意义上可以说,市场提供效率,政府维护公平正义,应该是我国市场深化改革和政府转型的基本价值取向。

理念之三:从经济建设型政府向公共服务型、社会管理型政府转变

传统计划经济的基本理念是将公共利益、公共所有、公共管理等同起来,政府作为公共利益的代表是控制经济社会的唯一主体;同时,由于否定市场,市场也就不在公共利益的考虑之中。虽然我国目前已经基本形成了市场经济体制,但传统体制及其理念的惯性依然存在,这在一定程度上制约了政府功能的科学定位。

在现代市场经济条件下,公共利益是政府、社会公众和市场的共同需求,也是各类主体通过分工与合作共同来维护的;财产的公共所有不再是实现公共利益的唯一选择,非公有产权在基本制度规范下同样可以实现公共利益;公共管理无论在范围上还是在参与主体方面都具有广泛的社会性。在这个意义上,政府转型不仅要处理好政府与市场的关系,而且要处理好政府与社会、公有产权和非公有产权的关系。这就必然要求我们高度重视政府功能的科学定位问题。

政府功能的科学定位首先取决于政府转型的方向。在经济社会转型期的不同阶段,我们先后提出过,政府从直接管理向间接管理转变,政府调节市场、市场引导企业,政府要从经济建设型政府向公共服务型、社会管理型政府转变。这种情况表明,在政府转型的方向上,社会存在广泛的共识,并且这种共识在不断深化。问题在于,如何将这种共识贯彻到政府功能定位之中。例如,政府直接控制企业究竟是以公共服务功能为主还是以"保值、增值"为主?政府的公共投资是以政府"经营"为主还是以政府监控下社会经营为主?公共服务是"政府提供什么,社会就消费什么",还是应充分反映社会需求、接受社会评价与监督?等等。这些认识问题不解决,政府转型就会停留在抽象的口号上,目前政府职能存在的"错位"、"缺位"和"越位"的现象就难以消除。

理念之四:建立有效的权力制约与监督制度是政府转型的关键

在传统的计划经济体制下,政府之间、政府部门之间基本不存在独立的经济利益,虽然党政干部并非没有利益追求,但追求机制主要是取得"上级"对自己执行决策结果的认可。然而,在向市场经济转轨的过程中,行政性分权和市场机制作用的扩大,不仅使政府及其部门之间具有了相对独立利益,而且也使权力与市场"交换"的可能性大大增加。政府及其部门利用经济资源的控制权为本地区、本部门谋利的动机日益增强,政府职能转变由原来主要受传统观念制约逐步演变为主要受利益得失的制约。如果说计划经济时期地方和部门利益基本通过与"上级"讨价还价方式实现,那么在走向市场经济条件下,对市场的控制或"干预"程度则直接决定"获利"的程度。政府职能转变意味着政府大幅度减少直接配置资源和控制市场运行的权力,同时也意味着不同层级政府及其部门原有利益的损失。在这种情况下,推进政府转型的关键是要建立和不断完善对权力的制约与监督机制。

建立和完善权力制约与监督机制,首先是要在权力运行中贯彻法治原则,即坚持依法行政。政府依法行政是防止政府滥用权力、维护公民基本权利和利益的基本要求。只有政府依法行政,政府权力才有可能被限制在合理范围之内,实现向公共服务型政府转型。其次是坚持行政公开,"透明"行政,避免"暗箱"操作。第三是完善政府行政的横向监督机制。横向监督机制有利于克服政府层级之间信息不对称的弊端,是公共权力运行真正符合社会需求的保障。因此,完善政府行政监督,不仅要加强权力机关、行政监察机关、司法机关等专门机关的职能监督,而且要形成包括群众组织、新闻媒体以及公民个人监督在内的广泛社会监督机制。第四是加强反垄断机制的建设。转型期的垄断具有明显的权力与市场相结合的特征,同时又有与传统社会主义相联系的国有经济理念和所谓资源稀缺性、自然垄断性等支撑"依据",但实际上在垄断集团的利益驱使下,往往演变为集团转嫁经营成本和谋取超额利润的工具。反垄断的要害在于引入权利平等的竞争者,如果一定要坚持垄断,就必须把垄断部门置于公开的社会监督之下。

关于大部制改革的问答

（2008 年 3 月 12 日）

1. 目前国务院的 28 个部门就是从 1982 年时的 100 个部门精简而来。改革开放之后，中国经历了几次行政体制改革？历次行政体制改革的背景是什么？

改革开放以来，中国分别在 1982 年、1988 年、1993 年、1998 年和 2003 年进行了五次规模较大的政府机构改革。

第一次是 1982 年。各级政府机构普遍调整了领导班子，提出了干部"四化"原则，开始打破实际存在的领导职务终身制，撤并了一些重叠机构，加强了综合协调、统计监督部门，调整了人员结构，规定了领导职数，取得了相当的成效。国务院机构由 100 个减少到 61 个，人员精简达 25%。但由于这次改革是在经济体制改革尚未全面展开的情况下进行的，不久，机构人员又重新膨胀。

第二次是 1988 年。这次机构改革除了提高行政效率，适应政治、经济发展需要之外，还要逐步建立一个具有中国特色的功能齐全、结构合理、运转协调、灵活高效的行政管理体制。改革的结果是：（1）对国务院的机构进行了总体格局的调整，强化了综合部门、经济调节部门、监督部门和社会保障部门，适当弱化了专业经济管理部门。国务院常设机构由 72 个减少到 66 个，非常设机构由 75 个减少到 49 个。人员精简达 15.2%。（2）按照党政分开的原则，对党中央直属机构进行了改革。将应由政府部门承担的职能移交给政府有关部门，不再设置与国务院职能部门工作重叠的办事机构。党中央原有直属机构和事业单位由 26 个减少到 22 个。

第三次是 1993 年。这次改革主要是为了适应经济体制改革的要求而进行的。改革的重点是政企分开、转变职能;改革的范围是从中央到地方的各级政府机构;改革的程序是先中央后地方;改革的目的除了提高效率等之外,还规定了具体的精简幅度是20%。

第四次是1998年。党的十五大明确提出了这次机构改革任务主要有五个方面:(1)按照社会主义市场经济的要求,转变政府职能,进行国有企业所有制改革,把企业生产经营管理的权力确实交给企业,从而在真正意义上完成政企分开的历史任务。(2)根据精简、统一、效能的原则进行机构改革。(3)深化行政体制改革,实现国家机构组织、职能、编制和工作程序的法定化,严格控制机构膨胀,坚决裁减冗员。(4)深化人事制度改革,完善公务员制度。(5)坚持一切政府机关必须依法行政的原则,切实保障公民权利,实行执法责任制和评议考核制。此外,这次改革计划用三年时间完成,人员将精简一半。

第五次是2003年。这次政府机构改革是一个转折点。之后的政府机构改革,以科学发展观为价值导向,以建设服务型政府为目的,以全面促进经济建设、政治建设、文化建设、社会建设为目标,以全面履行政府的社会经济职能为基本途径。正是在这个意义上,党的十七大报告中提出,"加快行政管理体制改革、建设服务型政府"。2003年以前的改革开放时期,政府既创造环境,又在直接创造财富;新的时代发展对政府提出的新要求是,"政府创造环境,人民创造财富"。

1982年以来的这五次政府机构改革实践,积累了一些宝贵的经验:坚持以适应社会主义市场经济体制为改革目标,把转变政府职能作为机构改革的关键;坚持精简、统一、效能的原则,把精兵简政和优化政府组织结构作为机构改革的重要任务;坚持机构改革与干部人事制度改革相结合,优化干部队伍结构;坚持统一领导,分级负责,分步实施,从实际出发,因地制宜地进行改革。当然也有一些教训。最大的教训在于忽视了政府的社会管理与公共服务职能。

2. 这次大部制改革和历次改革有什么不同?它的核心理念是什么?

进入21世纪,随着中国加入WTO,中央政府明确提出要加快对外开放步伐,打破经济运行中的行政性垄断,在市场准入和规制方面为不同产权主体创造平等竞争的环境,推出了以减少行政审批项目为重点的行政审批制度改革,由此进一步推动了政府职能转变的深化。这次大部门体制改革,就是在这个大背景下开展的,不是简单的精兵简政。它是要在政府的部门设置中,将那些职能相近、业务范围雷同的事项,相对集中,由一个部门统一进行管理,最大限度地避免政府职能交叉、政出多门、多头管理,从而达到提高行政效率,降低行政成本的目标。党的十七大对这次大部制改革的核心理念有着明确的阐述:即"加大机构整合力度,探索实行职能有机统一的大部门体制,健全部门间协调配合机制。精简和规范各类议事协调机构及其办事机构,减少行政层次,降低行政成本,着力解决机构重叠、职责交叉、政出多门问题。统筹党委、政府和人大、政协机构设置,减少领导职数,严格控制编制"。我认为,这里关于探索"大部门体制"的改革思路深刻总结了以往政府机构改革的基本经验,并对目前行政管理体制运行中机构设置的弊端具有很强的针对性,为今后政府机构改革与行政管理体制改革的深化指明了方向。

3. 我国曾进行过多次的机构改革和机构精简,但存在着"精简、膨胀、再精简、再膨胀"的现象。怎样才能避免出现旧体制复归的情况?

机构改革不能只是对政府机构设置的单纯合并、分拆或精简,必须以政府职能的科学合理界定为前提。同时,政府机构改革应结合经济体制改革、政治体制改革与实现依法治国方针进行。党的十七大报告将政府机构改革放到"社会主义民主政治"的部分来阐述,并作为加快行政管理体制改革和建设服务型政府的重要举措,意义是深刻的。探索实行大部门体制,还必须考虑我国体制转型的特点。虽然与改革初期相比,我国政府职能已经发生了很大变化,但相对于市场经济体制的完善而言依然处于变动之中。特别是由于长期形成的条块分割体制影响,旧体制的惯性及其观念、利益格局的演变,都会作用于大部门体制的实行,甚至可能使机构变动流于形式。因此,实行大部门体制,不仅是一个渐进的推进过程,而且应尽可能消除可能引发旧体制复归的因素。

4. 早在1993年政府机构改革中就试图建立"大交通"的体制,后来为什么没有实行? 目前实行大部制的时机成熟了么?

1993年政府机构改革中试图建立"大交通"的体制,即将铁道部、交通部、民航总局合并为统一的交通运输管理机构。后来之所以没有实行,最根本的原因在于整个经济体制改革进展还不能提供这种支持。1993 年是我国刚确立市场经济体制改革目标,政府对于经济运行与社会管理在诸多职能方面还具有较强的计划经济时代的特征,政府机构设置难以脱离其职能状况"超前"改革。随着我国市场经济体制改革的深化和基本形成,政府在经济与社会管理微观方面的职能逐步由市场主体和社会来承担,特别是以大规模削减行政审批权为特征的政府改革,政府职能更加宏观化与间接化,这就为大部门制的实行提供了现实条件。

5. 目前政府机构设置与中国特色社会主义市场经济的发育有哪些不相适应的地方?

近年来,坚持以人为本、全面协调可持续的科学发展观,促进经济社会和人的全面发展,已成为全党的共识。但从实践看,科学发展观的全面落实还需要进一步努力。目前,中央关于宏观调控的政策措施虽已取得明显效果,但一些深层次的矛盾和问题仍未解决,原因是行政管理体制改革滞后,经济增长方式转型很困难。我国的市场经济具有较强的"政府主导型"特征。应按照科学发展观的要求,逐步实现政府自身的转型和职能转变,也就是要着力推进行政管理体制改革。

例如,一些地方投资增长过快的根源在于,地方政府要对当地经济发展负责,而经济发展绩效的主要考核指标是 GDP 的增长,所以其行为更趋向于追逐任期内的政绩特别是经济增长指标,侧重于考虑本届政府的利益,很少考虑下一届政府的事情。在 GDP 政绩观的推动下,政府主导了市场经济中最重要的两种生产要素的配置,扭曲了市场价格,很容易形成新一轮重复建设,形成新一轮银行呆账和坏账,形成新一轮的环境资源恶化。也正是因为各级政府主导了投资的大方向和投资增长的速度,我们看到,间接手段的宏观调控很难发挥作用。在不得已的情况下我们采取了行政手段来遏止过快的投资增长。解决深层次的矛盾和问题,根本的办法要靠改革,规范政府行为,转变政府职能,建立科学的政府绩效评估体系和经济社会发展综合评价体系。从这个意义上说,构建社会主义和谐社会,全面落实科学发展观,必然要求加快行政管理体制改革。

6. 为什么说从社会公共服务的需求迅速增长方面看,政府转型的步伐是滞后的?

根据国际经验,一国的人均 GDP 从 1000 美元向 3000 美元的过渡时期,也是该国公共产品和服务需求快速扩张的时期。从 2003 年开始,按汇率折算的我国人均 GDP 已经超过 1000 美元。事实上,在 20 世纪 90 年代初期,我国就基本解决了温饱问题,社会公共服务需求已经出现了长期增长的趋势。另一方面,这一时期公共产品和服务的价格持续上涨,虽然其中存在价格结构调整的合理性,但这类需求的增长无疑是推动价格上涨的重要基础。问题在于,由于我国处于经济、社会转型期的特点,公共服务需求的供给不仅要受到发展阶段的影响,而且更受到体制因素的制约。近年来,有关政府公共服务供给滞后的问题引起了各种讨论,在这些领域,虽然总体上供给不足有社会发展阶段的制约因素,但也存在政府资源配置和分享不平衡的问题,特别是在基本公共服务方面,相当部分的中低收入群体或者还没有被纳入服务对象,或者无力支付相对昂贵的服务价格。

目前,在政府的公共支出中,经济建设支出比重偏大,而公共服务支出比重偏小。根据国家统计局的数据,2005 年我国公共支出中,经济建设支出的比重为 27.5%,而社会文教费支出比重为 26.4%。20 世纪 90 年代以来,我国居民在教育、医疗、社会保障等基本公共服务方面个人承担的费用迅速上涨,大大超过中低收入家庭可支配收入的增长速度,虽然与收入分配结构调整和分配机制扭曲有重要关系,但在这些方面公共支出水平的严重不足也是重要原因。以教育支出为例,我国的公共支出水平不仅远低于世界平均水平,而且低于国家 1993 年提出的战略目标(中共中央、国务院 1993 年颁布的《中国教育改革和发展纲要》提出的"财政性教育经费占国民生产总值(GNP)的比重,在本世纪末达到 4%")。

7. 改革意味着利益关系的调整,有时也需要一些利益机制的推动,如何启动改革的新动力?

改革的本质是让大多数乃至全体人获益,而不是少数人甚至个别人获益。不同的人有不同的利益诉求,增进利益是要付出成本的。正是由于一些制度和规则阻碍了大多数人乃至全体人获益,改变这些规则和制度的"改革"才可能发生。30 年前启动改革之所以动力较足,并取得了成功,是因为它满足了绝大多数人的利益,如贫困中的人民要求致富的强烈愿望、国家摆脱危机的诉求、不改革就要被开除球籍的党内高层忧患意识,等等,把全党上下、全国上下的利益需求化成强大的改革力量,汇成中国改革开放的滚滚洪流。

但是 30 年后的今天,改革取得了阶段性成功,也出现了社会分化、利益分层,甚至还有不同利益的对峙。如何将不同的利益集团凝聚起来,成为改革的力量,这是今天的问题所在。改革动力来自于个人利益诉求与社会公共利益的实现相结合。从这个意义上看,今后改革的新动力必然来自于各个利益集团的正当需求,比如它可能来自各行各业的民营企业、非企业民办事业单位的公平竞争的需求;也可能来自于中高层的有理想、有全局利益观、有危机意识的、自上而下的推动改革的需求;也可能来自境外的投资者,以及组织起来的弱势群体的需求。总之,改革的新动力,只能产生于各阶层的利益与公共利益的交汇处,任何一个偶然事件都可能把潜藏在不同的利益集团的改革需求转化为推动改革的新动力。

8. 加快公共服务体系建设,不仅是社会发展到一定阶段的必然要求,而且也是构建社会主义和谐社会的重要内容和基础。在当前公共服务领域中有哪些亟待解决的问题?

改革开放 30 年来,尽管人民的物质生活水平有了显著的提高,社会公共服务体系建设在近年来也取得了相对较快的进展,但与一定社会发展阶段的公共需求增长状况相比,依然存在较大的差距。以致于公共服务供给滞后问题,成为近年来社会广泛关注的焦点。特别是在教育、医疗、住房、社会保障和收入分配等领域,结构性矛盾十分突出。

9. 党的十七届二中全会提出政府的"决策权、执行权、监督权既相互制约又相互协调",这句话应当如何理解?行政体制改革就是要把政府职能转变到"经济调节、市场监管、社会管理、公共服务"上来。

就我国的情况来说,经过 30 年的改革开放,社会主义市场经济体制初步形成,政府职能已经发生了重大变化,但与市场经济的发展相比,这种变化还远远不够,甚至在很多方面是滞后的。特别是在政府与市场的关系方面,政府职能的"越位"、"缺位"、"错位"现象依然存在。从政府的公共支出结构看,如前所述,经济建设仍然占有主导性地位,成为制约公共服务供给的重要因素。从经济运行状况看,行政性垄断的广泛存在,既导致了不公平竞争,也抑制了市场活力,增加了社会公共服务成本。从体制方面看,政府在许多领域依然承担着决策者、生产者、监控者等多种角色,集裁判员与运动员于一身,制约了政府职能向公共服务转型的进程。所以党的十七大提出,为了确保权力正确行使,必须让权力在阳光下运行。要坚持用制度管权、管事、管人,建立健全决策权、执行权、监督权既相互制约又相互协调的权力机构和运行机制。

建立和完善权力制约与监督机制,首先是要在权力运行中贯彻法治原则,即坚持依法行政。政府依法行政是防止政府滥用权力、维护公民基本权利和利益的基本要求。只有政府依法行政,政府权力才有可能被限制在合理范围之内,实现向公共服务型政府转型。其次是坚持行政公开,"透明"行政,避免"暗箱"操作。第三是完善政府行政的横向监督机制。横向监督机制有利于克服政府层级之间信息不对称的弊端,是公共权力运行真正符合社会需求的保障。第四是加强反垄断机制的建设。人们对市场化的质疑实际上主要针对的是垄断部门伪市场化。市场化的实质是产品与服务价格由公平竞争决定,不是强买强卖。对于垄断部门,市场化的真正意义在于引入平等的竞争者。

至于政府在经济调节和市场监管方面应该怎样发挥职能?我认为,首先要规范政府行为,转变政府职能。政府对不适宜由其直接介入的领域,要主动让位于市场。逐步削弱直至取消政府对微观经济主体的直接行政干预,打破阻碍经济健康发展的"条块分割"式行政垄断,促进微观经济主体之间的平等竞争;其次,要明确市场经济条件下各级政府的活动范围和预算的开支领域,合理划分各级政府的事权并使其具有可控性,推进政府决策民主化和依法行政;政府从直接管理向间接管理转变,政府调节市场、市场引导企业,政府要从经济建设型政府向公共服务型、社会管理型政府转变。在政府转型的方向上,必须坚持社会主义市场经济体制,政府直接控制企业应以公共服务功能为主而不是以"保值、增值"为主,政府的公共投资不应是以政府"经营"为主,而是以政府监控下社会经营为主,等等。

10. 如何深化对以民为本和民本经验的认识？

我提"民本经济"是相对于"官本经济"而言的。过去我们是计划经济,在很多情况下变成了"官本经济",是少数官员通过个人的意志制定的计划,让大家来执行。那么事实证明执行的结果很不好,谁也不负责任。因为官本经济是少数官员的意志变成了国家的意志,然后让大家来执行,这当然就脱离群众了。所以"以民为本"呢,就是让老百姓作为创造财富的主体,不是由政府作为创造财富的主体。过去的官本经济就是由政府作为创造财富的主体。政府是怎么成为创造财富主体的呢?把纳税人的钱通过财政集中起来了。然后各行各业都去投资。包括缝纫机厂啊、自行车厂啊,都是财政投资。另外就是老百姓存在银行里的钱,通过国有银行贷款给了国有企业。那么国有企业的经济效益不好呢,就变成了银行的不良资产了。银行的不良资产呢,最后变成了财政负担了。所以原来的"官本经济"体制,就是国家财政、国有银行、国有企业"三位一体"的体制。这个链条啊,是计划经济的一个堡垒,不打破是不行的。

官本经济条件下的政府,就是整天忙忙碌碌,什么企业的事情它都要管。如果是"民本经济"的话呢,这些具体的事情它都不要管了。老百姓作为主体。所以我给"民本经济"的定义是"民有、民营、民享"的经济。它有四个特点。第一,投资主体以民间资本为主;第二,经济形式以民营经济为主;第三,社区事业以民办为主;第四,政府管理以间接管理为主。现在你看,浙江做到了。国家对浙江的投资很少,大部分是民间资本,藏富于民。

完善公共服务体系　建设服务型政府

（2008 年 5 月 7 日）

党的十七大把"加快行政管理体制改革，建设服务型政府"作为深化政治体制改革的重要内容之一。中共中央《关于深化行政管理体制改革的意见》指出，深化行政管理体制改革要以政府职能转变为核心。

这抓住了进一步深化改革的关键环节，具有很强的现实意义和重大的历史意义。

促进科学发展和社会和谐的现实要求

党的十七大提出的改善民生、加快社会建设的任务，如教育、医疗、社会保障、就业和收入分配等，都离不开完善公共服务体系。加快公共服务体系建设，是经济社会发展到一定阶段的必然要求，是促进科学发展、社会和谐的重要内容。

公共服务需求增长是经济社会发展进入新阶段的重要标志。人类社会发展是一个需求不断拓展和逐步得到满足的过程。伴随着技术进步和物质产品供给能力的提升，公共服务需求不断增长、服务业快速发展成为当今经济社会发展的重要特征。改革开放以来，我国公共服务需求增长呈现逐步加速的趋势，标志着我国经济社会发展进入一个新阶段。如何使公共服务供给与需求相适应，将是我们在较长时期面临的重要任务。

公共服务供给滞后是当前社会问题的焦点。改革开放以来，人民物质生活水平有了显著提高，公共服务体系建设也取得较快进展，但公共服务供给与需求之间依然存在较大差距。特别是在教育、医疗、住房、社会保障和收入分配等领域，结构性矛盾十分突出。公共服务供给不足有社会发展阶段的制约因素，但也存在资源配置和分享不平衡等问题。特别是在基本公共服务方面，相当部分的中低收入群体还没有被完全纳入服务对象。

加快公共服务体系建设是促进社会公平正义的重要举措。加快公共服务体系建设,可以在一定程度上校正社会财富初次分配的不平衡,并对初次分配产生积极影响,有利于缓解和抑制利益分化进程及其引发的社会矛盾。完善公共服务体系的一个重要方面是使公共服务逐步扩展到整个社会,实现基本公共服务均等化,消除公共服务领域存在的不公平现象。同时,完善的公共服务体系为促进社会公平和权利平等提供强大的基础平台,有利于振奋社会成员的精神,提高社会总体效率。

当前公共服务领域存在的突出问题

公共支出结构不适应社会发展的要求。虽然公共服务并不完全由政府直接提供,但政府公共支出的规模和结构是反映社会公共服务供给与需求状况适应与否的重要方面。改革开放以来,我国公共支出总量规模一直呈快速增长趋势,从 1978 年的 1100 多亿元增长到 2005 年的 33000 多亿元,但公共支出中经济建设支出比重偏大、公共服务支出比重偏小。20 世纪 90 年代以来,居民在教育、医疗、社会保障等基本公共服务方面个人承担的费用迅速上涨。这虽然是多种因素造成的,但公共服务支出水平严重不足是一个重要因素。

公共资源配置不均衡导致社会分享公共服务不均衡。我国公共资源配置不均衡源于计划经济体制的行政性配置,突出表现是城乡分割和基本公共服务的不均衡。城乡差距、地区差距乃至个人收入分配差距,在很大程度上与公共资源配置不均衡相关。从城乡差距看,公共产品和公共服务基本以满足城镇居民需求为主,农村居民分享财政提供的公共产品和服务的水平极低。从地区差距看,由于我国公共财政转型尚处于起步阶段,公共资源的均衡配置依然受到体制方面的制约。在目前的财政体制下,中央政府对地方政府的税收返还依然是主要的公共资源配置方式,一般性转移支付的比例还很低。这种配置方式意味着经济总量越大、增长速度越快的地区税收返还越多,公共服务能力越强,其结果往往是扩大而不是缩小了地区间公共服务的差距。近年来,中央通过实施西部大开发、东北振兴、中部崛起等战略以及专项支持,在一定程度上提升了经济落后地区的基本公共服务能力,但从长期可持续的角度看,还难以熨平不同区域间基本公共服务的财力差距。

垄断供给抑制了公共服务质量和效率的提高。改革开放以来,我国公共服务的质量和效率在某些方面有了相当程度的提高,但与社会日益增长的需求相比依然有较大差距。公共产品和服务价格持续上涨,而质量并没有同步提高。造成这种状况的原因是多方面的,就体制而言,主要是垄断性供给体制特别是行政性垄断。

公共服务领域的腐败造成了公共资源的浪费和流失。公共服务的供给过程在很大程度上是公共权力和社会资源的运用过程,因而公共服务领域的腐败实质就是滥用公共权力和社会资源牟取私利。这种腐败所影响和侵害的对象往往具有广泛性和社会性的特点。首先,公共服务领域的腐败转嫁或加重了社会负担,导致公共服务价格攀升、质量下降,甚至危害公众安全和健康。其次,从近年来处理的腐败案件看,公共服务领域的腐败集中发生在公共投资活动中,所造成的公共资源浪费和损失是巨大的。第三,公共服务领域的腐败对政府的信誉和公信力产生了严重的负面影响。

推进政府转型,加快建设公共服务型政府

公共服务不可能完全由市场自发提供,它是否以及在多大程度上应该由政府来直接提供,与不同社会的体制、文化等因素相关。然而,公共服务日益成为政府的重要责任和核心职能,则是现代社会发展的一般趋势。

政府转型是完善公共服务体系的制度基础。一般来说,政府转型总是通过政府职能的变化得到反映。政府转型的基本趋势是公共服务职能不断发展并成为重要职能。而政府转型的核心是处理好政府与市场的关系,使政府和市场能够有效克服各自的缺陷,发挥彼此不能或难以相互替代的功能,实现政府与市场功能的良性互动。这是现代公共服务体系赖以形成的基本前提和制度基础。经过30年改革开放,我国社会主义市场经济体制初步形成,政府职能发生重大变化,但在不少方面依然滞后,政府职能"越位"、"缺位"、"错位"的现象依然存在。从政府公共支出结构看,经济建设仍占有主导性地位,成为制约公共服务供给的重要因素。从经济运行状况看,行政性垄断广泛存在,既导致不公平竞争,也抑制市场活力,增加了社会公共服务成本。从体制方面看,政府在许多领域依然承担着决策者、生产者、监控者等多种角色,集裁判员与运动员于一身,制约了政府职能向公共服务转型的进程。政府转型的核心,就是在科学、合理界定政府与市场边界的基础上,确立以公共服务为主体的政府职能。

政府转型必须坚持维护社会公平正义的价值取向。政府转型是经济社会发展的必然要求,也是解决当前社会矛盾的关键环节。维护公平正义是人类社会进步的基本价值取向,是贯彻落实科学发展观的重要体现。社会发展中的公平与效率,不是非此即彼的选择问题,只是随着社会矛盾的变化侧重点有所不同,最终是要实现二者平衡,推动社会进步与和谐。需要明确的是,政府与市场的功能是不同的。市场运行必然以效率为取向,这是市场机制的本质属性。市场运行也要求公平,如竞争规则和秩序的公平,但市场本身并不能完全提供这种公平。政府虽然在促进效率方面有重要作用,但这种作用主要通过市场环境的改善而间接实现,不是政府直接追求微观效率。政府在价值取向上必须坚持维护社会公平正义,这是政府作为公共权力受托者的本质属性。

政府转型必须坚持科学的功能定位。在现代市场经济条件下,公共利益是各类主体通过分工与合作来共同维护的。政府转型不仅要处理好政府与市场的关系,而且要处理好政府与社会、公有产权与非公有产权的关系。这就要求高度重视政府功能的科学定位问题。政府功能的科学定位,首先取决于政府转型的方向——完善社会主义市场经济体制,构建社会主义和谐社会。当然,处于经济社会转型期的政府依然具有一些特殊的发展职能,这是政府功能界定必须考虑的。然而,更需要论证的是:政府哪些职能是现阶段所必需但长远是要退出的,哪些职能无论现阶段还是长远都是要退出的,哪些职能现阶段很弱而长远是需要加强的,哪些职能现阶段和长远都是必需的。回答了这些问题,政府功能的科学界定才有可能,政府转型才能切实推进。

完善公共财政体制。公共财政是满足社会公共需要的政府(国家)财政。从体制转型角度看,公共财政既是政府转型的重要内容,也是政府转型的必然结果和重要标志。与计划经济时期的财政不同,公共财政的运行范围不局限于国有制或全民所有制,而是面向整个社会;同时,公共财政的运行机制也不是封闭性的,而是受到社会的广泛监督和制约。完善公共财政体制,首先应进一步调整公共支出结构,加大公共服务支出比重,提高公民的基本权益保障和福利水平。其次,完善和规范转移支付制度,逐步加大一般性转移支付比重,减少专项拨款比重。第三,完善税制,促进社会公平。第四,提高财政运行的透明度和社会参与度,加强社会监督。

探索实行职能有机统一的大部门体制。党的十七大关于"加大机构整合力度,探索实行职能有机统一的大部门体制"的改革思路,为今后政府机构改革与行政管理体制改革的深化指明了方向。所谓大部门体制,就是在政府的部门设置中,将那些职能相近、业务范围雷同的事项相对集中,由一个部门统一管理,最大限度地避免职能交叉、政出多门、多头管理,从而提高行政效率、降低行政成本。随着改革的深化和社会主义市场经济体制的完善,政府在经济社会管理微观方面的职能逐步由市场和社会来承担,政府职能更加宏观化与间接化,这就为大部门体制的实行提供了现实条件。需要注意的是,改革政府机构设置必须以政府职能的科学界定为前提。同时,政府机构改革应结合经济体制改革、政治体制改革以及落实依法治国方略来进行。

建立有效的权力制约与监督机制。在体制转轨过程中,行政性分权和市场机制作用的扩大,不仅使政府及其部门之间具有了相对独立的利益,而且使权力与市场"交换"的可能性大大增加。政府职能转变意味着政府大幅度减少直接配置资源和控制市场运行的权力,同时也意味着利益损失。在这种情况下,推进政府转型的关键是要建立和完善对权力的制约与监督机制。首先,在权力运行中贯彻法治原则,坚持依法行政。其次,坚持行政公开,避免暗箱操作。包括建立和完善公开办事制度、公共决策听证制度以及推进"电子政府"建设等。第三,在加强纪检监察机关、司法机关等专门机关职能监督的同时,建立广泛的社会监督机制。

宏观调控要适应市场经济发展的需要[*]

（2008 年 3 月 29 日）

一、控制通货膨胀的措施要适度

首先我把过去的通货膨胀问题回顾一下。我们在制定"九五"计划的时候，那时候叫计划，"十一五"改为规划。提出来"九五"时期宏观调控的主要任务是抑制通货膨胀，文件上这么写的。后来开会，李鹏总理主持、朱镕基副总理参加的高层次的研讨会，当时我在会上讲了。我说宏观调控的提法一两年可以，但是作为整个五年的话恐怕不行，因为五年的可变因素现在还不大清楚，一两年可以。所以我提出来宏观调控的主要任务应当是促进经济的稳定增长，我提出这个意见。后来这个意见中央挺重视，听说后来政治局讨论，讨论以后作了修改。但是不到两年，经济形势发生了变化，通货膨胀变成了通货紧缩，变成了滞胀。所以接受历史经验，我们在通货膨胀盲从考虑到适度的问题，因为什么事情都有两个方面，弄不好过头了以后就变成紧缩了，这个可能性不是不存在的。

所以今天有人列举了投资的下降、出口下降的趋势，我认为既然要抑制通货膨胀，下降一些也是正常的，我们的外汇储备不是越多越好，已经过多了。但是下降过度的话确实有问题，因为会起反作用。

根据我们的特点，我们的对策应当根据这个特点来采取对策。比如说当前一个突出的重点是输入型的通货膨胀，因为经济全球化趋势加剧，我们参与国际化的程度也不断地提高，国际竞争也越来越激烈，世界市场对中国经济的影响也越来越高，我们对国际的依存度也越来越高。因此，这次通货膨胀一个

---

[*] 这是高尚全同志 2008 年 3 月 29 日在宏观经济与改革走势座谈会上讲话的一部分。

是成本推动型、输入型。输入的东西成本推动了,这两者都结合起来了。现在国际油价每桶涨到 110 美元,这两天回落一点,105 美元/桶。我们为了抑制通货膨胀,人为地不准成品油的调整,把它压下来,其结果是什么? 一个结果使原油出口走私加剧了,现在采取的办法是不准出口,但是走私还是有。第二,外国的飞机到我们内地,包括香港、澳门的汽车到内地加油,因为内地加油便宜。第三,原油加工企业亏损,原油企业一方面有行政命令,要开足马力,加工企业开工率已经达到 99%;另一方面人家有原油的不愿意出口,因为有预期,本身要调,越是不卖越是提高价钱,造成这样的结果。第四,采取补贴的办法,用汽油的补贴有汽车的,有汽车的不是低收入的人,所以补贴的几乎都是富人,老百姓得不到好处。这样四个结果是我们要注意的。

现在我们政府提出 4.8 的指标控制,总理在会议上讲了,这不是一个指令性的指标。我想这个 4.8 起了一个预期作用,老百姓觉得政府重视控制 4.8,但是这个对象也很难。我想今年 4.8 一定会超出,因为设计的不一样,特别是输入型的成本推动,我们怎么控制? 定价权也不在我们手里,我们要进口钢铁,大量的矿石要进口,矿石涨价 65%,那你怎么办? 定价权也不在我们手里,压是压不住的。所以刚才老许提出一个东西,当期的 4.8,将来有没有一个说法,就是把过去累计下来的不算,还有什么好的办法?

所以,我们控制通货膨胀不能过多地采取行政的措施。刚才老许说管制是必要的,但是过多的管制也是不行的,违反市场经济规律。方便面要管,景点的门票也要管,弄得发改委太忙了,整天管物价。所以有人说,辛辛苦苦 30年,一夜回到改革前,很担心回到行政国家控制的物价上,我看发改委的简报说的这个问题要引起重视。这是一点意见。

二、宏观调控要适应市场经济发展的需要

我们对市场经济过去有几次表述,党的十四大表述的是什么叫市场经济呢? 就是市场在社会主义国家宏观调控下对资源的配置起基础性作用。党的十五大删除了四个字,把"社会主义"去掉了,变为市场在国家宏观调控下对资源配置起基础性作用。我们都是用的党的文件这么表述的。到了"十一五"规划的时候,我们原来的提法还是这个提法,我觉得不对,所以我提出意见,我提了几个问题。

第一,宏观调控到底是前提条件还是市场经济的内容? 这样表述是国家宏观调控下变成前提条件,什么东西都先调控一下,然后出台,这样是不行的,但是我们怎么样建设社会主义市场经济体系? 要有五个框架,第一叫建立现代企业制度,第二是建立宏观调控体系。讲到这个宏观调控体系,这样的话宏观调控有一个市场经济的内容,而不是前提条件。

第二,市场经济就是通过市场来配置资源,配置资源的主体到底是谁? 这样的表述配置主体变成政府,政府是配置资源的主体,市场经济市场应该是主体,这是矛盾的。

第三,谁代表国家? 中央说我理所当然代表国家,到了地方说我也是代表国家。中央调控,省里调控,市里调控,地区、县里都要调控,这样调控就乱了。我从一开始包括在"十一五"规划的时候跟曾培炎起草一个讲话的时候就提出这个意见,不断地提,后来接受了这个意见。所以后来的提法就改变了,改变为更大程度地发挥市场的基础性作用。但是我们有些人没有注意中央的提法改变了。因此,是不是可以这样说,宏观调控不是排除市场经济的基础性作用,首先要明确。第二,宏观调控不是说简单地用行政的办法来调控,更不能回到计划经济体制上去。我们现在说宏观调控了,宏观调控是为了计划经济,这个要明白。

三、政府改革是整个经济体制改革的重点

现在我们改革不是光从经济体制,包括社会体制、政治体制、文化体制,"四位一体"的解决。如果政府改革不推进,其他的经济体制、社会体制、政治体制、文化体制都会受到影响。政府体制是联结经济体制、政治体制、社会体制、文化体制的中心环节。所以,"四位一体"的改革重点要抓住政府体制改革。

党的十七大提出来要加快行政管理体制的改革,建设服务型政府,而且把行政管理体制改革作为政治体制改革的重要内容之一,我觉得这个提法很好。今年我们召开的十七届二中全会作出了《关于深化行政管理体制改革的意见》,后来又出来大部门体制的改革。我们看到政府改革的措施也是逐步具体的,认识也是逐步深化的。至于政治体制改革,我们研究会,海南中改院研究的比这早,提高的比这早,我们不断的发出这方面的声音。我记得我们在

2000 年也是开座谈会,宏观形势改革走势的座谈会,当时说市场当中出现了一些问题,有一种意见说改革造成的,是改革失利,还有一种意见说改革不到位,当然多数意见说改革不到位。

我总结了一下,改革怎么不到位呢? 就是我们存在着政府的越位、政府的缺位、政府的错位。2000 年我们在宏观形势会上讲的,可以查查会议记录,当时我也是这样的发言,提出来"三越位"的问题。越位是政府本来应该当裁判员,结果当了运动员,那就是越位了。缺位,政府本来是要搞服务的,但是我们的政府服务功能不能很好地发挥,为什么? 因为政府抓住了权和利,对权和利抓住不放,对服务功能不重视。政府的毛病是权力最大化、责任最小化。所以我们应当认识到政府的本职是什么? 本职应该是服务。所以我们服务型政府也提得很好,政府改革的目标是要建设服务型政府。

刚才陈林副市长讲了有三种政府,一种是无产阶级政府,一种是市场经济下的政府,还有一种产权型政治、管制型政府。我们既然要搞政府转变职能,我们要跟市场经济相适应。我在浙江提出来,我们在台州会议上提出来民本经济的理念,什么叫民本经济? 就是民有、民营、民享的经济,就是老百姓经济。为什么提出这个概念? 因为我在浙江进行了多次调查,多次调查的结果,浙江为什么有今天? 浙江人多、地少、资源少、国家投资少,为什么经济发展在前面? 为什么人民的富裕程度是全国首位? 为什么社会稳定? 因为政府职能转变得好。

所以我概括了浙江经济为什么好,有"五千"精神:第一,"千辛万苦"搞经营,第二,是"千方百计"搞经营,第三是"千家万户"搞生产,第四是"千山万水"找市场,第五是"千头万绪"抓根本。我们市场经济面临着千家万户,政府抓什么? 政府去管企业越管越死,我们曾经出现了政府没有市场,去包几个企业,那能包得了吗? 最后包的结果是吃便饭。所以政府应当搞什么? 政府应当为创造环境的主体。政府是创造环境的主体。把老百姓纳税人的钱集中起来,然后去投入,手表厂、自行车厂、缝纫机厂,都是政府投入,连卖菜的都是公营的,这个不行的。然后老百姓存在银行里的钱,银行有 60%、70% 的钱贷给国有企业,国有企业和国家银行、国家财政这种"三位一体"的计划经济的特征难以为继,所以转到老百姓和企业是创造财富的主体,政府就超脱了,你没必要忙忙碌碌管企业管的事儿。现在为什么政府官员那么忙,因为他要管微观的事。

千头万绪抓根本,根本就是服务。为市场的平等竞争搞好服务,比如法律环境、政策环境、市场环境,创造这样的环境。至于企业能做的、市场能做的,就让企业做、市场做。政府能操作的叫千头万绪抓根本,那就是市场经济的政府。

刚才讲了,现在出现了政府官员直接招商引资情况,而且你来了我给你什么优惠,给你溢价的土地,还给你奖励,这不是政府干的事。政府改革提出来,怎么样转变? 难度很大。因为政府改革自己了,不去革别人的命,那就不一样了,要自我革命。这是第三点。

还有一点,2005 年在讨论政府工作报告的时候,国务院请了 9 位专家,对政府工作报告提意见,我是其中之一,讲了六条意见。其中一条,原来政府工作不合理,国有企业改革仍然是中心环节,我说这个提法是 1984 年《中共中央关于经济体制改革决定》的时候提出来的,当时这个《决定》我也参加了起草,当时我还提供了证据。因为通过这个能够把别的改革带动起来,现在企业改革带不动了,怎么能带动金融体制、社会体制的改革? 不可能。所以,政府应该作为重点,作为中心环节。我讲到这个的时候,温总理插了一句话,政府改革是关键,所以后来用了政府行政管理体制改革是全面深化改革和对外开放的关键,写到报告里了,作为政府工作报告中央文件的提法。

四、扩大消费。重点是扩大农民的消费,关键是增加农民的财产性的收入

现在为什么农民问题、农村问题是重中之重? 因为我们现在要建设小康社会,建设小康社会关键是农村的问题、农民的问题。农民如果不建设小康,整个国家小康社会是不可能的。因为我们大量的人口都在农村,是农民。现在的一个问题是,农民的资产怎么样变成资本,怎么样增加农民的财产性收入,财产性收入中央文件提出来,怎么样增加,光说空话不行,要有措施,要解放思想。现在农民有土地使用权,使用权原来是 15 年,后来增加到 30 年。这个提法要不要与时俱进? 到了 30 年是不是政府收回? 我想不可能收回。那么怎么办? 要考虑、研究解决办法。

为什么解放思想呢? 首先是从肯定成绩的基础上提出来,因为不进则退,不进就是落后,这是第一。第二,即使在广东,中国第一个经济大省,但是它经济发展也不平衡,珠江三角洲占财政收入的67%,粤东、粤北、粤西分别占3.1%、3.3%、3.9%,发展不平衡。第三,看到我们和浙江、上海还有差距。第四,看到周边,小平提出20年要赶上"四小龙",现在除了韩国以外都赶上了。但是总量上赶上不算,人均呢? 人民生活水平呢? 环境呢? 这样一比差距还是有的。

我们过去吃了很多的亏,搞改革争论姓"社"姓"资",这个问题争论不清楚,因此小平同志讲了三个"有利于"。我们要进一步解放思想。

把反垄断作为经济体制改革的突破口 *

（2009 年 6 月 12 日）

加快推进垄断行业改革的迫切性

加快推进垄断行业改革，是完善社会主义市场经济体制的重要内容之一。党的十七大报告指出，"深化垄断行业改革，引入竞争机制，加强政府监管和社会监督。"前不久，国务院确定，将"深化垄断行业改革，拓宽民间投资领域和渠道"作为今年重点推进的改革任务之一。

我国改革开放 30 多年来，垄断行业改革逐步展开，一些行业已经或正在逐步打破垄断。特别是 2007 年 8 月通过、2008 年 8 月起施行的《反垄断法》，对于预防和制止垄断行为、维护市场公平竞争、促进经济社会发展具有重要意义，标志着我国反垄断工作进入一个新阶段。但相对于其他领域的改革，垄断行业改革的推进较为缓慢，范围还比较窄，层次还比较低，尚未形成规范化的准入制度，不少中小企业在垄断夹缝中生存的状况还没有得到根本改观。

我国已经初步建立起社会主义市场经济体制，国有经济战略性调整和国有企业改革取得重大进展。但另一方面，电力、邮政、电信、铁路、银行等行业垄断企业的地位依然稳固，垄断收益依然丰厚，这成为当前经济社会矛盾的一个集中点。可以说，在改革发展的新阶段，垄断行业改革问题更加凸显，并成为进一步深化改革的焦点和难点。目前，我国经济运行中存在的中小企业发展困难、价格关系扭曲、结构调整进展缓慢、资源消耗过高等问题，都与行政性垄断范围过广、程度过深导致市场机制作用发挥不充分有直接关系。为了完善社会主义市场经济体制，进一步增强我国经济的活力和竞争力，促进国民经

＊ 本文原载 2009 年 6 月 12 日《人民日报》。

济平稳较快发展,有必要把加快推进垄断行业改革作为深化经济体制改革的突破口。

垄断行业改革的现状和存在的突出问题

第一,行政性垄断改革滞后,市场竞争不足。行政性垄断的本质是基于行政权力而产生的独家或少数企业对市场的垄断。为了维护市场公平竞争和效率,同时也为了防止权力寻租性腐败,成熟的市场经济对于行政性垄断的范围和行为都有严格的法律限制。我国的行政性垄断基本是由计划经济时期的部门分工演变而来的,并且以国有部门垄断为主要特征。改革开放以来,伴随着社会主义市场经济体制的发育、发展,破除垄断的改革逐步推进,并于 20 世纪 90 年代出台了《反不正当竞争法》。之后,经过多年的探索、积累、酝酿,顺应社会各界的期盼,于 2007 年出台了《反垄断法》,反垄断工作取得重要的制度性进展。但反垄断特别是反行政性垄断的实际进程,仍然滞后于经济社会发展的现实要求。

行政性垄断的要害在于通过权力运行排斥潜在的竞争者。如果没有行政权力的准入限制,就不会形成真正的垄断。市场竞争也会出现垄断,但理论上只要潜在的竞争者可以自由进入,这种垄断就难以持久。从历年世界 500 强企业排行榜的变迁以及不断有一些知名大企业被淘汰甚至破产的实例,不难看出这一点。因此,判断行政性垄断是否存在,并不在于市场是否存在竞争,也不在于企业是否处于竞争性行业,而在于企业能否自由进入,是否具有平等竞争的条件。

国有垄断企业分拆可以在一定程度上对垄断形成制约,促进竞争,但由于分拆出来的企业本质上都是在一个"老板"的控制下,反映的只是不同层级或部门的利益诉求,因而这种竞争机制主要还不是市场性的,仍然无法真正打破垄断。在一些行业,有的国有大企业虽然也面临其他竞争者,但时常会受到有意无意的行政保护,具体表现之一是当市场供求关系发生变化时,被整顿关闭、融资困难的往往是民营企业。所以说,根本问题在于一旦行政力量可以左右具体企业的生存与发展,市场供求关系决定的竞争机制就会居于次要地位,而不是"基础性"地位。因而,反垄断的治本之策是打破有形或无形的行政保护、行政干预。

第二,行政权力过多介入微观经济活动,影响社会经济秩序和收入分配格局。与行政性垄断相伴生的是行政权力过多介入微观经济活动,由此衍生了经济转型时期的秩序混乱和腐败现象。近年来,腐败问题主要集中在土地批租、国企改制、金融市场等领域,而这些领域正是行政权力掌控的重要方面。一些腐败分子利用土地批租权,廉价征用农民土地,转手以垄断价格出让给开发商和用地单位,从中谋取私利;利用国企改制审批权,与国有企业负责人、出资人合谋,隐匿、私分、转移、贱卖国有资产;利用金融监管权,通过金融信息与行政权力的垄断,从被监管者和社会投资人手中牟取暴利。一些掌握着行政权力或稀缺资源的单位和个人,利用手中的公共权力谋取私利,寻求行政定价与市场价格之间的巨额"租金",一夜暴富,扰乱了社会经济秩序,造成了极其恶劣的影响。

行政性垄断的存在,也对国民收入分配格局产生了负面影响,导致不同部门之间、不同社会群体之间收入差距过大。在过去几年中,不同部门之间的收入差距呈扩大趋势,其中尤以垄断性部门与竞争性部门之间的收入差距扩大最为明显。电力、电信、石油、金融、保险、水电气供应、烟草等垄断行业职工的平均工资和工资外收入大约是全国职工平均工资的5—10倍。垄断企业收入分配失控,是造成收入分配秩序混乱的重要原因之一。垄断企业凭借其垄断地位获得的超额利润并没有转化为国民财富,使全体人民获益,而是留在企业转化为垄断利润和职工收入或福利。国民收入分配过度向企业倾斜,还为企业盲目扩大投资提供了资金来源,成为导致社会投资与消费关系失衡的一个重要因素。

从根本上解决这些问题,应当进一步深化体制改革,彻底消除形成行政垄断和权力腐败的制度基础。

加快推进垄断行业改革的主要思路

进一步深化垄断行业改革,打破行政性垄断,必须实行政企分开、政资分开、政事分开,加快构造有效竞争格局,加快垄断行业建立现代企业制度的步伐,加快推动相关法律制度建设,逐步建立和完善公开透明、监管有力的监督管理体系。

推进垄断企业股权多元化改革,允许非公有制经济进入垄断行业参与竞争。2005年,国务院发布《关于鼓励支持和引导个体私营等非公有制经济发展的若干意见》。这是鼓励支持和引导非公有制经济发展的政策性文件,对于深化垄断行业改革也具有重要意义。《意见》明确规定了对非公有资本的"五个允许"和"两个鼓励",即允许进入垄断行业和领域,允许进入公用事业和基础设施领域,允许进入社会事业领域,允许进入金融服务业,允许进入国防科技工业建设领域;鼓励非公有制经济参与国有经济结构调整和国有企业重组,鼓励和支持非公有制经济参与西部大开发、东北地区等老工业基地振兴和中部地区崛起。应认真贯彻落实《意见》精神,为垄断行业打破垄断、引入竞争创造条件,为推进国有垄断企业股权多元化提供契机。

坚持公开、公正原则,保证垄断行业改革规范有序进行。在以往的国有企业改制重组中确实存在一些问题,特别是政企不分、监管不力为个别政府主管部门、企业经营者和出资人进行暗箱操作提供了可乘之机,导致国有资产流失,使国有产权制度改革受到质疑。国有垄断行业是特殊利益最为集中的领域之一,在股权多元化改革中势必会出现突出的利益博弈问题,最有效的办法就是方案公开、程序公正、社会参与、媒体监督,"让权力在阳光下运行"。

转变政府职能,弱化政府对微观经济活动的干预。近年来,政府职能转变取得了显著进展。但受长期计划经济体制和思维惯性的影响,在不少地方和部门,政府的直接干预依然渗透在微观经济活动的诸多方面,不仅包括垄断行业的生产经营过程,甚至涉及已经市场化的竞争性行业。这种行政权力的滥用,为腐败行为提供了制度土壤,加剧了收入分配不公,影响了政府的公信力。为了从根本上解决这一问题,必须加快行政管理体制改革,进一步转变政府职能。凡是市场主体有能力做好的事情都要交给市场主体去做,政府的主要职责是为市场主体创造公平竞争的环境。

在扩大内需中重视发挥市场的力量,防止强化行政性垄断。当前,为应对全球性经济衰退的影响,各国政府纷纷出手救市。在外需急剧下降的形势下,我国推出了4万亿元的经济刺激计划,把扩大内需作为保增长的根本途径。在消费需求短期内还难以成为支撑经济快速增长主要动力的情况下,扩大内需在很大程度上还要依赖于投资扩张;而在市场低迷的情况下,投资扩张主要靠政府扩大投资来启动。作为应急手段,扩大政府投资是必然选择,但应清醒地认识到,政府扩张性政策的重点在于撬动市场力量,短期不得不直接介入市场的行为应避免过度,谨防由此而催生或强化新的行政性垄断。

民营经济的发展历程与挑战

（2009 年 9 月 26 日）

　　转眼之间，新中国即将迎来成立 60 周年华诞，而改革开放也已经走过了 30 多年的历程，这段时期是中国的社会生产力得到前所未有的大解放，民营经济大发展，经济与社会发生天翻地覆变化的 30 多年。总结和评价新中国 60 年伟大成就，一个不可缺少的重要方面就是民营经济的发展历程和宝贵经验。

一、民营经济的发展历程是一个思想解放的过程

　　30 多年改革的实践证明，我国非公有制经济的发展，从"资本主义的尾巴"到"必要的有益的补充"，再到需要"毫不动摇"发展的社会主义市场经济"重要组成部分"，到现在进行"平等竞争"和受到"平等保护"的市场主体，都是不断解放思想、逐步冲破认识上的传统羁绊的一次次理论飞跃。

　　改革开放之前，我国长期存在着"所有制歧视"。1982 年党的十二大提出，"鼓励劳动者个体经济在国家规定的范围内和工商行政管理下适当发展，作为公有制经济的必要的、有益的补充。"1987 年党的十三大再次认为，私营经济"是公有制经济必要的和有益的补充"，直到 1997 年党的十五大才提出，"非公有制经济是我国社会主义市场经济的重要组成部分"。2002 年党的十六大报告提出两个"毫不动摇"——"必须毫不动摇地巩固和发展公有制经济"，"必须毫不动摇地鼓励、支持和引导非公有制经济发展"，突破了非公有制经济与公有制经济不可融合，公有制经济要在国民经济中占绝对优势的思维定式。2003 年党的十六届三中全会第一次提出建立现代产权制度，大力发展混合所有制经济，允许非公有资本进入法律法规未禁入的基础设施、公用事业及其他行业和领域，非公有制企业在投融资、税收、土地使用和对外贸易等

方面,与其他企业享受同等待遇。这是我国改革理论的又一次大突破,在所有制理论上彻底解决了姓"资"姓"社"的问题。2004 年宪法修正案把"私有财产不受侵犯"写入宪法,为民营经济发展创造了更好的法治环境。2007 年通过物权法和企业所得税法,保护了包括个人在内的所有物权人的合法物权,为内外资企业提供同一条起跑线,结束了不合理的外资"超国民待遇"。2007 年党的十七大报告提出"坚持平等保护物权,形成各种所有制经济平等竞争、相互促进新格局",法律上的"平等"保护和经济上的"平等"竞争这"两个平等"是党的十七大在所有制理论上的亮点,是非公经济理论的又一次飞跃。

这些理论上的突破与飞跃,为民营经济的发展提供了强大的动力。30 多年来,民营经济从零发展到占 GDP 的 65%,占出口的 68%,占就业的 75%。截至 2008 年底,在规模以上工业中,国有及国有控股工业企业占全部规模以上工业总产值的比重下降到 28.3%,集体企业占 2.4%,非公企业比重上升到 65.6%,全国共有个体工商户 2917 万户,从业人员 5776 万人。

在解决就业方面,1978 年,全国 40152 万就业人员中仅有个体就业人员 15 万人,其余都在国有和集体单位中就业,个体就业人员占全国就业人员的比例不到 0.04%。这些年国有企业的就业人口不断减少,真正能够吸收就业的,是大量的非公有制经济,大量的中小企业。2008 年,城镇非公有制经济就业人员的比重从 1978 年的 0.2% 增加到 2008 年的 74.8%。20 世纪 90 年代以来,民营经济平均每年创造的就业岗位近 450 万个,占全部城镇就业人员年均增加量的 60% 以上。可以说,没有民营企业的发展,就不可能解决就业问题。

二、国际金融危机背景下更要充分重视民营经济发展

为了应对国际金融危机对我国的冲击,去年下半年以来,中央迅速出台了一系列刺激经济的计划,对缓解经济运行中的突出矛盾,增强信心,扭转经济增速下滑发挥了重要作用。在克服国际金融危机的过程中,我们尤其要充分重视和发挥民营企业的作用,努力避免旧体制的复归,防止政府投资增加过快,民间投资拉动不起来的情况出现,确保经济健康平稳增长。

在国务院 4 万亿元经济刺激方案中,政府投资只占 1.18 万亿元,其他要靠银行贷款和民间投资。但是现在民间的投资没有像政府投资那么热,还在

观望。在银行信贷方面,几乎所有的银行都争着给大企业放贷,而情况往往是大企业不差钱,中小型企业却资金困难。因为中小型企业第一没有担保,第二风险比较大,成本比较高,所以,银行都想往大企业贷款。比如民生银行是靠民间资本逐渐成长起来的银行,但它去年贷给中小企业的贷款只有3%。我们国家虽然重视中小企业,但是,一到下面去就不行了。所以,如果中小型企业得不到贷款,它的发展就会受到影响。而目前日益严峻的大学生、农民工的就业问题,仅靠国有大企业是解决不了的。所以,民间投资如果带动不起来,中小企业发展不起来,就业问题解决不了。

金融危机爆发后,美国采取了一些国有化的措施,所以就有人说美国也在搞社会主义了,这是一种误解。我们过去老的概念认为,社会主义就是计划经济,社会主义就是国有化,所以要"国进民退"。这次金融危机以后,增加了国有经济的比重,加强了政府的干预,必要的时候也是应该的。但是,过多的干预就影响市场的基础性作用发挥。用政府替代市场,那是不行的,还是要发挥市场的基础性作用。另外,政府的投入,目前虽然也很需要,但要有退出的机制,待情况好转以后,要逐步退出来,把有限的国有资本集中到更需要的地方去。

因此,我们要继续深化改革,进一步打破民营经济发展的制度障碍,拓宽民间投资的领域和渠道,推动民营经济健康快速发展。当务之急是解决民营经济融资难问题,短期重在采取应急措施,中长期重在加快金融体制改革,建立多层次的金融体系;尽快完善对民营经济的财税支持体系,改革现行企业所得税制,减轻税收负担,加大财政对民营企业的支持力度。同时要抓住时机,把打破行政垄断作为反垄断的重点,在重点行业实现反垄断改革的实质性突破,破除各类资本进入垄断行业的壁垒,鼓励民间资本进入石油、铁路、电力、电信、市政公用设施等重要领域的相关政策,带动社会投资;支持鼓励民营企业技术创新与产业升级,完善健全民营企业技术创新的法制环境,鼓励民营企业大力提升自身创新能力。

我相信,只要我们坚定不移地坚持中国特色社会主义的道路,坚持改革开放,坚持社会主义市场经济的改革方向,在新时期科学发展的征程中,中国必将更加辉煌,民营经济必将迎来更加美好的明天!

对非公有制经济的若干认识*

（2009 年 12 月 12 日）

对民营经济这个名词,现在好像叫得顺,实际上民营经济是一个经营的概念,而不是所有制的概念。从经营角度来讲,国有经济也可以是民营的,集体经济也可以是民营的,所以它是一个模糊的概念,但是为什么叫顺呢? 因为当时回避了意识形态上的争论。但是中央的文件一直是用非公有制经济的名词。

一、如何深化对非公有制经济的认识

认识的过程还没有完,还要继续深化,特别是对民营经济的地位和作用的认识。新中国成立 60 年来,我们对民营经济的认识有一个过程,开始的时候作为改造的对象,后来允许民营经济适当的发展,作为有益的补充,然后提出社会主义市场经济的重要组成部分,党的十五大对所有制部分做了详细的论述,我参加了这部分的起草,所以对这部分比较清楚。党的十五大首先提出公有制为主体,多种所有制经济共同发展,是社会主义初期阶段的一项基本经济制度。其次提出公有制的实现形式应该而且多元化。其三提出非公有制经济是社会主义市场经济的重要组成部分。其四提出国有经济的主导作用主要体现在控制力上。其五提出国有经济比重减少一些不会影响社会主义性质。其六提出各类企业一视同仁、平等竞争。后来又有发展,2003 年在《中共中央关于完善社会主义市场经济体制若干问题的决定》里又提出,非公有制经济是促进社会生产力的重要力量。在党的十六届三中全会文件起草过程中,本来

---

　　* 本文是高尚全同志 2009 年 12 月 12 日在中国民营经济 60 周年学术研讨会上发言的一部分。

的提法叫"非公有制经济是促进社会生产力的重要力量和生力军",我也参加起草了,我提出重要力量就可以了,"和生力军"可以不要,因为有一些是主力军了,不是生力军了,比如就业问题、出口方面的问题、经济增长的贡献率方面都起了主力军的作用。后来党也同意了,正式文件中就不再提"生力军"了。后来党的十七大又提出来"两个毫不动摇",把非公有制人士作为中国特色社会主义事业的建设者。

非公有制经济有今天是因为我们党和政府不断深化认识的结果,没有这个深化认识,没有相应的方针政策,就不可能有今天的发展,更不可能促进社会生产力的发展。这个过程还没有完,还要继续深化、继续发展、不能停留,更不能倒退。最近我收到一封信,是我的一个老朋友给我写的信,他把 60 年感言写成 4 篇文章,希望在我们的杂志上能够刊登一下,我看了以后,发现怎么还重新强调阶级斗争,他主要的理论根据是什么呢? 第一,私营企业主 1956年改造的时候只有 16 万人,现在发展到 497 万,增长了 30 几倍,这个群体算什么? 这个群体应当说是资产阶级、是剥削阶级,因此阶级斗争就在我们身边。所以我们应当响应毛主席的号召,千万不要忘记阶级斗争。第二,他说现在这个群体,这个资产阶级有诉求了,经济上要进入垄断行业,政治上要与共产党分庭抗礼。第三,讲到现在公降私升的趋势,说明什么呢? 公有制的经济地位的底线已经突破了,因此就要抓阶级斗争。

如果按照这种逻辑来抓阶级斗争会有什么样的结果呢? 第一,违背了中央历来对非公有制经济非公人士方针的政策;第二,会造成对生产力的极大破坏。因为我们在这方面的苦头都吃过了。这是值得注意的。我们一方面认识这样一个过程是来之不易的,我们要坚持下去,要发展,还要创新,千万不能倒退。

二、如何对待国进民退

我认为问题不在进和退,市场经济就是有进有退、有生有死,这是市场经济规律决定的。但是问题是"国有的是社会主义的,非国有的不是社会主义的",这个意识形态现在还存在。奥巴马在应对金融危机时采取了某些国有化措施,有人就说了,奥巴马也在搞社会主义了,是搞美国特色的社会主义。

在社会主义市场经济实践中,进与退、生与死是正常的现象,根本问题是是不是有垄断、是不是有竞争、是不是有偏爱和歧视。进与退不要跟意识形态联系起来。国有经济在国民经济中有着举足轻重的作用，不能贬低，但是也不能夸大它的作用，不能对国有企业、国有经济偏好，也不能对非公有制经济歧视，问题的实质在这里。

我记得 2005 年 2 月，国务院总理温家宝召开了常务会议，邀请了 9 个专家学者对政府工作报告提出意见，我也参加了。因为当时有个什么背景呢？国有经济效益有了好转，1—10 月国有企业盈利 4000 多亿，当时觉得国有企业很好了，不改革也可以搞好国有企业。我对这个问题讲了几条意见：第一，利润是怎么来的，当时我查到一个数据，其中 67.7% 是靠垄断，仅中石化一个企业就 1000 多亿。第二，大企业的资产损失也不少，央企 181 个企业里有 80个企业资产损失了，不是都盈利的。第三，央企注销的资产很多，当时国家财政已经注销了 1000 多亿，还有 3700 亿打了报告，希望财政能够注销，加起来4700 亿，比国有企业利润还多。第四，我们没有算这个账，国家对国有企业作了大量的投资、大量的贷款、大量的技术改造贴息，大量的债转股，这就有1200 亿，当时鞍钢债转股就有 64 亿。第五，利润一分钱也没有上交财政，没有上交国库。全民所有制企业老百姓没有分享一分利润。所以，我们不要盲目地乐观，我们要认真分析。我想领导可能听进去了，后来我见到李荣融主任，他说你这个发言都是有数据的。所以我们要分析国有企业，现在国有企业靠垄断的大概占多少，而且造成了分配不公、差距拉大，有的国企还要给职工盖住房。

如何正确理解公有制为主体的基本经济制度？现在有人专门算公有制的比重，说私有的超过了公有，出现了"公降私升"的趋势，就认为不是搞社会主义而是搞资本主义了，是阶级斗争的反映。现在看来这个现象能避免吗？我认为不能避免。最近贾庆林同志在非公有制经济人士表彰大会上的讲话中指出，非公有制经济创造的国内生产总值已超过全国的一半以上，全国城镇实现新增就业人口中 90% 以上是非公有制解决的，全国 65% 的专利、75% 以上的技术创新、80% 以上的新产品开发，都是由非公有制经济完成的。为什么说"公降私升"是必然的趋势？因为：(1)随着收入分配体制改革，居民收入会逐步增加；(2)政府从经济建设财政向公共财政转变，公共服务均等化政策的落实，居民收入会提高；(3)非公有制经济还要发展，外资还要进入；(4)中央提出要鼓励增加居民的财产性收入。居民财产和非公有制经济在社会总资产中的比重增大是不以人们的意志为转移的。因此,办法只有两个:一是公有制为主体,更要注意质的提高,要从功能上、从控制力和影响力发挥其优势;二是与时俱进,完善基本经济制度,把"主体"改为"主导"。不能说公有制经济比重下降了,非公有制经济比重上升了,就不是搞社会主义了,就要抓阶级斗争了。

要大力发展混合经济,使资本社会化,现在公有经济和非公有经济在两个道上跑,通过混合经济使得你中有我、我中有你,互相依存、互相促进、共同发展,要形成这样的格局。

加快行政管理体制改革
促进经济发展方式转变

（2010 年 4 月 12 日）

经过 30 多年改革开放,我国社会主义市场经济体制初步形成,政府职能发生重大变化,但在不少方面依然滞后,政府职能"越位"、"缺位"、"错位"的现象依然存在。从政府公共支出结构看,经济建设仍占有主导性地位,成为制约公共服务供给的重要因素;从经济运行状况看,行政性垄断广泛存在,既导致不公平竞争,也抑制市场活力,增加了社会公共服务成本;从体制方面看,政府在许多领域依然承担着决策者、生产者、监控者等多种角色,集裁判员与运动员于一身,制约了政府职能向公共服务转型的进程;从改革的实践来看,现在改革正处于全面深化的阶段,要解决诸如金融体制改革、财税管理体制改革、收入分配体制改革、国有垄断行业改革等难题,都离不开政府行政管理体制改革。行政管理体制改革既连接社会体制改革,又连接政治体制改革,处于中心环节。所以我认为,把政府行政管理体制改革作为下一个重点、作为关键,就可以把社会体制改革、政治体制改革,把全面深化改革带动起来。

中央在关于第九个五年计划建议中,就提要转变经济增长方式,15 年来,虽然有不少变化,但总体上说,我国的经济发展方式仍然是粗放式的。新中国成立 60 年来,我国 GDP 增长了 14 倍,但矿产资源消耗增长了 40 多倍,当前我国经济社会发展同人口、资源、环境压力的矛盾越来越突出。国际金融危机对我国经济的冲击,实质上是对不合理的经济发展方式的冲击,而制约经济发展方式转变的一个关键因素就是行政管理体制改革滞后。

一是从资源配置来看,生产要素市场还很不完善,市场机制还不能充分发挥作用。突出问题是,土地、能源、资本等要素市场发育滞后,价格形成机制过多地受到行政干预。土地作为最重要的生产要素之一,大部分掌握在政府手中。在当前的政绩考核制度和征地制度下,土地成为政府的主要财政收入来源和招商引资的手段,往往是一届政府就把几十年的土地都批出去了,结果就是鼓励企业扩张规模,使得我国这么一个土地资源稀缺的大国,还有大量的土地利用效率很低,浪费严重。此外,水、煤、电、油等能源的价格形成机制不健全。在我国目前的矿产资源开采体制下,获取开采权的成本很低,也使得价格和成本的严重脱离,这种扭曲的价格机制不能反映我国的资源稀缺情况,造成了使用中的大量浪费。

二是从市场中的主体看,政府过多地直接干预经济活动。由于历史原因,我国的企业投资自主权还没有真正落实,其主要问题是:政府投资决策的机制不规范,政府投资责任追究制度不健全,决策者不对决策后果负责。在当前的考核体制下,造成了政府追求政绩,政府官员忙于招商引资上项目的现象,并且由于官员任期较短,投资往往集中在短期见效的项目上,甚至不惜引入对当地环境造成严重污染的项目。而真正需要政府关注的教育、医疗、农业等领域,却投入不足。这使得我国投资率居高不下,并且投资结构扭曲,导致资源配置的低效率。

三是从财税体制看,目前的制度安排不利于经济发展方式转变。现行的分税制,出于对本地财政收入、就业的考虑,地方政府会容忍甚至鼓励一些高污染的项目。比如,我国钢铁生产能力严重过剩,但要淘汰落后生产能力难度和阻力很大,因为要触动地方利益,影响地方政府的政绩、税收和就业。再比如,我国的矿产资源属于国家所有,有偿使用,国家通过收取资源税和资源补偿费体现其矿产资源所有者权益,但是计税方式不合理。拿煤炭资源为例,资源税和资源补偿费是以煤炭产量和煤炭销售收入为基数计征的。由于煤炭资源税和资源补偿费未与矿井动用的资源储量挂钩,不利于激励生产企业珍惜和节约资源,甚至在一定程度上纵容了资源的浪费,另一方面,征收的资源税和补偿费标准过低,相对于资源的价格几乎微不足道。此外,相当一部分煤炭生产企业占有的资源储量,是在矿业权制度确立之前无偿获得的。按照矿业权管理的有关规定,只要不发生矿业权转让,就无须补交矿业权价款。这些因素使得矿产开采企业实际上对资源无偿或近乎无偿的占用,结果就是造成了开采中浪费严重,而且容易产生暴发户和腐败现象。

四是从改革的历程看,我国经济发展方式转型的主要挑战不是经济社会本身,而是政府决策与政府转型。要推进投资体制改革和政府职能转变,消除政府扩张投资的冲动,增强其提供公共服务功能。在当前的干部考核体制和财税体制下,地方政府的行为更趋向于追逐任期内的政绩特别是经济增长指标,很少考虑下一届政府的事情,难以从根本上解决投资率过高问题。根本的办法要靠改革,加快政府职能转变,积极推进政府从全能政府、管制型政府向有限政府、服务型政府、法治政府转变。把政府职能转到以提供公共服务为主的道路上来,创造有利于经济发展方式转变的制度环境。广东省委书记汪洋最近提出,要把转变经济增长方式作为经济工作的"头号工程",要把自主创新作为转变经济发展方式的核心推动力。企业是自主创新的最佳主角,政府要当好自主创新的"导演",尽心尽力地解决"主角"演出所需的"灯光"、"舞美"等条件。以技术创新为重点的发展模式转变,新技术的创新和应用,新产品特别是战略性产品的研发,最关键的是创新的风险,这需要有序的市场、对技术产权的有效保护、获得可行承诺的经济政策、更加透明开放的产业政策与信息等,这都是政府应提供的公共产品,如果政府不确立公共政府的职能,企业就缺乏转变经济发展方式的约束条件。

加快行政管理体制改革,就是要把过去管制型的政府转变为服务型的政府,把过去无限的政府转变为有限的政府和法治型的政府。怎样建设服务型、法治型的政府呢?根据我的体会,必须创新三个理念。

第一个理念是,政府是创造环境的主体,企业和老百姓是创造财富的主体。过去对这两个主体是有点错位了。我一直在注意浙江的现象,做了一些调查研究。浙江是一个人多地少、国家投入少、资源少的省份。那么现在为什么它的经济发展走在全国前列?为什么人均富裕程度在全国首位?为什么社会很稳定?一个重要原因是,让老百姓作为创造财富的主体,这样才有内在的动力,才有活力。如果大家都靠国家,都让国家来创造财富,然后由国家再来分配给大家,这样的体制是缺乏活力的。

第二个理念,是叫"非禁即可"的理念,凡是法律不禁止的就是大家都可以干的,这个理念非常重要。过去的理念是什么呢?凡是企业要做什么事情,老百姓要做什么事情,都要经过政府审批才能干,不批准你就不能干。这种理念缺乏创新空间,例如你要搞技术创新,但如果审批的人不懂技术,那就不是鼓励创新而是抑制创新。

　　第三个理念,是依法行政的理念,就是政府只能做法律规定的事情,法律不规定的事情政府就不能做。这样,政府的行为受到法律的约束,建设有限政府就有可能,法律不规定的政府不能干,就是政府活动限制在法律范围内。政府不能有随意性。这样,一会儿叫老百姓种树,一会儿叫种草,一会儿拔掉又种粮的情况就不可能发生。

大力发展民间资本
促进经济长期平稳较快发展[*]

（2010 年 6 月 19 日）

最近下发的《国务院关于鼓励和引导民间投资健康发展的若干意见》是一个十分重要的文件,对扩大社会就业,增加居民收入,促进经济长期平稳较快发展,促进社会和谐稳定都有重要意义。但关键是如何认真落实。

一、民间投资的发展趋势

所谓民间投资,是跟政府投资相对应的,应该处理好民间投资和政府投资的关系。我们要搞市场经济,民间投资必然是越来越多,政府投资必然是越来越少。过去搞计划经济,政府是投资的主体,老百姓纳税的钱都集中到政府,政府又把钱投到各行各业,形成庞大的国有经济。自行车厂、手表厂、缝纫机厂都是靠政府投资,连卖菜的、卖肉的都是国有国营。那时候认为,政府投资,搞国有化,就是搞社会主义。国内外的历史经验证明,靠计划经济配置资源是不成功的。

党的十四大明确提出,我国改革的目标是,建立社会主义市场经济体制,就是要使市场在资源配置中起基础性的作用。确立了市场经济的目标,就意味着民间投资越来越多,政府投资越来越少。而且要把有限的政府投资集中到民生工程,为老百姓提供更多的公共产品,分享改革发展的成果。最近国发【2010】13 号文件,即"新 36 条",明确界定了政府投资范围,提出"政府投资主要用于关系国家安全、市场不能有效配置资源的经济和社会领域。"这是很正确的。不仅是经济和社会领域,还应包括文化领域也是这样,今年 1 月份我

---

　　* 这是高尚全同志 2010 年 6 月 19 日在"鼓励和引导民间投资健康发展"研讨会上发言的一部分。

同主管意识形态的中央负责同志交谈时,他强调不改革是没有出路的。过去文化领域主要是政府投资,把它作为无产阶级专政工具,所以发展很慢。现在开放了,民间投资进入了,改变了过去政府大量投资、政府大量补贴的局面,开创了文化繁荣的新时期。民间投资不仅越来越多,而且随着不断整合、股份改制,变为混合经济,成为社会投资了。

二、发展民间投资要解决政策制度性的障碍

我想主要是两个,一个是金融方面。现在有几个矛盾,一个是民间资本越来越多,但是投资的渠道、出路不多,甚至找不到出路。刚才梁冰(中国人民银行研究局处长)讲了,山西省2500亿民间投资要找出路。二是中小型企业、微小企业在成长过程当中急需要钱,但得不到贷款。我们国有企业往往不缺钱,但很容易拿到贷款,然后去搞房地产、进入股市。三是我们西部、中部是缺钱的地方,但是缺钱的地方往往是资本回流,需要资本的地方,资本不能利用,它回到城市,回到沿海去了。这是三大矛盾,国务院的"新36条"要鼓励和引导民间资本进入金融服务领域,提出"允许民间资本兴办金融机构",但是在具体内容方面还不够详尽,讲参与、入股的多,讲兴办的少。民间资本为什么不能办中小企业银行,或者私人银行? 有人说:因为涉及金融安全,所以不能办。粮食安全非常重要,照此逻辑只能办国营农场才能保证粮食安全了。

第二个方面要鼓励、支持创新和创业。创新的主体是谁? 创新的主体应当是中小企业,它有这种内在的动力。去年11月份贾庆林同志在非公有制经济的表彰大会上说,现在技术创新的65%,专利的75%,新产品的80%是由民营经济实现的,这个数字我看了以后,感触很大,为什么国有企业在这方面落在后面? 这涉及体制的原因,国有企业领导任期有限,在他任期内首要考虑的是在短期内如何搞出政绩来,至于发展新产品,那是十年、八年的事。政府应该支持中小企业的创新。目前乃至今后很长时间内我们的就业压力越来越大,所以政府要花大力气来支持老百姓创业,指导就业。

"十二五"时期应积极稳妥
推进政治体制改革

(2010 年 9 月 28 日)

一、"十二五"时期推进政治体制改革的必要性和紧迫性

(一)推进政治体制改革是保障经济体制改革成果的必然选择

我们知道,中国的改革开放事业是从经济领域开始的,但经济体制改革深入到一定程度后,如果没有包括政治体制改革在内的其他各项改革的配套推进,那么经济领域遇到的很多深层次问题是不可能真正解决的。对于这一点,早在 20 多年前小平同志就有过精当的论述。1986 年 6 月小平在中央政治局常委会上讲话称,"政治体制改革同经济体制改革应该相互依赖,相互配合,只搞经济体制改革,不搞政治体制改革,经济体制改革也搞不通,因为首先遇到人的障碍。"此后小平同志还发表了一些关于政治体制改革必要性的看法,包括:不改革政治体制必然阻碍经济体制改革;所有改革的成功与否,最终取决于政治体制改革;民主制度化、法律化是长期目标,绝不动摇;党只能在宪法和法律的范围内活动;改革要有期限,不能太迟等等。

党的十七大报告"坚定不移发展社会主义民主政治"部分,明确确立了几大政治体制改革目标:从各个层次、各个领域扩大公民有序政治参与;实现国家各项工作法治化;建立健全决策权、执行权、监督权既相互制约又相互协调的权力结构和运行机制。而胡锦涛同志在党的十七届五中全会时也强调,"改革是加快转变经济发展方式的强大动力,必须以更大决心和勇气全面推进各领域改革,大力推进经济体制改革,积极稳妥推进政治体制改革"。

到了今天,我国体制机制中的政治因素制约经济、社会发展的问题越来越突出,改革结构失衡的问题也越来越严重。正是在这个大背景下,"十二五"

时期积极稳妥地推进政治体制改革就变得刻不容缓,正如温家宝总理8月22日在深圳考察时所说的"没有政治体制改革的保障,经济体制改革的成果就会得而复失,现代化建设的目标就不可能实现"。

(二)经济发展方式转变的主要阻力来自落后的行政管理体制

一是从资源配置来看,生产要素市场还很不完善,市场机制还不能充分发挥作用。突出问题是,土地、能源、资本等要素市场发育滞后,价格形成机制过多地受到行政干预。土地作为最重要的生产要素之一,大部分掌握在政府手中。在当前的政绩考核制度和征地制度下,土地成为政府的主要财政收入来源和招商引资的手段,往往是一届政府就把几十年的土地都批出去了。

二是从市场中的主体看,政府过多地直接干预经济活动。由于历史原因,我国的企业投资自主权还没有真正落实,其主要问题是:政府投资决策的机制不规范,政府投资责任追究制度不健全,决策者不对决策后果负责。在当前的考核体制下,造成了政府追求政绩,政府官员忙于招商引资上项目的现象,并且由于官员任期较短,投资往往集中在短期见效的项目上,甚至不惜引入对当地环境造成严重污染的项目。这使得我国投资率居高不下,并且投资结构扭曲,导致资源配置的低效率。

三是从财税体制看,目前的制度安排不利于经济发展方式转变。现行的分税制,出于对本地财政收入、就业的考虑,地方政府会容忍甚至鼓励一些高污染的项目。要淘汰落后生产能力难度和阻力很大,因为要触动地方利益,影响地方政府的政绩、税收和就业。

四是从改革的历程看,我国经济发展方式转型的主要挑战不是经济社会本身,而是政府决策与政府转型。在当前的干部考核体制和财税体制下,地方政府的行为更趋向于追逐任期内的政绩特别是经济增长指标,很少考虑下一届政府的事情,难以从根本上解决投资率过高问题。

(三)政府职能转变滞后,公共服务供需矛盾日益突出

近年来,我国公共服务供给不足已成为社会广泛关注的焦点。特别是在教育、医疗、住房、社会保障等领域,供需矛盾十分突出。公共服务需求与供给不仅要受到发展阶段的制约,而且更受到体制因素的深刻影响。

一是公共支出结构不适应经济发展的现实要求。在公共支出中,经济建设和行政管理费支出比重偏大,用于满足人民基本福利需求方面的支出所占比重较小。尤其是 20 世纪 90 年代以来,我国居民在教育、医疗、住房和社会保障等基本公共服务方面,个人承担的费用迅速上涨,大大超过中低收入家庭可支配收入的增长速度,公共服务供给不足与公共需求快速增长的矛盾日益突出。

二是公共资源配置不均衡导致社会分享公共服务的不均衡。最突出的表现是城乡分割和基本服务的歧视性政策。长期以来,我国的公共产品和公共服务基本是以满足城镇居民的需求为主,农村居民分享公共产品和服务的水平极低。农村居民与城镇居民享有的公共产品和服务具有较大差距,农民工在子女教育、社会保障等方面还没有完全纳入基本公共服务体系;对城镇居民中低收入家庭的政策倾斜力度不足,弱势群体分享改革发展的成果较少,从而使公共产品和服务的普惠性大大降低。

三是公共支出缺乏透明度与有效监督。作为社会资源的提供者,社会公众有权对公共支出进行必要的监督。然而,政府的财政支出过度地依赖预算外支出,使得公共支出严重缺乏透明度。同时,财政支出没有向社会完全公开,即使是报经全国人大审核的财政预算报告也语焉不详。由于公共支出缺乏透明度和有效监督,导致公共服务领域中的腐败现象与资源浪费。这种现象不改变,必将降低政府的公信力。出现上述情况的体制性原因在于,政府决策缺乏透明度与公开性,社会公众的知情权与参与权受到抑制,公共服务需求缺乏法治化的表达程序。

(四)对权力缺乏有效制约,收入分配不公持续扩大

由于政治体制改革的滞后,行政权力缺乏有效制约,党政官员的腐败现象屡禁不止,而且不断升级。某些党和政府的权力渗透到社会经济生活的各个方面,由此形成了"权力私有化"、"权力市场化"、"权力期权化"的现象。近些年来,党政官员的腐败现象主要集中在土地批租、国企改制、金融市场等领域,而这些领域正是行政权力掌控的重要方面。一些掌握着行政权力和稀缺资源的单位和个人,利用手中的公共权力为个人谋取私利,寻求行政定价与市场价格之间产生的巨额"租金",一夜暴富,在人民群众中产生极其恶劣的影响。

与此同时,国有垄断的存在,也对国民收入分配格局产生了极大的负面影响,不仅影响到部门之间的收入差距,而且影响到居民个人的收入差距。资料

显示,电力、电信、石油、金融、保险、烟草等国有垄断行业职工的收入大约是全国职工平均工资的5—10倍。国有垄断企业收入分配失控,是造成收入分配秩序混乱的重要原因之一,主要表现为分配规则的混乱、无序,资金渠道过多、过滥。尤其是,国有垄断行业凭借其垄断地位获得的超额利润,并没有转化为国民财富,使全体人民获益,而是直接或间接地转化为垄断行业职工收入和福利。特别是,一些明显倾向于集中权力、维护垄断影响私人权益的政策和措施,被堂而皇之地插上了"改革"的标签,甚至以"改革"的名义复制旧体制,致使人民群众对改革开放政策产生了怀疑和抵触。

近些年来,社会矛盾日益突出,群体性事件不断攀升,与上述问题的存在有直接关系。当前出现的社会矛盾和问题已经引起党中央、国务院的高度重视。大量事实表明,这些问题的根本解决,应当从形成上述问题的制度层面入手,通过积极稳妥地推进政治体制改革,彻底铲除酿成权力腐败的制度基础。

二、"十二五"时期政治体制改革的重点和切入点

党的十七大报告将发展社会主义民主政治提到了非常重要的高度,将人民民主视为社会主义的生命。在健全民主制度方面,坚持民主选举、民主决策、民主管理、民主监督;在保障公民权利方面,明确公民具有知情权、参与权、表达权、监督权;在基层自治方面,强调自我管理、自我服务、自我教育、自我监督。这一切为人们描绘出一幅美好的民主政治蓝图,为深化政治体制改革创建了有利前提。

(一)健全和完善党内民主制度

党内民主是党的生命。没有党内民主,就没有执政党的兴旺发达。党内民主的实质,包含两个主要内涵:一是党员享有广泛的民主权利,真正成为党的主人,使党成为一个民主的、开明的政党;二是杜绝权力的滥用,建立健全对权力的制约机制,使党成为一个清廉的、公正的政党。近年来,在县以下党组织中展开了党内直选、党务公开、党内民主监督、试行党代表大会常任制的试点,涌现出许多鲜活的案例,诸如四川雅安、江苏宿迁、湖北罗田、浙江台州椒江区等等。发扬党内民主,对人民民主制度的建设也具有重要的示范和导向作用,党内民主状况的好坏,直接影响到政治、经济、文化、社会生活各个领域。

健全和完善党内民主制度,需要进一步探讨党内民主与民主集中制的关

系。长期以来,形成了一种思维定式,认为"实行民主是为了集中,集中是目的,民主只是手段";进而演变成"群众民主,领导集中","委员民主,书记集中",使主要领导者和书记个人成为"集中"的仲裁者,领导者个人的意志成为统一意志。伴随着革命党向执政党的转变,党的十六大报告郑重提出,"党内民主是党的生命"。这意味着向世人宣示,我们党是一个民主性质的政党,民主成为党内政治生活的一种常态。

(二)逐步推广基层民主选举制度

人民依法行使民主权利,管理基层公共事务和公益事业,对领导干部实行民主监督,是人民当家作主的最有效的途径,必须作为发展社会主义民主政治的基础性工作重点推进。1998 年以来,在试点经验的基础上,我国已经在村一级实行了村民自治、直接选举村干部的制度,使村民委员会的行为受到本村选民的监督,取得了很好的效果,深受广大农民群众的拥护,逐步探索形成了"两推一选"、"公推直选"和"无候选人直选"等多种行之有效的选举方式。近年来,一些地方也在尝试对乡镇长乃至区县长的"公推竞岗"。对地方党政一把手进行公开竞选,是我国干部任免机制上的重大创新,值得进一步探索和推广。同时,可以考虑将乡镇人大制度改革成为中国人大制度改革的突破口,乡镇人大代表率先实行竞选与专职化,要保障乡镇人大代表切实真正履行好选举乡镇行政首长的职责,设立乡镇人大常委会,保障人大对于乡镇政府系统的全面监督与质询,保障人大对乡镇财政系统的有效批准与审核,也就是说,使我国宪法和地方组织法中规定的人大的权力和地位得以真正实现。

另一方面,城市基层民主选举体制的改革也需要其他方面配套制度的改革来加以巩固。例如,要理顺街道办事处与居民委员会之间的关系、要将社区党支部与居民委员会的关系明确化等,但是其核心就是要改变传统居民委员会在城市管理体制中权责不一致的状况,改变居委会单一的、琐碎繁杂的职能状况,赋予居委会以更多的权力和资源,特别是财政权与人事权,让其真正担负起城市基层管理的职能,让其能够吸引更多出色的政治精英来参与选举,也让更多的老百姓能够真正关心关系到他们切身利益的居委会的选举。

(三)加强信息公开和媒体的舆论监督

建立与社会公众的互动通道,让民众有比较充分的表达途径,拥有更多的话语权和参与权,是一个政治体系秉承文明的基本理念和价值,也是一个社会有可能进入良性治理形态的重要标志。温家宝总理近日在接受美国有线电视新闻网(CNN)采访时说:言论自由已经写入了中国的宪法。我们不仅应该让人民有言论自由,更重要地要创造条件让他们批评政府的工作。只有当人民能够批评和监督政府的时候,政府才能做得更好,公务员也才会成为真正的人民公仆。

新闻媒体具有传播信息、秉承公意、造就舆论,帮助公众实现知情权、行使表达权的功能,并能对公共权力的行使者进行有效监督和制约。伴随着国际互联网的发展,舆论监督得以借助新的平台发挥更大的作用。近些年来,一些重大事件都是先由网络媒体曝光,继而通过报刊媒体形成舆论压力,最终受到党和政府的关注与重视。这充分显示了舆论监督不仅能够发挥稳定社会的积极作用,而且有助于推进国家制度的改进。我们应该真实地、准确地了解广大人民群众在这方面的想法和诉求,在一些关键问题上敢于出击、敢于动真格的,特别对那些民众深恶痛绝的腐败、权力滥用、司法不公、买官卖官、政府与民争利等问题上不手软、不姑息,这样才能重拾民众对党和政府的信任。正确地发挥舆论监督的作用,不仅是执政党必须正视的问题,同时也是广大社会公众不断学习的过程,从而使舆论监督成为保障公民权利的有利手段。当然,如果我们不能顺应民意甚至违背民意,真的有可能像温家宝总理所说的会死路一条。

(四)把政府转型作为政治体制改革的重点

"十二五"应明确提出把政府转型作为改革的重大任务,推进包括行政管理体制在内的全领域改革,加快实现由经济建设型政府向公共服务型政府的转型。一是要正确处理好中央地方关系。目前政府转型突出的难点在于地方政府转型滞后,"十二五"推进政府转型的切入点在于有效理顺中央地方事权关系。在明确辖区责任的基础上,要从"决策—执行"角度划分各级政府事权转变为从项目角度划分各级政府事权;把社会保障等事关全国的事权上收到中央,加大地方政府在公共就业等方面的事权责任。二是要调整财政收支结构,提高基本公共服务均等化支出比重。加大财政在基础教育、基本医疗、社会保障和公共就业服务方面的支出安排,使财政加快转型为公共财政。三是要建立以中央和省级政府为责任主体、市县政府负责具体实施和管理的分工体系,为农民工市民化提供强有力的财力保障和组织保障;把政府土地收益的一部分用于解决农民工基本住房保障问题;保障农民工公共就业服务,尽快把农民工纳入所在城市就业、失业统计范围,建立包括农民工在内的劳动力资源及就业状况调查统计登记分析制度。

经过 30 多年的改革开放,今天的中国又到了一个非常关键的历史转折点上。我们能不能在"十二五"时期化解经济社会乃至政治领域面临的一系列严峻问题,很大程度上取决于我们改革的胆略和意志。不管是经济体制改革还是政治体制改革,说到底都是有风险的。如果没有风险,那就不是改革了。我们只有硬着头皮坚持包括政治体制改革在内的改革开放,才能化险为夷,停滞和倒退是没有出路的! 只有积极稳妥地推进政治体制改革,才能真正实现温总理所说的"让人有尊严地幸福生活,让人感到安全可靠,让社会充满公正,让人对未来充满信心"的目标。

重构改革协调机制　加速转变发展方式

（2011 年 1 月 8 日）

胡锦涛同志强调,加快经济发展方式转变,既是一场攻坚战,也是一场持久战,必须通过坚定不移地深化改革来推动。加快经济发展方式转变,是巩固和扩大应对国际金融危机冲击成果,特别是解决我国经济长期存在的结构性矛盾、增强经济发展内生动力、促进经济长期平稳较快发展的必然要求和基本途径。现实情况和历史经验表明,加快经济发展方式转变必须进一步深化改革,通过深化改革形成有效的体制机制。

一、以发展方式转变为主线加快推进重点领域改革

今年乃至未来一个时期,应把有利于加快经济发展方式转变作为改革的主线,着力推进以下重点领域的改革:

第一,加快以完善生产要素市场为重点的经济体制改革。应进一步深化市场取向的经济体制改革,尽快形成反映资源要素稀缺程度的价格形成机制、公平竞争的市场秩序、产权边界清晰的微观主体。新阶段完善社会主义市场经济体制,就是要加快建立富有活力的市场主导的经济运行机制,充分发挥市场在资源配置中的基础性作用。要抑制对资源和要素的过度需求引发的外延扩张式增长,最有效的办法就是改变定价机制,建立健全资本、土地、自然资源等生产要素市场,由市场来决定稀缺的生产要素的价格。同时,完善有利于经济发展方式转变的财税体制和政策,调控资源的供给和需求。如实行资源有偿开采和使用,完善资源开发利用的补偿机制和生态环境恢复的补偿机制;不失时机地推进资源税改革,扩大征收范围,提高税率,征收方式由目前的从量计征改为从价计征。同时,应制定行业标准,扶持节能产品的开发使用;运用税收政策调节浪费资源的行为。

第二,加快以政府职能转变为主线的行政管理体制改革。政府职能转变是经济发展方式转变的关键。应推进政府职能转变和投资体制改革,消除地方政府投资扩张的冲动,增强其社会管理和公共服务功能。在当前的政绩考核制度和财税体制下,地方官员的行为更趋向于追求任期内的政绩特别是经济增长指标,而很少考虑下一届政府的事情,因而难以从根本上解决投资率过高问题。解决这些问题,必须靠改革。应加快政府职能转变,积极推进政府从全能政府、管制型政府向有限政府、服务型政府、法治政府转变,强化政府的社会管理和公共服务职能,创造有利于经济发展方式转变的制度环境。应该认识到,转变经济发展方式最终的落脚点是企业,企业是转变经济发展方式和自主创新的"主角"。政府应尽心尽力为"主角"演出创造环境和条件,包括促进建立创新风险分担机制、有效保护知识产权、制定实施激励创新的经济政策、提供透明开放的产业政策和信息等。

第三,加快以满足社会公共需求为导向的社会体制改革。经过 30 多年的改革发展,我国已从私人产品短缺时代进入公共产品短缺时代。未来几年,社会体制改革应着眼于实现基本公共服务均等化、扩大国内消费需求特别是居民消费需求,增强消费对经济增长的拉动作用。加快收入分配制度改革,增强居民特别是低收入群众的消费能力。努力扩大就业,鼓励全民创业。注重通过城乡基本公共服务均等化启动农村市场,通过政策创新、体制改革、制度安排和机制建设稳步推进城镇化,破解城乡二元结构,推动形成城乡经济社会发展一体化新格局。深化农村土地制度改革,在确保农民土地权益不受侵犯的前提下,加快健全农村集体建设用地流转市场。建立健全城乡基本公共服务均等化的制度基础,尽快形成较为完善、城乡统一的国民教育服务制度、医疗卫生服务制度、养老保障制度、公共就业服务制度、最低生活保障制度、社会救助制度等。

第四,加快以发展低碳经济为目标的相关改革。发展低碳经济是转变经济发展方式、调整经济结构的重要途径,正在成为世界各国在后危机时期推进经济复苏和应对气候变化的基本共识和重要手段。这不仅涉及经济、政治、文化、社会等领域,而且涉及人们思想观念、生活方式以及消费方式的变革。政府应加快职能转变,成为发展低碳经济的主要推动者、政策提供者和监管者。把二氧化碳排放纳入经济社会发展规划,并作为约束性指标加以考核。改革干部人事制度,建立科学的政绩评估和考核体系。通过制度创新和立法,如能源法、碳税、碳交易、环境金融制度、低碳产业政策等,促进低碳经济发展。理顺政府、市场、企业和社会之间的关系,发挥市场在资源配置和发展低碳经济中的基础性作用。积极创造条件,实行碳排放交易,建立和发展碳排放市场。企业是发展低碳经济、实现节能减排的主体。应积极鼓励企业发展节能减排和绿色技术,尤其应扶持新能源汽车等战略性产业的发展。

二、重构改革协调机制是推进改革的重要条件

"十二五"推进以转变发展方式为主线的全方位改革,涉及许多重大利益关系的调整,难度加大,任务艰巨,需要进一步凝聚改革共识、把握改革时机、营造改革环境、完善改革协调机制。

第一,加强改革的综合协调。加强对改革的独立、客观研究,加强改革决策机制建设,抓住改革机遇,在改革决策上当机立断,强化改革协调,建立高层次的改革组织领导和协调机制,对经济、政治、社会、文化和行政体制改革实施全面统一领导。

第二,充分尊重和鼓励地方的改革首创精神。要充分调动地方改革积极性,积极推进综合改革试点。"十二五"要把充分发挥综合改革试验区的作用作为推进结构性改革的重要途径,及时总结推广地方改革经验。

第三,加强改革立法,把改革纳入制度化、法治化轨道。"十二五"推进改革,要用法律形式将改革目标上升为国家意志,明确界定改革主体、改革对象、改革责任,强化改革目标的约束性,使改革目标成为法定责任。重大的改革,应先立法后改革,以法律手段来使改革从经验型改革过渡到理性、规范、有序的阶段。

第四,建立改革进程的评估机制。一是建立完善的改革评估指标体系。改革评估指标应包括经济体制、社会体制、行政体制等方面改革的进展。二是建立改革的反馈机制。对改革过程中暴露的矛盾和问题,充分听取各方面意见,组织专家评估。三是建立多元参与的评估体系,将社会评估组织和专家等纳入评估主体范围,充分发挥和整合不同评估主体的优势,形成相互联系又相互制约的多元参与的评价体系。

第五,营造有利于改革的社会环境。"十二五"改革需要良好的社会氛

围。加强改革的舆论宣传，及时向公众解答改革进程中的疑惑，加强对改革的正面引导；让各项改革涉及的利益相关者了解改革、理解改革，让多数人在不断分享改革成果的同时，参与改革，支持改革。

加强改革顶层设计

（2011 年 3 月 25 日）

去年 10 月，党的十七届五中全会关于"十二五"规划建议在强调全面推进各个领域的改革时，提出了要"更加重视改革顶层设计和总体规划"的理念。随后的中央经济工作会议进一步强调要"加强改革设计"。在今年两会上，温家宝总理所作的政府工作报告和提交审查的"十二五"规划纲要草案中均强调："必须以更大决心和勇气全面推进各领域改革"，并强调"要更加重视改革顶层设计和总体规划"。这体现了我党改革思想的重大进展。一个工程学术语——"顶层设计"，正成为中国新的政治名词。那么，为什么要强调"加强改革顶层设计"？"顶层设计"对我国下一步改革将产生怎样的影响？

一、改革顶层设计的内涵

回看中国改革 30 多年的历史，小平同志的"摸着石头过河"论，可谓妇孺皆知。应当说，这也是特定历史阶段的产物。"摸着石头过河"，作为一种渐进式的改革模式，在推动以社会主义市场经济体系建立为核心的改革中，为经济发展增添了活力，增强了综合国力。这种改革模式遵循由易入难的原则，也避免了社会的震荡，其历史性的价值毋庸置疑。随着经济社会的不断发展和改革事业的不断深化，改革越来越需要在重点领域和关键环节取得突破，改革攻坚的难度也在不断提升。包括政府职能的转变、社会体制的改革、经济体制的深化及司法体制改革等，都到了一个关键时期。之所以强调对改革进行全面设计、规划，说到底，还是因为改革进入了深水区。在深水区，各种深层次的矛盾纷纷显露，盘根错节地联系在一起，已经很难分清纯粹的经济问题、政治问题或是社会问题。"顶层设计"理念的提出，正是基于这样的大背景。

何谓"顶层设计"？就整个国家的改革而言，顶层就是最高层，就是全党全国这一层。重视"顶层设计"，就是要求加强对改革的统筹力度，就是要求我们把已经进行或将要进行的改革、创新，与社会主义市场经济、社会主义民主政治、中国特色社会主义文化建设、社会建设等基本方向、基本目标、基本价值进行更具操作性的连接，就是要求我们把改革真正提升到制度、体制、机制建设的层面。简言之，就是要求全面设计，统筹规划。

胡锦涛同志在去年中央经济工作会议上，对"顶层设计"这一概念在中国改革过程中的使用有一个全面的表述，概括起来有三层含义：一是指导方针，明确指出"着力提高发展的全面性、协调性、可持续性，在实践中不断开拓科学发展之路"。二是基本内容，主要强调"要坚持统筹兼顾、突出重点，从党和国家全局出发，提高辩证思维水平、增强驾驭全局能力，把经济社会发展各领域各环节协调好，同时要抓住和解决牵动全局的主要工作、事关长远的重大问题、关系民生的紧迫任务，……加强改革顶层设计和总体规划"。三是实现路径，重点解决"体制性障碍和深层次矛盾、全面协调推进经济、政治、文化、社会等体制创新"。

可以说，顶层设计概念的提出，是我们党对中国社会矛盾和社会问题认识深化的体现，是对科学发展观的丰富和完善，要求我们政府在改革与发展中能从战略高度统筹改革与发展的全局，以社会主义核心价值和科学发展的理念，为未来中国社会的发展谋划新的发展蓝图，标志着中国的改革和发展进入了一个新的发展时代。

二、加强改革顶层设计的必要性

"十二五"时期既是改革的历史转折期，也是改革的战略机遇期。以发展方式转变为主线推进改革，需要更大的决心和勇气，也需要制定理性务实的改革路线图。从这几年的改革实践看，由于对改革的整体设计不足，已经使当前改革面临越来越大的风险。综观今天的改革，我们不难看到一种矛盾的现象。一方面，不少地方和部门都强调改革创新，各种各样的改革尝试似乎从未停止过；另一方面，人们似乎对改革还有诸多不满意。一些部门打着改革、创新旗号扩张权力，既得利益膨胀，已经不是个别现象，改革存在被碎片化的可能。这种改革变形、改革碎片化现象，损害了改革的权威，使某些改革流于形式。

在这个特定背景下,加强改革的顶层设计至关重要。

第一,转变经济发展方式需要更高层次的统筹规划。新阶段完善社会主义市场经济体制,改变粗放型经济增长方式,抑制对资源和要素的过度需求引发的外延扩张式增长,改变地方政府以 GDP 为核心的发展冲动,需要把转变经济发展方式,发展低碳经济作为主要目标。这需要高层次的统筹协调。加快政府职能转变,使之成为发展低碳经济的推动者、政策提供者和监管者。把二氧化碳排放纳入经济社会发展规划,并作为约束性指标加以考核。改革干部人事制度,建立科学的政绩评估和考核体系,理顺政府、市场、企业和社会之间的关系,发挥市场在资源配置和发展低碳经济中的基础性作用。

第二,收入分配制度改革需要更高层次的统筹规划。收入分配制度改革成为全社会普遍关注的焦点问题。未来 5 年,加快收入分配制度改革将为撬动国内消费需求增长提供一个战略支点,为发展方式转变创造内生动力。收入分配体制改革,涉及国家、企业、居民之间利益格局的重大调整,涉及城乡、地区、行业之间利益格局的重大调整,涉及中央地方利益格局的重大调整,涵盖了经济基础、上层建筑的整体性建构。这样的改革,单靠在地方和部门层面的探索很难有实质性进展。

第三,建立就业优先的体制机制需要更高层次的统筹规划。我国作为一个人口大国,就业问题始终处于发展问题之首。就业问题是一个结构性的体制问题,既涉及产业结构中扶持服务业发展的问题,也涉及所有制结构的扶持民营经济发展的问题,还涉及宏观调控优先目标的考虑,涉及政府的公共就业服务等诸多方面的改革。这样的改革决定了只进行某一个领域的改革很难奏效。

第四,推进城乡一体化进程需要更高层次的统筹规划。在快速城市化的进程中,如何推进 2 亿多农民工的市民化,是未来 5—10 年不可回避的全局性重大课题。农民工市民化涉及现行城乡二元的土地制度、户籍制度和公共服务制度。以城市为农民工子女提供义务教育为例,涉及跨省区基本公共服务制度的对接。农民工子女的教育经费在流出地,但其接受教育在流入地,尽管一些发达地区做了不少探索,在跨省区协调上的问题不解决,改革局限在地方层面是难以有大的突破的。

三、如何加强改革顶层设计

第一,要重构改革的协调机制。加强改革顶层设计,需要专门的设计机构。从领导和谋划改革的要求看,成立由中央直接领导的中央改革领导协调机构,有利于从全局上把握改革的进程:强化改革的决策机制,对每一项重要的改革做好总体部署,使改革决策机制更加统一有力;坚持统筹兼顾、综合配套,对各方面的改革实施具体、统一协调;综合把握改革的总体情况,改善改革的推进方式,把自上而下的改革与地方性改革试验有机结合起来。

第二,要加强改革立法,把改革纳入制度化、法制化轨道。"十二五"推进改革,要用法律形式将改革目标上升为国家意志,明确界定改革主体、改革对象、改革责任,强化改革目标的约束性,使改革目标成为法定责任。重大的改革,应先立法后改革,以法律手段来使改革从经验型改革过渡到理性、规范有序的阶段。

第三,要建立改革进程的评估机制。一是建立完善的改革评估指标体系。改革评估指标应包括经济体制、社会体制、政治体制和文化体制四位一体的改革进展。二是建立改革的反馈机制。对改革过程中暴露的矛盾和问题,充分听取各方面意见,组织专家评估。三是建立多元参与的评估体系,将社会评估组织和专家等纳入评估主体范围,充分发挥和整合不同评估主体的优势,形成相互联系又相互制约的多元参与的评价体系。

第四,要营造有利于改革的社会环境和舆论环境。"十二五"改革需要良好的社会氛围。加强改革的舆论宣传,及时向公众解答改革进程中的疑惑,加强对改革的正面引导;让各项改革涉及的利益相关者了解改革、理解改革,让多数人在不断分享改革成果的同时,参与改革,支持改革。

市场经济条件下政府与市场的关系*

（2011 年 6 月 17 日）

我国虽然初步建立了社会主义市场经济体制，经济运行市场化的基础已经确立，但计划经济的思维和管理方式仍然在现实中存在一定"市场"。现代市场经济体制是不排斥政府干预的体制，这一点很容易成为复归或强化旧体制的根据。因此，改革的成功与否，关键在于能否处理好政府与市场的关系。今天我主要想讲五点看法：

一、在计划经济条件下没有市场，只有政府与企业的关系

我们过去认为社会主义就是国有化，计划经济是社会主义制度的基本特征，所以长期执行计划经济。在计划经济时代，政府和人民这两个主体错位了，是把国家作为创造财富的主体，把老百姓即纳税人的钱集中起来，然后通过财政投入到各行各业，认为这就是搞社会主义，认为国有的比重越高就越是社会主义。人民和企业是被动的，是"你要我干，我就干"，是国家制订计划，大家来执行。中央和地方政府的经济部门直接管理企业的生产经营活动，单纯依靠行政手段和指令性计划来管理经济，企业失去了自主权和活力，不是商品生产、价格规律和市场在起作用，结果宏观经济决策没搞好，微观经济活动又管得死，使企业缺乏竞争力和应变能力，使社会主义经济失去了活力，严重束缚了社会生产力的发展。

1978 年以前我们也搞过改革，但是没有找对方向，没有对计划经济进行改革。计划经济一个基本特征就是"统"，通过中央部门来搞集中统一的经

---

　　* 这是高尚全同志 2011 年 6 月 17 日在"市场经济条件下的政府与市场关系"研讨会上的发言。原载《中国经贸导刊》2011 年第 16 期，《新华文摘》2011 年第 22 期全文转载。

济,结果是一统就死。1978 年实行改革开放后,就开始在计划经济的基础上逐步实行市场调节,所以我们党的十二大提出了计划经济为主,市场调节为辅。为什么提计划经济为主,因为当时认为计划经济作为基本经济支柱必须要坚持,不能动摇。到了党的十二届三中全会觉得没有商品经济不行了,就提出了"有计划的商品经济"。但是还是有争论,有的说,有计划的商品经济主要是强调"有计划",不是指商品经济,应该加强国家配置资源的作用。到了党的十三大提出来"国家调控市场,市场引导企业,计划和市场是内在统一的",又进了一步。但是 90 年代初又回潮了,有些人开始批判市场化改革的方向,认为不是搞社会主义,是资本主义的。最后小平同志到南方谈话,讲到计划和市场不是社会主义的本质属性,是方法和手段,社会主义也应当可以搞市场经济。于是党的十四大就明确提出来,我们改革的目标是建立社会主义市场经济体制。经过了这么多年才明确改革的方向,这是不容易的,所以我们不能动摇。

二、在改革探索中逐步认识市场和政府的作用

从现实来讲,实践证明我们搞市场化改革的方向是完全正确的。为什么今天中国有那么大变化,三十年来,我们的经济社会发展取得了辉煌的成就。这些变化就是改革开放带来的,是市场化改革带来的,是让市场发挥配置资源的基础性作用带来的。

但在推进社会主义市场经济的过程中,我们也逐步认识到了市场不是万能的,要将市场经济与政府监管有机结合。市场也有失灵的时候,也有失灵的地方。我们搞市场经济必须要加强政府的监管,没有一个严格的政府监管,不可能是一个完善的市场经济,市场经济跟政府监管必须是有机统一的,必要的政府干预是应该的。但是不能说主要是政府干预,不能主要靠行政的办法调节经济,配置资源。社会主义市场经济概念是我们党从党的十四大、十五大,一直到党的十六届三中全会,经过反复的争论才确定的。党的十四大的时候提出来,社会主义市场经济就是要使市场"在社会主义国家宏观调控下对资源配置起基础性作用";到十五大是"使市场在国家宏观调控下对资源配置起基础性作用","社会主义"四个字去掉了;到党的十六届三中全会时表述为"更大程度地发挥市场在资源配置中的基础性作用"。为什么有这个变化?

就说明一方面宏观调控很重要,但是不是一个前提条件,不是任何时候、任何情况都要宏观调控。有的认为计划手段就是宏观调控,但我认为宏观调控主要还是要用经济的手段、法律的手段。政府的干预,政府的作用必须发挥,但是不能够干预微观经济的东西。有人说市场化过了头了,因此要加强政府的行政管控。我们的要素市场到位了吗?我们的行政垄断行业打破了吗?还没有,还需要加强市场化的改革。现在我们总体上说不是市场化过了头,而是市场化还不足的问题,所以必须毫不动摇地坚持市场化改革的方向。

三、政府职能的缺位、错位、越位

近些年来,尽管在走向市场经济的过程中,政府职能已经发生了重要转变,但这种转变还仅仅是初步的,甚至在有些方面是滞后的。政府在不同程度上充当了市场中一个重要的竞争主体的角色。目前经济生活中出现的无序竞争乃至恶性竞争现象,其背后或多或少有着政府竞争的影子。政府过多介入市场的微观层面,就难以站在全局的立场上实行全面统筹,就难免会削弱其宏观调控、市场监管、社会管理和公共服务等职能,甚至导致某些管理职能的扭曲。

在改革与发展中出现的一些深层次的矛盾和问题,是市场不足呢?还是市场失灵呢?我认为,主要还是市场不足,改革不到位。政府和市场的关系没有摆正。主要表现在:一是"越位"。政府管了不少本来应由市场或企业管的事情,本来应该当"裁判员"的,而去当了"运动员"。二是"缺位"。政府本来应当有服务功能,搞好公共服务,提供公共产品。服务是没有什么权,也没有什么利的,所以往往不愿意干。它愿意干审批,因为有权也有利。三是"错位"。扩大就业渠道,创造就业机会,理应是政府的职责,但有的政府部门却分片包干企业,直接管理企业的下岗分流,至于投资主体错位的现象也不少。

出路是什么?出路就是"让位"。市场和企业能做而且政府不容易做好的事,政府应该让位于市场。总之,要牢固树立人民是创造财富的主人,政府是创造环境的主体的理念,树立群众的主体地位,树立"凡是法律不禁止,大家都可以干"的理念。有了这样的理念,政府就容易转变职能,百姓就会有更大更多的创新空间。虽然部分审批还有必要,但大量的审批应撤除,让市场去调整,让群众去创业。而政府必须依法行政,不能有随意性,要成为有限政府、服务型政府。

四、如何正确理解宏观调控

第一，如何理解宏观调控。我感觉到有三点值得我们研究：一种说法，"目前进行的宏观调控，是我国改革开放以来第 X 次调控"，把宏观调控作为一种运动，好像除了这几次以外其他时间就没有什么宏观调控了；另一种看法，认为宏观调控就是砍项目，就是刹车；还有一种，把宏观调控跟改革对立起来的，好像要宏观调控就不要搞改革。我觉得以上三种都是对宏观调控的误解。首先，宏观调控是市场经济的一个重要的内容，我们要完善社会主义市场经济体制，必须要完善宏观调控体系，经济运行中出现的深层次矛盾必须通过改革来解决，因此不应该把它和改革对立起来。应该通过宏观调控来深化改革，来完善社会主义市场经济体制，不是一调控就不要改革了。其次，宏观调控是一项经常性的任务，要不断进行的，不能把它作为一种突击运动，靠行政手段为主的运动是不能解决经济运行中的矛盾的。第三，宏观调控不能搞一刀切，经济运行中有投资过热的领域，也有不热的领域，因此要根据不同的情况，该抑制的就抑制，该发展的就发展，该紧的地方紧，该松的地方松，不搞急刹车，不搞一刀切，宏观调控的目的是促进经济持续、稳定、协调发展。

第二，要从源头上来改善政府宏观调控的水平。源头上就是我们原来讲的对市场经济的含义，应当与时俱进，原来的提法就是"市场在国家宏观调控下对资源配置起基础性的作用"。这样，把国家宏观调控作为一个前提条件，好像配置资源的主体是政府而不是市场；好像资源配置在政府作用下发挥市场的作用，而不是资源在市场配置的基础上发挥政府的作用。因此，必须从源头上完善宏观调控。

第三，宏观调控要更多地运用间接调控，尽可能少用行政手段。政府如何改革宏观调控方式、提高宏观调控的有效性，是当前和今后必须解决的重大问题。一是随着改革的深化，我国经济的市场化程度已经较高，传统的行政方式进行调控所起的作用不会很大。二是长期以来由于计划经济体制所产生的主要是总需求膨胀的倾向，现在已经让位给由于市场经济体制所产生的供给过剩倾向。这就是说宏观调控的背景和基础发生了变化。因此，调控方式必须发生变化。三是依靠行政审批制度和管制来加强宏观调控，容易造成权钱交易,容易抬高企业的准入门槛,造成某些行业的人为垄断,提高某些行业的利润。管制越严,利润越高,地方的积极性就越高。四是行政手段容易加大改革和发展成本。因此,要尽量少用行政手段。

五、如何正确发挥政府的作用

第一,政府在市场经济条件下要坚持科学发展观。按照科学发展观的要求,发展不限于经济范畴,提高人民物质文化生活水平、普遍实现社会公正、制度文明与社会进步相适应,都将成为发展的重要内涵。因此,政府职能转变不仅是贯彻科学发展观的制度前提,而且必然要求进一步调整政府与市场、政府与公民、政府与社会的关系。

要进一步调整政府与市场的关系,就必须明确政府与市场的边界。必须认识到,经济发展的主体力量在市场,企业和老百姓才是创造财富的主体,政府应该是创造环境的主体。政府的职能要转到为市场主体服务、创造良好的环境上来,主要通过保护市场主体的合法权益和公平竞争,激发社会成员创造财富的积极性,增强经济发展的内在动力。加快政府职能转变,才能真正贯彻科学发展观,促进经济、社会和人的全面发展。

坚持科学发展观,还要求正确处理好集中与分散决策的关系。改革开放以来,传统体制高度集中的弊端虽然被认识,但集中体制"能办大事"的认识误区依然影响深远。而科学决策和执行存在多种约束条件,如信息对称与否、利益取向是否"一致"、决策目标是多重还是"单一"的、长期决策还是短期决策等等,不解决约束条件问题,很可能大事办不成,负面影响不小。市场经济客观上要求分散决策,政府存在很强的"集中偏好",就难以根据走向市场经济的实际进程切实转变职能,反而会把不适当的决策"强加"给市场,甚至代替市场选择。这显然不利于社会主义市场经济的发展。

第二,要充分认识转轨时期政府主导型经济的特殊性。政府与市场必须分野,但与成熟市场经济国家的政府相比,转轨国家的政府依然具有一些特殊的发展职能,政府对经济的干预因此是不可避免的。对一个转型中的经济体来说,更需要论证的是:政府的哪些干预是现阶段必需但长远是要"退出"的,哪些干预无论现阶段还是长远都要"退出"的,哪些干预现阶段很"弱"而长远是需要加强的,哪些干预是现阶段和长远都是必须的。只有回答了这些问题,才能真正解释和处理好转轨经济中政府和市场的关系。

转轨国家的政府与市场关系,远不像成熟市场经济国家那样基本"定型",而是一个市场关系逐步发展与政府职能转变的互动过程。但只要走向市场经济,就必须确立市场机制在资源配置方面的基础地位,这是市场经济的基本特征。在从高度集中的计划经济体制向市场经济体制转轨的这个历史背景下,市场经济发育不成熟是必然的。现实中的诸多矛盾更主要是由于市场经济不成熟、市场机制作用不充分所致,并非所谓的市场机制"缺陷"。"权钱交易"和公共领域的"缺失"恰恰是市场经济不成熟的表现,是市场"边界"不清的结果,不能作为指责市场经济或市场机制的依据。问题的症结在于,在处理政府与市场的关系方面,究竟是强化政府职能转变,让市场竞争和资源配置更充分地发挥基础作用,还是强化政府对经济的直接控制力,这是根本方向问题。这个问题搞不清或方向反了,不仅无法最终确立和完善市场经济新体制,而且会对中国经济增长的可持续和稳定形成重大障碍。

总之,历史和现实已经证明,"好的市场经济"一定是与有限政府和责任政府相联系;经济体制改革要顺利推进,必须加快政府改革。在当下中国,政府改革尤其具有特殊意义——它既连接经济体制改革,又连接社会体制改革和政治体制改革,处于改革的中心环节。以政府改革为突破口,可以带动全面改革,包括经济体制改革、社会体制改革、文化体制改革、教育体制改革乃至政治体制改革。

政府转型是深化改革当务之急

（2012 年 1 月 29 日）

30 年改革开放的巨大成就，不是源于政府坚持了"效率"原则，而是在于政府放弃了直接追求效率，把效率机制交给了市场，逐步把工作重心转移到改善市场环境、促进公平竞争等方面。在这个意义上可以说，市场提供效率，政府维护公平正义，应该是我国市场深化和政府转型的基本价值取向。

政府转型必须坚持科学的功能定位

政府功能的科学定位首先取决于政府转型的方向。在经济社会转型期的不同阶段，我们先后提出过政府从直接管理向间接管理转变，政府调节市场、市场引导企业，政府要从经济建设型政府向公共服务型、社会管理型政府转变。这种情况表明，在政府转型的方向上，社会存在广泛的共识，并且这种共识在不断深化。问题在于，如何将这种共识贯彻到政府功能定位之中。

当然，处于经济社会转型期的政府依然具有一些特殊的发展职能，这是政府功能界定必须考虑的。然而，更需要论证的是：政府的哪些职能是现阶段必需但长远要"退出"的，哪些职能无论现阶段还是长远都要"退出"，哪些职能现阶段很"弱"而长远是需要加强的，哪些职能现阶段和长远都是必需的。只有回答了这些问题，政府功能的科学界定才有可能，政府转型才能切实推进。

建立完善公共财政是实现政府转型的重要保证

公共财政就是满足社会公共需要的政府（国家）财政。从体制转型角度看，公共财政既是政府转型的重要内容，也是政府转型的必然结果和重要标志，即通过财政的收支变化来反映政府转型的进程。与计划经济时期的政府（国家）财政不同，公共财政的运行范围不是局限于国有制或全民所有制，而是面向整个社会;同时,公共财政的运行机制也不是封闭性的,而是受到社会广泛监督和制约的。

从体制创新来说,完善公共财政不仅要求建立规范的转移支付制度、公平的税收制度,而且还应使财政运行置于广泛的社会监督之下。只有这样,才能真正保证公共资源的公平、公正和有效配置,形成合理的财政支出结构。目前财政支出中专项拨款比重过大,很容易造成体制上的漏洞,甚至产生层层"截流"现象,使公共财政资源没有用于公共领域。我们还有许多政府收费和支出没有纳入预算,基本处于行政和社会监督之外,这不仅影响公共资源的有效配置,而且也是腐败的根源之一。

建立有效的权力制约与监督制度是政府转型的关键

建立和完善权力制约与监督机制,第一要在权力运行中贯彻法治原则,即坚持依法行政。政府依法行政是防止政府滥用权力、维护公民基本权利和利益的基本要求。只有政府依法行政,政府权力才有可能被限制在合理范围之内,实现向公共服务型政府转型。第二是坚持行政公开,"透明"行政,避免"暗箱"操作。第三是完善政府行政的横向监督机制。横向监督机制有利于克服政府层级之间信息不对称的弊端,是公共权力运行真正符合社会需求的保障。第四是加强反垄断机制的建设。

转型期的垄断具有明显的权力与市场相结合的特征,同时又有与传统社会主义相联系的国有经济理念和所谓资源稀缺性、自然垄断性等支撑"依据",但实际上在垄断集团的利益驱使下,往往演变为集团转嫁经营成本和谋取超额利润的工具。反垄断的要害在于引入权利平等的竞争者,如果一定要坚持垄断,就必须把垄断部门置于公开的社会监督之下。

对外经济与外汇储备管理体制改革

围绕和平发展全面深化合作[*]

（2008 年 9 月 1 日）

一、当今世界区域经济合作方兴未艾

东北亚区域经济的合作与发展，一直受到国际社会的关注。这表明东北亚地区的合作程度和合作成效，其影响已超出了本地区的范畴，成为事关全球再造地域新格局的大事。

当前，经济全球化曲折发展，区域合作方兴未艾，区域内的贸易、投资明显加快，国际生产网络和市场网络呈现区域性特征，新的区域合作热潮正在兴起。

东北亚区域经济合作在世界经济中占有重要地位。仅中、日、韩三国占世界总人口的 23%，占世界 GDP 的 18%。中、俄、日、韩、蒙、朝六国虽然制度不同，发展阶段各异，但存在着巨大的合作潜力。东北亚区域经济合作已取得一定进展。在贸易方面，目前，日本是中国最大的贸易伙伴，中国是日本的第二大经济合作体，中国是韩国的第三大贸易伙伴，2007 年中韩双边贸易额接近1600 亿美元，同建交初期相比增长了 32 倍。在投资方面，中国已经成为韩国最大投资对象国，日本对华投资居第四位。在 2003 年，中国—东盟峰会上，温家宝总理与日韩领导人一起签署和发表了《中日韩推进三方合作联合宣言》，为东北亚区域经济合作加快发展奠定了制度性基础。

二、东北亚经济合作的领域相当广阔

东北亚地区相关国家寻求区域合作不是偶然的，而是大势所趋。这不是

＊ 本文是高尚全同志 2008 年 9 月 1 日在东北亚区域合作论坛上讲话的一部分。

权宜之计,而是为了谋求长远的和平与发展,是东北亚相关国家面对世界未来所作出的明智的战略选择,是当代全球发展趋势给东北亚地区带来的历史性机遇。我们应该共同抓住这个机遇,以更加积极的姿态不失时机地予以推进。

大家都知道,利益是发展合作的基点。发展区域合作,需要寻找共同点。东北亚地区的共同点就是和平与发展。东北亚的历史告诫人们,战争曾给本地区带来深重的灾难,并形成了长期的负面影响,严重地滞缓了东北亚的发展,东北亚各国都有和平发展的良好愿望。而当今世界的发展具有更加广泛的国际性和开放性,经济贸易往来日益增长,人流、物流、信息流、资金流的跨国流动日益频繁,任何一国都难以封闭性发展,必然选择在国际间交流与合作中发展。而区域合作的互补性是各国发展的共同收益点。我们东北亚各国都应积极探索通过多种合作交流,进一步增强我们之间的互补性。目前,本地区国家之间双边合作的许多成果已经显现了互补性的作用。我们在继续扩大双边合作的同时,需要探索发展多边合作。如跨国间交通运输网络的建设与完善,在区域内构建起畅通的物流、人流通道;如发展本地区的文化技术交流与合作,增强人际间的了解和互信,以利于构建和谐的国家关系。

从实际情况来看,东北亚地区存在着相当广泛的合作领域,存在许多合作的机遇。如我们可以从共同发展所需的改善基础设施条件做起,做好合作交流的基础工程和先导工作。我们可以选择东北亚人民生活环境建设,加强环境保护方面技术合作和人员培训,提高各国环境整治、保护、建设的能力。我们可以选择各国人民关心的食品安全需要的相关项目和工程,联合开发安全食品资源。我们可以选择共同需求的能源资源,加强节能技术交流合作,加强新能源开发方面的合作等等。应该说,东北亚地区合作的需求相当紧迫,可以合作的领域相当广阔,合作的方式可以灵活多样,合作的前景相当美好。

特别是在经济发展方面,产业间的合作更是存在众多领域和发展潜力,存在巨大的市场和旺盛需求。中国改革开放30年来,与东北亚地区相关国家的经贸合作,在中国经济发展中占有重要地位。这些经贸合作在中国大地上正朝着产业升级、规模扩大、地域扩展的方向拓展,各有关国家和地区都从中受益颇丰,显示了东北亚发展合作的巨大作用和美好前景,也吸引了其他地区国家的参与。事实告诉人们,东北亚地域内大力发展互利互惠的合作与交流,是应对全球各种挑战的需要,是东北亚地区各国和平与发展的需要。

三、东北亚经济合作从三个层面梯次推进

我们东北亚地区聚集着富有智慧和活力的民族,具有洞察世界和自我选择的能力,完全能够创造出具有本地区特点的交流与合作的方式。前一阶段,有关东北亚合作发展问题由学术界先行探讨,而后是政府引导,接着是企业参与,三个层面形成梯次推进,由虚到实,互促互动,把东北亚合作推进到了新的发展阶段。我感到,本地区各国正酝酿着如何深入发展友好合作的问题,正在谋划推进合作的可行方式。我认为,进一步发展学术上的广泛交流、政府间的友好往来、企业界的实质合作,仍是推进东北亚合作的实际需要。这其中,特别需要企业界充分发挥主体作用,以产业间的合作为基础,把本地区合作向广度和深度发展,以经济发展的有效成果惠及本地区各国人民。同时,欢迎跨国公司的积极参与,如组建跨国经营的股份公司,运用市场机制,合理地配置本地区资源,相互投资,互为市场。组建环日本海国际航运公司,组建东北亚国际银行、国际保险、国际租赁等公司,组建东北亚劳务公司,合理有序地组织东北亚地区劳务人员的跨国流动等。总体上看,东北亚地区可采取多样性的合作方式,从各国共同关注的问题入手,从共同发展的需要着眼,有大量的事情可做,可以大有作为。我特别希望具有战略眼光的企业家,抓住东北亚发展合作的机遇,以创造未来发展空间为目标,敢于抢占先机,敢于做大动作,率先行动起来。

四、创造条件建设东北亚国际自由贸易区

按照"合作共建、互赢共享"的原则,建设东北亚国际自由贸易区,不仅是吉林,同时是黑龙江、辽宁、内蒙古的需要,而且也是韩国、日本、俄罗斯、朝鲜、蒙古等国的共同愿望。东北亚国际自由贸易区的建立,必将改变世界经济的格局,成为世界经济的重要一极。

建立东北亚国际自由贸易区,各有关国家应共同努力,建立完善合作机制,进一步加强东北亚各国政府之间的协调,加快区域贸易投资便利化的进程。在进一步完善现有协调机制的基础上,提高各有关国家中央政府的参与程度,适时建立以图们江区域开发为基础的综合协调的框架,统筹图们江国际自由贸易区的建设。建立和加强政府间的贸易协调机制,建立贸易投资磋商

机制,以减少不必要的贸易摩擦。完善检验检疫协调机制。在法律法规方面,应提高透明度,充分交流与贸易投资有关法律法规和执行程度。同时要为商务人员往来提供便利条件。

五、中国政府高度重视东北亚经济合作

我认为,发展东北亚区域合作与交流,把东北亚发展成为全球最具活力的新兴国际合作区,关键取决于东北亚各国的原则立场和实质性对策。中国改革开放 30 年来,历届政府一直重视发展与东北亚各国的合作与交流,一直把发展与东北亚合作放在中国对外开放的战略地位。国家领导人多次到图们江地区实际考察,把发展与东北亚区域合作和振兴我国东北老工业基地战略结合起来,重点支持我国东北三省发展与东北亚的合作。通过外交途径,特别是国家领导人对东北亚各国的访问,增强了解、增进友谊、增加互信,积极发展睦邻友好合作关系,把倡导建立和谐世界的主张付诸加强与东北亚的国际合作之中。中国共产党的十七大报告,再次强调中国继续扩大对外开放的战略方针,保持了实施改革开放战略的连续性;采取了更加积极的举措,支持中国企业界发展与东北亚各国企业的合作,特别是更加大力支持我国东北三省发展与东北亚各国的往来与合作。

8 月 25 日,胡锦涛主席访问韩国时强调:"中国政府高度重视中韩关系,始终将发展长期稳定、睦邻友好、互利共赢的中韩关系置于对外关系的重要位置"。并指出:"中韩关系发展应以实现长期共同发展为基本目标,共享发展机遇,共同应对挑战,全面深化合作"。我认为,胡锦涛主席在韩国的讲话,再次表达了中国政府对发展东北亚区域合作的高度重视,站在长远发展的战略高度,以更加积极务实的合作诚意,深化与东北亚各国的交流与合作。

关于国际货币体系的重构与
中国币制改革的建议[*]

（2008 年 11 月 17 日）

一、国际货币体系重构的迫切性

货币是财富的通用标价物。货币的发行基础是实体经济中以各种形式存在的财富。随着货币的流通，就产生了一个与实体经济体相对应的虚拟经济。虚拟经济的规模，应该受实体经济的约束，两者间必须协调。否则，虚拟经济规模（相对实体经济）过度就形成通货膨胀；反之，则形成通货紧缩，二者都会阻碍实体经济的发展。

第二次世界大战前，各国普遍实行金本位制。第二次世界大战后形成的布雷顿森林体系，实质上也是一种金本位制：美元直接与黄金挂钩，其他各国货币直接与美元挂钩。这是因为欧洲受到第二次世界大战的重创，美国一跃成为全球最强的经济体：1945 年，其 GDP 占发达国家的 60%，工业产值为世界的 1/3。

但是，自 20 世纪 50 年代以来，随着西欧经济的复兴，日本、亚洲"四小龙"和中国等新兴经济体的先后崛起，美国在世界经济中的占有份额减少，实体经济地位相对下降。2007 年以来，美国金融危机爆发并迅速蔓延，导致原有的国际货币体系剧烈动荡，进一步侵蚀了美元的公信力。

引发此次金融危机的根本原因是：美国滥用铸币权、过度举债消费的经济增长模式，导致虚拟经济过度膨胀，美国的实体经济已不足以支撑其所占有的

---

　* 本文及其后《优化我国外汇储备的战略行动方案》、《关于增储黄金、优化外汇储备的五点建议》和《关于将黄金列为国家战略储备和利用外汇收购海外金矿的两点建议》等 4 篇文章，是由高尚全、沈晗耀等专家经过多次研讨而形成的成果。

国际货币地位。结果,美元的严重过剩不仅影响到美国自身的经济发展,并通过逆差向国际输出大量美元,引发全球性通胀,威胁到其他经济体的发展和财富安全。

之所以产生这一问题,其症结在于:作为国际货币,美元的发行缺乏约束机制,而其他重要经济体的货币却没有取得相应的国际地位。

因此,国际货币体系亟待重新构建。

重构国际货币体系的思路:

(1)缔结国际公约,建立世界货币组织。由世界货币组织根据会员国交纳的黄金储备为基准,按金本位制发行世界公币。

(2)国际货币由世界主要经济体发行,实施局部的准金本位制:国际货币币值与世界公币或黄金挂钩,用于国际结算;各国在国际结算中,只需支付黄金的净差额,使现有国际黄金储量足以保证国际货币体系的稳定运行。各国国内货币的发行流通机制由各国自行决定。

(3)世界公币和国际货币的发行,受国际公约约束,接受世界货币组织监管。

依此原则重建的国际货币体系结构如下:

第一层次为世界公币——以黄金为基准。

第二层次为主要国际货币——以世界主要经济体发行的美元、欧元、(国际化了的)人民币、日元为主要国际货币,与黄金挂钩,具一定含金量。

第三层次为其他较活跃的、有一定影响力的经济体所发行的货币,即一般国际货币。

世界货币组织行使监管职能:

(1)加强对国际货币发行的监管,提高其透明度。

(2)定期对国际货币的含金量和汇率进行评估、发布。

(3)建立国际间的黄金清算中心,便利国与国之间的支付结算。

(4)对会员国提供贷款,进行救助,稳定经济。

上述国际货币体系的构建,对于稳定当前国际金融形势,促进世界经济增长都有重要意义。

二、中国币制改革的选择

在重构国际货币体系的过程中,中国应发挥与自身经济地位相符的作用。当前,我国人民币的国际影响力与国家真实财富以及实体经济的发展规模极不相称。中国已拥有近2万亿美元的外汇资产,经济总量居全球前四位(这仅仅是用贬值后的美元作为标价,如果按照购买力平价计算,很可能已经成为全球第二位)。作为全球重要的经济体和负责任的大国,中国应积极参与国际货币体系的重构。

根据参与国际货币体系重构的积极、稳妥原则,我国应该改革币制,建立二元货币体系。

(1)人民币国际化。在国际市场上,以基准货币——黄金为基础,发行黄金券,借助黄金的权威性和公信力,参与国际货币体系的重构。黄金券实质上就是国际版的人民币,主要执行对外支付功能,进入国际市场流通。在发行黄金券的过程中,需要不断稳固黄金券的发行基础,逐步增加黄金的储备比例。

(2)在国内,仍以人民币为唯一的法定货币,按现行体制运行。

黄金券与人民币之间可以互相兑换,实行有管理的浮动汇率;黄金券与外汇也可以互相兑换,实行自由汇率。外汇与人民币之间不能直接互换,必须按上述机制,经黄金券中转兑换。这样,"黄金券"就成为构筑在人民币与外币之间的一道防波堤。通过对外汇—黄金券—人民币之间的汇率这一"闸门"的调控,可以抵御国际经济的冲击,化解境外金融风险,解决近年来我国经济运行中的难题:

(1)实施二元货币制度,外汇收入不再直接影响人民币的发行量,从而摆脱"创汇过多"之虞,中国经济将获得更大的持续稳定的发展空间。

(2)二元货币制度规定,国际资本不能直接兑换人民币,这将有效解决热钱流入、人民币被动投放问题,有利于抑制通货膨胀,确保人民币发行的主动权。

(3)增加黄金储备,将减少美元储备过高的汇率风险,有利于维护国家财富安全。

实施二元货币制度,既有利于国内经济更自主、稳定、健康地发展,又有利于加快人民币的国际化进程,参与国际货币体系的重构,提升中国经济的国际地位和影响力。

优化我国外汇储备的战略行动方案

（2009 年 3 月 30 日）

一、优化我国外汇储备结构的紧迫性

截至 2008 年底，我国外汇储备已近 2 万亿美元，其中大部分是美元资产。这一结构使我国财富安全在很大程度上受制于他人，面临极大风险。国际金融危机爆发以来，我国外汇财富随着美元贬值不断蒸发。美国继新增 7870 亿美元的经济刺激方案之后，日前，美联储又准备回购 3000 亿美元的国债，试图以制造危机的方法来治愈危机，随着货币的不断增发，美元继续贬值已是必然趋势。以 2 万亿美元的外汇储备计算，若美元继续贬值 20%，我国又将损失 2.72 万亿元人民币的财富，约为 2008 年 GDP 的 9%。因此，为确保国家财富安全，我国应尽快优化外汇储备结构，合理利用外汇资产。

二、增储黄金是优化我国外汇储备的最佳选择

目前，美、欧、日等主要经济体都在用制造危机的方法抑制危机，继续向市场注入流动性资金，各国货币都有大幅贬值的风险；唯有黄金在"乱世"始终坚挺，并保持长期升值态势。同时，国际货币体系的重构也要求为各国货币提供坚实的本位基础，而黄金恰恰是天然的最佳选择。总之，无论是外汇储备的保值增值，还是日后的货币制度改革和货币体系重构，都要求我国尽快增储黄金，争取用 5 年左右的时间，黄金储备增至 6000 吨左右。

我国 2008 年 GDP 为 4.3 万亿美元，按现行汇率居世界第三；按购买力平价，2005 年起已为世界第二。而目前我国公布的黄金储备仅 600 吨，按现价计算，不到外汇储备的 1%，远低于美国 2007 年黄金占外汇储备 75% 的比例，也大大低于德、法等国 63%、66% 的黄金占外汇储备比例。比例悬殊如此之

大,无疑凸显了我国外汇资产的巨大风险。若黄金增储达到 6000 吨左右,其总量仅次于美国,高于德、法,所占外汇的比例则达到 8%—10%,从而可大大增加我国外汇资产的安全性和可控性。

三、转换增储黄金的主渠道

黄金可分为金融性黄金、矿产资源性黄金和商品性黄金。目前全球黄金总量约为 15 万吨,其中官方货币储备的金融性黄金约 3 万吨,主要集中在美国和欧盟。金融领域黄金市场规模很小,如收购必使金价急剧上扬,而且即便高价收购,购入量也非常有限。而在产业界则相反,矿产金和商品金市场规模大,交易条件也较宽松,而且全球黄金产量每年还在从 2500 吨—3000 吨的规模持续增长。

因此,金融界增储黄金的主渠道应该转变到矿产金和商品金领域,并通过一定的机制将其转化为金融性黄金。

关于增储黄金、优化外汇储备的五点建议

(2009 年 7 月 10 日)

一、抓住当前增储黄金的重大机遇

当前,美元和欧元等主要货币在长期内逐步贬值的趋势已经确立,为维护国民财富安全,我国必须尽快增储黄金,优化外汇储备结构。而当前的国际金融危机恰恰为我国增储黄金提供了千载难逢的机遇:

——金融危机使发达国家在非洲、蒙古等黄金储量丰富的国家投资急剧减少。诸多黄金资源国都欢迎国外投资者前去收购、开采金矿。

——境外许多矿业集团和冶炼厂都出现了严重的生存危机,为了维持生存,它们正急于出售金矿资源和股权以缓解自身的危机。

我国应牢牢抓住金融危机所带来的重大机遇期,若待金融危机过去,世界经济恢复,增储成本和难度都将大大提高。因此,我国应尽快将增储黄金上升为国家战略,在 5—6 年内增加黄金储备至 6000 吨左右,从而成为仅次于美国的世界第二黄金储备国。

二、多渠道增储黄金

黄金可以分为金融性黄金、矿产资源性黄金和商品性黄金。目前中国的黄金进口额度由人民银行审批,主要集中在金融领域。2008 年的进口量仅为 50 吨,数量非常有限。而且,金融性黄金的交易都集中在国际金融领域,交易信息透明,一旦大量增储,国际投资者将会通过惜售和提高金价的策略限制中国增储黄金。而产业界则相反。矿产资源性黄金和商品性黄金市场规模大,交易条件较为宽松。另外,从矿产资源领域收购的原生金没有经过加工、增

值,因而成本较低。因此,除金融领域外,还应通过多个渠道增储黄金,并将主渠道从金融领域转移到产业界的矿产金和商品金领域。在增储过程中,以国家黄金产业龙头企业为主,利用各种渠道占领海外黄金矿产资源市场,如:(1)利用民营企业公关搭平台;(2)利用国企、农林境外投资及军工贸易换资源;(3)利用外援支持信贷换资源;(4)利用香港辐射东南亚及周边散金市场,投建黄金冶炼及精炼厂;(5)利用非洲资源多、选冶能力差的现状,投建黄金选冶中心。若以上措施实施得当,加大投入,加速占有,加速开采和开发力度,实现年增产400—500吨黄金,年增收加工冶炼金600吨以上,从而实现年增储黄金1000吨以上的目标。总之,只要渠道合适、机制合理,我国完全可以在未来5—6年内,增储黄金至6000吨左右。

三、打造增储黄金的战略平台

既然增储黄金的主渠道是产业界,因而其运作平台或工具就应该是以经营矿产性黄金和商品性黄金为主的企业。中国黄金集团前身是国家黄金局,是专门开展黄金交易及开采的中央企业,也是中国在世界黄金协会的唯一会员单位。拥有的黄金资源储量最大(约1200吨),其中350吨资源已经形成产能,是最适合的平台。

然而,当前中国黄金集团的总资产仅为300亿元,净资产100亿元,资本金只有20亿元,资金实力明显不足以完成增储黄金的任务。

为此,建议尽快对中国黄金集团增资扩权,将其打造成产业界国家的战略增储平台。根据增储黄金的任务,增资的额度约为100亿美元,同时还应授予其黄金进出口权,用于国外金矿的收购、兼并、开采和商品金的收购。总体方案有两套:

第一套方案:由产业界和金融界共同注资,该方案分两步实施。

——由国家通过国资委对中国黄金集团注资,规模在600亿元左右,主要从事国内外矿山收购、黄金开采与黄金进出口任务。

——由中国黄金集团与金融系统的汇金公司各出资约300亿元,共600亿元左右,联合成立黄金金融公司,将其打造成产业界与金融界的转换交流平台,实现黄金的战略性收储。

第二套方案:由金融系统出资,产业部门经营管理。该方案的特点在于发

挥各自优势,实现强项联合。金融部门的优势在于资金充足,而产业部门的优势是经营管理经验丰富。具体有三个建议:

——由汇金公司出资 100 亿元向国资委收购中国黄金集团的全部股份,并再对其注资 100 亿美元。汇金公司仅进行股权管理,而经营管理则由中国黄金集团负责,并且仍归口国资委。

——由汇金公司和中国黄金集团分别出资 100 亿美元和 10 亿元人民币共同成立黄金金融公司专事增储业务。其中,汇金公司占 99% 的股权,中国黄金集团占 1% 的股权,经营管理由中国黄金集团负责。

——由国家外汇管理局出资设立国家黄金储备专项产业基金,基金总规模以 2000 亿美元为限(约占外储 10% ,可增储黄金 6000—7000 吨),再由国家外汇管理局与中国黄金集团共同出资 10 亿元人民币,联合成立黄金产业基金管理公司,对基金进行资产管理,其产业经营管理主要由中国黄金集团负责。

四、优化外储结构和收益,为人民币国际化奠定基础

首先,从静态收益看。在增资中国黄金集团 100 亿美元后,如果再向其贷款 200 亿美元,则中国黄金集团每年的可用资金就达到 300 亿美元,每年至少可以增加 1000 吨黄金储备。5—6 年可将 2000 亿美元转化为黄金,约占外汇储备的 10% ,以确保国家财富安全。

其次,就动态收益看。如能在黄金储备达到一定规模后(3000 吨左右),以黄金储备为基础,按一定倍率发行黄金券(约为 6 万亿元价值)在境外流通,这样可以使黄金货币化,变"死黄金"为"活黄金",并取得相应的铸币权收益和货币运营收益。黄金券实质是流通在外的中国币,根据货币流通的乘数效应,其使用规模和流通规模会进一步扩大(约为 20 万亿元—30 万亿元价值),这不仅可获得更多收益,还特别有利于人民币国际化,为我国在国际货币体系中争取更大发言权和主动权奠定基础,进而在世界经济、政治、外交等领域发挥重大作用。

五、建立统筹协调机制

鉴于此事意义重大,时间紧迫,且涉及金融、产业等不同部门权力和利益,

还需要外交、情报等部门配合。因此,必须建立一套高层、高效的统筹协调机制运作此事。建议在启动时,国务院主要领导主抓,秘书长具体协调,有关部委实施。

关于将黄金列为国家战略储备和利用外汇收购海外金矿的两点建议

(2010 年 1 月 20 日)

2008 年金融危机爆发以来,我组织京沪两地经济、金融专家共同参与的两项课题成果《优化我国外汇储备的战略行动方案》和《关于增储黄金,优化外汇储备的五点建议》分别于 2009 年 4 月下旬和 8 月上旬报送国务院领导。根据温家宝、李克强、王岐山的批示,课题组近期又在北京和上海邀请国资部门、产业界、金融界及学术界等多个领域的专家进行了数次座谈,并对增加战略性黄金资源储备和收购海外金矿资源等问题进行了重点研究,形成以下两点建议:

一、建议国家尽快将黄金和黄金资源列入国家战略储备,为增储战略性黄金资源提供体制和政策保障。

二、建议尽快从外汇储备中动用 100 亿美元,用借汇还金的方式委托中国黄金集团收购加拿大、俄罗斯和蒙古等国 6 家金矿企业共 16 个金矿项目。

一、尽快将黄金资源列入国家战略储备

当前,我国的战略物资储备主要包括石油、铜矿、煤炭和粮食等,而黄金资源则尚未进入战略储备目录。实际上,无论是从应对经济风险,还是从应对战争风险来看,黄金资源对国家而言都是极为重要的战略性物资。

适量的黄金资源储备可以大大提升人民币的公信力,是人民币国际化的必备条件,是人民币走向世界的重要基石。金融危机发生后,拥有 8000 多吨黄金储备的美国没有出售过 1 克黄金,这充分证明了黄金储备对一国经济金融的稳定与安全具有重大的战略意义。

为了顺利增加黄金资源储备,我国应当转变增储机制,尽快将黄金资源列

入国家战略物资储备,为增储战略性黄金资源提供体制和政策保障。

二、紧紧抓住当前机遇加快收购海外金矿资源

金融危机以来,经济衰退使发达国家在非洲、俄罗斯、蒙古、哈萨克斯坦等黄金资源储量丰富的国家的投资急剧减少。诸多黄金资源国都欢迎国外投资者前去收购、开采金矿。但是当前全球经济已经回暖,如果待危机过去,那么收购黄金资源的难度和成本必将大大提高。因此,我国应紧紧抓住当前危机仍未结束的机遇,加快收购海外金矿资源的步伐:

1. 为紧紧抓住当前机遇,加快收购海外金矿资源,中国黄金集团对多个国外项目进行了考察和谈判。尤其是经过半年多的沟通与谈判,在 2009 年 6 月国家主席胡锦涛访问俄罗斯期间,中国黄金集团与俄罗斯列诺瓦集团在胡主席和俄罗斯总统梅德韦杰夫的共同见证下,签署了《合作备忘录》。目前,中国黄金集团已与俄罗斯列瓦诺集团,蒙古 Boroo 黄金公司,加拿大 IAM 黄金公司、Red back 黄金公司、Cameco 金矿公司、CGA 矿业公司等 6 家黄金企业达成合作或收购意向,准备开发国外黄金资源,增加国家黄金储备。

2. 中国黄金集团不仅拥有国际先进的金矿采选技术和成套高端设备,同时还具有丰富的海外开发与矿业资本市场运作经验。2008 年在多伦多证券交易所,中国黄金集团就已经成功收购加拿大金山矿业公司 48% 的股权,成为该公司的第一大股东。

三、收购海外金矿资源收益巨大

1. 收购成本:目前中国黄金集团已经与加拿大、俄罗斯和蒙古等 3 个国家的 6 家黄金公司达成收购或合作意向,涉及相应的金矿项目共 16 个,总金额约为 130 亿美元,但是当前中国黄金集团仅有注册资本金 20 亿元,净资产100 亿元,显然不足以完成收购任务,所以建议国家尽快从外汇储备中动用100 亿美元,以借汇还金的方式委托中国黄金集团完成此次收购。

2. 收购收益:根据勘探报告,上述三大金矿共有探明黄金储量 2900 吨,收购完成后可以新增年产量 120 吨左右。根据中国黄金集团的现有技术力量和采选装备,开采成本为 130 元/克,对比国际矿山企业对相同品位矿山的平均开采成本(190 元/克),此次海外收购可以获得约 1740 亿元的收益;对比当前

期金（220 元/克）和商品首饰金（300 元/克）的价格，则分别可以实现 2610 亿元和 4930 亿元的收益。

　　总之，此次收购海外金矿资源不仅具有重大的战略意义，同时也落实了胡锦涛主席见证的协议，况且各项工作均已经具备，相对成本而言，收益十分可观，所以建议国家尽快从外汇储备中动用 100 亿美元，用借汇还金方式委托中国黄金集团实施海外金矿资源收购。

抓住机遇　推动东北亚区域经济合作进程[*]

（2010 年 8 月 28 日）

20 世纪 90 年代以来,在经济全球化迅速发展的同时,区域经济一体化也得到了迅速的发展,成为世界经济发展的潮流之一。这一时期,区域经济一体化组织不断涌现,以欧洲统一市场的形成、亚太经合组织的诞生（1989 年）、北美自由贸易区的成立（1994 年）为标志,区域经济一体化进入了一个迅速发展阶段。这些区域组织经过数年的发展,不仅促进了各成员国经济的增长,也使各成员国获得了诸多效益,如贸易创造效益、经济规模效益等,同时也对世界经济产生重要影响。在这样的背景下,区域经济一体化的有关问题也成为世界政治、经济领域研究的重点。特别是与欧盟、北美自由贸易区相比,东北亚地区却没能建立起推动东北亚区域经济一体化的区域组织和制度安排;没能形成区域性的经济联系或模式,仍处于较低层次、不稳定的发展状态,东北亚各国之间的合作关系多是一种双边的、普通意义上的合作关系。在全球区域经济一体化迅速发展的浪潮下,东北亚各国能否抓住新的历史机遇,以东北亚各国具有的勤劳和智慧创造东北亚区域经济发展的新模式,提升各国在国际上的竞争力,成为世界经济发展的重要一极等等。从现实的情况来看,推动东北亚区域经济一体化的客观条件已经具备,各国应共同努力,抓住机遇,推动东北亚区域经济一体化的进程。

从现实的国际形势来看,推动东北亚区域经济合作的时机已经较为成熟。首先,推动东北亚区域经济一体化是中日韩三国应对经济全球化和区域经济一体化的客观需要。中日韩三国近年来虽然在贸易、投资等方面出现了快速增长的趋势,但其潜力远未得到发掘。据统计,区域内贸易已经占全球贸易

---

* 这是高尚全同志 2010 年 8 月 28 日在"东北亚贸易发展论坛"上的发言。

50％以上，其中欧盟区域内贸易额已经占到对外贸易的70％，北美自由贸易区也已经达到40％，而东北亚区域内的贸易仅占20％左右。这表明东北亚区域经济一体化的进程还较为缓慢，东北亚各国之间的贸易潜力还很大。

其次，近年来，随着东北亚各国经贸关系的发展，为东北亚区域经济一体化的发展奠定了坚实的基础。中日两国已经成为互为重要的贸易伙伴，中国是日本的第一大贸易伙伴，日本是中国的第三大贸易伙伴，双边贸易额2007年达到2360亿美元，2008年达到2667.9亿美元。2009年由于受到金融危机的影响，中日进出口贸易额为2288.5亿美元，同比下降14.2％，2010年1—6月，进出口总额达到1366亿美元，同比增长37％；中韩虽然建交较晚，但相互贸易发展较快，2007年中韩之间的贸易额已经达到1343.1亿美元，2008年超过1500亿美元，达到1861.1亿美元，2009年为1562.3亿美元，2010年1—6月979亿美元，同比增长44.7％；中朝、中蒙贸易额虽然较少，2009年分别达到26.8亿美元和24亿美元，具有较大的增长空间；中国与俄罗斯的贸易发展也较快，2008年进出口总额达到568.3亿美元。东北亚地区各国贸易的迅速发展为推进区域经济一体化进程奠定了基础。

第三，东北亚各国在经济上存在着巨大的互补性，为东北亚区域经济合作和推动区域经济一体化提供了可能性。日本和韩国的技术与资本，中国的劳动力和市场，俄罗斯、蒙古的资源、能源等，为东北亚区域经济合作提供了优势互补的基础。

最后，加强东北亚区域经济合作，可以为东北亚各国带来利益分享和共赢的结果。2008年由美国次贷危机引发的全球金融危机，使世界经济遭受到严重的打击，世界经济出现严重倒退，2009年全球大部分国家的经济都出现了负增长，东北亚各国也不例外。为了应对金融危机的影响，东北亚各国加强合作的愿望不断增强，通过加强合作实现促进东北亚地区经济的发展、和平与安全；充分发挥各国的经济资源优势，优化区域内的资源配置，扩大区域内的贸易与投资，为各国经济发展注入新的活力；对欧美和其他区域经济一体化作出积极的回应，有助于东北亚各国在国际组织中增强参与力和决策权，从而在国际事务中发挥更大的作用；实现各国在东北亚区域经济合作中的共赢。

推动东北亚区域经济合作需要我们各国的共同努力。我们将落实好《中国图们江区域合作开发规划纲要》，以长吉图开发开放先导区建设为主体，鼓励在促进沿边地区与内陆腹地优势互补和联动发展、开拓陆海联运国际运输新通道、探索沿边地区跨境经济合作模式等方面先行先试，推动图们江区域合作开发在更高层次上向纵深发展，为全国沿边开放开发提供经验和示范。

以珲春边境经济合作区为窗口，依托长吉图产业基地，加强与东北亚各国合作，不断调整产业结构和优化产业布局，加强边境区域经济技术合作，推动建设跨境经济合作区，使长吉图区域成为东北亚地区优势互补、内外联动的有效合作载体，为构建更加开放的经贸合作区域创造条件。我们将发挥长吉图的区位独特、政策集成、环境容量大、资源承载力强的比较优势，做大做强特色优势产业，进一步优化区域产业分工协作，合作建设具有核心竞争力的新型工业和现代服务业、现代农业示范基地，充分发挥长吉图开发开放先导区在吉林省经济社会发展的引擎作用，提升东北地区的整体综合实力。

加大沿边的开放力度，重点实施综合交通运输基础设施合作项目，构筑贯通东北经济区的国际运输通道，建设国际空港物流通道。

加快沿边重要口岸基础设施建设，进一步增强通关过货能力，提高口岸利用效率和经济效益。

积极推进跨境经济合作区建设。充分发挥珲春边境经济合作区在图们江地区开发开放中的作用，尽快形成集投资贸易、出口加工、国际物流等于一体的多功能经济区。积极创造条件，逐步建设跨境经济合作区。在基本建成跨境边境合作区以及图们江区域国际大通道的基础上，探讨在珲春市建立更加开放的经贸合作区域，提高边境地区的开放合作水平。

加强环境领域合作。扩大与日、韩、俄等国在生态环境领域的合作，充分利用他们的先进技术，加强资源综合利用，发展循环经济，加强图们江区域生态环境综合治理，积极推进跨国自然保护区、跨国湿地等重点地区生态建设和环境保护的国际合作。

加快国际产业合作园区建设。加强科技合作和产业融合，大力推进新型工业化进程。依托珲春边境经济合作区，加强与周边国家合作，重点发展高新电子、汽车零部件出口加工、纺织服装，以及能源及矿业开发加工、木制品加工、建材和机械装备制造。

在金融危机对全球经济造成严重影响的时刻,更加需要我们携起手来,共同应对挑战。我相信在各方的共同努力下,我们一定能够克服金融危机带来的影响,推动东北亚区域经济合作取得更加丰硕的成果。

改革历史回顾与未来展望

从计划经济到社会主义市场经济

（2008 年 8 月 3 日）

以 1978 年党的十一届三中全会为标志,中国改革开放走过了 30 年历程,取得了举世瞩目的巨大的成就。党的十七大高度评价了改革开放的历史功绩和历史地位,指出"改革开放是决定当代中国命运的关键抉择,是发展中国特色社会主义、实现中华民族伟大复兴的必由之路","只有社会主义才能救中国,只有改革开放才能发展中国、发展社会主义、发展马克思主义"。

30 年来的改革历程,是我们经过解放思想和不断探索,在意识形态和基本理论上取得一个又一个重大突破的过程;也是改革目的、方向和性质逐步明晰的过程。虽然改革的领域涉及经济社会的方方面面,不同时期的改革重点也各不相同,但 30 年来最深刻的变化就是实现了从高度集中的计划经济到充满活力的社会主义市场经济、从封闭半封闭到全方位开放的伟大历史转折。当前处在全面建设小康社会的关键时期,仍处在改革的攻坚阶段,系统地回顾历史和总结经验,对继续把改革开放的伟大事业推向前进具有重要意义。

一、中国计划经济体制的形成过程及弊病

（一）国有经济的产生

中国计划经济体制是在 1953 至 1957 年期间逐步形成的。

在中国人民革命取得全国胜利的前夜,即 1949 年 3 月,中国共产党举行了第七届中央委员会第二次全体会议。会议全面地分析了革命胜利后国内外的政治、经济形势,明确提出了党的工作重心应当由乡村转移到城市,阐明了国内各种社会经济成分以及它们的发展趋势,指出了社会主义性质的国营经济在国民经济中的领导地位,提出了党对各种社会经济成分所必须采取的方针和政策。毛泽东同志指出:中国的现代性工业中最大和最主要的资本是集

中在帝国主义及官僚资产阶级手里,必须接管帝国主义在华的资产,没收官僚资本归人民共和国所有,使人民共和国掌握国家的经济命脉,使国营经济成为整个国民经济的领导成分;对私人资本主义,在革命胜利后一个相当长的时期内,既要尽可能地利用其积极性,以利于国民经济的发展,又要对其采取恰如其分的有伸缩性的限制政策;对分散的个体农业经济和手工业经济,必须谨慎地、逐步地而又积极地引导它们向着现代化和集体化的方向发展。

没收官僚资本,把官僚资本所有制的经济变为社会主义全民所有制的经济,这就构成了国营经济的最主要的部分。新中国成立前夕,官僚资本约占全国工业资本的66%,占全国工矿、交通运输业固定资产的80%。国民党政府资源委员会拥有219个工矿企业,掌握全国钢铁产量的90%(新中国成立前最高年份1943年为92.3万吨),煤炭产量的33%(新中国成立前最高年份1942年为0.62亿吨),发电量的67%(新中国成立前最高年份1941年为60亿度),水泥的45%(新中国成立前最高年份1942年为229万吨),以及全部石油和有色金属的生产。官僚资本控制着全国的金融机构和铁路、公路、邮电、航空运输以及44%的轮船吨位,还有十几个垄断性的贸易公司。由于没收了官僚资本,使社会主义国营经济的力量壮大了起来。据统计,1949年,国营工业在全国大型工业总产值中所占的比重为41.3%。国营经济已拥有全国发电量的58%,原煤产量的68%,生铁产量的92%,钢产量的97%,水泥产量的68%,棉纱产量的53%。国营经济还掌握了全国的铁路、邮政、电信和大部分的现代交通运输事业。

中国社会主义国营经济的产生和建立,除了主要靠没收官僚资本以外,还有一个来源,就是在革命根据地时就已产生的公营经济,不过它的比重不大。最初在革命根据地中出现的公营经济,是为了革命战争的需要,由根据地中的军民用自己的双手建立起来的。早在1927年,当时的革命根据地就有了社会主义性质的公营经济。这主要是为战争服务的一些军用工业,如兵器、弹药、被服、炼铁等;也有一些民用工业,如煤炭、盐,以及纺织、造纸、皮革等。此外,还建立了公营商业和银行。这些公营经济对支援革命战争,满足根据地人民需要、促进经济发展,都起了重大作用。

中国的国营经济对民族资本主义经济、合作社经济以及小生产者个体农业和手工业经济来说,居于领导地位,在整个国民经济的发展中起着主导作用。

（二）高度集中的计划经济体制的形成

1. 集中管理的财政体制。1949 年，中国人民革命取得了巨大的胜利，但面临的财政经济形势是极为困难的。由于国民党政府的统治和长期的战争，工农业生产受到很大破坏。1949 年与 1936 年比较，工业产值下降了一半（重工业下降 70%，轻工业下降 30%）；农业产值大约下降了 25%，粮食产量下降了 20% 左右，棉花产量下降了 40%。1949 年国家财政收支出现了严重的赤字。为了维持财政支出，国家不得不增发货币。加上私人投机、囤积居奇，哄抬物价，全国除东北外，各地物价均处于剧烈上涨的局面。以上海市为例，从 1949 年 6 月到 1950 年 2 月，批发物价上涨了约 20 倍。物价剧烈上涨，给国家和人民造成了严重损失，给社会经济带来了很大的混乱。所以，在国民经济恢复时期，必须首先稳定物价。

当时在财政经济工作上实行的"统一领导，分散经营"的体制，是在抗日战争和解放战争时期各个革命根据地或解放区被敌人封锁、分割的条件下实行的，是适合当时情况的。为了争取财政经济状况的好转，改变了过去长期只是政策统一而经营分散的体制，形成了集中管理的体制。

2. 集中管理基本建设。第一个五年计划基本任务的一个重要方面，就是集中主要力量进行以苏联帮助中国设计的 156 个建设单位为中心的，由限额以上的 694 个建设单位组成的工业建设，建立工业化的初步基础。为了完成这项任务，需要把大中型基本建设项目实行集中统一的管理。当时面临的主要问题：一是国家的建设资金不足。资金有限，就不能撒"胡椒面"，只有集中使用，才能更好地发挥它的效益。二是技术力量和经验缺乏。只能把有限的技术力量集中起来，首先保证重点建设的需要。三是限额以上建设项目，特别是苏联帮助设计的 156 项重点工程，都是技术比较复杂，投资较大，关系到国家经济命脉的项目。建设这些项目不是一省一地的需要，而是全国的需要，所以由中央及有关部门集中统一管理。

当时，对大中型建设项目实行集中统一管理的体制，其主要内容和特点是：第一，制定综合平衡的中期计划。第二，国家集中必要的财力进行重点建设。从第一个五年计划时期实际执行结果看，中央支配的财力约占 75%，地方支配的财力约占 25%；国家对工业部门的投资共达 250 多亿元，占投资总额的 42.5% 。第三,国家掌握人力、物力的调配。为了支援重点建设,当时从全国调集了 1 万名优秀的干部走上基本建设第一线,又从文教、科研部门和原有企业中抽调一大批工程技术人员充实新建单位。第四,基本建设项目以中央各部门为主进行管理。当时地方政府在经济方面的主要任务,除积极支援国家在当地建设的少数重点项目外,主要是管农业,以及抓农业合作化,保证完成农副产品采购和调运,稳定市场物价,安排好人民生活等。

对大中型基本建设项目实行集中统一管理的体制,能够集中全国的财力、物力和主要技术、管理干部来保证重点建设的需要。但是由于集中过多,而且主要是以中央各部门"条条"为主进行管理,压抑了地方和企业的积极性。

3. 对粮食实行计划收购和计划供应。为了解决粮食问题,中共中央于 1953 年 10 月 16 目作出了关于实行粮食的计划收购和计划供应的决议;政务院在同年 11 月 23 日发布命令下达执行。即粮食统购统销之后,对棉花、棉布、食油等几种人民生活必需的农产品和轻工业产品,也陆续采用了统购统销的办法。

4. 以指令性计划为主的计划管理体制的形成。在工业、商业和交通运输业等方面,对国营企业和少数生产国家安排产品的公私合营工业企业实行直接计划,国家向它们下达指令性指标,其中工业企业所需的生产资料由各主管部门按计划地供应,享受国家调拨价;产品由商业、物资部门收购或调拨。在财务上,国家对国营企业实行统收统支。企业的利润和折旧基金全部上缴;企业进行固定资产更新和技术改造所需要的技术措施费、新产品试制费和零星固定资产购置费,集中由国家财政拨款提供;生产需要的流动资金由财政部门按定额拨给;季节性、临时性的超定额部分由银行贷款满足。

社会主义改造基本完成后,直接计划的范围不断扩大,指令性计划不断增加。到 1957 年,下达给工业企业的指令性计划指标共有 12 个,即:总产值、主要产品产量、新产品试制、重要的技术经济定额、成本降低率、成本降低额、职工总数、年底工人到达数、工资总额、平均工资、劳动生产率、利润。国营企业的利润和基本折旧基金全部上缴国家,纳入国家预算。基本建设投资,以及技术措施费、新产品试制费和零星固定资产购置费,都由财政拨款。在基本建设投资总额中,国家投资的比重由 1952 年的 85.2% 提高到 1957 的 91.4% 。

5. 建立高度集中的商业流通体制。中国的商业流通体制,是在继承老解放区一套作法的基础上发展起来的。新中国成立以后,首先从上到下建立了国营商业和供销合作社的商业体系。对国营商业建立了高度集中的管理体制。各专业总公司对设在各地的分支机构统一管理、统一经营,实行物资大调拨和资金大回笼的制度。国家进入大规模经济建设时期以后就暴露出这种高度集中的商业体制与新的形势不相适应的矛盾,主要的问题是:逐级按行政区域调拨商品,环节多、周转缓慢,一些商品迂回倒流;资金大回笼,物资大调拨,助长了商业企业的"供给制"思想,大量资金被占压,经济效益很差;地方和企业的权限过少,不利于因地因事制宜,难于发挥地方和企业的积极性。当时,根据不同商品在国民经济中所占的地位,分别采取了统购统销、派购、议购等不同的购销形式。

6. 从分散走向集中的劳动工资体制。进入第一个五年计划时期后,由于大规模经济建设的需要,国家逐步扩大对干部、工人统一分配的范围,从大专毕业生逐步扩大到中专、技工学校的毕业生,又进一步扩大到复员退伍军人。1956 年初,资本主义工商业实行全行业公私合营时,对原私营企业职工采取包下来安排工作的方针。从此以后,自行就业和自谋职业就基本上被统一安排、统一分配所取代。1957 年有关部门又规定:各单位对于多余的正式职工和学员、学徒,应积极设法安置,如果没有做好安置工作,不得裁减。这实际上是禁止企业辞退多余的职工,形成了"能进不能出"的制度。在用工制度上,一直强调多用固定工、少用临时工,使用工形式逐步向单一化发展。再加上其他政治、经济方面的许多因素的影响,逐步形成了"铁饭碗"的劳动制度。

在工资制度方面,全国解放以后,从老解放区进城的干部继续实行供给制;对接管企业的职工和留用公教人员的工资,采取了基本上维持原状的方针。随着大城市相继解放,国家对工资问题陆续规定了一系列的方针政策。由于当时物价不稳、货币不统一,为了保证职工的实际收入,工资计算单位分别采取折实单位、工资分等,按逐月公布的物价、分值等来计算货币工资。

1956 年国务院作出了关于工资改革的决定,颁发了全国范围同时实行的改革方案。这次改革的主要内容有:把原来的工资分、折实单位统一改为货币单位;全国党政机关工作人员实行统一职务等级工资制,事业单位实行统一的职务、职称等级工资制;国营企业按行业和企业规模分别制定各类职工的工资等级表,工人实行五级或八级的等级工资制;修订和统一了技术等级标准;企业可根据条件自行决定计算工资和建立奖励制度等。与此同时,各省、市、自治区参照中央的规定,统一了地方国营企业的工资制度。这样,实现了全国工资制度的统一。这种工资制度,有利于国家对消费基金的分配实行宏观控制。它的缺陷和弊病是:工资标准和等级仍然过多过繁;没有很好地解决职工的收入水平和个人的贡献大小挂钩的问题,特别是和企业经营成果挂钩的问题;企业除了执行中央统一规定的升级面和增长幅度外,没有充分的回旋余地,因而不利于充分调动企业和职工的积极性。

(三)计划经济体制的主要弊病

在"一五"时期(1953—1957 年第一个五年计划时期的简称)形成和建立的高度集中的计划经济体制,对当时集中财力、物力和人力,保证重点建设的顺利进行,保证市场物价和社会的稳定起了积极的作用。

但是,这个时期形成的经济体制有它的历史局限性。尤其是在"一五"末期,集中过多、统得过死的弊病较多地暴露出来了。在生产资料所有制方面,形式过于简单划一,对小工业、小商业、手工业合并得过多;在工业管理方面,中央工业部门直接管理的企业过多,中央直属企业由 1953 年的 2800 个增加到 1957 年的 9300 个;在财力支配方面,中央支配的比例偏高,地方的财权和企业的奖励基金、超收分成比较少;在物资分配方面,由国家计划委员会平衡分配的统配物资由 1952 年的 55 种增加到 1957 年的 231 种;在计划管理方面,直接计划的比重大大增加;在劳动工资管理方面,用工形式逐步向单一化发展,并形成了"铁饭碗"的劳动制度,对职工工资,企业除了执行中央统一规定的升级面和增长幅度外,没有充分的回旋余地。这些弊病的存在,成为我国国民经济进一步发展的障碍。

由于上级国家机关对企业管理过死,在计划管理、财务管理、干部管理、物资管理以及福利设施等方面包揽过多,使得企业领导人对企业的管理权限太小,特别是产、供、销的权限太小,严重地影响了企业和职工积极性的发挥。一些基层企业的领导人对此反应十分强烈。1956 年,一般国营企业的厂长在财务方面只有 200—500 元的使用批准权,公私合营企业的财权就更小。上级机关权力过分集中,事无巨细一概包揽,使企业缺乏必要的自主权,成了行政机构的附属物,就不能作为一个独立的经济单位充分发挥作用。

在中央与地方、"条条"与"块块"的关系上,过分强调"条条"行政管理,就割断了地区内不同部门、企业之间的经济联系,影响了地区内的经济联系和专业化协作,造成了重复浪费。例如,在同一个洛阳市,一方面建筑工程部洛阳工程局担负的洛阳拖拉机厂等工程的建设任务接近完成,已有不少工人在窝工,大部分施工力量将要外调;另一方面,冶金工业部正在准备调去施工力量,承担洛阳有色金属加工厂的建厂工程;电力工业部为了承建洛阳热电厂,也从东北调去施工力量;纺织工业部计划在洛阳建设纺织厂,也准备调去施工力量。而调动一支大型的建设队伍,往往涉及成千上万职工及其家属,而且每到一个新的施工地区,就得兴建一批附属企业和职工生活福利设施。这样,不仅延误工期,造成人力物力上的许多浪费,使职工在工作和生活上遇到很多困难,而且不利于职工技术业务水平的提高。

当集中过多、统得过死的矛盾开始变得突出的时候,党中央就有所觉察。毛泽东同志在 1956 年作了《论十大关系》的报告,以苏联为鉴戒,总结了我国自己的经验,强调了要处理好国家、生产单位和生产者个人的关系,中央和地方的关系。报告指出:"把什么东西统统都集中在中央或省市,不给工厂一点权力,一点机动的余地,一点利益,恐怕不妥。"但是,中央、省市和工厂的权力和利益究竟应当各有多大才合适,当时还缺乏实践经验。

如何处理好中央和地方的关系,对于我们这样的大国,是一个十分重要的问题。新中国成立初期,我国实行大区管理的体制。全国设置了 6 个大行政区,一个大区管几个省。1954 年撤销大区,进一步加强了集中统一,主要工业企业陆续收归中央各部直接管理,形成了以"条条"为主的经济管理体制。实践证明,取消地方必要的独立性,就限制了地方的积极性,结果并不好。为了解决中央和地方的矛盾,毛泽东同志指出:"目前要注意的是,应当在巩固中央统一领导的前提下,扩大一点地方的权力,给地方更多的独立性,让地方办更多的事情。这对我们建设强大的社会主义国家比较有利。我们的国家这样大,人口这样多,情况这样复杂,有中央和地方两个积极性,比只有一个积极性好得多。我们不能像苏联那样,把什么都集中到中央,把地方卡得死死的,一点机动权也没有。"

1956 年 9 月,中国共产党召开了第八次全国代表大会。刘少奇同志在代表中国共产党中央委员会向第八次全国代表大会所作的政治报告中说:"企业领导工作的改进,不仅需要企业本身的努力,而且需要上级国家机关的努力。在这里,有必要指出这样一个事实,就是上级国家机关往往对于企业管得过多、过死,妨碍了企业应有的主动性和机动性,使工作受到不应有的损失。应当保证企业在国家的统一领导和统一计划下,在计划管理、财务管理、干部管理、职工调配、福利设施等方面,有适当的自治权利"。"我们的经济部门的领导机关必须认真把该管的事管好,而不要去管那些可以不管或者不该管的事。只有上级国家机关的强有力的领导同企业本身的积极性互相结合,才能把我们的事业迅速地推向前进。"这些意见,是针对当时中央对地方、企业管得过多、过死的情况提出来的。

在党的第八次代表大会上,周恩来同志对于改进经济体制作了重要讲活。他说:"现在,我国的社会主义改造已经取得了决定性的胜利,人民民主专政已经更加巩固,这就使我们有必要也有可能,按照统一领导、分级管理、因地制宜、因事制宜的方针,进一步地划分中央和地方的行政管理职权,改进国家的行政体制,以利于地方积极性的充分发挥。"

为了改革经济体制,适应生产力发展的需要,国务院于 1956 年 5 月到 8 月召开了全国体制改革会议。会议对当时存在的中央集权过多的现象作了检查,对如何改进体制问题进行了讨论,并提出了改进体制的决议草案。后来又广泛地征求了各方面对改革方案的意见。1957 年 10 月,在扩大的党的八届三中全会上基本通过了《关于改进工业管理体制的规定(草案)》、《关于改进商业管理体制的规定(草案)》和《关于改进财政管理体制的规定(草案)》。这三个规定于 1957 年 11 月经国务院第 61 次全体会议通过,又经过全国人民代表大会常务委员会第 84 次会议原则批准,用国务院名义正式公布下达。

这三个经济体制改革的规定,总的精神是调整中央和地方、国家和企业的关系,把一部分工业管理,商业管理和财政管理的权力下放给地方和企业,以便进一步发挥它们的主动性和积极性,因地制宜地完成国家的统一计划。

这三个规定是针对当时中央集权过多、管得过死的实际情况提出来的,改革的方案是合理的,方法步骤也是稳妥的。从这三个规定看,虽然也提出了要扩大企业的自主权的问题,但着眼点主要是放在调整中央与地方的关系上,对如何正确处理国家与企业的关系问题还没有提到应有的位置上来。由于很快就开始了"大跃进",改革的方案未能实施。"文化大革命"时期,由于政治上的动乱,思想上的"左"倾,把原来种种正确的措施当作"资本主义"来批判,这就加重了原有经济体制的弊病。

从"大跃进"一直到党的十一届三中全会以前,中国经济体制有过几次改革和变动,但是变来变去没有从根本上解决问题,未能取得积极的效果。主要问题是:第一,没有跳出行政管理的框框,只是在中央和地方"你管"或"我管"上兜圈子,没有改变国家对企业管得太多、统得过死的状况。第二,企业上收和下放频繁,在上收和下放交替过程中,出现了"一统就死,一死就叫,一叫就放,一放就乱,一乱就统"的情况,压抑了企业和职工的积极性和创造性。第三,中央几十个部的条条插到城市,严重地影响了城市经济功能的发挥。条条即中央部门采取集中管理强调的是工业特别是重工业,忽视城市基础公用设施、服务行业和农业的发展,加剧了条块分割和城乡分割的状况。

总起来说,中国原有的计划经济体制,是在怎样的历史条件下形成的呢?第一,搬用了苏联的模式。在那个时候,中国在建立工业交通、基本建设、计划、物资分配以及劳动工资等管理体制时,借鉴了苏联的经验。这在当时我国缺乏经验的情况下也是必要的。但是,这种模式的主要弊端,如国家集中过多,对企业管得太死,政企职责不分,搞单一的公有制,排斥商品生产和价值规律的作用等,也搬到中国的经济体制中来了。第二,受到中国新民主主义革命时期(1919—1949)解放区和革命根据地供给制的影响。在长期的革命战争中,各革命根据地和解放区出现了农业互助组和合作经济,建立了公营经济,逐步积累了组织和管理财政经济工作的经验。但是,革命根据地和解放区长期处于被分割、被包围的状态所形成的自给自足、各自为战的供给制思想,也不能不影响社会主义中国的经济体制。

二、计划与市场的争论与博弈

我国的经济体制改革首先从农村改革开始取得突破。党的十一届三中全会以后,全党在拨乱反正和调整国民经济方面进行了大量工作,改革主要在农村进行。全国各地解放思想,大胆探索,从价格、税收、信贷和农副产品收购方面调整了农业政策,适当地放宽了对自留地、家庭副业和集市贸易的限制,建立了多种形式的生产责任制,特别是出现了小平同志称为"发明权是农民的"的专业承包联产计酬责任制,即"大包干",有效提高了农民群众的积极性,受到了农民的热烈欢迎,很快就在全国发展起来。我国农业生产发展和农民生活水平得到了迅速提高,粮食产量从 1978 年的 3 亿吨增长到 1984 年的 4 亿吨,农民人均纯收入从 1978 年的 133.6 元增加到 1984 年的 355.3 亿元。农村改革成功,为国民经济稳定运行奠定了坚实基础,也为以城市为重点的整个经济体制改革提供了有利条件。

农村改革已经取得了突破,而相比起来,城市还在维持僵化的计划经济体制模式,其主要弊端在:(1)政企不分。中央和地方政府的经济部门直接管理企业生产经营活动,企业失去了自主权,结果宏观经济决策没搞好,微观经济活动又管得死,严重压抑了企业的生机和活力。(2)条块分割。把完整的国民经济实际分割为众多的部门所有制和地区所有制,造成了部门壁垒、地区封锁,限制了地区之间、部门之间的经济联系,影响了行业之间、企业之间的专业化协作,使企业的生产能力不能充分合理地发挥。(3)忽视商品生产、价值规律和市场的作用。单纯依靠行政手段和指令性计划来管理经济,这就使企业缺乏竞争能力和应变能力。(4)分配中平均主义严重。在分配中未能真正体现按劳分配的原则,严重挫伤了职工的积极性、主动性和创造性,形成了职工吃企业的"大锅饭",企业吃国家的"大锅饭"的局面,严重压抑了企业和广大群众的积极性、创造性。这些弊端,使社会主义经济失去了活力,严重地束缚了社会生产力的发展,影响了社会主义制度优越性的发挥。城市是全国经济、政治、科学技术、文化教育的中心,只有坚决地系统地进行城市经济体制改革,才能真正起到应有的主导作用,推动整个国民经济更好更快地发展。

计划经济的思想源于马克思。《资本论》揭示了资本主义生产是无政府状态的,生产力的发展必然与生产关系发生不可调和的矛盾,最后导致资本主义的灭亡,并提出了社会主义经济将是有计划按比例地发展。1917 年后苏联实行计划经济,1949 年后中国实行计划经济,都源于这个理论。客观地说,计划经济在我国历史上曾经发挥了积极作用。新中国成立后,经济底子薄,百废待兴,只有集中经济力量才能发展一些国家急需的工业项目。但僵化地实行计划经济,就不可避免地出现上述弊端。计划经济体制已经到了非改不可的时候了。但是怎么改?把这个问题放到现在来看,是一个很容易的问题,很多人都会想到引入市场机制,提高资源配置效率和人们的积极性等改革措施,但这样的想法在当时简直就是大逆不道,"市场经济"是当时的一个禁区。长期以来,人们把市场经济完全归属于资本主义的范畴,与计划经济对立起来,认为社会主义经济就是计划经济,一谈到商品经济或者市场经济就是资本主义。这有其历史原因。马克思、恩格斯认为社会主义与商品经济是相互排斥的。列宁起初也坚持这一观点,后来虽然在实践上实行了包含商品经济内容的"新经济政策",但只是作为暂时政策,也没有作出明确的理论阐述。斯大林有限地承认了"社会主义制度下的商品生产和价值规律",即商品只限于消费领域,价值规律只限于流通领域,但在斯大林时代经济模式中,主体仍是排斥商品经济的计划经济。在这样的理论指导下,对改革的目标和方向都认识不清。我也是这样,我在1956年就提出"企业要有一定自主权"的主张(发表于1956年12月6日《人民日报》第2版),但是对整个改革的目标和方向,并不清楚。改革初期采取的一些措施,只能局限在计划经济体制内进行修修补补,放权让利,而无法触及计划经济体制本身,这些弊端也就无法根除。

这样,要进行经济体制改革,首先要在理论上进行关键性的创新,冲破"左"的思想束缚。我国关于商品经济的讨论时间比较早,在我印象中,20世纪60年代初广东学者卓炯同志首先提出了商品经济的概念。1979年4月在无锡召开的"社会主义经济中价值规律问题讨论会"上,也有人提出过商品经济的问题。同年,国务院财委体制改革研究小组"关于经济体制改革总体设想的初步意见"曾提出:我国的计划经济必须是建立在社会主义商品生产的基础上;改革的基本原则是,把单一的计划调节改为计划与市场调节相结合,把单纯的行政管理经济的办法改为经济办法与行政办法相结合,把企业从行政机关的附属物改为独立的商品生产者,扩大企业经营管理的自主权。1979年9月,薛暮桥同志在省、市、自治区党委第一书记座谈会上作了关于经济体制改革的说明,指出:"我国现阶段的社会主义经济是生产资料公有制占优势,多种经济成分并在的商品经济",1984年7月,马洪同志组织社科院几位研究人员写了一篇《关于社会主义制度下我国商品经济的再探索》的研究报告,批评了把计划经济同商品经济对立起来的观点,指出承认社会主义经济的商品性,是实行对内搞活、对外开放的理论依据。这些见解虽然当时未立刻被大部分人接受,也未纳入中央决策,但起到了历史性作用。后来在党的文件中提出的改革中的重大理论创新,是集体智慧的结果,这些研究都是有贡献的。

(一)计划经济为主,市场经济为辅

在完成指导思想上的拨乱反正、实现历史性伟大转折的基础上,1982年,党的十二大明确提出了有系统地进行经济体制改革的任务,并且指出这是坚持社会主义道路、实现社会主义现代化的重要保证。大会提出"计划经济为主、市场调节为辅"的原则,是经济体制改革中的一个重大突破。报告指出,在公有制基础上实行计划经济,是我国国民经济的主体。同时,允许对部分产品的生产和流通不作计划,由市场来调节,是从属的、次要的,但又是必需的、有益的。在计划管理上也根据需要采取指令性计划和指导性计划两种不同的形式。对于国营经济中关系国计民生的生产资料和消费资料的生产和分配,必须实行指令性计划;对许多产品和企业则实行主要运用经济杠杆以保证其实现的指导性计划。无论是实行指令性计划还是指导性计划,都要力求符合客观实际,经常研究市场供需状况的变化,自觉利用价值规律,运用价格、税收、信贷等经济杠杆引导企业实现国家计划的要求,给企业以不同程度的机动权,这样才能使计划在执行中及时得到必要的补充和完善。至于各种各样的小商品,产值小,品种多,生产、供应的时间性和地域性一般很强,国家不必要也不可能用计划把它们都管起来。这类小商品,可以让企业根据市场供求的变化灵活地自行安排生产。

虽然党的十二大的提法仍然是计划经济为主,市场只是作为补充,但这是第一次在党的文件中提到"市场",第一次提出了指令性计划和指导性计划的划分,撕开了传统计划经济体制的口子,为下一步突破奠定了基础。

(二)公有制基础上有计划的商品经济

1984年10月,党的十二届三中全会总结了我国社会主义建设正反两方面的经验,特别是近年城乡经济体制改革的经验,通过了《中共中央关于经济体制改革的决定》,阐明了加快以城市为重点的整个经济体制改革的必要性、紧迫性,规定了改革的方向、性质、任务和各项基本方针政策,在理论和政策上有多处重大突破,是指导我国经济体制改革的第一个纲领性文件,标志着中国改革进入了一个新时期。

《决定》的一个重大突破,就是明确指出社会主义经济是公有制基础上有计划的商品经济。《决定》强调,"商品经济的充分发展,是社会经济发展的不可逾越的阶段,是实现我国经济现代化的必要条件。只有充分发展商品经济,才能把经济真正搞活,促使各个企业提高效率,灵活经营,灵敏地适应复杂多变的社会需求,而这是单纯依靠行政手段和指令性计划所不能做到的。"同时,《决定》也指出,社会主义商品经济的广泛发展也会产生某种盲目性,必须有计划的指导、调节和行政的管理,这在社会主义条件下是能够做到的。邓小平同志对这个《决定》给予了高度评价,称它是"马克思主义基本原理和中国社会主义实践相结合的政治经济学"。

《决定》明确指出:"商品经济的充分发展,是社会经济发展的不可逾越的阶段,是实现我国经济现代化的必要条件",这是对原有经济模式的一个重大的突破;《决定》指出,"实行计划经济同运用价值规律、发展商品经济,不是互相排斥的,而是统一的,把它们对立起来是错误的。"并指出"价格是最有效的调节手段,价格体系的改革是整个经济体制改革成败的关键。"这就明确地解决了社会主义理论一直未能很好解决的问题,为全面经济体制改革、大力发展社会主义商品经济提供了依据,为我国的改革指明了方向。

除了在商品经济认识上的重大突破以外,《决定》还打破了所有权和经营权不可分离的观念,认为全民所有制企业的所有权和经营权可以适当分开,应当使企业在国家计划、政策、法令的指导、管理和调节下真正成为相对独立的经济实体,成为自主经营、自负盈亏的社会主义商品生产者和经营者。这一认识,为80年代以增强企业活力为主的企业改革创造了重要的理论前提。同时,《决定》改变了国家包揽一切经济活动的做法,提出要"实行政企职责分开,正确发挥政府机构管理经济的职能",提出处理好政府和企业关系的原则,规定"今后各级政府部门原则上不再直接经营管理企业。"这对于转变政府职能起到了积极作用。此外,《决定》打破了把社会主义同平均主义等同起来的传统观念,重申了让一部分人先富起来的政策,强调这是整个社会走向富裕的必由之路,要求通过改革,建立多种形式的经济责任制,坚决克服平均主义思想。这是对社会主义按劳分配原则的丰富和发展。党的十二届三中全会的《决定》是专门的改革文件,极大地推动了改革事业,为随后的科学技术和教育体制改革、政治体制改革创造了条件,具有历史性意义。可以这样说,如果没有1984年中央《决定》中提出的社会主义商品经济概念,也就没有1992年党的十四大提出的社会主义市场经济的重大理论的突破。

(三)计划与市场内在统一的体制

党的十二届三中全会虽然提出了"有计划的商品经济",指出实行计划经济同运用价值规律、发展商品经济,不是互相排斥的,而是统一的,要破除把计划经济和商品经济对立起来的传统观念,但对于二者如何统一,并没有明确。在理解上,有人片面强调有计划的一面,认为计划和市场是"板块式"结合,认为对经济活动中的不同领域,分别实行指令性计划、指导性计划、完全由市场调节,并且商品关系的范围是受到严格控制的,劳动力不是商品,土地、矿山、银行、铁路等一切国有的企业和资源也都不是商品。这种理解,仍然是将计划经济作为社会制度,将市场调节作为手段和方法,这是两个不对称的概念,很不协调。

其实,关于计划与市场,已在世界范围内争论了近一百年,我国理论界的争论也没有停止过。但什么是市场?我曾经在多种场合讲到,哪里有商品交换,哪里就出现了市场,它不是社会主义特有的,也不是资本主义特有的,它自古就有了,古文中就有"日中为市"的提法。一个地方有了市场,就会繁荣起来,城堡+市场,就出现了"城市"。资本主义国家叫"城市",社会主义国家也叫"城市",并不因为我们是社会主义国家,实行计划经济就叫"城计",也即"城市+计划",由此可见,计划与市场这两个概念是一种手段,一种方法,不是社会制度的特征与属性。

用经济合同制逐步取代指令性计划,这是经济体制改革的一个重大突破。现在看来不觉得什么,但当时是一件大事。因为国家体改委有一个委员考察了匈牙利回来说匈牙利取消了指令性计划,后来受到了猛烈的批判:"指令性计划怎么能取消呢?取消指令性计划就是取消计划经济,取消计划经济就是取消社会主义",上到这么高的纲来批判。

1987年10月召开中共十三大,提出"社会主义有计划商品经济的体制应该是计划与市场内在统一的体制","利用市场调节决不等于搞资本主义","以指令性计划为主的直接管理方式,不能适应社会主义商品经济发展的要求","应当通过国家和企业之间、企业与企业之间按照等价交换原则签订定货合同等多种办法,逐步缩小指令性计划的范围","逐步建立起国家调节市场,市场引导企业的经济运行机制的目标"。

(四)计划和市场争论的终结:社会主义市场经济体制的提出

党的十三大后,改革取得了进展:企业承包经营责任制不断发展和完善,并在一些企业进行了股份制的试点;市场体系进一步发育,特别是扩大了生产要素市场和外汇调剂市场,对宏观调控体系进行了初步改革。1988年,经济生活中遇到了一些始料不及的新情况和新问题,中央确定了治理、整顿、调整、改革的八字方针,治理和整顿经济的工作初见成效。90年代初期,党和国家发展又处在一个紧要关头,一方面,国内外发生的一系列重大事件迫使人们思考,是继续推进改革开放,还是走回头路? 另一方面,改革中的新举措不可避免地同若干传统观念发生冲突,引发一系列姓"社"姓"资"的争论,要求重新审视"什么是社会主义、怎样建设社会主义"这个基本问题。计划经济回潮了。有同志把计划与市场同社会主义制度联系起来,把计划与市场的争论提高到两条道路的斗争上来。有同志认为,苏联之所以解体,就是市场化改革的结果。当时有人在《红旗》杂志、《人民日报》上写了好多文章,严厉批评改革,认为改革是执行了资本主义路线。有文章批判说,"市场经济,就是取消公有制,就是否定共产党的领导,否定社会主义制度,搞资本主义"。那时面临的选择只有两条:一是顶住压力,坚持改革;二是顺着否定改革的回潮走。邓小平的"南方谈话"就是在这样的条件下"应运而生"的。

1992年,邓小平同志一路南下,到武昌、到深圳、到珠海,就改革开放中的问题沿途发表谈话。强调"改革开放迈不开步子,不敢闯,说来说去就是怕资本主义的东西多了,走了资本主义道路。要害是姓'资'还是姓'社'的问题。判断的标准,应该主要看是否有利于发展社会主义社会的生产力,是否有利于增强社会主义国家的综合国力,是否有利于提高人民的生活水平",并且提出了"计划多一点还是市场多一点,不是社会主义与资本主义的本质区别。计划经济不等于社会主义,资本主义也有计划;市场经济不等于资本主义,社会主义也有市场。计划和市场都是经济手段"等许多开创性的思想。

在小平同志南方谈话的基础上,1992年10月召开的党的十四大,提出了建立社会主义市场经济体制的经济体制改革目标,以及政治体制改革目标,并确立了建设有中国特色社会主义理论在全党的指导地位。党的十四大为社会主义市场经济体制绘制了蓝图,指出"我们要建立的社会主义市场经济体制,就是要使市场在社会主义国家宏观调控下对资源配置起基础性作用,使经济活动遵循价值规律的要求,适应供求关系的变化;通过价格杠杆和竞争机制的功能,把资源配置到效益较好的环节中去,并给企业以压力和动力,实现优胜劣汰;运用市场对各种经济信号反应比较灵敏的优点,促进生产和需求的及时协调。同时也要看到市场有其自身的弱点和消极方面,必须加强和改善国家对经济的宏观调控。"在对计划和市场的关系上,党的十四大指出"更好地发挥计划和市场两种手段的长处。国家计划是宏观调控的重要手段之一。要更新计划观念,改进计划方法,重点是合理确定国民经济和社会发展的战略目标,搞好经济发展预测、总量调控、重大结构与生产力布局规划,集中必要的财力物力进行重点建设,综合运用经济杠杆,促进经济更好更快地发展。"这就从理论上最终实现了计划和市场的统一,解释了一些长期混淆不清的重大问题:

第一,明确提出社会主义市场经济,就是说我们经济的运行是以市场为基础,这就不至于产生计划与市场"板块式"结合的理论,计划是一块、市场是另一块的现象。党的十二届三中全会提出"有计划的商品经济",有人理解重点是在商品经济,而有人却说重点是在计划经济,是有商品的计划经济。提出社会主义市场经济就不会有这样的误解了。也有人曾经主张大中型企业实行指令性计划,小企业实行市场调节,提出社会主义市场经济就不会再有这样的主张了。

第二,传统观念下,不能有资本市场,也不能有劳动力市场,因为那都是资本家用来剥削工人的东西。搞社会主义市场经济,就必须相应地建立健全市场经济体系。这就要求生产要素都要进入市场,而不是有的要素可以进入市场,有的要素不能进入市场。

第三,明确提出社会主义市场经济理论,是适应我国参与国际竞争、参与国际分工需要。随着改革开放不断扩大,1991年,我国外贸依存度已经上升到36.6%,我国积极争取恢复在关贸总协定中缔约国地位,但在过去几次谈判中一些国家总是以中国实行高度集中的计划经济体制为由,阻碍我们进入关贸总协定。提出社会主义市场经济体制,为恢复缔约国地位奠定了基础。

小平同志"南方谈话"和党的十四大终结了长期以来的计划与市场之争,引发了新一轮思想解放,将改革开放推向了新的阶段。

三、社会主义市场经济体系的初步建立

继党的十四大提出建立社会主义市场经济体制的战略目标后,1993年党的十四届三中全会通过《中共中央关于建立社会主义市场经济体制若干问题的决定》,描绘了社会主义市场经济的框架和蓝图,成为改革的纲领性文件,

为改革指明了方向。《决定》指出新体制的基本框架由以下六个方面构成:第一,必须坚持以公有制为主体、多种经济成分共同发展的方针,进一步转换国有企业经营机制,建立适应市场经济要求,产权清晰、权责明确、政企分开、管理科学的现代企业制度;第二,建立全国统一开放的市场体系,实现城乡市场紧密结合,国内市场与国际市场相互衔接,促进资源的优化配置;第三,转变政府管理经济的职能,建立以间接手段为主的完善的宏观调控体系,保证国民经济的健康运行;第四,建立以按劳分配为主体,效率优先、兼顾公平的收入分配制度,鼓励一部分地区一部分人先富起来,走共同富裕的道路;第五,建立多层次的社会保障制度,为城乡居民提供同我国国情相适应的社会保障,促进经济发展和社会稳定;第六,围绕以上环节建立相应的法律法规体系,为市场经济的健康运作提供完备的法律保障。

党的十四届三中全会后,改革前进的速度明显加快,改革的内容开始全面覆盖到经济体制的各个方面。大步推进了财政、税收、金融、外贸、外汇、计划、投资、价格、流通、住房和社会保障等体制改革,市场在资源配置中的基础性作用明显增强,宏观调控体系的框架初步建立;国有企业改革深入到了国有企业改革最核心、最本质的问题,在试点基础上积极推进;以公有制为主体、多种经济成分共同发展的格局进一步展开;对外经济、技术合作与交流继续扩大,对外贸易和利用外资大幅度增长。改革进入了新阶段。其中最重要的变化,一是微观基础的发展,这包括国有企业改革和布局的调整,以及非公有制经济的发展;二是市场体系的建设;三是政府职能的转变和宏观调控体系以及相关配套改革的建立和完善。

(一)国有企业改革

国有企业改革一直是我国经济体制改革的中心环节。随着改革不断深入和经济市场化水平的提高,国有企业的制度安排和经营方式也相应地进行着变革。从1984年党的十二届三中全会到1992年党的十四大的召开这一时期,国有企业的改革,主要是国家通过放权让利,推广承包经营责任制,扩大企业的经营自主权,增强企业的活力。这一时期改革的最大贡献就是解决了所有权和经营权的分离。放权让利的确给企业的经营者和职工提供了物质激励,但由于对国家和企业的关系未能作出明确的界定,企业存在预算软约束的问题,政府方面则存在社会经济管理者的职能和国有资产所有者的职能界定不清的问题。实践证明,仅仅放权让利的改革不能从根本上解决国有企业存在的一些固疾。党的十四大提出"转换国有企业特别是大中型企业的经营机制,把企业推向市场,增强它们的活力,提高它们的素质",标志着国有企业改革思路发生重大转变,进入制度创新的阶段。

如何转换国有企业的经营机制?党的十四届三中全会提出"建立现代企业制度是国有企业改革的方向",此后几年在点、线、面上都开展了试点工作。1994 年 11 月,国务院确定了 100 户试点企业名单,探索建立现代企业制度的有效办法和途径,试点的主要内容和配套政策如下:(1)完善企业法人制度,确定国有资产投资主体;(2)确定公司制的组织形式,建立公司治理结构;(3)调整企业资产负债结构,建立资本金制度;(4)裁减冗员,减轻企业办社会负担;(5)其他配套改革。经过四年左右的探索,到 1997 年底,试点企业在转换经营机制、降低资产负债率、分流富余人员、剥离办社会负担方面取得了初步成效。从 1994 年开始,国务院首批选定了 18 个城市进行"优化资本结构"试点,以城市为单位,探索减轻企业负担、优化国有资本结构、建立国有企业优胜劣汰机制的办法,力图把国有企业改革同改组、改造和加强管理结合起来,综合配套地推进国有企业的改革与发展。1995 年 9 月,《中共中央关于制定国民经济和社会发展"九五"计划和 2010 年远景目标的建议》提出对国有企业实施战略性改组的目标和"抓大放小"的战略。从搞活单个的国有企业,到着眼于搞好整个国有经济,实施"抓大放小"的改革战略,是国有企业改革指导方针的重大转变。作为"抓大"的具体实施,1995 年,国务院首批确定了 300 家重点企业,1997 年增至 512 家。对这些重点企业,按照《公司法》的要求,进行公司制改组,促进企业集团的组建和发展。作为"放小"的具体实施,各地的小企业改革进展较快。起步较早的山东诸城、广东顺德等地,解放思想,大胆实践,创造出多种放开搞活小企业的有效形式。1996 年初,国务院专门组织调查组到诸城等地调查,对诸城市的做法给予了充分肯定,澄清了人们对国有小企业改革的一些模糊认识,有力地推动了各地小企业改革的深化。1997 年,在总结前一时期国有企业改革试点的基础上,党的十五大明确提出:"劳动者的劳动联合和劳动者的资本联合为主的集体经济","公司制是现代企业制度的一种有效组织形式",强调要"着眼于搞好整个国有经济,抓好大的,放活小的","要从战略上调整国有经济布局","坚持有进有退,有所为有所不为"的方针,确立了国有企业整体布局调整优化的目标,推动了国有企业改革的深入。

（二）非公有制经济的发展

我国经济改革最为深刻的方面是多元化所有制结构的形成,重塑了市场经济所必须的独立利益主体,为经济资源配置由集权的行政命令方式向市场机制发挥基础性作用的转变创造了前提条件。而在整个所有制结构变化和演进过程中,最具决定性意义的是非公有制经济的成长。人们对非公有制的认知也经历了从排斥到允许到发展的一系列过程。1982年党的十二大提出坚持国营经济的主导地位和发展多种经济形式。在农村和城市,都要鼓励劳动者个体经济在国家规定的范围内和工商行政管理下适当发展,作为公有制经济的必要的、有益的补充。1984年党的十二届三中全会提出坚持多种经济形式和经营方式的共同发展,是我们长期的方针,是社会主义前进的需要。1987年党的十三大认为目前全民所有制以外的其他经济成份,不是发展得太多了,而是还很不够。要求在公有制为主体的前提下,继续发展多种所有制经济。1988年全国人大七届一次会议,将"国家允许私营经济在法律规定的范围内存在和发展"写进了《宪法》。1992年党的十四大提出以公有制包括全民所有制和集体所有制经济为主体,个体经济、私营经济、外资经济为补充,多种经济成分长期共同发展。1993年党的十四届三中全会鼓励个体、私营、外资经济发展,并提出国家要为各种所有制经济平等参与市场竞争创造条件,对各类企业一视同仁。1997年党的十五大更进一步,把公有制为主体、多种所有制经济共同发展作为我国社会主义初级阶段的一项基本经济制度确立下来,指出非公有制经济是我国社会主义市场经济的重要组成部分,并深入阐述了公有制经济的含义,指出国有经济起主导作用,主要体现在控制力上。

对非公有制的认知过程也经历了思想解放,并引起了一些争论。非公有制经济快速发展的同时,正是国有企业最困难的时期。确立社会主义市场经济体制的目标后,人们很快发现,个体经济发展了,非公有制经济发展了,唯独国有经济举步维艰。国有经济怎么办？包袱很重怎么发展？所有制问题无可回避地摆在了改革面前。进一步,我们是处在社会主义初级阶段,初级阶段应该有怎么样的经济体制,中国的基本经济制度是什么？理论界和干部中对此展开了深入研究和广泛讨论。党内外在这个问题上也出现了一些不和谐的甚至十分尖锐的声音。在 1997 年前后又产生围绕着国有经济改革等重大问题展开的争论:什么是社会主义公有制? 怎样建设社会主义公有制? 有人把这场争论概括为是姓"公"还是姓"私"。围绕"公""私"之争,理论交锋也不断。进一步发展社会主义市场经济,必须对这个问题作出明确的解释。大家都在讨论,争论很多。正在这个关键时刻,改革开放的总设计师邓小平离开了我们。中国的改革开放又到了一个重大的历史关头。

以江泽民同志为核心的党中央沉着冷静地应对了这一复杂局面。江泽民同志在内部发表了两次极其重要的讲话。一次是 1997 年 1 月 17 日,他在同十五大报告起草小组谈话时讲了有关经济体制改革的 10 个问题。他强调,以公有制为主体、多种所有制经济共同发展,是我国社会主义初级阶段的一项基本经济制度。这项制度需要通过改革不断完善和发展,这是经济体制改革的一项重大任务,任何情况下也不能动摇。第二次是 1997 年 5 月 29 日,江泽民同志在中央党校省部级干部进修班毕业典礼上发表重要讲话,强调在社会主义改革开放和现代化建设的新时期,在跨越世纪的新征途上,一定要高举邓小平建设有中国特色社会主义理论的伟大旗帜,用这个理论来指导我们的整个事业和各项工作,这是党从历史和现实中得出的不可动摇的结论。这两个重要讲话,进一步解放了人们的思想,指明了在所有制领域推进改革开放的正确方向,回答了来自"左"和右的责难。1997 年 9 月召开的党的十五大,在新时期思想解放的历史上写下了重要的一页。这次党代会确立邓小平理论为党的指导思想,提出了党在社会主义初级阶段的基本纲领,回答了我国改革开放中遇到的一系列重大问题,包括明确了公有制为主体、多种所有制经济共同发展是我国社会主义初级阶段的基本经济制度,非公有制经济是社会主义市场经济的重要组成部分,公有制实现形式可以而且应当多样化,劳动者的劳动联合和劳动者的资本联合,是一种新型的集体经济,等等。党的十五大对我国的市场经济体制、基本经济制度和分配制度的新表述,对公有制主体地位和国有经济主导作用的新界定,对公有制实现形式多样化和多种经济成分共同发展的新强调,都是认识上的新发展,大大推动了中国特色社会主义建设。可以说,这次争论的结果是改革攻坚和社会主义初级阶段基本经济制度的确定。

目前我国的非国有经济已经成为支撑国民经济高速增长的主要力量,尽管其占用社会资源的比重仅有 1/3,但对国民经济的贡献已经超过 2/3。在非国有经济优势突出的地区,经济增长、社会就业、政府收入等状况明显好于其他地区,经济发展正在逐步走向良性循环。非国有经济作为改革的起点,能够在短期内迅速释放出巨大能量,从"必要"的"补充"地位,一跃而成为市场经济的"重要组成部分",成为"促进社会生产力的重要力量",不仅充分展示了其高成长、高效率的体制优势,而且客观上预示了我国经济改革和市场化的必然趋势。

(三)建立市场体系

建立社会主义经济体制,必须培育发展一个统一、开放、竞争、有序的市场体系,作为整个经济运行的基础。党的十四大前,我国的市场体系主要是商品市场发展取得了巨大成就,城乡集贸市场遍布全国,农产品批发市场形成网络,日用工业产品市场空前活跃,生产资料市场有所突破。1992 年,全国已有集贸市场 7.6 万多个,成交额达 3530 亿元,相当于社会商品零售总额的 25.2%,生产资料市场和交易所开始出现,如郑州粮食批发市场、大连商品交易所、深圳有色金属交易所、上海金属所、苏州商品交易所,以及其他一些大宗商品交易所等,都在探索中前进。尽管也存在着违背市场原则,不顾条件与可能,盲目发展,追求数量和行政级别,部门分割、重复建设等问题,但毕竟已形成规模,发挥着重要作用,为企业走向市场提供了活动的舞台。

市场体系建设的薄弱环节是要素市场严重滞后,不能适应建立社会主义市场经济体制的要求。1992 年,直接金融市场在我国资金运用总量中只占 10% 左右,资本市场处在刚刚起步阶段。劳动力的流动也还没有根本改变原有体制的格局。科技成果的转化率实际并不很高,机械电子行业科技成果大面积推广应用的只占 5%,生产要素市场化程度很低。这就妨碍了全国统一开放市场的形成,影响了市场配置资源基础作用的发挥。

进一步发展要素市场,特别是证券市场,产权市场、期货市场、房地产市场等,不仅观念上还存在着这样那样的不同认识,而且确实有一定的风险。主要是,如果搞得不好,很容易变成一人单纯投机牟利的场所,甚至形成某种"泡沫经济"现象,导致市场和经济的剧烈动荡与不稳定。从实际情况出发,重点推进了以下措施:

(1)进一步推进价格改革,应该放开的价格逐步放开,真正形成以市场定价为主的价格制度。1978 年我国在农副产品收购总额、生产资料销售收入总额和社会商品零售总额中,政府定价的比重分别占到 92%、100% 和 97%。2003 年,目前列入中央政府定价目录的商品和服务只有 13 类,主要集中在垄断行业以及一些与国计民生关系重大的少数重要商品和服务上。政府定价范围的缩小和定价种类的减少。2005 年,在中国社会消费品零售总额中,政府定价比重为 2.7%;在生产资料销售总额中,政府定价比重为 5.9%;在农副产品收购总额中,政府定价比重为 1.2%。

(2)抓住薄弱环节,发展要素市场。资本市场、劳动力市场、技术市场、房地产市场以及证券市场、期货市场、产权市场和信息市场等实现了从无到有、从小到大的发展,实现了主要依靠市场配置资源。

(3)尽快建立起必不可少的市场法制和市场规则。《公司法》、《商业银行法》、《证券法》等一系列重要法律相继出台,并根据经济改革实践及时修订,为市场正常运行提供了法律保障。

党的十四届三中全会《决定》的历史贡献:一是提出了社会主义市场经济体制的框架,另一个是在理论上的创新,提出了资本市场和劳动力市场。那时候,传统理论还认为,劳动力市场是资本主义固有的,社会主义劳动者成为国家主人,不存在劳动力市场问题,也没有一个概念能够准确地描述实践中客观存在的劳动力的供求情况。理论界特别是经济部门有涉及这一领域的问题时,往往用"劳务市场"、"劳动市场"、"劳动就业市场"等概念。

(四)建立宏观调控体系

中国改革前的计划经济体制是以计划和行政命令为协调手段的集中统一的经济体制,基本不存在现代市场经济意义上的宏观与微观分野。在改革前期,主要是以"双轨"推进的方式,在原来"大一统"的经济中发育和重塑出市场经济运行的微观基础。随着多种所有制结构的演进,90 年代初非国有经济在工业领域便超过了国有经济比重,同时,产品市场基本形成,要素市场也开始发育,市场机制在资源配置方面发挥越来越大的作用。应当看到市场并不是万能的,它存在着自发性、盲目性、滞后性,因此必须加强宏观调控,建立宏观调控体系,以弥补市场的不足。所以市场机制的作用和宏观调控这两者是相互结合、相辅相成的、缺一不可的。党的十四届三中全会后,1994 年年初,中国开始构建宏观调控体系,通过实施财税、金融、外汇、外贸、计划、投资等一系列重大改革,初步形成了市场经济体制下宏观调控的基础框架,增强了政府稳定和调控经济的能力,对 20 世纪 90 年代中国经济实现"软着陆"、成功抵御亚洲金融危机发挥了重要作用。

但在实践中也存在问题。党的十四届三中全会《决定》明确指出,"宏观调控主要采取经济办法",通过深化改革,建立宏观调控体系,而不是回到计划经济体制的老路上去。但长期形成的计划经济观念依然存在,在经济运行中,一方面由于对宏观调控及其与市场资源配置基础作用的关系理解不同,在不同程度上存在着把宏观调控与传统的计划控制等同起来,往往是以宏观调控之名,行计划控制之实。2004 年以来的调控措施,不少是行政性和政治性的,包括通过政令的方式控制土地供应,由发改委严格控制项目审批,或者直接对产业结构、产品结构进行控制。中国在市场准入方面存在的不少"行政性壁垒",普遍的地方保护主义,以及政府直接干预市场运行,大都以加强"宏观调控"的名义来取得"合法性",实际上既阻碍了市场经济体制的完善,也削弱了宏观调控的有效性。其根源在于政府职能还没有根本转变,成为下一步改革的重要内容。

(五)从源头上完善宏观调控体系

1. 社会主义市场经济的内涵要完善。什么是社会主义市场经济体制? 按照党的十四届三中全会所给的定义:"建立社会主义市场经济体制,就是要使市场在国家宏观调控下对资源配置起基础性作用"。有几个问题引起我的思考:一是宏观调控是资源配置的前提条件,还是市场经济的重要内容? 党的十四届三中全会提出的社会主义市场经济体制的五大支柱之一,就是社会主义市场经济必须有健全的宏观调控体系。二是资源在市场配置的基础上发挥政府的作用,还是资源配置在政府的作用下发挥市场的作用? 三是资源配置的主体是政府还是市场? 是政府主导型还是市场主导型的市场经济? 四是宏观调控的含义是什么? 狭义的理解是国家主要运用货币政策和财政政策调节经济的运行;广义的理解是包括运用行政手段来调控经济。五是谁代表国家进行宏观调控? 国务院当然是代表国家,但省市也说自己代表国家,所以各地都争要宏观调控权。

2003 年 4 月,我参加中央关于完善社会主义市场经济体制的决定起草小组一开始就提出上述意见。起草小组经过研究,吸收了这个意见,不再提"要使市场在国家宏观调控下对资源配置起基础性作用",只强调"在更大程度上发挥市场在资源配置中的基础性作用"。社会主义市场经济就是在社会主义条件下实行市场经济,都要遵循市场经济的一般规律,要遵守 WTO 规则下的市场经济。完善社会主义市场经济体制,就是要建立现代化的市场经济体制。

2. 宏观调控要更多地通过间接调控,尽量少用行政手段。政府如何改革宏观调控方式、提高调控技巧,是当前和今后必须解决的重大问题。一是随着改革的深化,我国经济的市场化程度已经较高,传统的行政方式进行调控所起的作用不会很大。二是长期以来由于计划经济体制所产生的主要是总需求膨胀的倾向,现在已经让位给由于市场经济体制所产生的供给过剩倾向。这就是说宏观调控的背景和基础发生了变化。因此,调控方式必应发生变化。三是依靠行政审批制度和管制来加强宏观调控,容易造成权钱交易,容易抬高企业的准入门槛,造成某些行业的人为垄断,提高了某些行业的利润。管制越严,利润越高,地方的积极性就越高,如汽车行业那样。四是行政手段容易加大改革和发展成本。因此,要尽量少用行政手段。

四、改革的全面深入和社会主义市场经济的不断完善

进入 21 世纪以后,中国社会经济、政治、社会生活的各个方面都发生了深刻的变化。中国成功地突破了传统的计划经济体制束缚,初步建立了社会主义市场经济新体制,市场在资源配置方面的基础性地位已经确立,确立了公有制为主体、多种所有制经济共同发展的基本经济制度。主要标志是:

——基本形成了产权多元化的市场经济微观基础。从改革开放以前的单一公有制经济,非国有经济在产出意义上的比重已经超过了 2/3,各种所有制经济在国民经济中的比重发生了深刻变化,非公有制经济已经成为促进我国社会生产力发展的重要力量,不同产权主体之间的竞争机制基本形成。

——市场体系初步建立,由市场供求形成价格的商品市场体系已经基本形成。在商品零售环节,政府定价比重占 4% 左右,政府指导价比重约为 1%,市场调节价比重高达 95%。土地、资本、劳动力以及技术和信息等要素市场体系初步建立,并且正在进一步发展和完善。

——初步形成了宏观调控体系的框架,为政府间接管理和调控经济奠定了方向性的基础,适应市场经济的宏观调控政策和手段运用日趋成熟。计划、投资、财税、金融、外贸、外汇等方面的改革,取得了重大突破。国民经济和社

会发展计划突出了宏观性、战略性和政策性,政府管理经济的方式逐步转变为经济和法律手段为主的间接调控。

——基本形成了全方位、宽领域、多层次的开放格局。对外开放的不断扩大,为推动经济市场化提供了重要动力,外向型经济领域的市场化程度和体制转轨进程明显较快。改革极大地促进了社会生产力的发展,显著地提高了我国的综合国力和人民生活水平。

然而也必须看到,我国的社会主义市场经济体制还处于"初步建立"阶段,在诸多方面需要进一步完善。总体上看,我国市场经济体制的初步建立,更主要地体现在新体制因素的引入、成长与拓展方面,而在旧体制的核心部位,要实现向新体制转轨依然面临着十分艰巨的任务。这是渐进性改革的基本特征,同时也反映了改革在各个领域进展的不平衡。比如说,改革滞后于开放,宏观改革滞后于微观改革,政府改革滞后于企业改革,等等,经济运行中还存在许多束缚生产力发展的体制性障碍。不仅如此,新时期与过去相比,改革的环境有了很大的不同,在改革逐步深入中,深层次矛盾也不断暴露出来:

一是我国社会的主要矛盾是人民日益增长的物质文化需要同落后的社会生产之间的矛盾。这个矛盾在改革发展的新时期有了新的表现:首先是经济快速发展与资源环境约束的矛盾。经济结构不合理,经济增长方式粗放,资源和环境压力加大。其次是人们全面快速增长的公共需求与公共产品严重短缺、公共服务不到位的矛盾。城乡之间、地区之间、群体之间差距扩大,社会事业发展滞后。这些问题随着改革的深入逐渐暴露出来,并成为当前的突出矛盾,反映了我国的社会主义市场经济体制有待完善。

二是改革的社会基础正在发生分化。随着改革的深入,社会的利益群体也在分化,改革初期各方面普遍受益的局面发生了变化,改革已进入全面调整利益关系的新阶段。一些改革在各种利益的诱导下"走形变样",甚至在权力市场化影响下出现了损害人民利益的假改革。例如,改革的政策设计有可能受部门或团体利益的影响,存在偏离社会公正的可能,现实中已出现有些所谓的"改革"实则是一些部门或团体的谋利行为。改革受集团利益的影响,可能造成改革措施在实施中变形,不仅使好的改革方案难以实施,而且造成人们对改革的误解。另外,由于大的部门或团体具有相对畅通的利益表达渠道,而其他社会群体的利益有可能被忽视,从而造成某些方面严重失衡,既影响改革深化,也影响社会稳定。因此,如何协调各方面的利益,使得广大人民群众从改革中受益,成为新形势下的重要课题。

三是非经济因素对改革的制约明显。不断深化的经济体制改革越来越触及社会、政治、文化、司法等非经济领域。如何协调推进经济领域和非经济领域的改革,是当前和今后改革面临的重大挑战。

随着深层次矛盾的暴露,社会上产生了关于改革的质疑,有人认为:中国的改革是按照新自由主义设计的,"所实施的都是具有新自由主义特征的经济政策"。有人认为,"当前是我们改革的根本方向出了问题。不是什么执政能力的问题。""问题就在于执行了一条修正主义路线,走了一条资本主义复辟道路。"借机批判改革,否定改革。大规模的争论发生在 2005 年,争论的问题也很集中:面对新情况新问题,究竟是改革过了头还是改革不到位?是反思改革还是否定改革?是应继续深化改革还是要走"回头路"?争论的实质是中国特色社会主义要不要继续推进和中国特色社会主义要向哪里去。这仍然是事关党和国家前途命运的重大政治问题。社会各界非常关注,中央也非常关心。2006 年 3 月 6 日,胡锦涛总书记在两会期间参加上海代表团讨论时指出,"要在新的历史起点上继续推进社会主义现代化建设,说到底要靠深化改革、扩大开放。要毫不动摇地坚持改革方向,进一步坚定改革的决心和信心。"。温家宝总理也在"两会"记者招待会上强调指出:要坚定不移地推进改革开放,走有中国特色社会主义道路。前进尽管有困难,但不能停顿,倒退没有出路。去年 6 月 25 日,胡锦涛总书记在中央党校的重要讲话中,鲜明地指出发展中国特色社会主义必须坚定不移地坚持解放思想、推进改革开放。党的十七大进一步把解放思想作为中国特色社会主义的一大法宝,把改革开放作为中国特色社会主义的强大动力。这次关于改革的争论最终以坚定不移地推进改革开放的定论而结束。回顾历史上几次关于改革的大的争论,最终结果都是解放了思想,推进了改革。这次解放思想方兴未艾,必将推动新一轮的重大改革和社会进步。

针对新形势、新问题,2003 年党的十六届三中全会通过了《中共中央关于完善社会主义市场经济体制若干问题的决定》,对完善市场经济体制作了全面部署,在以后的几次中央全会上,又先后提出了以科学发展观为指导思想,以全面建设小康社会为发展目标,构建社会主义和谐社会的宏伟蓝图,并逐步落实。特别是党的十七大提出了若干新的提法和理念,具有鲜明的时代感和现实指导意义,如科学发展观的"核心是以人为本","初次分配和再分配都要处理好效率和公平的关系,再分配更加注重公平","创造条件让更多群众拥有财产性收入","人民民主是社会主义的生命。发展社会主义民主政治是我们党始终不渝的奋斗目标",等等。这是总结近 30 年改革开放的基本经验并针对经济社会发展中存在的现实问题提出来的,体现了发展观与改革观的统一,体现了解放思想、实事求是、勇于创新的精神。

党的十七大提出了全面改革的思路,对新阶段的经济、社会、政治、文化等领域的改革作出了总体部署。新阶段的改革,就是按照科学发展、社会和谐的要求推进全面改革。按照党的十七大的部署推进全面改革,以下五个方面相当重要:

一是按照转变经济发展方式的要求,加快推进市场化改革。目前我国是13 亿人口,到 2020 年,我国的总人口将达到 14.5 亿左右。按照党的十七大修正的目标,要在 2020 年实现人均国内生产总值比 2000 年翻两番,使 14.5亿人全面进入小康社会。这一进程,将意味着要运用同样、或者更少的资源来生产比过去多得多的产品。要实现这一目标,就必须加快推进国内资源要素领域的市场化,大大提高资源配置的效率。与此同时,加快推进垄断行业改革和产权改革,这既是建立公平竞争的市场秩序、形成规范收入分配体制的前提,也是提高经济运行效率的重要方面。

二是按照城乡统筹协调的要求,加快推进农村综合改革。改革开放 30 年来,我国的农村改革经历了三大步。第一步,通过实行家庭联产承包责任制,解决了农民的温饱问题;第二步,通过全面免除农业税,减轻了农民的负担。目前,我们正处于第三步,需要推进以改革农村上层建筑为重点的农村综合改革,尽快建立统筹城乡发展的制度保障。

三是按照提高开放型经济质量和水平的要求,更加积极主动地推进对外开放。世界经济一体化的发展已使我国同世界的生产和消费紧密融合,我国的发展已离不开世界,世界的发展也离不开中国。目前,我国对外经济部门的就业人数已超过 1 亿人,我国已开始大量使用国际资源来发展自己,我们的许多产品直接依赖于国际市场。由此,只有更加积极主动地推进对外开放,才能够更好地利用全球化的各种机遇发展自己,才能切实提高对外开放的质量和水平。

四是按照社会和谐的要求,加快推进社会体制改革。与改革之初相比,我国的社会结构已发生了深刻变化,出现了社会利益分化和利益博弈新格局。但与此同时,我们还没有建立起一套有效的社会利益整合和协调机制。社会管理方式还相当落后,不少方面仍保留着计划经济时代的色彩。我们要建立一个和谐社会,当务之急就是要提高政府的社会管理和公共服务水平。

五是按照发展社会主义民主政治的要求,深化政治体制改革。政治体制改革是我国全面改革的重要组成部分,必须随着经济社会发展而不断深化。党的十七大为我国政治体制改革指明了方向,强调指出:"人民民主是社会主义的生命","人民当家作主是社会主义民主政治的本质和核心"。行政管理体制改革是政治体制改革的重要内容,也是深化全面改革的重要环节。当前要加快政府转型,完善公共服务体系,制定改革总体方案,正确地处理政府与市场、政府与社会的关系,使各项制度逐步完善起来。

党的十七大已经把全面改革提出来了,党的十七届二中全会也对行政管理体制改革进行了全面的部署。新阶段的改革,需要有新的超越。尤其是我国进入以行政管理体制改革为重点的全面改革新阶段,改革与过去经济体制改革相比,所面临的形势更为复杂,涉及的范围更广。要真正把这些改革深入下去,必须最大限度地营造社会共识,以新的理论勇气和政治智慧去面对新的复杂形势。改革开放30年思想解放与实践的互动过程表明,解放思想是改革开放成功的重要法宝。同时也表明,思想解放是一个伴随实践发展的动态过程,实践总是不断提出新的问题,要求人们不断解放思想,进行新的探索。改革无止境,今后,仍然要打破陈旧观念的束缚,大胆突破过去的一些理念禁区。唯有如此,我们才能站在新时期的历史起点的高度上推动改革不断深入。

中国改革开放 30 年:成就与经验

(2008 年 8 月 12 日)

今年,是中国实行改革开放的 30 周年。30 年来,中国的经济体制从计划走向市场,市场经济体制的框架业已形成;社会结构从城乡二元结构演变为多元化的利益格局,各个利益主体具备了不同的利益诉求;人民生活从贫穷步入小康,物质文化生活得到显著提高;国家从封闭走向开放,逐渐与世界经济融为一体。这一切翻天覆地的变化,显示了 30 年来改革开放的巨大成就,标志着中国在现代化的历史进程中迈出了重要步伐。

在纪念中国改革开放 30 周年之际,一个重要任务是,必须清醒地认识到,我们是从哪里来,我们将要到哪里去? 只有完成了这个任务,才能无愧于 30 年来的艰难探索,才能正视当前社会的各种矛盾,才能更加坚定不移地推进改革开放,使中国步入世界现代国家的行列,使中华民族融入人类社会的主流文明。

一、改革开放的巨大成就

今年,是中国实行改革开放的 30 周年。30 年,在历史长河中是非常短暂的瞬间,但正是在这 30 年间,中国为人类社会演绎了一场波澜壮阔的巨大变迁,用短暂的 30 年时间走过了其他国家几百年的历程,从而造就了令世界瞩目的"中国奇迹"。

首先,经济体制从计划走向市场,市场经济体制的框架初步形成。30 年来,我国彻底告别了由国家计划统配一切社会资源的时代。所有制结构发生了根本性变化,国有经济和集体经济占 GDP 的比重,从 1978 年的 98% 下降到目前不足 1/3,民营经济已成为推动国民经济发展的重要力量。社会投资从国家计划向市场配置转移,国有经济在全社会固定资产投资所占比重,从

1978 年的 81.9% 下降到 2007 年 28.2%,市场主体在资源配置中占据主导地位。到目前为止,除少数商品(如成品油、电力、电信等)仍在垄断或准垄断性经营外,99% 以上的消费品均已市场化经营,95% 以上的生产资料产品价格已经完全由市场供求决定。在此基础上,构建了以国家规划、产业政策为导向、财政政策和货币政策等相互配合、协调运用的宏观调控体系;初步建立起符合我国当前经济发展水平的低层次、广覆盖的社会保障体系,以及以公共服务供给为主要目标的政府行政管理框架。

第二,中国经济从封闭走向开放,逐渐与世界经济融为一体。30 年来,我国的对外开放从沿海到沿江、沿边,从东部到中西部,从部分领域到全方位,对外开放不断向纵深发展。尤其是加入 WTO 以后,我国经济已全面参与经济全球化进程。1978 年,我国对外贸易总额仅为 206.4 亿美元,居世界第 22 位,吸收外资和对外投资都不到 2000 万美元。改革开放以来,我国涉外经济快速发展,对外贸易、吸收外资等增长速度均明显高出世界平均速度。2007 年,对外贸易总额已达 2.17 万亿美元,居世界第 3 位;吸收外商直接投资和对外直接投资分别达到 835 亿美元和 187 亿美元,均居发展中国家第一位,分别居世界第 5 位和第 13 位。目前,我国对外贸易管理体制已经基本符合 WTO 多边规则的要求,货物贸易的自由化程度已经高出发展中国家的平均水平;对国外投资者的市场准入程度较高,管理体制和法律环境基本做到透明规范,国民待遇基本落实,实现了我国对外经贸体制与国际经贸规则的全面接轨。

第三,社会生产力得到空前解放,国民经济持续、稳定、快速增长。2007 年,我国国内生产总值达到 24.6 万亿,年均增长高达 9.75%,经济总量是改革初期的 14.9 倍。30 年来,中国经济总量在世界经济中的排名,从第 10 位跃升到第 4 位;财政收入从 1000 多亿元增长到 5.13 万亿元;外汇储备从 1.76 亿美元增长到近 1.53 万亿美元;进出口占世界贸易的比例从第 23 位上升到第 3 位。人均国内生产总值由 1978 年的 381 元上升到 2007 年的 1.8 万多元,农村绝对贫困人口从 2.5 亿减少到 1479 万人,城镇化水平从 17.9% 提高到 44.9%,谷物、肉类、棉花等主要农产品,钢、煤等主要工业品产量均已多年位居世界第一。这些数据充分表明,中国经济已经彻底摆脱了贫困、落后的面貌,国家的综合经济实力不断增强。

第四,人民生活水平从贫穷步入小康,物质文化生活得到显著提高。30

年来,彻底改变了我国城乡居民收入水平长期缓慢增长,甚至停滞不前的状态,呈现出大幅度增长的态势。从 1978 年到 2007 年,城镇居民家庭人均可支配收入由 343.4 元提高到 13785.8 元,农村居民家庭人均纯收入由 133.6 元提高到 4140.4 元,扣除物价因素均增长了 6 倍以上。居民收入结构由单一的工资收入转变为多元化收入。工资性收入占人均可支配收入的比重,由 1978 年的 92.6% 下降到 2007 年的 70% 左右,转移性收入、经营性收入和财产性收入所占比重不断提高。居民消费结构从温饱型向小康型转变,城乡居民家庭的恩格尔系数分别从 1978 年的 57.5% 和 67.7%,下降到 2007 年的 36.3% 和 43.1%,人民生活从满足于吃穿转变到多层次消费。人口平均预期寿命从 1981 年的 67.77 岁提高到 2005 年的 72.95 岁,年均提高 0.22 岁;文盲率则从 1982 年的 22.81% 下降到 2000 年的 6.72%,每 10 万人口中的大学生数由 1982 年的 615 人提高到 2005 年的 5178 人。

第五,社会结构正在从身份管理演变为多元化的利益格局,各个利益主体具备了不同的利益诉求。在我国经济体制转轨的同时,社会结构正在发生急剧分化,新的社会阶层不断产生。在农村,伴随着乡镇企业的发展壮大,"农转非"的身份控制已失去意义;大批农民进城务工,冲破了户籍制度的限制。在城市,民营经济的发展与政府权力的削弱,致使"官本位"逐渐淡出;自主择业的就业市场,使传统的人事档案管理丧失效力。尤其是伴随着居民财产的不断扩大,基于财产基础的不同利益主体的多元化格局正在形成。利益主体的多元化带来了利益诉求的多元化,形成了不同利益主体相互博弈的格局,由此激发了人们政治参与、民主决策的积极性,从而为推动以健全民主政治为主要内容的政治体制改革奠定了重要基础。

总之,中国 30 年来改革开放的成就是巨大的,有目共睹。我们可以有充分把握地讲,没有改革开放,就没有中国长达 30 年的经济稳步增长,就没有中国社会的巨大变迁,就没有中国在现代化进程中的迅速崛起,也就没有中国今天在世界格局中举足轻重的地位。

二、中国改革开放的重要经验

我们认为,总结中国改革开放的重要经验,既不能用今天的认识去解读过去的历史,也不能用先验的教条来评判这场伟大的社会实践,而是应该老老实实地回到历史现场,深入挖掘历史的证据,透过历史的表象,总结出推进这一历史转变的重要经验,以期为今后的道路提供有益的借鉴。

1. 解放思想是中国改革开放的根本动力

中国改革开放的历史起点,为什么定在 1978 年党的十一届三中全会? 而不是定在 1976 年粉碎"四人帮",也不是定在 1984 年中共中央发布《关于经济体制改革的决定》? 一个重要原因就在于,党的十一届三中全会以及此前召开的中央工作会议,是一次重要的解放思想的大会,为即将展开的改革开放历史进程奠定了重要的思想准备。

1976 年 10 月 6 日,华国锋与老一代革命家一道,领导党中央一举粉碎"四人帮",无疑代表了党内外绝大多数中国人民的共同心愿,是中国实现历史转折的重要前提。但是,华国锋随即作出指示:"凡是毛主席讲过的,点过头的,都不要批评。"在放手发动群众、开展揭批"四人帮"的伟大斗争中,决不能损害毛主席的形象。他的意图显而易见,作为中央的主要领导人,在粉碎"四人帮"以后,如果继而否定毛泽东的错误思想,立即就会牵扯出政治合法性的问题。因此,"投鼠忌器",既是"两个凡是"出笼的重要背景,也是思想束缚的集中表现。正是在这种背景下,1977 年 2 月 7 日,两报一刊发表社论《学好文件抓住纲》,抛出了"两个凡是"的论调,但立即遭到了党内外一切有识之士的极大反感和坚决抵制。

1977 年 4 月,邓小平首先用"准确的完整的毛泽东思想"来抵制"两个凡是";5 月,胡耀邦则明确表示,我们的任务"是拨乱反正,把'四人帮'搞乱了的路线是非、理论是非颠倒过来"。与此同时,在思想理论领域从不同方面展开了拨乱反正、抵制"两个凡是"的大讨论。诸如,按劳分配理论讨论,对批判唯生产力论的批判和价值规律的大讨论。其核心是,针对"四人帮"的种种谬论,澄清"四人帮"所制造的理论混乱,还原马克思主义的基本原理。

然而,伴随着批判的不断深入,在深挖"四人帮"的思想根源过程中,人们越来越清醒地意识到,"四人帮"的思想体系与毛泽东的晚年错误是一脉相承的;不触及毛泽东的晚年错误,就无法深入揭批"四人帮"。而冲破这一禁区的思想武器,就要用毛泽东一贯倡导的实事求是精神,将实践作为检验一切是非的客观标准。于是,在胡耀邦的部署下,以 1978 年 5 月 11 日《光明日报》发表《实践是检验真理的唯一标准》为标志,一场更大规模的理论大讨论在全国展开。这场讨论意味着，只要确立了实践是检验真理的唯一标准，那么，实践证明毛泽东错了，就可以批评。正因为此，坚持"两个凡是"立场的中央领导人，对真理标准讨论提出了"砍旗"的严厉指责。在两军对垒中，6 月 24 日，罗瑞卿率先表示声援，《解放军报》发表特约评论员文章《马克思主义的一个最基本的原则》，正面回答了对"真理标准"讨论的责难。7 月 21 日，邓小平找张平化谈话，要他不要对真理标准问题的讨论设禁区、下禁令。7 月 24 日，在全国性理论和实践关系讨论会上，周扬首次提出了真理标准讨论的重大意义：这个问题的讨论，关系到我们的思想路线、政治路线，也关系到我们党和国家的前途。

1978 年 11 月 10 日的中央工作会议和随后召开的党的十一届三中全会，是在与"凡是派"进行政治较量的特殊背景下召开的。令会议主持者始料不及的是，与会者突破了原有议题，围绕拨乱反正，就党的组织路线和思想路线进行了广泛而深入的争论，在平反冤假错案和批判"两个凡是"的问题上取得了实质性的进展。尤其引人注意的是，华国锋作为党中央的主席，先后两次在大会上作检讨，出面承担责任，这在党的历史上是极为少见的，从而使这次会议成为对"凡是派"进行全面清算的会议，成为一次思想大解放的会议，为结束阶级斗争、实现党的工作重心转移到经济建设方面奠定了基础，为即将开始的中国改革开放的历史进程拉开了序幕。

正如邓小平在中央工作会上的主题发言所指出的："解放思想，开动脑筋，实事求是，团结一致向前看，首先是解放思想。只有思想解放了，我们才能正确地以马列主义、毛泽东思想为指导，解决过去遗留的问题，解决新出现的一系列问题，正确地改革同生产力迅速发展不相适应的生产关系和上层建筑，根据我国的实际情况，确定实现四个现代化的具体道路、方针、方法和措施。"同时，党的十一届三中全会的公报中明确地提出："实现四个现代化，要求大幅度地提高生产力，也就必然要求多方面地改变同生产力发展不适应的生产关系和上层建筑，改变一切不适应的管理方式、活动方式和思想方式，因而是一场广泛、深刻的革命。"

1979 年初召开的理论工作务虚会，是思想大解放的继续。在会议的第一阶段，胡耀邦向全体与会者发出倡议：要冲破一切"禁区"，打碎一切精神枷锁，充分发扬理论民主。人们凭借党的十一届三中全会解放思想的东风，大胆畅言,批判的矛头直指毛泽东晚年的错误和党的制度问题。涉及的领域包括:对"文革"的定性、对毛泽东及其思想的评价、批判个人崇拜、反对皇权专制与领导职务终身制、人治与法治、建党原则和体制、思想禁区、以言获罪、发扬民主等诸多敏感问题,其思想解放程度是前所未有的。会议期间,邓小平曾先后两次指示,鼓励理论务虚会:"理论问题很多,没有说清楚。敞开思想谈,三不主义。""今年上半年要写出一篇二三万字的大文章,五四发表,从世界历史发展与人类社会的趋势,讲清楚民主的发生和发展。"然而,不久,情况发生了变化:中越边境发生局部战争,西单民主墙出现过激言论,加之党内一些人认为三中全会"解放思想过了头",理论务虚会"越开越不像样子"。在各方面的压力之下,3月30日下午,邓小平发表了《坚持四项基本原则》的重要讲话,从而结束了思想纷争的局面。值得注意的是,"四项基本原则"的提出,为中国今后的道路划定了一条界限:在维持既定政治架构的前提下,进行经济体制上的实践探索。这是执政党的政治底线,也是决定中国改革开放路径走向的重要前提。

尽管如此,爆发于20世纪70年代末的第一次思想解放浪潮,深得党心、民心,成为推动实践探索的重要动力。在解放思想的鼓舞下,社会实践向传统的社会主义理念进行了宣战:人们抛弃了"一大二公"的观念,使民营经济得到复苏与发展;冲破了高度集中的计划体制束缚,使市场运行机制逐步成为配置社会资源的基础;打破了"平均主义"的分配格局,通过一部分人先富起来,带动了绝大多数人走上致富道路。应该说,第一轮思想解放,推动了20世纪80年代整整10年的历史进程。

然而,由于我国是在维持既定政治架构的前提下进行经济改革,这种不平衡的格局为改革的走势埋下了重大隐患。伴随着经济改革的不断深入,不同利益主体的形成,各种利益主体势必提出各自的利益诉求。传统的政治架构难以驾驭多元化的利益诉求,由此导致80年代末极为激烈的社会冲突。于是,一些人借机从"左"的教条出发,以"四项基本原则"来否定党的改革开放路线。

面对改革的严峻形势,作为中国改革开放的倡导者,邓小平于1991年春节期间在上海视察,公开驳斥改革姓"社"姓"资"的论调,《解放日报》随即以皇甫平的署名文章,传达了小平同志的重要思想,但这一行动竟然遭到了意识形态当局的追查与责问。这种态势逼迫邓小平在 1992 年春再度视察南方，发表了震惊世界的南方讲话。他大声疾呼："不坚持社会主义，不改革开放，不发展经济，不改善人民生活，只能是死路一条。基本路线要管一百年，动摇不得。"同时，他掷地有声地指出："谁要改变三中全会以来的路线、方针、政策，老百姓不答应，谁就会被打倒。""右可以葬送社会主义，'左'也可以葬送社会主义。中国要警惕右，但主要是防止'左'"。邓小平的肺腑之言，代表了党内外绝大多数人的心声，犹如一股强劲的东风，一扫乌云压顶的政治阴霾，由此掀起了第二轮的思想解放浪潮。

在邓小平南方讲话的推动下，举国上下，群情振奋，思想理论界再度活跃起来。人们在各种场合聚集起来，围绕改革开放的目标展开了热烈的讨论。有人提出，改革的目标应该是"计划指导下的市场经济"；有人说，还是提"公有制基础上的市场经济"；更有人直截了当地提出，中国要大踏步地走向"现代化市场经济"。在集思广益的基础上，江泽民在党的十四大报告明确提出："我国经济体制改革的目标是建立社会主义市场经济体制"，"在所有制结构上，以公有制包括全民所有制和集体所有制经济为主体，个体经济、私营经济、外资经济为补充，多种经济成分长期共同发展"。

第二轮思想解放的强劲东风，使中国的市场化改革一举跨越了"楚河汉界"：从 1993 年开始，民营经济对经济增长的贡献超过 50%，此后以每年两个百分点的速度递增，成为推动中国经济增长的重要基础。各种经济开发区如雨后春笋，遍地开花，形成了全方位的对外开放格局。宏观管理体制改革提上日程，确立了以经济手段为主体的宏观间接调控体系。社会结构迅速分化，地方政府、企业和个人成为独立的利益主体。人民生活得到根本改善，居民财产成为社会财富的重要主体。

进入 21 世纪以来，新一代中央领导集体继续高举改革开放的大旗。党的十六届三中全会通过《中共中央关于完善社会主义市场经济体制若干问题的决定》，作出了全面改革的部署；党的十六届六中全会从科学发展、社会和谐的理念出发，对改革提出了新的要求；党的十七大又提出经济体制、政治体制、社会体制、文化体制"四位一体"的全面改革。

如果说第一轮思想解放是冲破了传统教条的思想束缚，结束了大规模的政治运动，使党的工作重心转移到实现现代化的宏伟目标，从此踏上了改革开放的道路;那么第二轮思想解放,则是在确立市场经济的改革目标前提下,最大限度地释放了不同利益主体的能量,使之成为推动经济发展的重要力量,从而使改革开放沿着既定的航向继续向前迈进。

2. 自主创新是改革开放的重要源泉

在第一轮思想解放浪潮的推动下,抛弃教条、尊重实践、回到常识,已成为党内外绝大数人的基本共识。因此,在中国社会的底层,在传统体制的薄弱环节上,冲破各种体制束缚,努力探索一条新路的社会实践开始萌发涌动。

例如,农村改革。在 1978 年全国大面积旱灾的背景下,安徽、内蒙、贵州、河南等省纷纷采取了"借地度荒"的权宜之计。但这一"借"就一发不可收拾,广大农民凭借历史的记忆,自发地搞起了分田单干、包产到户。1979 年初,面对广大农民的现实选择,各省领导同志莫衷一是,少数省委的第一书记力排众议,旗帜鲜明地站出来。安徽的万里表态:"过去批判过的东西,有的可能是正确的,有的也可能是错误的,必须在实践中加以检验。"内蒙的周惠坦言:无论采取什么办法,"总要让农民吃饱饭!"贵州的池必卿表示:"群众已经采取的办法,不管是什么形式,目前一律不动"。正是这些省委领导的默许和支持,少数省份的包产到户迅速向周边省区扩展,作为集体经济标志的人民公社岌岌可危。然而,当农民群众冒死抗争的包产到户反映到中央决策层,仍然面临着"围剿"之势。争论的焦点是,"包产到户"究竟是姓"社"还是姓"资"? 1980 年 4、5 月间,小平同志两次表态,尊重农民群众自己的选择,肯定包产到户。到当年 9 月的省委第一书记座谈会上,仍然对包产到户争论不休,逼迫池必卿针锋相对地提出:"你走你的阳关道,我走我的独木桥,我们贫困地区就是独木桥也要过!"最终,这次会议通过了一个妥协性的文件(75 号文),同意在贫困地区实行包产到户。农民群众的大胆实践一旦被中央文件肯定下来,便势如破竹,迅速席卷全国。从 1981 年冬开始,中央连续制定了 5 个 1 号文件,分别于第二年的 1 月公布,遂使广大农民群众自发搞起来的农村土地经营制度改革合法化。

又如,民营经济的崛起。"文革"结束后,上千万下乡知识青年掀起了返城风潮。从 1978 年 12 月开始,黑龙江、云南、新疆等地建设兵团相继发生知识青年集会、游行、请愿和围堵政府机关的事件,广大知青提出了"回家"的强烈诉求。面对陡增的城镇就业压力,传统体制丧失了配置能力。开始,中央决策层作出的反应是，希望广大知青体谅国家的困难，维护安定团结的局面，在本地安心工作。其结果，导致社会矛盾升级，广大知青遂以绝食、卧轨相抗争。在此情况下，中央政府不得不作出退让，为知青们打开了回城的大门。为了解决知青回城就业问题，1980 年 8 月，全国劳动就业会议提出了"三结合"就业方针，"鼓励和扶植城镇个体经济的发展"。1981 年 7 月，国务院进一步作出《关于城镇非农业个体经济若干政策性规定》，其中一项重要政策，就是允许个体工商户请帮手、带徒弟。与此同时，伴随着农村包产到户的全面推进，大量剩余劳动力转移到非农产业，城乡经济中出现了雇工现象，又引发了"七上八下"的大争论。在此期间，不断有人向邓小平递条陈，指明雇工是资本主义剥削。邓小平总是回答："看两年，再说。"一直"看到"1988 年 4 月，在宪法修正案中，增加了"国家允许私营经济在法律规定的范围内存在和发展"，"私营经济是社会主义公有制经济的补充"的条款，才最终使私营经济获得了合法地位。

再如，对外开放。1978 年前后，在大规模引进国外项目的背景下，我国先后派出了 30 多个高级代表团出国考察，这次出国考察给党的高级干部带来极大的思想震撼。人们意识到，在长期闭关锁国的情况下，中国与世界发达国家的差距明显地拉大了。其中，最具代表性的是 1978 年 5 月谷牧所率领的西欧考察团。回国后，即在国务院务虚会上提出了学习国外经验，创建出口加工区的建议。与此同时，毗临港澳的广东、福建两省也面临着巨大的现实压力，港澳的繁荣与粤闽的破败形成鲜明对照，群体性偷渡外逃形成风潮。为了从根本上遏制逃港风潮，广东省委认为，最关键的是要发展经济。1979 年 4 月初，省常委会议作出决议，向中央提出要求，允许广东"先走一步"。4 月 8 日，在中央工作会议上，习仲勋提出，利用临近港澳的有利条件在广东搞出口加工区的建议。4 月 17 日，中央政治局听取中央工作会议的汇报，广东的建议在中央决策层引起争论，有人担心这样搞会不会成资本主义，邓小平明确表示："这样搞不会变成资本主义。"当时，缩小中国与发达国家的差距，改革经济管理体制，实行对外开放，已成为绝大多数人的共识。在邓小平的支持下，中央工作会议同意了广东省和福建省的要求，决定在广东的深圳、珠海、汕头、福建的厦门等地试办出口特区。即便是在中央正式作出创办经济特区的决策以后，也不断有人发出责难："把外国和港澳的私人资本引进来，符合马列主义原则吗?"特区会不会成为新的"租界"和"殖民地"? 甚至认为,"特区除了国旗是社会主义的,红色的;其他的一切都是资本主义的,是白色的。"所有这些,使对外开放的先驱者步履维艰,致使邓小平不得不在 1984 年和 1992 年两度亲临特区,重申对外开放的基本国策。

应该说,农村包产到户、民营经济发展和对外开放,是我国改革开放最为成功的重要领域。这些实践表明,中国的改革开放不是事先设计好的,是在现实的紧迫压力下逼出来的,是在中央决策层的迟疑中"看出来"的。在传统体制下,一些利益受损最大的群体和地区,要想获取生存的空间,就必须要冲破体制的束缚,努力探索一条新路。面对人民群众的自发探索,中央政府经历了一个从否定到默许,直至肯定的态度转变过程,从而使人民群众的自主创新成为推动改革开放的重要源泉。

3. 市场取向是改革开放的基本路经

客观地讲,1978 年 11 月召开的中央工作会议,以及随后召开的党的十一届三中全会只是原则地提出,为了实现党的工作重心转移,一心一意搞现代化建设,要改革经济管理体制和管理方法,改革与经济基础不相适应的上层建筑。当时并没有提出改革开放的具体设想。甚至可以认为,在改革的初始阶段,中央决策层没有打算放弃计划经济体制。也就是说,中国改革开放的道路究竟如何走,在当时还是一个悬而未决的问题。

党的十一届三中全会以后,首先提到中央决策议程的问题是,鉴于大规模引进带来的经济比例失调,根据陈云、李先念的建议,要对国民经济结构进行调整。1979 年 4 月,中央工作会议确立了"调整、改革、整顿、提高"的八字方针。总的基调是,重调整、缓改革,改革服从调整。这预示着,经济体制改革在国民经济调整的背景下艰难起步。

在此期间,实践中出现了一些新的进展。农村包产到户极大地提高了农业产出,由此出现长途贩运、个体经济和私人雇工;国有企业放权让利改革试点,调动了企业和职工的积极性,在完成国家计划的前提下,企业具备了自主定价、自行销售的权利;地方财政包干试点,使地方政府初步具备了配置本地区资源的能力,地方经济蓄势待发。

1980 年 9 月,国务院体制改革办公室明确指出:我国现阶段的社会主义经济,是生产资料公有制占优势、多种经济成分并存的商品经济,必须建立与之相适应的经济体制。经济改革的原则和方向是,在坚持生产资料公有制占优势的条件下,按照发展商品经济的要求,自觉运用价值规律,把单一的计划调节改为在计划指导下充分发挥市场调节的作用。12 月下旬,召开中央工作会议,继续强调国民经济的结构调整。

但是,实践的探索与理论的创新,立即遭遇到强烈的抵制。1981 年 4 月,中央权威机构公开批评社会主义经济是商品经济的观点。12 月,在全国各省、市、自治区第一书记座谈会上,陈云坚持"计划经济为主,市场调节为辅"的方针,并在 1982 年春节发表讲话,强调计划经济的重要性,这在当时党内外产生了较大影响。

然而,实践的脚步并未停止。一方面积极推进实践中的各项改革试点,诸如,国家经委的企业放权让利改革试点,国家体改委的股份制改革试点与城市综合改革试点,以及对外贸易中的出口企业外汇留成试点,为搞活微观、打通城乡市场、开辟国外市场,肢解计划体制,发挥了至关重要的作用。另一方面,组织国内外专家、学者进行经济体制改革理论大讨论,开阔思路,深化认识。党的十二届三中全会通过了《中共中央关于经济体制改革的决定》,明确了社会主义经济是"公有制基础上的有计划的商品经济"。

伴随着《中共中央关于经济体制改革的决定》的贯彻和落实,以国有企业改革为中心环节的经济体制改革全面展开。1985 年 9 月,以中国体制改革研究会、中国社科院和世界银行名义,共同举办宏观经济管理国际讨论会(简称"巴山轮会议")。在这次会议上,外方专家建议,在经济改革的目标模式上,可以选择间接行政调节;也可以选择宏观控制下的市场协调。会议成果受到赵紫阳的高度重视,为 1987 年党的十三大报告形成"国家调节市场,市场引导企业"的经济运行机制奠定了思想基础。

尽管改革的实践并非一帆风顺,但自始至终坚持了一个基本方向:将配置资源的权力从中央向地方转移,从政府向企业和个人转移,充分发挥市场配置资源的基础性作用,由此带来了经济体制环境的重要变化。放权让利改革中形成的价格双轨制,不仅逼迫国有企业积极面向市场,而且为民营经济提供了的生存空间。在传统体制之外,民营经济迅速发展壮大。到 1992 年,民营经济对国民经济的贡献已占"半壁江山",市场运行机制已成为国民经济的重要基础。在这样的体制背景下,邓小平南方谈话的发表,使党的十四大明确提出了建立社会主义市场经济的改革目标。

从上述历史过程来看,我国市场化的改革道路,是以现实问题作引导,一步步地走过来的。诸如:为了解决农民的吃饭问题,实行了包产到户;为了解决城乡就业问题,发展了个体、私营经济和乡镇企业;为了打破城乡封锁,发展城乡贸易,提出了商品经济;为了适应微观基础的变化,建立了宏观间接调控框架;为了加快现代化建设,引进先进的国外技术和国外资金,形成了全方位的对外开放格局。在改革的推进方式上,坚持先行试点,由点到面,先易后难,循序渐进。这种稳健的改革方式,有效地避免了体制转轨过程中的经济风险。使我国在维持计划体制继续运转的同时,培育起以市场为依托的新经济体制,为最终实现经济体制从计划走向市场创造了有利的条件。

4. 老百姓获得实惠是改革开放的最终目的

在党的十一届三中全会上,党中央作出结束阶级斗争、将工作重心转移到经济建设上来的重大决策,还有一个重要背景,就是基于对社会主义实践和"文化大革命"的反思,要对人民偿还历史"欠账",通过一心一意搞建设,使人民群众过上富裕生活。应该说,这是老一辈革命家的集体共识。尤其是经历了 1978 年前后大规模的出国考察,西方国家的繁荣富足与中国的贫穷落后形成鲜明对照,作为执政党产生了巨大的危机感。正如邓小平当时指出的:"什么叫社会主义,社会主义总是要表现它的优越性嘛。它比资本主义好在哪里?""干社会主义,要有具体体现,生产要真正发展起来,相应的全国人民的生活水平能够逐步提高,这才能表现社会主义制度的优越性。"因此,中央决策层把改善人民生活,使老百姓获得实惠,作为改革开放的最终目的。

改革首先在分配领域中取得重要突破。在农村,短短两三年内,包产到户席卷全国,在"交足国家的、留够集体的、剩下都是自己的"分配格局下,广大农民群众得到了实惠。在城镇,打破平均主义,恢复计件工资和奖金制度,建立了按照劳动态度、技术高低、贡献大小进行考核的原则,改善了工资结构,大幅度地提高了城镇职工的工资。

在城乡居民收入提高的基础上,中央有领导同志提出,要把发展消费品生产放到重要位置上,认真抓好。这是使我国经济结构合理化的关键一着。从根本上说,不断满足人民吃、穿、住、用、行以及文化生活等方面日益增长的需要,是社会主义生产的目的,也是人民政府应尽的职责。在放权让利的背景下,逐步放开消费品价格,极大地刺激了消费品的生产。在城市综合试点的推动下,通过改革流通体制,打破了城乡封锁、地区割据,逐渐形成了消费品市场。改革的重要成果是,一举改变了消费品长期短缺的局面,由此带来了居民消费结构的巨大变化。居民消费从"老三件"(即手表、缝纫机、自行车)转变到"新三件"(即电视机、电冰箱、洗衣机),进而发展到琳琅满目的各种商品。

在改善居民消费的同时,住房制度的改革提上中央的决策议程。1982 年初,中央有领导同志就提出:"国家、企业建设住宅出售给职工,先择几个城市试点,打开局面,摸出经验。"此后,试点规模不断扩大。1987—1988 年,烟台、蚌埠和唐山市的房改方案相继出台,对传统的低房租制度构成极大冲击,彻底改变了人们在住房问题上的福利观念。1988 年 1 月,在国务院全国住房制度改革工作会议上,决定用 3—5 年的时间,在全国城镇分期分批推开住房制度改革。通过住房商品化的改革,带动了房地产市场的迅猛发展,极大地改善了人民群众的居住环境。

进入 90 年代以后,与人民群众利益攸关的社会保障制度改革,从国有企业改革的配套措施进入到体系建设的新阶段。尤其是 90 年代中期,国有企业职工大量下岗,失业率逐年上升,养老保险、医疗保险以及社会救济等方面的问题日益突出,国家明确把社会保障制度改革的重点放在养老、医疗、失业保险和社会救济等方面,由此促进了社会保障体系的整体建设。近些年来,社会保障覆盖面从国有企业扩大到不同所有制企业,从城镇逐步向农村拓展。在我国城乡建立起最低生活保障制度,初步形成了覆盖城乡居民的社会救助体系。

正是由于这些改革切实给老百姓带来了实惠,人民生活水平得到显著提高,从而使改革开放得到了人民群众的真心拥护和广泛支持。实践表明,在我国现有体制下,执政党的合法性基础只能来自人民。只要执政党能够贯彻执政为民的理念,切切实实地为老百姓做实事,就能够得到人民群众的真心拥护。这是应该认真汲取的一条重要经验。

后危机时代的发展与改革

（2009 年 11 月 16 日）

一、加强商会经济交流合作，促进海峡两岸共同发展

很高兴参加这次"海峡两岸商会经济论坛"，这次会议由福建省工商联、龙岩市人民政府主办，由海峡西岸 20 市工商联、台湾有关民间商会协办，目的是加强商会经济交流合作，促进海峡两岸共同发展。这次会议，是在国内外新形势下召开的。国际金融危机给我国带来了严重的冲击，也带来了机遇。

我记得在 2004 年 6 月 7 日我应邀参加了福建省建设海峡西岸经济区会议，会上我作了发言。福建提出："建设对外开放、协调发展、全面繁荣的海峡西岸经济区"。五年多过去了，情况有了很大变化，两岸关系有了很大改善。

国务院于 2009 年 5 月 14 日发布了《国务院关于支持福建省加快建设海峡西岸经济区的若干意见》，这是中央从我国现代化的全局和两岸经济发展的大局出发，作出的一项战略决策，为海西区域的发展提供了很好的机遇。

海峡西岸经济区有极大的地缘优势：东，与台湾地区一水相隔；北，承长江三角洲；南，接珠江三角洲，是我国沿海经济带的重要组成部分，在全国区域经济发展布局中处于重要位置。长江三角洲、珠江三角洲是我国发展最为迅速的两大区域，地处其间的福建虽然发展相对内地要好，但与上海、广东、江苏、浙江等地相比，总体竞争力相对较弱，成为两大三角洲经济区之间的"相对谷地"。

海峡西岸经济区城市群，包括浙江南部、广东东部、江西东南部的 20 个城市，对于海峡西岸经济区的发展与繁荣，有着十分重要的作用。为了进一步发展海峡西岸 20 个城市工商联之间的联系，促进海峡西岸经济区建设，加强海峡两岸商会之间的交流与合作，在此背景下，召开两岸商会经济论坛暨海峡西岸 20 城市工商联协作联席会议是非常重要的,也是非常及时的。

二、当前国内外经济形势

今年我两次参加国际经济形势讨论会,一次是今年 3 月中旬在华盛顿,重点讨论了美国经济形势;一次是今年 11 月中旬在西班牙巴塞罗那,重点讨论了欧洲经济形势。

对美国的经济形势,当时有两种看法:一种比较乐观,认为美国 7870 亿美元的经济刺激计划以及减税等措施,都可以遏制美国经济衰退;另一种比较悲观,主要是美国庞大的有毒资产很难有效处理,放贷和信用卡危机还很严重。

现在看来,美国经济出现了复苏的迹象,第三季度经济实现了 3.5% 的增长。但是,严重的问题是失业率继续攀升,达到 10.2% ,刷新了 1983 年以来的最高失业率。美国家庭资产已从 63 万亿美元,缩水到 40 多万亿美元,必将影响到美国的消费。

上个月在巴塞罗那的会议上,对欧盟经济的不确定性进行了广泛的讨论。认为欧盟国家多,很难统一政策,德国、法国等国今年 GDP 可以由负转正,但全面复苏仍缺乏动力。对瑞士国际金融中心,主要有两点看法:一是瑞士不能作为国际洗钱中心;二是瑞士既不是欧盟成员,又不是 G20 成员,处于边缘化。

11 月 7 日,在 20 国集团(G20)财长和央行行长会议上,与会各国认为,全球经济和金融形势逐渐好转,但复苏仍不平衡,尚赖于刺激政策支持,高失业率尤为令人担忧。因此,应继续保持刺激政策支持力度,在经济完全复苏后以合作、协调的方式推出非常规的宏观经济和金融支持政策。

从 9 月下旬的 G20 匹斯堡峰会以来,澳大利亚、挪威等国均已宣布加息,印度也开始收紧货币政策,何时实施推出策略已成为目前的热门话题。主要国家认为,现在还不是刺激措施退出的时机,经济中存在的不确定因素以及很多风险不容忽视,过早退出将对复苏构成很大威胁。

中国的经济形势怎么样? 最近的情况表明,"保八"目标已无悬念,中国成为世界上经济率先复苏的经济体。

中国经济已经进入新一轮增长阶段。据专家预测,明年经济增速将达到 10% 左右,但是我们仍应居安思危,应该看到在经济发展中还有不少矛盾和体制性障碍。如何力争做到"四个避免",促进我国国民经济平稳较快发展。

这"四个避免"是:

1. 避免投资加快了,消费在 GDP 中的比重仍然很低。我们现在投资率是42%,消费占 GDP 的比重大概是 35.8%,可以说世界上是投资率最高的国家之一,世界上是消费率最低的国家之一。1997 年我国消费在 GDP 当中的比重为 45.2%,到了 2007 年消费在 GDP 中的比重仅为 48.8%,扣掉其中的政府消费后,居民消费比重只占 35.8%。这个问题值得我们注意。现在广大农民有消费欲望,比如说现在我们家电下乡,很受农民欢迎。但是,总体上来说,农民还是缺钱,所以消费远远跟不上去。我们过去粮食价格过低了,但是光靠提高粮食价格还不够,还要增加农民的财产性收入。怎么增加呢? 农民有承包的土地,有住房,有宅基地,这些都是农民的资产,但是这些资产不能成为资本,不能流动,农民的资产不能抵押就不能变资本。所以,农民不能增加财产性收入。只有增加了财产性收入,才能从根本上提高农民的消费能力。

2. 避免政府投资增加很快,但是民间投资拉动不起来。在国务院 4 万亿元经济刺激方案中,政府投资只占 1.18 万亿元,其他要靠银行贷款和民间投资。但是现在民间的投资没有像政府投资那么热,还在观望。在银行信贷方面,几乎所有的银行都争着给大企业放贷,而情况往往是大企业不差钱,中小型企业却资金困难。因为中小型企业第一没有担保,第二风险比较大,成本比较高,所以,银行都想往大企业贷款。比如民生银行是靠民间资本逐渐成长起来的银行,但它去年贷给中小企业的贷款只有 3%。我们国家虽然重视中小企业,但是,一到下面去就不行了。所以,如果中小型企业得不到贷款,他的发展就会受到影响。而目前日益严峻的大学生、农民工的就业问题,仅靠国有大企业是解决不了的。所以,民间投资如果带动不起来,中小企业发展不起来,就业问题解决不了。

3. 要避免进一步扩大生产过剩。我们本来有生产能力过剩的问题,前些年因为国际市场需求大,我们依靠出口消化,现在国际市场不行了,所以产能过剩的问题就因出口受阻而凸显出来了。我们去年 10 月提出来 4 万亿的经济刺激方案,很快又提出来十大产业振兴规划。一般的振兴规划提出来起码要半年或者一年,这次非常快地审批下来。我们在实施十大产业振兴的规划时,更需要警惕重复建设和产能过剩的问题。比如,目前,我国钢铁产能已达

6.6亿吨,市场需要4.7亿吨,产能过剩1.9亿吨。但同时还在新建许多钢铁项目,还有5800万吨在建。又如我们汽车年产量已经达到1200万辆,而需求是900万辆。那政府再上百亿的投资投进去,而且要求每年以10%的速度递增,进一步扩大产能,生产过剩不可避免。所以,政府的钱要用来进行技术革新和结构调整,而不是扩大产能。再如,水泥行业投资过热和总量过剩的情况值得注意。今年四月份当月完成投资129.17亿元,同比增长65.1%,单月产量创历史最高。目前,国内水泥总产能达到17亿吨,而市场需求大约14亿吨,有3亿吨的富余能力。

4. 要避免旧体制的复归。金融危机爆发后,美国采取了一些国有化的措施,所以就有人说"美国也在搞社会主义了",这是一种误解。我们过去老的概念认为,社会主义就是计划经济,社会主义就是国有化,所以要"国进民退"。这次金融危机以后,增加了国有经济的比重,加强了政府的干预,必要的时候也是应该的。但是,过多的干预就影响市场的基础性作用发挥。用政府替代市场,那是不行的,还是要发挥市场的基础性作用。另外,政府的投入,目前虽然也很需要,但要有退出的机制,待情况好转以后,要逐步退出来,把有限的国有资本集中到更需要的地方去。

三、在改革中凝聚发展方式转型的新力量

在百年一遇的国际金融危机中,发达经济体陷入全面衰退,以"金砖四国"为代表的新兴经济体保持相对强劲的增长势头,成为世界经济稳定的重要来源。本月初国际货币基金组织发布的《世界经济展望》指出,新兴经济体和发展中经济体将先于欧美等发达国家走出危机,实现复苏。该报告预测,2010年新兴经济体的增长有望达到5.1%,其中引领世界经济复苏的中国和印度将分别增长9.0%和6.4%。

但是,我们也要清楚地看到,新兴经济体的发展之路并非一帆风顺。比如,对外部市场的高度依赖和内需不足的矛盾,制约着中国经济的可持续发展。如何在后危机时代走出一条新的发展道路,对新兴经济,对全球经济,都有重要意义。

(一)国际金融危机使我国发展方式存在的矛盾进一步凸显

国际金融危机对我国带来的冲击和影响,应当说是长期而深刻的。它不

仅对我国实体经济带来冲击,更重要的是它充分暴露出了我国发展方式中长期存在的一些矛盾。在很大程度上,我国经济能否持续稳定较快发展,取决于能否有效转变发展方式。

1.经济发展方式转型与市场化改革不到位的矛盾

我们喊了许多年的垄断行业改革,过去几年也有一定的进展,但一些行业在应对危机中出现明显的"国进民退"趋势,民营经济发展受到更大的冲击。再比如,高能耗经济和高碳经济赖以生存的最根本的体制基础,就是资源要素的行政控制和价格扭曲。

2.社会公共需求转型与公共产品供给短缺的矛盾

我国已开始从私人产品短缺时代进入公共产品短缺时代,但相应的社会体制改革还不适应这个时代变化的趋势。公共产品短缺成为阻碍扩大内需、制约发展方式转型的一个重要因素。1990—2008年的18年间,城市和农村居民人均医疗保健支出年均增幅分别为21%和15%,比同期城乡居民人均收入的增幅分别高7个和4个百分点。公共产品短缺使我国消费率不断下降,消费率水平不仅低于发达国家,而且也低于"金砖四国"中的其他三国。2007年,巴西、印度和俄罗斯消费率分别达到75.7%、64.9%和67.0%,而我国最终消费率为49.0%,2008年进一步下降到48.6%;居民消费率更是偏低,2007年仅为35.6%,2008年又降为35.3%。

3.政府作用的发挥与政府自身建设和改革滞后的矛盾

无论是经济增长方式转变还是适应社会需求变化的社会体制改革,最终都取决于政府自身建设与改革的进程。应当说,近几年政府改革有明显进展,但与经济社会发展需求相比仍有较大差距。例如,近年来政府在基本公共服务领域做了大量的工作,但从总体上来看,政府仍然是经济建设型的运作模式,中央和地方在公共服务上还没有严格的职责划分,地方政府的注意力仍然集中在追求经济总量的扩张上。

(二)在经济企稳回升时加大改革力度,奠定发展方式转型的现实基础

内外环境变化,也给改革带来了压力。外部市场持续萎缩、内部社会需求结构变化,是一个中长期趋势,很难通过政策调整来适应,只能在改革中积极应对,努力在以下几个方面取得重大进展。

1. 进一步深化市场化改革,完善社会主义市场经济体制

我们要通过深化市场化改革,尽快建立反映资源要素稀缺程度的价格形成机制、公平竞争的市场秩序、产权边界清晰的微观主体。这是提高市场活力、促进科技进步、增强自主创新能力、优化经济运行质量的基础条件。新阶段完善市场经济体制,就是要实现由政府主导型的经济运行机制向富有活力的市场主导型经济运行机制的转变,更大程度地发挥市场在资源配置中的基础性作用,凝聚转变发展方式的活力。

2. 加快社会体制改革,推进社会建设进程

未来几年社会体制改革要着眼于实现基本公共服务均等化、扩大国内消费需求。第一,农村是潜在的消费大市场,要注重通过城乡基本公共服务均等化开启农村市场。第二,把建立基本公共服务体制、实现基本公共服务均等化的目标同以人为本、提高人口素质、建设人力资源大国的战略目标结合起来。实质性地提高公共教育、公共卫生和基本医疗投入,形成全社会增加人力资本投资的良好制度氛围,为提高自主创新能力奠定坚实基础。第三,要特别注重协调社会利益关系,使全体人民共享改革发展的成果,为全社会凝聚改革共识创造条件,使后危机时代的改革获得更为广泛的社会基础和社会支持。

3. 提速行政管理体制改革,加大政府转型力度

从 30 年转型与改革的历程看,我国发展方式转型的主要挑战不是经济社会本身,而是政府决策与政府转型。推进发展方式转变,应重点推进以行政管理体制改革为主线的政府转型。

第一,在完善政府经济职能上取得重要突破。建立市场化的宏观调控体制,增强中长期规划的科学性和约束性;强化央行在宏观调控中的独立地位,增强宏观调控的科学性、预见性和有效性;建立现代市场监管体制,确保市场监管的有效性;加强政府对外经济职能,为人民币国际化、企业"走出去"创造良好的制度环境。

第二,在政府公共职责保障机制建设上取得重要突破。建立中央和地方各级政府的职责分工及其保障机制。按照公共服务支出责任与财力相匹配的原则建立中央与地方分工体制;建立符合公共服务型政府要求的绩效评估体系和行政问责制度。

第三,在改革调整行政权力结构上取得重要突破。以建立健全大部门体制为重点,大胆探索建立公共权力有效协调与制衡的体制机制,基本形成行政决策权、执行权、监督权既相互制约又相互协调的权力结构和运行机制。

第四,在政府自身建设与改革上取得重要突破。集中解决群众意见大、制约政府公共权力规范行使的突出矛盾和问题,在建立阳光政府、效能政府、廉洁政府、法制政府方面取得明显成效。

(三)着力推进发展方式转型的改革

有人曾经提出,改革已基本结束。但这次国际金融危机以及它对我国带来的冲击却再次凸显出改革的重要性。在我看来,改革不仅没有结束,反而面临更加艰巨的任务。我注意到有一位记者用"高尚全的长项和长征"这一题目写了文章。但我认为,改革不仅仅是我个人的长征,更是我们国家的长征,应该说改革是无止境的。过去30年,改革取得了历史性的突破,但"万里长征才走了第一步"。未来30年,甚至更长的时期内,要推进发展方式转型,改革面临更重要的任务。实现改革新的突破,必须要有新思路,要有大魄力。

1. 把发展方式转型作为改革的主线,这是一个大思路

改革是前无古人的事业,要讲新话,讲老祖宗没有讲过的新话。真正把改革深入下去,要大胆突破过去的一些理论"禁区"。从现在的情况看,突出改革的新思路,就是把发展方式转型作为主线,推进三个领域的改革。第一,以经济发展方式转型为主线的经济体制改革;第二,以适应社会公共需求转型为主线的社会体制改革;第三,以政府转型为主线的行政管理体制改革。

有了这个大思路,才能清晰地看到推进经济、社会和行政体制全面改革的迫切需求,才能找到改革新的突破口。第一,深化经济体制改革要以打破行政垄断为突破口;第二,推进城乡一体化要把城乡土地利用规划制度改革作为突破口;第三,推进行政体制改革要把建立公共权力协调与制衡机制作为突破口。

2. 推进新阶段的改革要有大魄力

进入后危机时代,我国改革面临的环境更为复杂,改革的推进动力也有明显变化。着眼于发展方式转型的改革,需要有大的魄力,要在一些基础层面有大动作。

第一,坚持改革不动摇。面对当前国际国内的复杂情况,继续毫不动摇地坚持市场化改革方向尤为重要。从我国改革的历史来看,建立社会主义市场

经济体制的改革目标和方向来之不易,是我们经过长期探索得出来的结论。今天中国有翻天覆地的变化,是改革开放的结果,我们必须坚持改革不动摇。过去30年的实践证明,在严峻的挑战和巨大的困难面前,坚定地推进改革开放,是破解难题、加快经济社会发展的唯一出路。

第二,后危机时代深化改革呼唤新的思想解放。新阶段的改革,需要有新的超越。进入以扩大内需、构建消费大国为目标、以政府转型为重点的全面改革新阶段后,改革所面临的形势更为复杂,涉及的范围更广。没有新的解放思想运动,改革很难顺利推进下去。

第三,消除不利于改革的各种认识和判断,形成全社会共促改革的合力。

四、两岸交流与合作要有新思路、新突破

目前,两岸经济、文化交流与合作进入了一个新的阶段。交流与合作的层次不断提高,范围不断扩大。从江苏省委梁保华带领的代表团和郑必坚为首的代表团就可以清楚看到这些新情况。合作的基本思路是发挥比较优势,双方都能受益,要立足于推动两岸关系和平发展,思考新问题,酝酿新思路,寻求新突破。

1. 积极创造条件,逐步向自由贸易区转型。积极推进厦门象屿、福建马尾"区港联动",在目前存在的台商投资区、保税区、经济特区、加工出口区的基础上,建立带有"自由港"性质的两岸自由贸易区,并与台湾的加工出口区、科学园区等对接,赋予更加多样、更加灵活以及更加实用的功能。设置转运发货中心、发货仓库、准予区内设立金融、保险业等服务机构,并放宽货物进出口等规定,向台湾企业提供更多的发展空间,不断扩大业务和地域范围,逐步建立两岸自由贸易区。

2. 尽快商签两岸合作框架协议。两岸全面直接双向"三通"所产生的重大积极影响,已得到两岸人民的共识。希望通过商签两岸合作框架协议,推动两岸关系正常化、制度化、机制化,促进两岸经济共同发展,增进两岸人民共同福祉。希望即将在台湾举行的"陈江会"有新进展、新突破。

3. 不断拓展两岸合作深度和广度。以经济合作交流为主线,不断拓展到文化、旅游乃至政治领域。通过各种方法使两岸人民增进了解,互相理解,消除恐惧、敌意等不应有的误会,从而使建立两岸经济区的主张得到两岸绝大多

数民众的支持。

4. 深化海西 20 城市战略合作与联盟,建立多层次、各领域协商机制。打破行政分割和市场封锁,创造良好的发展环境,促进 20 个城市之间资源、要素自由流动,发挥各城市的特色优势。充分发挥商会协会组织的作用。在向市场经济转轨中,商会协会应成为公平、公开、公正、独立、客观的代表。通过海西 20 城市协作联席会议等方式,推动海峡西岸经济区建设,促进两岸共同发展。

改革仍是中国中长期发展的推动力

（2009 年 11 月 21 日）

从这次国际金融危机的外部冲击到现在发展阶段变化的内部需求来看，我国发展模式有着巨大的历史贡献，但同时也存在着严重的缺陷。内外环境变化，使这个曾经成功的经济增长模式在新阶段具有不可持续性。我国经济对外部市场的高度依赖和内需不足的矛盾，仍然制约着中国经济的可持续发展。在深化改革中打破制约内需扩大的制度障碍，建立扩大内需的长效机制，成为转变发展方式的紧迫任务。

一、进一步深化改革的必要性和紧迫性

1. 从外部环境来看，国际经济走势将对我国经济产生持续而深远的影响

随着国际金融危机逐步缓解，全球将进入后危机时代。其中有两个突出的情况：第一，主要发达国家去杠杆化、储蓄上升、消费萎缩和进口减少将成为中长期趋势。据估计，未来 3—5 年美国实际消费增长将从 1995—2007 年的 4% 下降到 1%—1.5%，这将对我国经济发展带来重大的外部冲击。第二，即使欧美市场需求能够在总量上恢复，国际金融危机带来的产业结构变化，将使欧美市场的贸易结构发生重大变化，而且这是一个长期的过程。

目前，发展低碳经济正在成为各国在后危机时代推进经济复苏和应对气候变化的基本共识，我国应对气候变化承担巨大责任，使我国经济增长方式面临空前挑战。例如，2007 年我国二氧化碳排放量增长了 8%，占全球排放量增量的 2/3，排放总量居全球第二。美国提出的 2013 年减排计划中，中国减排指标将占全球减排总量的 41% 左右。在这个背景下，中国作为一个负责任的大国，作出减排承诺是不可回避的，这将对我国经济发展方式产生巨大的外部压力。

从最近的"轮胎特保案"可以看出,国际金融危机后,贸易保护主义有所抬头,中国以传统方式继续分享经济全球化红利的时代已经成为历史。国际环境的变化,短期将给我国带来严峻的挑战,中长期看则是我国加快改革、着力转变发展方式、由经济大国迈向经济强国的一次重大历史机遇。

2. 从内部发展需求来看,我国经济发展方式存在的矛盾日益凸显

经过30年的改革发展,随着生存型阶段向发展型阶段的转变,我国需求结构开始发生明显变化,也使新的矛盾和问题日益凸显:

一是经济发展方式转型与市场化改革不到位的矛盾。我们喊了许多年的垄断行业改革,过去几年也有一定的进展,但一些行业在应对危机中出现明显的"国进民退"趋势,民营经济发展受到更大的冲击。以资源环境为例,高能耗经济和高碳经济赖以生存的最根本的体制基础,就是资源要素的行政控制和价格扭曲。在我们价格改革滞后的同时,现行资源税负过低,而且征税范围过小,也是低成本投资扩张的重要原因。因此,加快资源价格的改革,是当前的一个重要机遇。

二是社会公共需求转型与公共产品供给短缺的矛盾。我国已开始从私人产品短缺时代进入公共产品短缺时代,但相应的社会体制改革还不适应这个时代变化的趋势。公共产品短缺成为阻碍扩大内需、制约发展方式转型的一个重要因素。1990—2008年的18年间,城市和农村居民人均医疗保健支出年均增幅分别为21%和15%,比同期城乡居民人均收入的增幅分别高7个和4个百分点。公共产品短缺使我国消费率不断下降,消费率水平不仅低于发达国家,而且也低于"金砖四国"中的其他三国。2007年,巴西、印度和俄罗斯消费率分别达到75.7%、64.9%和67.0%,而我国最终消费率为49.0%,2008年进一步下降到48.6%;居民消费率更是偏低,2007年仅为35.6%,2008年又降为35.3%。

三是政府作用的发挥与政府自身建设和改革滞后的矛盾。无论是经济增长方式转变还是适应社会需求变化的社会体制改革,最终都取决于政府自身建设与改革的进程。应当说,近几年政府改革有明显进展,但与经济社会发展需求相比仍有较大差距。例如,近年来政府在基本公共服务领域做了大量的工作,但从总体上来看,政府仍然是经济建设型的运作模式,中央和地方在公共服务上还没有严格的职责划分,财政在公共服务领域的投入比重还不高,地方政府的注意力仍然集中在追求经济总量的扩张上。扩大消费需求与经济建设型政府之间的矛盾亟须解决。

二、深化改革,转变思路,推动经济发展方式转型

有人曾经提出,改革已基本结束。但这次国际金融危机及其对我国带来的冲击却再次凸显出改革的重要性。如果说应对危机是救火的话,后危机时代的主要任务应当及时转到"灾后重建"上,重点就是加大改革力度,为发展方式转型奠定坚实的制度基础。

1. 以发展方式转型为主线的改革思路

根据对外部环境和内部条件变化的分析,以实现经济发展方式转型为主线推进经济体制改革,总的思路应是:以扩大内需为总体目标,以调整经济结构为中心环节,以深化市场化改革为基本路径,强化市场在资源配置中的基础性作用,进一步完善市场经济体制。具体包括:第一,加快推进以经济增长方式转型为主线的经济体制改革,为进一步完善社会主义市场经济体制奠定坚实基础;第二,加快推进以适应社会公共需求转型为主线的社会体制改革,为实现公平正义、社会和谐提供制度保障;第三,加快推进以政府转型为主线的行政管理体制改革,为形成中国特色的社会主义行政管理体制奠定重要基础。

发展方式转变滞后的根源主要是体制机制缺陷。比如,经济发展方式转型滞后,主要在于转变以政府主导为特征的经济发展方式还没有实质性破题;社会建设滞后于社会需求转型的进程,目前尚未在制度上保证政府在基本公共服务中的主体地位和主导作用。据此,我们可以得出如下判断:第一,经济发展依赖于市场化改革的新突破;第二,社会发展依赖于社会体制改革的新突破;第三,政府转型需要尽快在行政管理体制改革上有重大突破。

2. 推进新阶段的改革必须要有大魄力。

进入后危机时代,着眼于中长期发展方式的转型,改革需要有大魄力。一是要坚持市场化改革方向不动摇。过去30年的实践证明,今天中国有翻天覆地的变化,是改革开放的结果。面对当前国际国内的复杂情况,继续毫不动摇地坚持市场化改革方向尤为重要。在严峻的挑战和巨大的困难面前,改革是破解难题、加快经济社会发展的唯一出路。二是深化改革要有新的思想解放。进入以扩大内需、构建消费大国为目标,以政府转型为重点的全面改革新阶段

后,改革所面临的形势更为复杂,涉及的范围更广。没有新的解放思想运动,改革很难顺利推进下去。三是要消除不利于改革的各种认识和判断,形成全社会共促改革的合力与氛围。

三、进一步深化改革的重点

我们要在经济企稳回升时进一步加大改革力度,奠定发展方式转型的现实基础,努力在以下几个方面取得重大进展。

1.进一步深化市场化改革,完善社会主义市场经济体制

我们要通过深化市场化改革,尽快建立反映资源要素稀缺程度的价格形成机制、公平竞争的市场秩序、产权边界清晰的微观主体。把扩大内需作为经济体制改革的总体要求或者基本目标,把调整经济结构作为经济体制改革的中心环节,把深化市场化改革作为基本路径。主要任务包括八个方面:第一,加快推进资源环境价格形成机制改革;第二,加快推进垄断行业改革;第三,加快推进民营经济发展的制度建设;第四,加快推进城乡一体化的制度建设;第五,加快推进国民收入分配结构调整;第六,加快推进就业体制改革;第七,加快推进财税体制改革;第八,加快推进金融体制改革。

2.加快社会体制改革,推进社会建设进程

未来几年社会体制改革既要注重政策调整,又要注重体制改革。在加大民生投入的同时更加注重基本公共服务体制改革;在加大农村基本公共服务投入的同时加快推进城乡基本公共服务制度对接;在采取各种措施处理社会矛盾冲突的同时要更加注重社会管理体制改革;在采取各种措施保就业的同时更加注重就业体制改革。改革重点包括:第一,农村是潜在的消费大市场,要注重通过城乡基本公共服务均等化开启农村市场。第二,把建立基本公共服务体制、实现基本公共服务均等化的目标同以人为本、提高人口素质、建设人力资源大国的战略目标结合起来。实质性地提高公共教育、公共卫生和基本医疗投入,形成全社会增加人力资本投资的良好制度氛围,为提高自主创新能力奠定坚实基础。第三,要特别注重协调社会利益关系,使全体人民共享改革发展的成果,为全社会凝聚改革共识创造条件,使后危机时代的改革获得更为广泛的社会基础和社会支持。

3. 提速行政管理体制改革，加大政府转型力度

我国发展方式转型的主要挑战不是经济社会本身，而是政府转型与政府决策转型，经济社会体制改革能否取得实质性进展，很大程度上取决于公共服务型政府建设能否实现重大突破。推进发展方式转变，应重点推进以行政管理体制改革为主线的政府转型。

第一，在完善政府经济职能上取得重要突破。建立市场化的宏观调控体制，增强中长期规划的科学性和约束性；强化央行在宏观调控中的独立地位，增强宏观调控的科学性、预见性和有效性；建立现代市场监管体制，确保市场监管的有效性；加强政府对外经济职能，为人民币国际化、企业走出去创造良好的制度环境。

第二，在政府公共职责保障机制建设上取得重要突破。建立中央和地方各级政府的职责分工及其保障机制。按照公共服务支出责任与财力相匹配的原则建立中央与地方分工体制；建立符合公共服务型政府要求的绩效评估体系和行政问责制度。

第三，在改革调整行政权力结构上取得重要突破。以建立健全大部门体制为重点，大胆探索建立公共权力有效协调与制衡的体制机制，基本形成行政决策权、执行权、监督权既相互制约又相互协调的权力结构和运行机制。

第四，在政府自身建设与改革上取得重要突破。集中解决群众意见大、制约政府公共权力规范行使的突出矛盾和问题，在建立阳光政府、效能政府、廉洁政府、法制政府方面取得明显成效。

总结经验　再创特区新辉煌

（2010 年 7 月 29 日）

以深圳为代表的广东经济特区已经走过了 30 年的历程,取得了辉煌的成就,充分发挥了改革开放的试验田、窗口、排头兵和示范区的作用,为我国现代化建设立下了不可磨灭的功勋。特区 30 年来可以用三句话来概括:思想上大解放,经济上大发展,面貌上大变化。在特区成立 30 周年的历史背景下再出发,总结特区 30 年来的经验教训,进一步明确未来特区的发展方向,对再创特区新辉煌具有重要意义。广东经济特区要当好排头兵,应当在以下几个方面继续勇于创新,为我国的改革开放和现代化建设事业发挥示范带头作用。

第一,要在探索中国特色社会主义道路上继续走在前列

回顾 30 年特区成长的过程,我们在要不要建立特区,怎样建立特区,特区要不要"特"这些问题上经历过风风雨雨。特区所以有今天,所以取得辉煌的成绩,来之不易。有人曾经把建立特区比作解放前的租界,有人认为是卖国行为,曾经有个老同志到深圳一看,就流眼泪说,没想到特区一夜变成资本主义了。特区就是在这样一个环境中成长发展起来的,我们应当珍惜这一段历史。小平同志非常坚决、坚持要把特区办下去,坚定不移地要办好特区。

马克思主义要在实践当中发展,马克思主义中国化的过程和历程还没有走完,还要继续探索、深化和发展,这是大家知道的道理。对什么是社会主义,怎么样建设社会主义,尤其是社会主义到底为了什么,我们的认识需要进一步深化。我们过去很简单地教条地理解,社会主义就是计划经济,资本主义就是市场经济,社会主义就是公有制,社会主义就是国有化。

2001 年深圳市委、市政府召开了高级顾问会议,讨论一个主题:深圳怎么样充当中国特色社会主义的示范区。在讨论当中有一位顾问提出,深圳要作为中国特色社会主义的示范区,要作为一个样板,首先要明确什么是中国特色

社会主义？这个问题提得很好,会议进入冷场,大家希望我讲一下。我在会上讲了四点:第一,以民为本,这是中国特色社会主义的根本出发点和落脚点;第二,市场经济,这是中国特色社会主义运行的基础,过去我们搞计划经济;第三,共同富裕,这是中国特色社会主义的根本目的;第四,民主政治,这是中国特色社会主义的重要保障。马洪同志会后找我,他说:你讲得很好,你有没有材料？我说没有材料,即兴讲的,他说你把材料整理整理。他建议除了以上四条外,再加一条,就是中华文化。我后来接受了他的意见,我加了一条:中华文化,这是中国特色社会主义的内在要求。这五条当然是在中国共产党领导下进行。我讲的人民社会主义有两个特定的含义:第一,要坚持以人为本,改革发展是为了人民,改革发展是要依靠人民,改革发展的成果要人民分享。第二,要坚持人民是创造财富的主体,政府是创造环境的主体。我们过去计划经济是把两个主体错位了,政府作为创造财富的主体,把纳税人的钱集中在政府手里,政府再投入到各行各业,这样创造财富能行吗？财富的源泉怎么能涌流出来？所以我们搞社会主义市场经济应该把人民作为创造财富的主体。所以,从这个意义上讲,中国特色社会主义也可以说人民社会主义。人民社会主义,就是社会主义属于人民。

第二,要在转变经济发展方式,发展低碳经济方面走在前列

中央经济工作会议把转变经济发展方式作为深入贯彻落实科学发展观的重要内容和重大举措,刻不容缓。低碳经济是我国经济发展的必由之路。发展低碳经济是转变经济发展方式、调整经济结构的重要途径,已经成为世界各国推进复苏和应对气候变化的基本共识。中国作为一个负责任的大国,正式对外宣布控制温室气体排放的目标,到 2020 年单位国民生产总值二氧化碳排放量比 2005 年下降 40%—45%。我认为,这是一个倒逼机制,利用这个倒逼机制加快改革开放、加快发展,必须进行全方位的改革。这不仅涉及经济、社会、政治、文化领域,而且涉及人们的思想,消费方式和生活方式,所以政府要在发展低碳经济中加快职能转变,强化公共服务职能,成为发展低碳经济的主要推动者、政策提供者和监督者。

不久前广东省委专门召开会议,讨论怎么样落实中央转变经济发展方式调整结构的会议精神,汪洋书记有个比喻很好。他说,主角是企业,政府要做好服务,做好导演而不是主角,导演要提供舞台、灯光、舞美。要把减少排放作为约束性指标加以考核。要改革干部人事制度,建立科学的业绩评估和考核体系。

深圳要建立探索科学发展模式的试验区、深化改革的先行区,应当把"低碳城市"作为转变经济发展方式的一种新思路。首先,要改革干部考核体系,改变过去以 GDP 论英雄,今后应把改善民生和保护环境作为干部的主要考核内容。其次,要通过制度创新和立法,发挥税收政策对低碳经济的引导作用,比如可以争取以地方税的形式试点开征碳税,建立低碳基金以吸引更多的资金支持低碳技术的研发和推广,推进传统产业技术改造升级。最后,要理顺政府、市场、企业和社会公众之间的关系,发挥市场在资源配置中的基础性作用,依靠全社会的公众参与来发展低碳经济,倡导养成节约一度电、一滴水、一张纸的意识和习惯,形成全社会的共识。逐步转变人们的生活方式和消费方式,建立低碳社会。

第三,要在鼓励创业创新,发展非公有制经济上继续走在前列

去年 11 月,全国政协主席贾庆林在表彰非公有制经济人士的会议上提出:技术创新的 65% 、专利的 75% 、新产品的 80% 由民营企业来实现的。我看了这个数字,引起了我的思考,为什么 65% 、75% 、80% 是由民营企业来实现? 为什么我们共和国的长子占的比例不多? 这里有个体制机制问题,因为国有企业负责人的任期是有限的,在任期内先要完成任期内目标,把政绩突出出来,至于研发新产品这方面是比较长期的,这样短期利益和长期利益的矛盾就突出出来了。因为研发新产品要八年甚至十年,甚至更长时间,而任期只有五年,研发就不放在主要地位。而民营企业不同,就解决了任期这个问题,这方面它占了优势。我在参与党的十五大报告起草中,听说对深圳华为公司有争论,有的人给中央写了材料,认为华为不是搞社会主义。我为了弄清这个问题,专门来深圳做了调研,那时候市委书记厉有为也感兴趣,陪我一道去。我俩一道去调查后发现,华为的员工素质较高,企业通过员工入股,使企业员工与企业的长远发展捆绑在一起,有了这种机制,产生了内在动力,促进了企业飞跃发展,这怎么是资本主义呢。后来党的十五大写上一句:"劳动者的劳动联合和劳动者的资本联合为主的集体经济",这个争论就解决了。实践证明,华为发展非常好,现在专利是 39000 多件,去年实现销售收入 215 亿美元,占了全球通讯市场份额的 20% ,是全球第二大移动通讯设备的供应商,成为知识产权自主品牌的创新型企业,跨入了世界 500 强。我国现在有好几个企业进了世界 500 强,都是大型国有企业,国家大量投入,而华为国家一分钱没投入,就进入世界 500 强,而且解决了 7 万多人的就业。

我一直主张"三创"精神,创业、创新、创牌。创业是基础,创新是关键,创牌是目标。企业都有了"三创"精神才能迅速成长起来。像华为这样的企业发展很快,它有发展的内在动力、内生动力。我 3 月在参加中国发展高层论坛听到麦肯锡公司老板的发言,他认为创新来源于创业者和中小企业,必须为创业者和中小企业的发展提供良好的环境,建议放松对中小企业的管制。他说在新加坡注册一个公司需要 5 天时间,在我国武汉需要 36 天。在韩国 45% 的商业贷款用于中小企业,而中国仅有 22%。这说明我们在发展中小企业,鼓励老百姓创业创新方面,政府应该怎么样支持?我想深圳已经有很好的基础,在创新、创业、创牌方面可以发挥更大的作用。

第四,要在实现公平正义上走在前列

温家宝总理在 3 月 14 日"两会"的记者招待会上说,"社会公平正义是社会稳定的基础。公平正义比太阳还要有光辉。我们要继续推进经济体制改革、政治体制改革以及其他方面的改革,根本目的是要促进生产力的发展,要实现社会的公平正义。"总理的讲话引起国内外的强烈反应。我们在推进科学发展、建设和谐社会中,多次提出社会的公平正义。党的十六届五中全会提出,"要按照民主法治、公平正义、诚信友爱、充满活力、安定有序、人与自然和谐相处的总要求,以解决人民群众最关心、最直接、最现实的利益问题为重点"。锦涛同志强调指出,公平正义就是社会各方面利益关系得到妥善的协调,人民内部矛盾和其他社会矛盾得到正确的处理,社会公平正义得到切实的维护和实现。我们考察一下历史,古希腊的思想家亚历士多德,把公平正义分成为分配的公平正义和校正的公平正义。分配的公平正义涉及财产、荣誉、权力等有价值的东西,对相同的人给予相同的对待,就是公平正义。校正的公平正义涉及被侵害者的财产、荣誉和权力的多少,不管谁是伤害者,谁是受害者,使受害者从伤害者那里得到补偿,这就是公平正义。现在我们为什么要强调这个问题呢?因为我们出现了收入差距过大,分配不公的问题,影响社会的稳定。基尼系数已经超过了警戒线,目前已经达到 0.46,城乡之间 2009 年居民收入差距是 3.33∶1,最富裕的地区和最穷的地区之间 2.68 倍,行业之间最高和最低的收入相差 11 倍;在不同群体之间,最高收入和最低收入群体相差 23 倍,而且这种差距的扩大的趋势,还没有得到有效的抑制。收入差距扩大不仅影响到社会的稳定,而且不可避免地造成需求的萎缩。

实现公平正义,关键还是要靠改革。一是要实现基本公共服务均等化,作为实现公平正义的重要举措。广东省非常重视,要我们中国(海南)改革发展研究院专门搞了课题,并举行了研讨会,讨论怎么样实现基本公共服务均等化。中国要实现公平正义的发展,要实现基本公共服务均等化,这是维护社会公平正义、建设和谐社会重大的决策。逐步缩小发展过程中出现的城乡差距、地区差距和贫富差距,使全社会成员共享改革发展的成果。二是要搞好初次分配和再分配,这是实现公平正义的重要环节。党的十七大提出,初次分配和再分配都要处理好效率和公平的关系,再分配要更加注重公平。要调整初次分配的结构,规范初次分配的秩序,提高居民收入在国民收入分配中的比重,提高劳动报酬在初次分配中的比重。中央已经重视这个问题,正在采取措施,逐步实现。再分配要更加注重公平正义,建设和谐社会是一个公平正义的社会。再分配要重点关注困难群体,着力解决困难群体的困难,为困难群体提供基本的社会保障。再分配要处理好公平效率之间的关系,正确处理政府与市场的关系,调动两个积极性:一个是市场的积极性,以效率为基础;一个是政府的积极性,以公平为基础。市场要讲究效率,也要强调公平竞争;政府要强调公平,也要提高效率。一个有效地更好地创造财富,一个更好地实现公平,使二者互相促进,公平和效率有机地结合起来。三是要加快建立公平正义的体制基础,包括经济体制、社会体制、分配体制和政治体制等这些方面的基础。

把握中国社会建设新走向[*]

（2011 年 4 月 16 日）

当前我国既处于发展的重要战略机遇期,又处于社会矛盾凸显期,社会管理领域存在亟待解决的问题。中央强调要把社会管理工作摆在更加突出的位置,深刻认识和准确把握社会管理规律,不断提高社会管理科学化水平。为此,我们须对新形势下社会管理面临的新情况、新特点有个清醒的认识。

从总体上看,我国社会管理领域存在的问题,是我国经济社会发展水平和阶段性特征的集中反映。经过新中国成立 60 多年特别是改革开放 30 多年来的建设和发展,我国经济实力和综合国力显著增强,这为我们不断满足人民日益增长的物质文化需要、解决社会管理领域存在的问题打下了重要物质基础。同时,我国仍处于并将长期处于社会主义初级阶段的基本国情没有变,人民日益增长的物质文化需要同落后的社会生产之间的矛盾这一社会主要矛盾没有变,发展中不平衡、不协调、不可持续问题依然突出。解决社会管理领域存在的问题既要增强紧迫感,又要长期努力,加强实践探索和工作落实。

具体来看,创新社会管理需要注重把握以下几个新走向。

一、社会需求多样化使社会公共事务急剧增长

在广泛复杂的社会生活领域,正在出现大量政府行政职能无法涵盖的领域,出现许多行政化方式不适合处置的公共事务。新时期,社会需求的类型更加丰富,社会需求的内容和形式更加个性化、情感化,社会需求的变化更加快速纷繁,呈现出社会公共事务急剧增长和复杂多样的特征。由于在产权主体确立、管理机构属性、营运资金保障、人员待遇标准等方面缺乏基本统一的政

---

* 本文是高尚全同志 2011 年 4 月 16 日在"中国社会建设创新论坛"上的发言。

策指导和操作实施机制,传统的行政化管理方式很难实现这些设施的高效率运作,无法充分满足居民的实际需求,需要不断创新社会建设。

二、社会组织多样化的发展要求社会管理主体向多元转变

在中国,政府在社会管理领域的一元核心地位比较突出,政府的管理活动实际上触及社会生活的方方面面,成为社会生活的全面组织者、公共产品的直接提供者以及社会稳定的强力维护者。面对这种困境,有效地破解这一难题的方法之一就是实现社会管理主体由一元向多元的转变。多元的社会管理主体可以适应多元的社会现实,为公众提供高质量、差异化的社会公共服务。多元的社会管理主体可以最大限度激发社会创造活力,最大限度增加和谐因素,最大限度减少不和谐因素。多元的社会管理主体也有助于缓解政府压力、转变政府职能,使政府将精力集中于公共服务领域。

三、转变政府职能,加快建立公共服务型政府

改革开放以来,随着社会主义市场经济的逐步完善,竞争被逐步引入各个领域。但在社会管理和服务方面,政府垄断了部分营利性较强的领域,造成冗员过多、成本过高、缺乏创新的局面;却忽视了公众日益多样化的需求,社会管理服务方式简单、内容单一、质量低下。社会管理服务领域的垄断和竞争失序,造成了公共产品和服务质量差、效率低、公众不满意的局面。因此,社会建设创新需要加快建立公共服务型政府,加大公共服务的投入力度,完善社会管理职能,规范公共服务的竞争秩序,确保弱势群体的利益,真正体现社会主义的优越性。

四、积极应对老龄化趋势对社会公共服务的挑战

老龄化趋势将是我国社会管理未来面临的一个巨大挑战。赡养父母、照料老人将是许多中年群体长期面临的困扰难题。发展并管理好针对老年群体的公共服务将成为一项重要的社会管理事业。日益增多的老龄人口,不仅有物质生活服务的压力,而且有更多、更复杂的精神文化需求,必须充分考虑老年人的心理需求、参与愿望、情感慰藉等问题。人口老龄化的趋势,迫切需要我们尽早制定扶持支持公益服务组织发展的政策,以及创新社会公益服务管

理的新机制。

五、加快以发展低碳经济为目标的相关社会管理改革

发展低碳经济是转变经济发展方式、调整经济结构的重要途径,正在成为世界各国在后危机时期推进经济复苏和应对气候变化的基本共识和重要手段。这不仅涉及经济、政治、文化领域,而且涉及人们思想观念、生活方式以及消费方式的社会变革。政府应成为发展低碳经济的主要推动者、政策提供者和监管者。把二氧化碳排放纳入经济社会发展规划,并作为约束性指标加以考核。要依靠全社会公众的参与,发展低碳经济,建立低碳社会,因此必须形成全社会的共识。要转变人们的生活方式和消费方式,养成节约一度电、一滴水、一张纸的意识和习惯。

面对加强与创新社会管理的新要求,必须切实把握社会管理领域的新情况、新特点,形成新思路,提出新举措。要坚持和突出服务群众的理念和立场,着力解决好人民群众最关心最直接最现实的利益问题,创新群众工作的方式方法,积极探索自治参与的社会机制,切实推进基层民主的治理体制,使管理效益成为群众的生活实惠和社会福祉,开创新形势下社会管理的新局面。

未来十年中国的发展趋势与改革选择

（2011 年 11 月 5 日）

今年,是新世纪第二个十年的开端之年,也是我国"十二五"规划正式实施的开局之年。过去 30 余年的改革开放,带来了我国经济的快速发展,使我国进入了中上等收入国家的行列。这意味着中国登上了经济社会发展的新高度和新起点。如何判断未来发展的新趋势,如何有效应对新阶段的各种新矛盾和新挑战,是各方面高度关注的战略性重大问题。

借此机会,我以"未来十年中国的发展趋势与改革选择"为题,简要地谈谈个人对未来十年中国发展趋势与改革问题的一些思考,与大家探讨。

一、未来十年是中国历史发展的关键时期

当前,国内外都高度关注中国能否有效跨越"中等收入陷阱"。在我看来,这取决于未来十年中国能否有效地推进发展方式转型。

国内外环境变化使中国发展面临新形势。国际金融危机以来,世界经济形势出现复杂的变化,经济格局出现重大变动。近来,希腊、意大利、葡萄牙等欧洲国家的债务危机愈演愈烈,美国失业率高居不下,全球经济面临新一轮考验。恢复经济增长、实现世界经济再平衡成为新时期的主要挑战。在我看来,这次危机根源于国际经济结构失衡,出路在于对国际经济结构做重大调整。历史表明,调整、再平衡是漫长的过程,并伴随很多不确定因素,这也使中国经济社会发展面临新的复杂的外部环境。

更重要的是,中国国内需求结构出现重大变化:即发展型需求的比重逐步增加,公共产品短缺取代私人产品短缺成为突出矛盾。社会需求结构的变化,直接引发了社会消费结构的变化,形成了改变经济结构的现实需求。

在这个特定背景下,中国正面临"中等收入陷阱"的新挑战。过去 30 年,

我国以经济总量为导向的发展方式在作出历史性贡献的同时,也积累了诸多矛盾,包括资源环境问题、贫富差距扩大问题等。应当说,在内外发展环境变化的大背景下,未来十年我们面临不容忽视的"中等收入陷阱"的新挑战。

就是说,未来十年是加快发展方式转型以规避"中等收入陷阱"的关键时期。一方面,如果抓住机遇,改革有实质性进展,经济发展方式转变取得重大突破,那么未来十年完全有可能继续保持8%左右的中高速经济增长和平稳的社会发展,成功跨越"中等收入陷阱";另一方面,如果丧失机遇,导致发展方式转变长期停滞不前,就很有可能陷入"中等收入陷阱"。因此,未来十年,关键在于以改革攻坚加快发展方式转型,以体制创新保障经济社会平稳发展。

二、未来十年转变发展方式成败的关键在于改革的重大突破

在我看来,转变经济发展方式,面临的改革任务繁重,挑战巨大,关键在于抓住制约经济社会发展的牛鼻子,实现重要领域和关键环节改革的重大突破。

加快以完善生产要素市场为重点的经济体制改革。这就是要加快建立富有活力的市场主导的经济运行机制,充分发挥市场在资源配置中的基础性作用,尤其是要尽快打破行政垄断。目前,我国经济运行中存在的价格关系扭曲、结构调整不到位、资源消耗成本过高等问题,都与行政性垄断范围过宽、程度过深导致市场机制作用不充分有直接的关系。

加快以满足社会公共需求为导向的社会体制改革。未来几年,社会体制改革应着眼于实现基本公共服务均等化、扩大国内消费需求特别是居民消费需求,增强消费对经济增长的拉动作用。同时,要着力理顺收入分配关系,真正做到"藏富于民"。

加快以政府职能转变为主线的行政管理体制改革。我认为,从30年转型与改革的历程看,中国发展方式转型的主要挑战不是经济社会本身,而是政府转型:第一,政府转型的核心是如何处理好政府与市场的关系,实现政府与市场功能的良性互动。第二,必须把维护公平正义作为政府转型的基本价值取向。第三,政府转型要处理好政府与社会、公有产权和非公有产权的关系。第四,要建立有效的权力制衡与监督制度,这是政府转型的关键。

三、新时期深化改革急需加强顶层设计

协调利益关系需要顶层设计。过去几年改革的实践表明,改革越来越受到多方面利益的制约。未来十年的改革,无疑更进入到利益冲突、利益博弈的深水区。各种深层次的矛盾纷纷显露,盘根错节地联系在一起,已经很难分清纯粹的经济问题、政治问题或是社会问题。在这种情况下,迫切需要加强改革的顶层设计。

推进改革突破需要顶层设计。为此建议:第一,重构改革的协调机制。成立中央政府改革领导协调机构;第二,加强改革立法,把改革纳入制度化、法制化轨道;第三,建立改革进程的评估机制;第四,努力营造有利于改革的社会环境和舆论环境。

附　　录

高尚全的经济改革观[*]

高尚全,生于 1929 年 9 月,上海嘉定人,汉族。教授,高级研究员。1952 年毕业于上海圣约翰大学经济系。现任中国经济体制改革研究会名誉会长,中国经济改革研究基金会名誉理事长,中国(海南)改革发展研究院董事局主席,中国国际战略学会高级顾问,北京大学、上海交通大学、南开大学、浙江大学兼职教授、博士生导师。曾任联合国发展政策委员会委员,美国哈佛大学和斯坦福大学访问学者,美国密苏里大学斯诺教授,世界银行高级顾问。1993 年起享受国务院政府特殊津贴奖励。1994 年获香港理工大学中国杰出学人奖励。

1952 年起,他曾在东北工业部机械工业局、第一机械工业部、国家机械工业委员会工作。1982 年起在国家经济体制改革委员会从事经济体制改革的研究、设计和有关领导工作,其中 1985—1993 年任国家经济体制改革委员会副主任。曾任国务院经济体制改革方案办公室主任、国务院住房改革领导小组副组长,国务院国民经济和社会发展总体研究协调小组成员。1993—1997 年任香港特别行政区预委会和筹委会委员、经济小组组长。

他的主要研究领域为经济体制改革与发展、市场经济等问题。

长期以来,我国学术界存在着基础研究和应用研究"两张皮"的现象,经济理论界也不例外。能够把经济理论的基础研究和应用研究结合起来,融会贯通,经世致用,可以在国家宏观经济决策方面起到一定作用的经济学者还不多见。但是,长期从事经济体制改革理论与政策研究的高尚全有幸成为其中一员。

高尚全这个名字与中国经济体制改革紧紧联系在一起。决定中国改革和经济走向的四个重要历史关节点的会议:1978 年的中共十一届三中全会,1984 年的中共十二届三中全会、1993 年的中共十四届三中全会和 2003 年的

———————
* 本文摘自张卓元、周叔莲等主编:《中国百名经济学家理论贡献精要》,中国时代经济出版社 2012 年版。

中共十六届三中全会,他亲历了后三个中共中央关于经济体制改革决策的会议,并参与了文件的起草工作。长期以来,他一直为中国经济改革鼓与呼,为市场经济加油鼓劲。

一、早在 50 年代,他就指出高度集中的计划经济体制的弊端,高唱"企业自主权"

1929 年 9 月出生于上海嘉定的高尚全,少年时敏而好学,各科成绩名列前茅,同时,他也关心现实和历史,师长们的言传身教,嘉定人民"抗倭患"、反"三屠"、战日寇的壮烈史实,激发了他爱国爱家、追求进步的热情,萌生了"干国家事"和终生进取的愿望。1952 年,高尚全以优异的成绩毕业于上海圣约翰大学经济系,被分配到机械工业部门,从事经济政策的研究工作,投入到建设社会主义的热潮中。

读经济学科班出身的高尚全刚跨出校门不久,就进入政府机关工作,这为他在接触并研究国家经济政策方面提供了一定条件。但是,应该说,50 年代探讨和研究经济问题的环境并不宽松,主要是受苏联传统教科书的束缚及对社会主义经济问题没有清楚的认识,人们在建设社会主义中国经济的过程中在相当程度上简单地甚至盲目地模仿了苏联模式,从实践到理论概莫能外。

然而在这种背景下,参加工作不久的高尚全没有采取淡漠的态度,而是一头扎进对现实经济问题的调查和思考中去,针对我国第一个五年计划末期形成的经济体制模式集中过多、统得过死的弊端,较早地提出了"企业要有一定的自主权"的建议。

1956 年,在一机部政策研究室工作的他,为了掌握机械工业的一手情况,经常往基层一线企业跑。在下面,高尚全发现了很多令人哭笑不得的事情。比如,企业需要一台打字机,需要修一个厕所,都做不了主,都需要打报告请示上级,更不用谈原材料采购、生产销售以及人员配备这一系列事情了。

在企业的现象令他奇怪,而部招待所就更使高尚全感到震惊了。他发现招待所永远是满满当当的,天南海北,住的全是部属企业来京办事的。和企业来人聊聊,高尚全才知道,电煤等原材料没有了,企业要来人;生产任务没有了,企业要来人;产品卖不出去了,企业要来人;企业内部要修个房子、提拔个干部,当然更要来人。为此,许多企业就常派专人盯着部里。人来了,请示报上来了,也不是一帆风顺,还有好几道关卡。先到对口局,科员—科长—处长—局长,再到部机关,又要经过层层审批,少了哪一关都不行。高尚全把自己的疑问和思考一股脑地倾注于笔端,《企业要有一定的自主权》一气呵成,投给《人民日报》,《人民日报》不仅发表了,还配发了《"必要"的手续》这样一幅漫画。

让企业有一定的自主权,以发挥企业的积极性和克服官僚主义,是当前迫切需要解决的一个问题。厂里自主权过小,中央主管机关集权过多、过细,到底有什么弊端呢?

第一,给国家造成很大的人力、财力的浪费……

第二,限制了企业的积极性和主动性,潜力不能充分发挥……

第三,助长了中央机关的官僚主义、文牍主义和事务主义……

高尚全后来说:"当时说是一定的自主权,现在看来还是有点保守,企业应该拥有完全的自主权。在计划经济时代,企业本来应该拥有的自主权,被政府剥夺了。当时,有人贴我的大字报,说,企业是政府的,让他们拥有自主权,自己想干什么就干什么,不成了南斯拉夫修正主义了。"高尚全这名明目张胆地呼吁给企业自主权的年轻人当时差点被划为"右派",有人给他贴大字报,批判他"右倾"。

1988 年,当高尚全以国家体改委副主任的身份率团访美时,联合国开发计划署署长 William Draper 热情地告诉他:你的文章已被联合国翻译成英文,还加了序言;并由衷地称赞他"不愧是中国前驱的经济改革家"。

二、深入调研,冷静思考,积极投身改革

《企业要有一定的自主权》发表后,引起企业界和社会各有关部门的广泛关注,但是,这一呼声很快在批判南斯拉夫的企业自治和后来的反右运动、"文化大革命"中销声匿迹了——因为高度计划经济的"纯"社会主义不容许任何"干扰"。

20 世纪 50 年代末到 70 年代中期,是我国政治、经济、文化等各方面很不正常的年代。在中华民族这段艰难的日子里,理论界的"百花齐放、百家争鸣"竟成万马齐喑,于是,有的人消沉了,有的人随波逐流、不思进取,有的人则翻云覆雨……但是,高尚全却进入了冷静的思考和学习当中,抓住一切时间进行观察、学习、总结。在 50 年代末 60 年代初的国民经济调整时期,他根据

农村调查的经验,与其他同志一起大胆地提出了要恢复自留地和农贸市场、允许农民饲养大牲畜的主张;后来,又提出允许农民购买手推车,以有利于发展农业生产和改善农民生活的意见。传统的理论认为社会主义必须实行生产资料公有制,手推车是生产资料,因此必须公有,不能私人购买。

在这 20 多年中,高尚全先后在一机部、农业机械部、国家机械工业委员会默默地工作、学习,全身心地投入到对经济问题的研究之中,数十年研究不辍。由此对中国社会经济发展的理论基础、现实选择与实践有了相当真切的认识,使之成为坚定、积极的改革者。正是凭着扎实的经济学理论功底和自己长期的辛勤努力,加上注重对经济现象的分析和调查研究,他才能够在粉碎"四人帮"后,特别是党的十一届三中全会以来,以高涨的热情和敏锐的洞察力积极投身于中国社会主义现代化建设问题的研究,仅在 1979—1984 年间即发表文章 40 余篇、专著一部。也正是这样一段经历,促使他特别注重对我国经济体制改革的研究,注重现实经济政策的适应性,并努力从改革、发展与稳定的大局出发,做到不温不火,以促使社会经济健康稳定地向前发展。

1982 年,为适应经济体制改革的需要,从事中国经济改革方案设计的专门机构——国家经济体制改革委员会应运而生,高尚全也从国家机械工业委员会调到了国家经济体制改革委员会的研究室工作,后来兼任中国经济体制改革研究所所长,开始了他从事经济改革总体研究与实践的生涯。

高尚全认为,对于我们正在进行的这项伟大试验,必须为广大的人民群众所认同和参与;同时,也必须促进港澳台、海外人士的广泛了解,对中国的改革开放政策有全面、真实、清楚的理解之后,他们就会以投资、贸易、宣传等各种方式回报改革。因此,无论是代表国家体改委在中外记者新闻发布会上答记者问,还是率团参加国际会议或考察,都成了他宣传改革的舞台。

但是,仅有宣传和鼓动是不够的,改革不断提出新问题,改革理论需要不断得到深化和提高,因此,单纯依靠一个人或某些人的力量是不够的。改革者必须时刻关注决策者、经济学家群体的力量,关注全社会对改革的认知和预期。高尚全出任体改委副主任后,除日常工作外,从未中断过对国情、对改革的深入了解和思考,他知道,在改革的方向和政策上有所提高和突破,比出台几项具体的改革措施更具意义和威力,所以,深入研究改革理论中的难点问题,时刻关心社会尤其是经济界思索的目标和兴奋点,把它们转化成切实可行的改革政策,是经济学家的重要责任和义务。

三、随着市场经济的日益深入,"商品经济"这个名词已很少被人们提及。可是,谁又知晓,当初将之写进中央《中共中央关于经济体制改革的决定》的艰难

党的十一届三中全会之后,体制变革首先从农村展开,"大包干"、"责任制",农民对土地的耕种有了自主权,也极大地调动起积极性。随着农村改革的成功,城市也开始推行经济体制改革的试点工作,通过放权让利,逐步扩大了企业自主权。"对外开放,对内搞活"的方针实行了6年多,经济建设取得了丰硕的成果,但由于政企不分、条块分割,以及忽视价值规律、商品生产等体制性原因,严重束缚了社会生产力的发展,影响了社会主义制度优越性的发挥。

中央高层注意到了这个问题,决定在党的十二届三中全会上予以解决。小平同志说:最理想的方案是通过一个改革文件,对全党起个巨大的鼓舞作用。根据小平同志的意见,中央成立了文件起草领导小组,从1984年5月份开始,组织了一些同志对文件的起草进行研究和酝酿。高尚全受命参与起草《中共中央关于经济体制改革的决定》。

当时,理论界争论的焦点是社会主义能不能搞商品经济。30余年的实践使人们深刻认识到计划经济的弊端,认识到发展社会主义商品经济的必要性,但如何着手解决这个问题呢? 60年代初,广东学者卓炯就首先提出了商品经济的概念。1979年,国务院财委体制改革研究小组"关于经济体制改革总体设想的初步意见"曾提出:我国的计划经济必须是建立在社会主义商品生产的基础上;改革的基本原则是把单一的计划调节改为计划与市场调节相结合,把单纯的行政管理经济的办法改为经济办法与行政办法相结合,把企业从行政机关的附属物改为独立的商品生产者,扩大企业经营管理的自主权。1979年9月,经济学家薛暮桥在一次座谈会上作关于经济体制改革说明时,指出:"我国现阶段的社会主义经济是生产资料公有制占优势,多种经济成分并存的商品经济。"1984年7月,马洪也指出:承认社会主义经济的商品性,是实行对内搞活、对外开放的理论依据。限于当时政治环境,这些见解当时并未立刻被大部分人接受,也未纳入中央决策。

在参与《决定》起草过程中,高尚全竭力主张把理论界讨论商品经济的成果变成中央的共识,写进中央的《决定》。高尚全深深感到,从改革试点的实践经验来看,什么时候比较注意发展商品经济了,什么时候经济就比较繁荣;哪个地方比较重视和放手搞商品经济了,哪个地方的经济就比较有活力、老百姓日子就比较好过。但起草小组有的同志持反对意见,不赞成把"商品经济"写入《决定》,主要是担心把社会主义混同于资本主义;有的同志认为最多只能写上"商品生产和商品交换"。其实,既然有商品生产和商品交换,就必然有商品经济。

在商品经济概念多次被否定的情况下,高尚全以中国经济体制改革研究所所长的身份,以中国体改研究会和中国体改所的名义组织召开了一次理论讨论会。会议于 1984 年 9 月初在北京西苑饭店(当时还叫做西苑旅社)召开,童大林来了,董辅礽来了,蒋一苇也来了,一口气来了近 20 位思想比较活跃开放的专家学者。座谈会上,高尚全首先提出,应明确提出社会主义商品经济的概念,这是当前经济改革要求在理论上的一个关键性突破。

经过倾听经济学家们的意见和建议,高尚全决定把专家讨论的结果反映给中央决策者:

第一,改革就是要为社会主义商品经济扫清道路。

第二,发展社会主义商品经济决不会模糊社会主义和资本主义的本质区别。我国现阶段的社会主义经济是以生产资料公有制为主体、多种经济成分并存的商品经济。

第三,发展商品经济是我国生产力发展的需要,改革必须在坚持公有制为主体的前提下,按照发展商品经济和促进社会化大生产的要求,自觉运用价值规律。

这一建议引起中央决策者们的高度重视,并被吸收进党关于经济体制改革的纲领性文件之中。1984 年 10 月 20 日,在正式通过的《中共中央关于经济体制改革的决定》中明确指出:"商品经济的充分发展,是社会经济发展的不可逾越的阶段,是实现我国经济现代化的必要条件。"在党的十二届三中全会上,邓小平同志高度赞扬《决定》是"马克思主义基本原理和中国社会主义实践相结合的政治经济学"。

由于对改革理论与实践的贡献,1985 年,高尚全被任命为国家体改委副主任,开始直接参与改革的设计与指导工作,他的后半生也因此贡献给了中国的经济改革与发展事业。

四、计划与市场关系之争:党的十三大前夕向中央进言,希望在改革的理论上有新的重要突破

1986 年,已经担任国家经济体制改革委员会副主任的高尚全带队去匈牙利、南斯拉夫考察,目的是了解他们在改革中遇到了什么问题。他们不仅深入企业,与企业经营者交谈,还与党和国家领导人、部委领导、专家学者对话,讨论改革过程中的得与失,交流改革面对的难题和经验。匈牙利主管计划的副总理说:匈牙利通过国家计划局编制和下达的计划,执行的结果是,有的企业完成 500% ,有的连 10% 都做不到,但是谁也没有责任。而在捷克则看到一个令人啼笑皆非的故事。捷克的"拔佳"皮鞋很有名气。实行计划经济之后,名牌没有了,国家按照每人每年两双皮鞋的预案下达生产计划。企业是将皮鞋生产出来了,但因为没有考虑到消费者的式样、尺码,最终造成大量积压。由此看来,这种简单的计划做法十分可笑,计划的结果就是资源的极大浪费。

在党的十三大前夕,高尚全给中央写了一个报告——《希望在改革的理论上有新的重要突破——对十三大报告(征求意见稿)中计划与市场关系的一点意见》(1987 年),建议在改革理论上有新的突破。在计划与市场的关系上,针对"市场经济=资本主义,计划经济=社会主义"的错误论点,高尚全直言道:

第一,计划和市场都是一种手段,并不反映社会制度的属性。

第二,用国家经济合同逐步替代指令性计划,是社会主义商品经济发展的需要,是改革的必然趋势。

第三,随着经济体制改革的深入,计划与市场结合的形式都会发生变化。从实物计划向政策性计划转变,是经济发展和改革的需要。

这份建议报告经当时的体改委主任李铁映转报给中央,被吸收进十三大报告之中,推动了改革理论的发展。十三大报告明确指出,社会主义经济是计划和市场内在统一的经济。

站在历史的高度,十三大报告为中国经济改革绘就一幅动人的篇章。但改革永远不是一蹴而就的事业,永远不会是一帆风顺的。两年之后,理论界在经济思想上出现了回潮,又提出"计划经济为主,市场调节为辅"的说法,强调"指令性计划",说的是社会主义制度;而"市场调节为辅",是把市场调节作为

一种手段为我所用。

一个是制度,另一个是手段,二者并不能匹配。高尚全一直坚持"计划"和"市场"是可以相结合的。他用城市的起源形象地说明了这个问题:城市就是"城堡+市场",有商品生产就有商品交换,就产生市场,也才有了城市。市场是客观存在,并不是资本主义制度独有的。社会主义也叫"城市",而并不是叫"城计"。

1992年,小平同志南方谈话后,经济体制改革再次取得突破性进展,特别是计划与市场的争论有了科学的结论。小平指出:计划多一点还是市场多一点,不是社会主义与资本主义的本质区别。计划经济不等于社会主义,资本主义也有计划;市场经济不等于资本主义,社会主义也有市场。计划和市场都是经济手段。作为中国改革的总设计师,小平讲话一锤定音,为这场争论划上一个圆满的句号。

五、深入研究,突破禁区,为"劳动力市场"正言,高尚全列席中央常委会,一口气举出五条理由

党的十四大确立了我国经济体制改革的目标是建立社会主义市场经济体制,但并没有明确其内容和实施步骤,是党的十四届三中全会通过的《中共中央关于建立社会主义市场经济体制若干问题的决定》才回答了这个问题。

高尚全也参加了这次《决定》的起草工作。起草小组下设三个分组,高尚全负责市场体系这个分组,成员有郑新立、张卓元两位同志。"在起草工作中,我建议把劳动力市场写进报告。但阻力很大,有的同志反对这种提法。"高尚全说。

那么,为什么要明确提出"劳动力市场"概念呢?这与人们对社会主义同资本主义本质差别的传统认识有关。传统理论认为,劳动力市场是资本主义固有的,社会主义劳动者成了国家的主人,因此不存在劳动力市场问题。但是,随着社会主义商品经济的发展,全部生产要素进入市场、由市场合理配置资源已成为商品经济进一步深入发展的必然要求。因此,高尚全总结了人们对劳动力问题的认识,指出劳动力只有进入市场,才能和其他生产资料有效结合,才能建立统一开放的市场体系。

党的十四届三中全会前,中央政治局常委开会讨论《决定》送审稿。作为文件起草小组分组负责人,高尚全列席会议。在这种高规格会议上,为了能使劳动力市场写入报告,高尚全发了言,并一口气列出了五个理由:

第一,劳动力的价值只能通过交换才能体现出来。劳动力进入市场是劳动者的能力进入市场,而不是劳动者本身进入市场,把劳动者去作交换。劳动者的能力有大小,贡献有大小,因此反映他的价值也是有大小的。

第二,确立劳动力市场是市场经济体制的内在要求。我们要建立统一开放的市场体系,就必须使要素进入市场,如果劳动力这个最活跃的要素不能进入市场,那么统一开放的市场体系就很难建立起来。

第三,我们现在就业压力那么大,不开放劳动力市场,就业压力解决不了。

第四,我们现实生活当中已经有了劳动力市场。

第五,我们提出"劳动力市场"不会影响工人阶级的主人翁地位。

"为什么呢?因为工人阶级主人翁地位是个整体概念。过去,我们混淆了整体和局部的关系,认为我是工人,我就是主人,我就是领导阶级。新加坡前总理李光耀曾经说,中国的出租车司机为什么服务态度欠佳,是因为他们总在想,我是领导阶级,我为什么要给你开车呢?"高尚全说。

"过去我们对劳动力的配置方法都是依靠行政手段,这里面存在运气,也存在领导的好恶。其弊端我们已经很清楚。劳动力和人才一定要流动,而流动就一定要通过市场来解决。在市场当中,企业和劳动者都可以在自主、自愿的基础上,进行双向的选择。也只有在劳动力市场当中,劳动者的素质、价值才有可能通过市场的配置,获得更准确公正的评价,才有可能使得劳动力资源和整个社会资源实现真正的优化配置。"

作为中央文件起草小组组长的温家宝同志,思想很敏锐,积极支持和赞同这一观点,并经过他的努力,最终把劳动力市场的概念写进了党的十四届三中全会的《决定》。又一个理论禁区被打破了!人们高兴地看到,党的十四届三中全会通过的《中共中央关于建立社会主义市场经济体制若干问题的决定》第一次明确提出了培育和发展"劳动力市场"的概念。改革理论又上了一个台阶。

六、任重道远,走向世界,预见性地提出密切注意国际汇市动向、防止国际游资冲击港元

1993 年,高尚全从国家体改委副主任岗位卸任。无论身居要职还是离开政府部门,高尚全的后半生注定了与改革的进程和前途共命运,注定了他为中国的改革与发展事业摇旗呐喊。就在这一年里,中国政府按《香港特别行政区基本法》要求,成立了香港特别行政区筹委会预备工作委员会,高尚全被任命为预委会委员、经济小组组长。经济组在内地与香港委员共召开了 21 次专题小组会议、举办了两次座谈会和两次大型研讨会,完成了 7 份课题研究报告,提出了 12 项建议和意见,对"九七"前后香港经济存在的重大问题和发展趋向进行了较为深入的研究,为香港的平稳过渡和繁荣稳定贡献了一份力量。

1996 年高尚全在担任香港特别行政区筹委会委员兼经济小组组长时,担心香港在金融上出问题,从而影响香港回归祖国。他从经济全球化和金融一体化的高度,极富预见性地提出密切注意国际汇市动向、防止国际游资冲击港元的对策建议。他和他在北京大学的博士生在一份名为《汲取欧洲及墨西哥货币危机教训,确保香港金融市场的稳定》的研究报告中指出:"东南亚国家经常项目赤字的扩大和政治的不甚稳定,很容易使其货币成为这股投机势力冲击的目标和猎物。这股投机势力财力雄厚,蓄势待发,伺机而动,应引起我们的高度警觉,绝不可掉以轻心。""面对这股猖獗的国际投机汇商,有可能企图利用港元兑美元的固定联系汇率以狙击港元,我国政府、香港及亚洲有关当局应高度戒备,严阵以待,采取切实有效措施,让这些敢于入市的投机商遭受重创,或知难而退。"报告还建议,"在增加和预留必要的外汇储备以及结合外汇储备的最终用途,合理地安排币别结构的基础上,联手达成一些预防性和补救性措施,在必要和危急的时候,以更强大的力量干预外汇市场"。

这个报告上报中央领导同志后,立即得到高度重视,并及时指示有关部门阅办。一年后,高尚全的这些判断应验了。1997 年出版的《金融风暴——东南亚金融危机透视》一书中有这样一段话:"我国著名经济学家高尚全在 1996 年就指出,要密切注意国际汇市中游资的动向,提防东南亚货币成为这股投机力量狙击的目标和猎物。"

随着经济的发展和国际地位的提高,中国在联合国中的位置日益重要。

1995 年 7 月,高尚全被正式任命为联合国发展规划委员会委员。该组织由 24 个国家的专家组成,要求本人必须是熟悉本国经济发展和外国经济情况的高层次的官员或学者,不少专家是本国总统经济顾问;其主要任务是每年发布联合国对世界经济发展的看法。高尚全教授是由中国政府推荐、联合国秘书长提名、经社理事会全体会议通过而任命的,他接到了联合国发来的贺信。

这样,在从事改革研究 10 多年之后,高尚全教授又被赋予了新的使命,为香港回归和世界经济发展殚精竭虑、贡献余生。从中国走向世界的高尚全,任重而道远,他以敏捷的思维、渊博的学识、突出的贡献、平易近人的风范赢得了人们的尊敬和信任,也由此结识了无数的朋友,上至中外著名国家领导人,下至国内外新闻界、工商界、学术界朋友。所以,无论走到哪里,他都会碰到各色皮肤、各种语言的朋友,他们仍一如既往地关心中国的改革,认真地与高尚全教授进行探讨。

由于对中国经济改革与发展的突出贡献,高尚全 1993 年获国务院颁发的政府特殊津贴奖励;1994 年又获香港理工大学旨在弘扬学术、促进交流的首届"中国杰出学人"奖励,共有包括工程、医学、生物、经济等领域的 6 位内地专家学者获此殊荣。

七、明确提出"股份合作制是一种新型的集体经济",并力主将"民主""自由""人权"写入党的十五大报告

1997 年,围绕着国有经济改革等重大问题展开的争论:什么是社会主义公有制,怎样建设社会主义公有制? 围绕"公""私"之争,理论交锋也不断。

高尚全在参加党的十五大报告的起草工作时,负责所有制改革部分。针对 20 世纪 90 年代以来关于股份合作制经济姓"公"或姓"私"的种种争论,他提出要努力致力于所有制结构的调整,必须通过所有制理论的发展为新一轮改革和发展提供动力;在肯定公有制为主体的同时,非公有制经济是社会主义市场经济的重要组成部分的概念也必须确立。只有多种所有制经济共同发展,公有制实现形式多样化,才能使公有制与市场经济有机地结合起来。他明确提出"股份合作制是一种新型的集体经济,要致力于所有制结构的改革和国有经济的战略性重组"的建议,被十五大报告吸纳。经过经济学家与决策者的共同努力,党的十五大在所有制理论上有了重大突破,为改革注入了新的活力。

党的十五大也提出关于政治体制改革的内容。这部分本来由另外的同志负责起草。但高尚全在看了草稿后却发现这一部分没有把"自由"和"人权"写进去。他就此询问相关同志,得到的答复是:"没地方了。"后来起草小组开大会的时候高尚全发了言,建议要把"自由"和"人权"写到报告中去。

这个建议得到了主持起草小组工作的温家宝同志的赞同。在十五大报告中,温家宝同志亲自写上了"保证人民依法享有广泛的权利和自由,尊重和保障人权"。

八、由政府主导的"官本经济"到"人民本位论",关键是要正确处理好市场与政府的关系

2001 年,针对改革的进一步深化的问题,高尚全系统地提出了"以民为本"和"民本经济"的理论,论述了民本经济(即老百姓经济)的基本特点、对于深化改革的作用等。并在此基础上概括出了"中国特色社会主义"所具有的五个基本特征:

第一,以民为本,这是中国特色社会主义的根本出发点和落脚点。中共十六大提出了"执政为民"的理念,实际上就是以人民为本位的重要体现。

第二,市场经济,是中国特色社会主义经济的运行基础。

第三,共同富裕,是中国特色社会主义根本目的,但共同富裕也要有先有后,不是搞平均主义,吃"大锅饭",同时要实行社会化大生产和劳动者占有生产资料相结合。

第四,民主政治,是中国特色社会主义的重要保障。体现真正的人民当家作主,体现权力来自人民,同时需要接受人民的监督。

第五,中华文化,是中国特色社会主义的内在要求。中华民族的优秀文化传统,应该继承和发扬,并吸收其他国家的优秀文化,同时要进行文化创新。

高尚全一再强调:"民本经济就是以民为本,民有、民营、民享的经济,也就是说是"老百姓经济,与以官为本的经济有很大不同,其核心在于人民是创造财富的主体,经营的主体,产权的主体,而政府是创造环境的主体。我认为中国特色的社会主义,简而言之就是一切为了人民,一切依靠人民,一切成果

由人民分享的人民社会主义,这是中国社会制度的最佳选择。"

关于在市场经济条件下政府如何调控经济问题,高尚全认为应该充分发挥市场对资源配置的基础性作用。2003 年 4 月,他在参加《中共中央关于完善社会主义市场经济体制的决定》起草时,针对草案中"市场在国家宏观调控下对资源配置起基础性作用"的提法,一连提出五个质疑:

一是宏观调控是资源配置的前提条件,还是市场经济的重要内容,现在的表述说明它是前提条件,即所有的资源配置都要经过国家宏观调控一下;

二是资源是在市场配置的基础上发挥政府的作用,还是在政府配置下发挥市场的作用;

三是资源配置的主体是政府还是市场,现在表述说明政府是配置资源的主体;

四是宏观调控主要靠经济手段,而不是主要靠行政手段;

五是谁来进行宏观调控,国务院当然是要宏观调控,但地方也要争宏观调控权。

中央起草小组经过认真讨论,最终接受了高尚全的意见,最后中央全会通过的《中共中央关于完善社会主义市场经济体制的决定》修改为"更大程度地发挥市场在资源配置中的基础性作用",而不再提"市场在国家宏观调控下对资源配置起基础性作用"。

九、政府改革,再难也要改,要着力解决好政府的"越位"、"缺位"和"错位"问题

近几年,高尚全投入极大精力来研究政府行政管理体制改革。他提出,"政府改革"与他前些年发展"民本经济"的主张一脉相承,甚至是一枚硬币之两面。政府改革搞好了,可以促进民本经济的发展,发展民本经济必然要求政府改革;民本经济搞上去了,政府改革也就有了条件,政府改革必须顺应民本经济的要求。

改革开放以来,政府一直是改革的推动者、设计者,现在,改了一圈,改回来,要政府自己改自己了。高尚全认为,所谓"入世",主要是政府要"入世"。国有企业改革、金融改革为何难有突破? 阻力都是来自于政府转型的滞后。

政府改革已成为改革的焦点。

"我认为目前改革的难点、切入点和攻坚点应该是在以人为本的科学发展观的指导下,以公共服务体制建设为重点的政府的转型。"高尚全说:"政府转型的基本趋势是公共服务职能不断发展并成为核心职能;必须把维护公平正义作为基本价值取向;从经济建设型政府向公共服务型、社会管理型政府转变;建立有效的权力制约与监督制度是政府转型的关键。"

2004年6月,他在给中央的《"十一五"规划的几点意见》中一口气提了七条意见,其中一条是建议把政府改革作为整个改革的中心环节。这份呈送给中央高层的建议书说道:

> 从宏观调控的背景来看,经济过热,投资冲动,谁在冲动?是政府。为什么政府冲动?因为要有政绩。投资冲动一个是靠银行贷款,一个靠批地,土地收入是地方财政的重要来源。如果政府不改革,包括干部制度、考核制度不改革,整个改革就会受到影响。另外,国有大企业改革滞后了,金融改革滞后了,与政府改革不到位也是分不开的。

2005年2月25日,国务院常务会议邀请了9位经济、社会专家征求对《政府工作报告》提意见。高尚全是其中之一。当时的背景是:2004年1—10月,国有企业的利润就达4000多亿元,那时候不少人有一种错觉,认为国有企业已经很好了,不需要改革了。高尚全不赞成"国有企业改革仍然是中心环节"的提法,认为应当把改革的中心环节转到政府改革层面,因为政府改革可以带动其他方面改革。后来《政府工作报告》修改时接受了这个建议。

政府自我革命的难度,可想而知,但再难也要改。在论述政府改革的必要性时,他首次提出:正确处理好市场与政府的关系,关键是解决好政府的"越位"、"缺位"和"错位"问题。"越位"就是政府干了市场能干的事,既是裁判员,也是运动员,担当投资主体,干预微观管理;"缺位"就是公共服务职能没有很好发挥,有权有利的部分抓得很紧,而服务职能不够,责任意识不强。"越位"的要"让位","缺位"的要"补位"。

十、以美元为主的外汇储备结构面临极大风险,为维护国家财富安全,应尽快优化外汇储备结构,其方向是增储黄金

随着经济的发展,我国外汇储备一路走高,截至2008年底,我国外汇储备

已近 2 万亿美元,其中大部分是美元资产。这一结构使我国财富安全在很大程度上受制于他人,面临极大风险。以 2 万亿美元的外汇储备计算,若美元继续贬值 20%,我国就可能损失 2 万多亿人民币的财富,约为 2008 年 GDP 的 9%。高尚全对确保国家财富安全,优化外汇储备结构,合理利用外汇资产非常关注。

2009 年 3 月高尚全向中央提交《增储黄金、优化外汇储备研究》报告,受到中央高度重视,温家宝总理,李克强、王岐山副总理都予以了批示。这份由高尚全主持,京沪两地经济、金融专家共同参与的课题研究报告指出,我国当前的外汇储备结构面临极大风险。为维护国家财富安全,应尽快优化外汇储备结构。其方向是增储黄金,争取用 5 年左右时间,增加至 6000 吨。由于在金融领域增储的可行性极小,所以应将增储的主渠道转移至非金融领域,即以开采、收购矿产金和商品金为主,并通过一定的机制转化为金融性黄金。而当时的国际金融危机恰恰为我国在产业界增储黄金提供了绝佳的机遇。

2009 年 7 月,高尚全再次提出关于增储黄金、优化外汇储备的五点建议:

1. 抓住增储黄金的重大机遇,国际金融危机使美元和欧元等主要货币在长期内逐步贬值的趋势明显,发达国家在非洲、蒙古等黄金储量丰富的国家投资急剧减少,许多矿业企业急需投资,这是难得的增储黄金机遇。

2. 通过多个渠道增储黄金,并将主渠道从金融领域转移到产业界的矿产金和商品金领域。在增储过程中,以国家黄金产业龙头企业为主,利用各种渠道占领海外黄金矿产资源市场。

3. 打造增储黄金的战略平台,建议尽快对中国黄金集团增资扩权,将其打造成产业界的国家战略增储平台。

4. 优化外储结构和收益,为人民币国际化奠定基础。

5. 建立统筹协调机制。

十一、关注环保节能,以市场手段推进绿色技术应用,实现可持续发展

在经济社会实现较快发展的同时,保护环境、实现可持续发展越来越成为社会关注的中心议题。其中,发展绿色节能产业更是成为转变经济发展方式、

调整经济结构的重要途径,也是世界各国在后危机时期推进经济复苏和应对气候变化的基本共识和重要手段。

高尚全认为,环保节能不仅涉及经济、政治、文化、社会等领域,而且涉及人们思想观念、生活方式以及消费方式的变革。政府应加快职能转变,成为发展低碳经济的主要推动者、政策提供者和监管者。

2011 年,高尚全指导研究团队在进行节能减排课题研究时,对中国节能环保集团通过兼并整合高新技术企业,掌控世界级核心技术,推进合同能源管理的案例进行了专题调研。在总结案例经验基础上,高尚全就在节能环保领域打造产业航母,以大企业、大资金、大市场+高新技术的"三大一高"模式,大规模推进合同能源管理,提速国家节能减排进程向中央提出建议:

1. 战略性注资,培育大企业。建议国家对节能环保等战略性新兴产业加大资本金投入,国资委、财政部、外汇管理部门等共同加大本外币资本金支持力度,打造产业航母。

2. 政府牵头,创造大市场。建议借鉴香港、新加坡做法,由国家发改委、环保部牵头,对各系统、各地区进行能耗普查,凡超标者均列入改造计划,为合同能源管理创造大市场。

3. 金融支持,提供大资金。建议国家开发银行等金融机构大力提供优惠信贷支持;有关部门优先安排优秀节能服务公司海内外上市融资,以大资金推动节能减排大发展。

4. 使用外汇储备,收购高新技术,开拓国际市场。建议外管局、中投、中信等使用国家外汇储备装备有国际竞争力的节能企业,支持它们在国际上收购、整合世界一流技术、人才和企业,开拓国际能源合同管理市场。

高尚全的建议经过温家宝总理的批示,得到有关部门的高度重视,国家发改委有意选择部分地区进行试点推进。高尚全为环保节能的积极努力,为推进我国经济社会可持续发展贡献了一份力量。

关于"劳动力市场"的故事[*]

1993 年 11 月党的十四届三中全会通过的《中共中央关于建立社会主义市场经济体制若干问题的决定》，第一次提出了劳动力市场的概念。这是中国共产党的一个重大理论创新，有力地推动了中国的改革和发展。

在我国社会主义市场经济的基本理论中，过去没有一个概念能够准确地描述实践中客观存在的劳动力供求情况。党的十二届三中全会《中共中央关于经济体制改革的决定》、党的十三大和十四大，正式文件使用的都是"劳务市场"的概念。高尚全同志先后六次参加中央决策文件的起草工作，其中有三次是中央关于经济体制改革的决定。在党的十四届三中全会的《决定》起草工作中，他负责"建立统一开放的市场体系"部分，当时一起参加的有郑新立、张卓元同志。

在这个《决定》中，第一次把"资本市场"写进去了，这很不容易。因为建国以后不能提"资本"两个字，怕"资本"和"资本主义"相联系，所以在相当长的时间内，只能叫"资金"，"资金利用"和"资金周转"，不能提资本。其实，资本是生产要素，不是与资本主义相联系，我们社会主义同样要利用资本这个要素。

起草小组在讨论"劳动就业市场"还是"劳动力"市场时，就有争论了。有人坚持原稿中提出的"劳动就业市场"，不赞成提"劳动力"市场。理由是，提出劳动力市场，必然会影响工人阶级的主人翁地位，担心在政治上引起不良反应。因此，不赞成提"劳动力"市场。这个观点得到高层某些领导的支持。高尚全同志则坚持认为，无论从理论上或实践上，都必须提出劳动力市场的概念。劳动力市场是重要的生产要素市场，也是市场体系的重要组成部分，只有

---

* 本文原载 2011 年 7 月 1 日《北京日报》。

理直气壮地提出劳动力市场,才能加快建立社会主义市场经济体制。

在争论中,还是"劳动就业市场"占了上风,但高尚全仍坚持劳动力市场的观点。有一位一起参加起草小组的老同志劝说:"老高,那么高位的领导都不赞成提劳动力市场,你何必要坚持呢?"对这种劝告,没有动摇他的信心。他一方面寻找理论依据,同时反复征求意见。马克思曾说:"我们把劳动力或劳动能力,理解为人的身体即活的人体中存在的、每当人生产某种使用价值时就运用的体力和智力的总和。"劳动者"是自己的劳动能力、自己人身的自由的所有者"……"他在让渡自己劳动力时不放弃自己对它的所有权。"这就为劳动力市场的存在和发展提供了理论基础。劳动者出卖的是"劳动力",而不是劳动者本身,不是"劳动",也不是"劳务",因为"劳动"和"劳务"是在劳动者和雇主交易行为发生后才进行的。这些理论,有力地增强了高尚全的信心和勇气。

为了使劳动力市场的概念得到中央高层的支持,高尚全曾分别征求薄一波同志和李岚清同志的意见。他们的反应都很积极,薄老的批示是:

> 尚全同志:我对这个问题没有做过深入研究,在目前我们实行市场经济或叫社会主义市场经济,提出劳动力市场是自然而然的。因此,我同意你的五点论述,但我觉得目前不必多争论,多看几年自然而然(或顺理成章)的解决。
>
> 薄一波
> 1993 年 10 月 14 日

李岚清同志的批示是:

> 尚全同志:我原则赞成这个意见。但劳动力一般理解为体力劳动,劳动力市场应为广义的概念,应包括脑力劳动,因此提法上还值得推敲。
>
> 李岚清
> 1993 年 10 月 15 日

1993 年 11 月 3 日,中央政治局常委会听取起草小组关于《决定》征求意见稿的意见和修改情况汇报。参加会议的有中央政治局各常委,个别政治局委员列席了会议,起草小组负责人及各分小组负责人也列席会议。会议由江泽民总书记主持,起草小组组长温家宝同志(时任中央政治局候补委员、中央书记处书记、中央财经领导小组秘书长)汇报了《决定》征求意见稿修改情况。会议进行了热烈的讨论,快要顺利通过时,作为起草小组负责市场体系部分的分小组组长高尚全坐不住了,鼓足勇气举手发了个言,他一口气讲了必须明确提出"劳动力市场"的五个理由。第一,劳动力的价值只能通过交换才能体现出来。劳动力进入市场是劳动的能力进入市场,而不是劳动者本身进入市场,不是把劳动者去作交换。劳动的能力有大小,贡献有大小,只能通过市场才能反映其真实价值。第二,确立劳动力市场是市场经济体制的内在要求。我们要建立统一开放的市场体系,就必须使要素进入市场,如果劳动力这个最活跃的要素不能进入市场,那么统一开放的市场体系就很难建立起来。第三,我们现在就业压力那么大,不开放劳动力市场,就业压力解决不了。第四,我们现实生活当中已经有了劳动力市场。第五,我们提出"劳动力市场"不会影响工人阶级的主人翁地位。新加坡资政李光耀先生说过:你们的汽车司机服务态度不够好。因为司机认为我是工人阶级,我是主人,你坐车的是仆人。主人怎么给仆人服务呢?所以心态不平衡。应该明确,工人阶级是一个整体概念,而具体到每个工人的局部概念,不能把两者混同起来。会议没有继续讨论,总书记只说了一句:提出劳动力市场,社会上能不能接受?第二天高尚全找了主持起草小组的温家宝同志,有点内疚地说:昨天中央常委开会我不应该发言,但当时只想到如果我不站出来讲,肯定就通过原稿上写的"劳动就业市场",而"劳动力市场"就没有戏了。所以鼓足了很大勇气才讲的。家宝同志不仅没有批评,而且同情地说:"我赞成你的意见,但能不能上中央文件我也没有把握。"家宝同志为了把"劳动力市场"写到《决定》上去做了很大努力。起草小组要讨论,他说:不要讨论了,这是中央决策的问题。他怕一讨论就七嘴八舌的又报不上去了。家宝同志把高尚全写的"为什么要提出'劳动力'市场"一文于1993年10月30日报送总书记:"请泽民同志参阅",江泽民同志于1993年10月31日批示:"复制请常委同志参阅。"各常委表示没有意见。经过中央政治局常委会的讨论,决定采纳这个提法,认为劳动力市场的表达更符合实际,这样把劳动力市场写进党的十四届三中全会《中共中央关于建立社会主义市场经济体制若干问题的决定》。

改革正未有穷期*

没有改革开放就没有"中国奇迹"

作为我国改革开放一系列重大决策的参与者和推动者,回首波澜壮阔的30年,高老从当年的两个故事讲起:

"那时沈阳有两家厂,一家电缆厂,归机械部管;一家冶炼厂,归冶金部管。结果电缆厂需要的铜由机械部从云南等地大批量运来,而冶炼厂生产的铜由冶金部分配到全国各地。一墙之隔的两家企业不能横向联系,造成大量物资、时间的浪费。另一个例子是,上海夏天很热,五六十年代企业要买防暑降温设备,须经 11 个部门审批,等到批完了,夏天也过去了。计划经济的弊端,由此可见一斑。"

高老说,30 年的改革开放,是我们经过解放思想和不断探索,在意识形态和基本理论上取得一个又一个大突破的过程,也是改革目的、方向和性质逐步明晰的过程。虽然改革的领域广涉经济社会方方面面,不同时期的改革重点也各不相同,但 30 年来最深刻的变化就是实现了从高度集中的计划经济到充满活力的社会主义市场经济,从封闭半封闭到全方位开放的伟大历史转折。"中国用短暂 30 年走过了其他国家几百年的路,创造了举世瞩目的'中国奇迹':社会主义市场经济体制初步建立;中国经济逐渐与世界经济融为一体;社会生产力得到迅速发展,国民经济年均增长近 9.8%;综合国力空前提高,经济总量跃居全球第四;人民生活从贫穷步入小康,物质文化生活显著提升;社会结构正从身份管理演变为多元化的利益格局,各个利益主体具备了不同的利益诉求。没有改革开放,就没有中国在现代化进程中的迅速崛起,也就没

---

* 本文原载 2008 年 12 月 15 日《人民日报》,记者龚雯独家专访。

有中国今天在世界舞台上举足轻重的地位。"

市场化改革艰辛曲折来之不易

高老认为,这30年的一个宝贵历史经验,就是坚持经济体制改革的市场取向。中国的市场化改革历经30年艰辛曲折的努力,在"只有社会主义才能救中国"之后加上"只有改革开放才能发展中国",期间付出了很高学费。从"计划经济为主,市场调节为辅"到"公有制基础上有计划的商品经济",从"社会主义有计划的商品经济体制"到最终明确建立社会主义市场经济体制的改革目标,计划与市场的每一步争论、博弈都十分激烈,很多现在看来顺理成章的事,在当时却被视作大逆不道,动辄问你姓"社"姓"资"、姓"公"姓"私"。相当长的时间国内不敢提"资本",只能提"资金",好像一提"资本"就等于搞资本主义。国企改革一波几折,非公经济屡被压制,正是因为不少人认定社会主义就是国有化,国有经济越多越好。又如最早我提出"劳动力市场",有人就反对:"劳动力怎么能进入市场呢?"记得新加坡资政李光耀说过:你们的汽车司机服务态度不够好。因为司机觉得我是工人阶级,是主人,你坐车的是仆人,主人哪能给仆人服务?

"事实证明,改革的突围是成功的,市场在资源配置中的基础性地位已确立。广东人爱吃鱼,以前计划经济管死了,市面上鱼少,卖得也贵,许多广东市民吃不到鱼。搞了市场经济,价格放开,养鱼人有了积极性,鱼多了,大家都能吃上,而且卖鱼的之间有了竞争,鱼价也下来了。"高老说,中国选择市场经济是对社会主义的自我完善,是走中国特色社会主义之路的必然趋势。

宏观调控是市场经济的重要内容而非前提条件

在高老看来,我国宏观调控体系框架初步形成,是市场经济体制建立和完善的标志之一。市场经济不是万能的,存在着自发性、盲目性和滞后性,必须加强调控,以弥补市场的不足,市场机制与宏观调控相辅相成,缺一不可,特定时期"看得见的手"更要发挥作用,比如此次金融危机,政府就应多有作为。但宏观调控决不等于以行政配置资源,宏观调控是市场经济的重要内容,而非前提条件。政府投资扩张,要考虑如何撬动市场,并非取代市场,同时也要考虑经济运行恢复常态时的"淡出"安排。充分发挥市场的基础作用,这个改革方向不能动摇。

改革在各领域进展仍不平衡

高老指出,总体看,我国市场经济体制的初建,更主要体现在新体制因素的引入、成长与拓展方面,而在旧体制的核心部位,要实现向新体制转轨依然任重道远,这是渐进性改革的基本特征,也反映了改革在各领域进展的不平衡。比如,改革滞后于开放,宏观改革滞后于微观改革,政府改革滞后于企业改革等,经济运行中尚有诸多束缚生产力发展的体制性障碍。不止如此,今天的改革环境有了很大不同,伴随改革走向纵深,深层次问题相继暴露:首先是经济快速发展与资源环境约束的矛盾,人民日益增长的公共需求与公共产品严重短缺、公共服务不到位的矛盾。其次是改革的社会基础正发生分化,一些改革在各种利益的诱导下走形变样,甚至在权力市场化影响下出现了损害人民利益的假改革,不仅使好的改革方案难以实施,且造成人们对改革的误解,最近出租车司机罢工事件就很典型。还有,非经济因素对改革的制约明显,如何协调推促经济领域与非经济领域的改革,是当前和今后改革面临的一大挑战。

改革无止境　方向莫动摇

"多年来,改革开放决策不断遭遇传统意识形态的责难,使这场伟大的社会实践在'只能干,不能说'的境地中艰难前行。"高老说,党的十七大进一步把解放思想作为中国特色社会主义的一大法宝,把改革开放作为中国特色社会主义的强大动力,并立足科学发展,提出了经济、社会、政治、文化"四位一体"的全面改革,这必将推动新一轮重大改革和社会进步。新阶段的改革,需要有新超越。与先前经济体制改革相比,以行政管理体制改革为重点的全面改革,面对的形势更复杂,涉及范围更广,国际金融危机的影响也使改革的压力更大。把这些改革真正深入下去,要继续解放思想,拿出新的理论勇气和政治智慧,最大限度地营造社会共识。以人为本,又好又快,说到底要靠深化改革。

高老认为,应从五方面推进全面改革:一是按照科学发展观的要求,转变经济发展方式,调整经济结构,加快推进市场化改革;二是按照城乡统筹的要求,加快推进农村综合改革,突破城乡二元结构;三是按照提高开放型经济质量和水平的要求,更积极主动地推进对外开放;四是按照社会和谐的要求,加快推进社会体制改革;五是按照发展社会主义民主政治的要求,深化政治体制改革。这当中,关键是转变政府职能,以打破行政垄断为突破口来深化经济体制改革,遏制"权力最大化,责任最小化"。

高老说,30 年改革开放从未一帆风顺,但方向和道路完全正确,成效和功绩不容否定,停顿和倒退没有出路。改革在攻坚,改革无止境,改革的决心和信心要坚定。"我还是那句话:改革为了人民,改革依靠人民,改革的成果由人民分享。"

高尚全主要著作目录

（一）专著类

1.《走我国自己农业现代化的道路》,农业出版社 1982 年版。

2.《希望之路:中国经济体制改革的成就与展望》,中国青年出版社 1987 年版。

3.《九年来的经济体制改革》,人民出版社 1987 年版,获全国图书二等奖。

4.《高尚全选集》,山西人民出版社 1989 年版。

5.《强国之路》,改革出版社 1991 年版。

6.《中国的经济体制改革》,人民出版社 1991 年版,已被译成英、日文。

7.《论计划与市场》,人民日报出版社 1992 年版。

8.《社会主义市场经济概论》,上海远东出版社 1994 年版。

9.《中国市场经济纵论》,香港三联书店 1998 年版。

10.《稳定与繁荣:走向 21 世纪的香港经济》,经济科学出版社 1998 年版。

11.《香港和深圳资本市场研究》,经济科学出版社 1999 年版。

12.《市场经济与中国改革》,广西人民出版社 1999 年版。

13.《论体制创新》,广东经济出版社 2001 年版。

14.《高尚全文存》(共六卷),中国经济出版社 2001 年版。

15.《民本经济论》,社会科学文献出版社 2005 年版。

16.《高尚全改革论集》,中国发展出版社 2008 年版。

17.《改革历程》,经济科学出版社 2008 年版。

18.《改革访谈》,经济科学出版社 2008 年版。

19.《改革文集》,经济科学出版社 2008 年版。

20.《政府转型》,经济科学出版社 2008 年版。

21.《亲历思想解放——高尚全谈改革》，中国友谊出版公司2009年版。

22.《高尚全经济文选》，中国时代经济出版社2011年版。

23.《创新政府》（与傅冶平、李一鸣、徐连林合著），人民出版社2012年版。

24.《人民本位论》（与傅冶平合著），人民出版社2012年版。

25.《中国改革新论》，人民出版社2012年版。

26. *China's Economic Reform*, Macmillan Press Ltd., 1996.

27. *Second Revolution Historic Changes in China's Economic System*, Joint Publishing, Hong Kong, 1998.

28. *Two Decades Reform in China*, World Scientific Press, 1999.

（二）主编类

1.《改革与发展丛书》，中国青年出版社1987年版。

2.《中国经济改革200问》，人民日报出版社1987年版。

3.《中国：发展与改革（1984—1985卷）》，中共党史资料出版社1987年版。

4.《中国：发展与改革（1986卷）》，四川人民出版社1987年版。

5.《改革开放——振兴中国的必由之路》，四川人民出版社1988年版。

6.《经济改革新思考》，改革出版社1988年版。

7.《中国企业承包实践》（与王维澄、刘国光合编），改革出版社1990年版。

8.《中国通货膨胀研究》（与马洪合编），改革出版社1990年版。

9.《企业改革先行者的足迹》（与艾丰合编），改革出版社1990年版。

10.《中国股份制理论与实践》，改革出版社1992年版。

11.《稳定的基础：中国新型社会保障制度的建立》（与迟福林合编），海南出版社1993年版。

12.《关键的一步：中国金融体制改革的目标》（与迟福林合编），海南出版社1993年版。

13.《中国经济改革开放大事典》，北京工业大学出版社1993年版。

14.《历史新起点：中国走向市场经济的理论与现实》（与迟福林合编），海南出版社1993年版。

15.《中国经济制度的创新——从计划经济到社会主义市场经济》,人民出版社 1993 年版。

16.《企业股份制实用手册》(与禾村合编),经济科学出版社 1993 年版。

17.《新财务会计制度讲座》,化学工业出版社 1993 年版。

18.《中国改革开放通典》(与迟福林合编),山西经济出版社 1993 年版。

19.《新兴的市场:中国证券市场的兴起与发展》(与迟福林合编),海南出版社 1994 年版。

20.《市场经济:国有企业改革走向》,中国经济出版社 1994 年版。

21.《最新中国投资指南 1994》,中国经济出版社 1994 年版。

22.《市场经济与中国》,新华出版社 1994 年版。

23.《现代企业制度》,湖北人民出版社 1994 年版。

24.《社会主义市场经济学习纲要》,中共中央党校出版社 1994 年版。

25.《增长的活力:中国民私营经济的兴起与发展》(与迟福林合编),海南出版社 1995 年版。

26.《中外著名企业》,人民日报出版社 1995 年版。

27.《持续的增长:中国经济快速发展与抑制通货膨胀》(与迟福林合编),中国经济出版社 1996 年版。

28.《增创新优势:中国经济特区的进一步发展》(与迟福林合编),中国经济出版社 1996 年版。

29.《再上新台阶:中国转型时期农村经济改革与发展》(与迟福林合编),中国经济出版社 1996 年版。

30.《中国城镇住房制度改革全书》(与储传亨合编),中国经济出版社 1996 年版。

31.《决定性转折:中国经济转轨中的国有企业改革》(与迟福林合编),中国经济出版社 1996 年版。

32.《中国的社会保障制度》,外文出版社 1996 年版。

33.《中国经济政策分析报告 1996—1997》,山西经济出版社 1997 年版。

34.《中国经济体制改革 20 年基本经验研究》,经济科学出版社 1998 年版。

35.《中国国有企业改革》(与杨启先合编),济南出版社 1999 年版。

36.《新世纪论坛丛书》,上海三联书店 2001 年版。

37.《改革纵论》,上海三联书店 2001、2002、2005、2006 年版。

38.《现代管理研究新进展》,浙江大学出版社 2005 年版。

39.《未来五年中国经济社会发展报告》,中共党史出版社 2006 年版。

40. *Theory and Reality of Transition to a Market Economy*(与迟福林合编),Foreign Languages Press,Beijing,1995.

41. *The Chinese Securities Market*(与迟福林合编),Foreign Languages Press,Beijing,1996.

42. *The Development of China's Nongovernment and Privately Operated Economy*(与迟福林合编),Foreign Languages Press,Beijing,1996.

43. *Reforming China's Financial System*(与迟福林合编),Foreign Languages Press,Beijing,1996.

44. *China's Social Security System*(与迟福林合编),Foreign Languages Press,Beijing,1996.

45. *Reforming China's State Owned Enterprises*(与迟福林合编),Foreign Languages Press,Beijing,1997.

46. *New Progress in China's Special Economic Zones*(与迟福林合编),Foreign Languages Press, Beijing,1997.

47. *Several Issues Arising During the Retracking of the Chinese Economy*(与迟福林合编),Foreign Languages Press,Beijing,1997.

48. *Rapid Economic Development in China and Controlling Inflation*(与迟福林合编),Foreign Languages Press, Beijing,1997.

49. *The Market Economy and China*(与刘国光、马俊如合编),Foreign Languages Press, Beijing,1999.

组稿编辑:张振明

责任编辑:刘彦青　安新文　忽晓萌　朱云河

封面设计:徐　晖

图书在版编目(CIP)数据

中国改革新论/高尚全 著. -北京:人民出版社,2012.11

ISBN 978－7－01－011415－6

Ⅰ.①中… 　Ⅱ.①高… 　Ⅲ.①体制改革-中国-文集 　Ⅳ.①D61-53

中国版本图书馆 CIP 数据核字(2012)第 263792 号

中国改革新论

ZHONGGUO GAIGE XIN LUN

高尚全　著

人 民 出 版 社 出版发行

(100706　北京市东城区隆福寺街99号)

北京中科印刷有限公司印刷　新华书店经销

2012 年 11 月第 1 版　2012 年 11 月北京第 1 次印刷

开本:710 毫米×1000 毫米 1/16　印张:27.25

字数:430 千字　印数:00,001-15,000 册

ISBN 978－7－01－011415－6　定价:52.00 元

邮购地址 100706　北京市东城区隆福寺街99号

人民东方图书销售中心　电话 (010)65250042　65289539